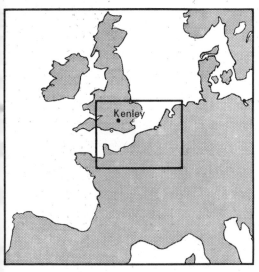
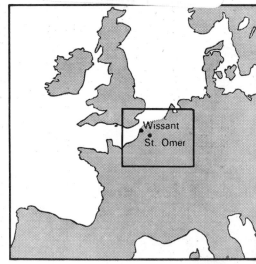

EBIETEN SCHILDERN DIE KARTENSKIZZEN IM ANHANG

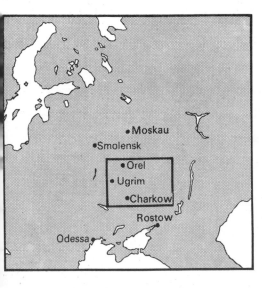
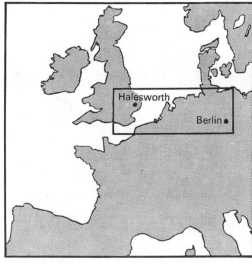

Jagdflieger – Die großen Gegner von einst

Jagdflieger

EDWARD H. SIMS

Die großen Gegner von einst

1939–1945
Luftwaffe, RAF und USAAF
im kritischen Vergleich

MOTORBUCH VERLAG STUTTGART

Umschlagbild: Carlo Demand
Einband und Umschlagkonzeption: Siegfried Horn

Die Umschlagillustration zeigt die Spitzenjagdflugzeuge der drei Nationen, wie sie am Ende des zweiten Weltkriegs im Einsatz waren: Für die deutsche Luftwaffe das Düsenjagdflugzeug Me 262, für die RAF die Spitfire MK. XVI und für die USAAF die P-51 D Mustang. Die Flugzeuge zeigen die Kennzeichnung folgender Verbände: Me 262 des JV 44, jenes Spezialverbands, der am Schluß des Krieges unter Führung von Generalleutnant Galland berühmte Jagdflieger vereinte. Spitfire MK. XVI der 401st (Royal Canadian) Fighter Squadron, P-51 D Mustang der 334th Fighter Squadron, 4th Fighter Group, 8th Air Force. Die drei genannten berühmten Verbände sind zu Ende des Krieges auch im Einsatz aufeinandergetroffen. Die Darstellung von Carlo Demand hat also einen dokumentarischen Hintergrund.

Die englische Originalausgabe ist erschienen bei Cassell & Company Ltd., London, unter dem Titel »The Fighter Pilots«
Copyright © 1967 by Edward H. Sims

Die Übertragung ins Deutsche besorgte MANFRED JÄGER

Fotos: Bundesarchiv, Koblenz 1; Imperial War Museum 11; Nidda 1; Obermaler 1; Redemann 18; Ring 5; USAF 7. Die übrigen Abbildungen Archiv Sims

ISBN 3-87943-115-9

11. Auflage 1980
Copyright © by Motorbuch Verlag, Stuttgart 1, Postfach 1370.
Eine Abteilung des Buch- und Verlagshauses Paul Pietsch GmbH. & Co. KG.
Sämtliche Rechte der Verbreitung in deutscher Sprache sind vorbehalten – auch auszugsweise Wiedergaben in jeglicher Form und Technik.
Gesamtherstellung: Union Druckerei GmbH Stuttgart.
Printed in Germany.

INHALTSVERZEICHNIS

Adolf Galland zu diesem Buch   7
Vorwort   9
Einführung   11
»Die große Jagd«   23
Die Schlacht um England   39
Die Royal Air Force   55
Krise bei Dünkirchen   64
Bader auf Jagd östlich von London   92
Einer der »wenigen«   116
Die Schlacht in Afrika   138
Die Luftwaffe   146
Der Stern von Afrika über Bir Hakeim   156
Der schwarze Teufel über Kursk   177
Die »Experten« der Luftwaffe   199
Der Luftkrieg 1941–1942   210
Spitfire schnappen den Kommodore   218
Duell über Dieppe   238
Die Schlacht über Deutschland   259
Die USAAF   266
Begleitjäger nach Berlin   273
Anhang   296
Luftkampfskizzen   304
Bibliographie   312
Register   314

ADOLF GALLAND ZU DIESEM BUCH

Edward H. Sims, Jagdflieger, Diplomat, Schriftsteller – quicklebendiger, sympathischer Allroundman mit der besonderen Gabe, exakte Detail-Forschungsarbeit zu betreiben und äußerst präzise und anschaulich zu schreiben, interessierte mich seit unserer ersten Begegnung. Zunächst vermutete ich, daß sein Interesse für Menschen und für aktuelle wie auch für geschichtlich bedeutende Ereignisse nicht nur seinen schriftstellerischen Ambitionen galt. Diese Annahme wurde bald abgelöst von der Erkenntnis, daß hier ein begabter Autor, der nicht nur eine gepflegte Sprache mit der speziellen der Piloten und der Jagdflieger zu verbinden verstand, am Werke war.

Edward Sims gehört zu den glücklichen Menschen, bei denen »kein Artgenosse der Besonderen Spezies Humanae«, zu der sich mit mehr oder weniger Recht die Jagdflieger aller Nationen rechnen, um damit allerlei Extravaganzen und andere Erscheinungsformen ausgeprägter Individualität zu entschuldigen, seine Zugehörigkeit in Zweifel stellen könnte. Ich meine sogar, wenn man für diese Besondere Spezies einstmals einen präsumptiven internationalen Repräsentanten suchen sollte, dann lautet mein Vorschlag: »Einigen wir uns auf Edward H. Sims.«

Soweit ich zunächst im Namen der gefallenen und überlebenden deutschen Jagdflieger sprechen darf, danke ich für die große Fairneß, mit der uns in dem vorliegenden Werk »Jagdflieger« von Edward Sims begegnet wird.

In der Tat sind die Jagdflieger aller von Sims angesprochenen und nicht angesprochenen Nationen keine Freunde großer und tönender Worte. Wir sind eher peinlich berührt, wenn von unseren soldatischen Tugenden, von Mut und Tapferkeit und von unseren Leistungen die Rede ist. Zugegeben, wir strebten nach Erfolgen und Auszeichnungen. Wir waren jung, unpolitisch, leichtsinnig und draufgängerisch. Trotzdem haben wir die Angst, die Furcht um unser Leben gekannt. Ich selbst habe immer unterschieden zwischen persönlichem Draufgängertum, gelegentlicher und zeitlich gut dosierter Angst und dem Einsatzwillen und der Verantwortung für mein ganzes Jagdgeschwader von 120 Flugzeugen und Flugzeugführern, dem später die Verantwortung für die gesamte deutsche Tag- und Nachtjagd folgte.

Die deutschen Jagdflieger, vom Eismeer im Norden, über der gesamten Ostfront, über Nordafrika und dem Mittelmeer, an der ganzen Westfront und schließlich über dem Reichsgebiet gegen eine gewaltige zahlenmäßige Überlegenheit kämpfend – offensiv, wo es noch ging, defensiv, wo es keine andere Möglichkeit mehr gab –, waren niemals feige und demoralisiert, wie Göring und Hitler es ihnen vorgeworfen haben. Daher danken die von Edward H. Sims dargestellten Jagdflieger auch für die Ehrung all der Ungenannten, deren Einsatz und Leistung zusammengenommen die der bekanntgewordenen Jagdflieger hundert- und tausendmal übertreffen.

Die Piloten des Fighter Command der Royal Air Force haben nach den Worten Churchills mehr Dank verdient, als alle Engländer so wenigen Männern spenden können. Sie haben England vor der deutschen Invasion bewahrt.

Die Jagdflieger der 8. und 9. US-Army Air Force haben den strategischen Luftkrieg am Tage gegen das Reichsgebiet überhaupt erst möglich gemacht. Es war bei Gott nicht einfach und selbstverständlich, was von den USAAF-Jagdfliegern bei ihren Begleitschutzaufträgen bis zu den Zielen in Berlin und in Mitteldeutschland verlangt wurde.

Wer wünschte nicht, daß auch noch unsere damaligen Gegner, die Jagdflieger der UdSSR, mit in diese übernationale Betrachtung und Schilderung von Einzelkämpfern – jeder für seine Pflicht – hätten einbezogen werden können.

Ich persönlich vermisse ein Kapitel: »USAAF-Fighter-Pilot Edward H. Sims« und wünschte für meine Darstellung weniger Paukenschläge. Zuviel Lob berührt mich heute peinlich; damals im Kriege machte es mich argwöhnisch.

Dem hier vorliegenden außergewöhnlichen Buch
»Jagdflieger« von Edward H. Sims
Horrido und allen Erfolg.

Adolf Galland

Bonn, im Herbst 1968

VORWORT

Bei den Vorarbeiten zu diesem Buch war mir die Hilfe des Chronisten der Gemeinschaft der Jagdflieger e. V., Hans Ring, München, besonders wertvoll. Von 1962 an widmete mir Herr Ring immer wieder bis 1966 in großzügiger Weise seine Zeit, stellte mir umfassende Statistiken über die deutsche Luftwaffe und ihre Einsätze zur Verfügung und stand mir beratend zur Seite.

Der ehemalige General der Jagdflieger, Adolf Galland, war mir in seiner Hilfsbereitschaft eine wertvolle Quelle hinsichtlich der Bestrebungen der deutschen Jagdwaffe im zweiten Weltkrieg. Oberst Eduard Neumann in München half mir dadurch, daß er mir freundlicherweise für das Kapitel über Hans-Joachim Marseille (dessen Kommodore er in Afrika gewesen war) Material aus erster Hand, Fotos und deutsche Veröffentlichungen zur Verfügung stellte, ohne die es nicht möglich gewesen wäre, die Geschichte dieses hervorragenden Jagdfliegers zu rekonstruieren. Die Mitarbeit von Marseilles Rottenflieger, Herrn Reiner Pöttgen, Köln, war ebenfalls für dieses Kapitel von wesentlicher Bedeutung.

Prof. Dr. Willy Messerschmitt, dem ich Kommentare zum Bau der Me 262 verdanke, und der mir Einblick in die deutsche Flugzeugproduktion im Kriege gewährte, gebührt mein aufrichtiger Dank, ebenso Fräulein Eva Trojanowski und Frau Dr. Khrista Kühner in München.

Auf der englischen Seite war die Unterstützung des Public-Relations-Direktors der RAF im britischen Verteidigungsministerium, Air Commodore James Wallace, eine wertvolle Hilfe. Auf seine Anweisung hin kam mir die Mitarbeit von L. A. Jackets und Stuart Gunnel und ebenso der Bibliothekare der RAF-Bibliothek im Adastral House und der historischen Abteilung von Queen Anne's Chambers zugute, in der letzteren vor allem durch Mr. Bateman. Air Commodore Wallace arrangierte für mich auch einen Besuch der Fliegerhorste Wattisham und Coltishall. In Wattisham sage ich Station Commander Group Captain C. M. Gibbs, Squadron Leader I. R. Martin, Flight Lieutenant Allan Taylor und Flying Officer B. A. Hayward (mit seinen besonderen Kenntnissen in bezug auf die Me 109) meinen aufrichtigen Dank; in Coltishall war mir die Hilfe von Station Commander Group Captain R. L. Topp, Flight Lieutenant P. Holden-Rushworth und Chief Technician Z. Puczynski gleich wertvoll.

In London gilt mein Dank Mr. Michael Canfield vom Hause Harper & Row, den Mitarbeitern des Verlages Cassell & Co und Mr. J. Taylor-Whitehead vom Hause Macdonald & Co, Sir Max Aitken, Mr. Christopher Shores (er besonders – er stand mir bei der RAF in England so wie Herr Ring in Deutschland mit wertvollem Material zur Seite) und Mr. Jack Beaumont von Beaumont Aviation Literature leisteten wertvolle Dienste. Miss M. M. Wilkinson war mir in der Bewältigung der außerordentlich schwierigen Arbeit eine fleißige und intelligente Helferin.

Auch dem Luftattaché an der amerikanischen Botschaft in London, Colonel Ralph L. Michaelis, bin ich zu Dank verpflichtet.

In den USA geht mein Dank an Bill Hess, einen der amerikanischen Kenner des Kriegseinsatzes der Jagdflieger, an Cass Canfield, den Vorsitzenden der Verlagsleitung von Harper & Row, an Mr. M. S. Wyeth von Harper & Row und an Mrs. Melvin Hughes.

Schließlich möchte ich noch all den großen Fliegern danken, deren unvergeßliche Taten in diesem Buch noch einmal Gestalt gewinnen. Hätten sie nicht stundenlang geduldig meine Fragen über sich ergehen lassen, bis zur letzten Einzelheit – was sie gefrühstückt hatten, welche Fliegerkluft sie getragen haben – so hätte ich ihre Fama nicht in dieser Genauigkeit aus der Vergangenheit herüberholen und nachgestalten können.

Edward H. Sims

EINFÜHRUNG

Die Arbeiten zu diesem Buch begannen unschuldig genug im November 1961, zogen sich dann, immer wieder unterbrochen, durch vier Jahre in Europa hin und erfuhren ihren Abschluß in sechs Monaten konzentrierter Arbeit in England. Ich erinnere mich noch des 18. November 1961, als der erste bayerische Schnee – recht früh – zu Ehren einer verpflanzten amerikanischen Familie fiel, die gerade im Begriff war, ein Landhaus am Starnberger See einzuziehen. Tags darauf konnte man über den See hinweg die Alpen sehen.

Das war also das Land, wo der zweite Weltkrieg seinen Ausgang genommen hatte, wo die NSDAP organisiert und Hitler nach oben geschwemmt worden war. Das waren die einen, die zuerst gejubelt hatten und es dann büßen mußten, und die anderen, die dieses System von vornherein verachtet hatten. Ich mußte an die Nacht zum 2. September 1939 denken – Hitler war gerade dabei, die ganze Welt in einen Krieg zu stürzen. Der Poleneinfall war im Gang. Ich wollte es damals einfach nicht glauben, daß es in der Macht eines einzelnen Mannes lag, die Welt wissentlich in einen Orlog zu treiben, der Millionen von Menschenleben kosten mußte. Mein Vater war Zeitungsredakteur. Ich fragte ihn, ob es nun wirklich zum Krieg kommen werde. Er machte mir klar, daß fast keine Aussicht mehr auf Erhaltung des Friedens bestand. Ich muß immer wieder daran denken. Zwei Bilder sind es besonders, die sich in mein Gedächtnis eingegraben haben. Das eine: ich stehe auf dem Treppenabsatz, auf dem Weg zum Schlafzimmer im ersten Stock, und schaue zum Fenster hinaus in den klaren Septembernachthimmel und sinne darüber nach, daß dies für einen großen Teil der Welt wahrscheinlich die letzte friedliche Nacht sein wird; und ich denke an die vielen Bücher über den ersten Weltkrieg, die ich gierig verschlungen hatte. Konnte Amerika mit hineingezogen werden? Stand auch mir bevor, vom Sog der Dinge gepackt zu werden? Und wie? Es war Samstag nacht. Das andere Bild: ich sitze am nächsten Morgen in der Kirche und schaue immer wieder auf meine Uhr. England und Frankreich hatten ein Ultimatum an Hitler gesandt. Dieses Ultimatum lief ab, und England und Frankreich würden dann nach 22 Jahren wieder im Krieg mit Deutschland stehen.

Nun – dieser Krieg hat auch Amerika erfaßt, und schließlich habe auch ich daran teilgenommen – als Jagdflieger, der von einem englischen Absprunghafen aus über diese deutsche Landschaft flog. Hier hatte alles begonnen – ausgelöst größtenteils durch Fehler, die man bereits in Versailles begangen hatte. Hier hatte Hitler und der Nazismus seinen Anfang; für einige Zeit zumindest hatten vor und während des Krieges führende Nazigrößen (und auch Mussolini nach seiner Befreiung) an diesem wunderschönen See gelebt, an dem nun auch ich wohnte. Es war der perfekte Rahmen, um Geschichten über diesen Krieg auszugraben und nach überlebenden deutschen Jagdfliegern zu suchen. Ich hatte bereits zwei Bücher über die bemerkenswertesten Einsätze der besten amerikanischen Jagdflieger geschrieben und selbst ein Jagdflugzeug über diesem Land geflogen. Da war es nur natürlich, daß es mich reizte, auch über die Gegenseite zu berichten.

Ehe ich viel unternehmen konnte, lag tiefer Schnee, und es war Weihnachten. In und um München lebten – neben anderen Leuten, die etwas zu sagen wußten – eine ganze Menge ehemaliger Luftwaffenpiloten. Ich begann sie aufzusuchen, darunter auch den Chronisten der Gemeinschaft der Jagdflieger, Hans Ring.

Langsam kamen die Dinge in Gang. Interessante Gespräche und einzelne Flüge im Segelflugzeug zusammen mit deutschen Piloten gehörten zu den erfreulichen Erlebnissen des ersten Sommers. Und eines Tages rollte mein Mercedes 220 auf der Autobahn nach Norden zum Rhein, wo ich einen Besuch bei General a. D. Adolf Galland machte, dem ehemaligen General der Jagdflieger unter Hitler und Göring. Das war im Juni 1962. Galland sicherte mir seine Unterstützung zu. Das war ein Schritt vorwärts. Er verschaffte mir auch eine Liste der Piloten, mit denen ich seiner Ansicht nach sprechen mußte.

Damit begann das Buch, Form anzunehmen; es sah auf den ersten Blick recht einfach aus – ich brauchte nur die Kriegseinsätze der deutschen Jagdflieger in glaubwürdiger und zuverlässiger Weise nachzuzeichnen. Sprachlich bestand zwar ein gewisses Handicap. Außerdem gab es damals keine Me 109 oder FW 190 mehr in Deutschland, mit der man fliegen oder in der man wenigstens sitzen konnte, um sich mit dem Cockpit vertraut zu machen (eine Me 109 fand sich dann schließlich in England). Aber mit den Jahren lösten sich die Probleme.

Die Übernahme eines diplomatischen Postens als amerikanischer

Konsul in München hat das Projekt für zwei Jahre in den Hintergrund treten lassen. Nachdem ich aber die »Fleißarbeit« in Deutschland hinter mich gebracht hatte, zog ich 1965 nach England, um das Buch durch Besuche bei RAF-Assen und Stipvisiten auf RAF-Fliegerhorsten abzuschließen – einschließlich Wattisham bei Ipswich, von wo ich vor 20 Jahren meine Einsätze geflogen hatte. Seit Vorkriegszeiten bis auf den heutigen Tag RAF-Flugplatz, hat sich Wattisham kaum verändert, was tröstlich ist in einer Welt, wo alles so schnell ein anderes Gesicht bekommt und wo so wenig übrigbleibt, an das man sich halten kann und das den Zug der Zeit ein wenig aufhält.

Wenn schon der deutsche Teil des Projektes recht angenehm verlaufen war, z. B. an einem heißen, aber im Augustinerkeller verbrachten Sommernachmittag, mit einem alten Piloten der Luftwaffe als Gesprächspartner, bei einem Hähnchen vom Grill, einer »Maß« und einem gesalzenen »Radi« und der ganzen Gemütlichkeit von Alt-München, so traf das auf die englische Seite gleichermaßen zu. Denn in London fühlt sich jeder Schriftsteller sofort zu Hause, inmitten der Buchläden, Bibliotheken, Archive und vieler Autoren, die sich mit dem letzten Krieg befassen. Natürlich war es ein gleich anregendes Erlebnis, nun auch die RAF-Piloten zu besuchen, die in diesem Buch auftreten werden. Die Auswahl wurde von leitenden Beamten des britischen Verteidigungsministeriums vorgenommen, nicht von mir. Die Auswahl der ehemaligen deutschen Luftwaffenpiloten war leicht gefallen: Die führenden Flieger der Front im Osten und in Afrika und der General der Jagdflieger selbst, außerdem einer der erfolgreichsten Männer von der Westfront.

Aber dann kamen neue Aufgaben auf dieses Buch zu. Die Luftwaffe und die RAF haben die Angelegenheit für nahezu sechs Jahre am Himmel Europas gegeneinander ausgefochten und haben, als erste, der Welt den entscheidenden Einfluß einer Luftmacht demonstriert. Es gab klar herausragende Luftschlachten wie die Schlacht um England. Die Leserschaft konnte also eine Übersicht über solche Ereignisse erwarten. Das Gleiche galt für Einzelheiten über Flugzeugtypen, die im Einsatz standen, ja über die Luftstreitkräfte selbst und über die tatsächlichen Verluste auf beiden Seiten.

Wir nehmen also die Jagdflieger des zweiten Weltkrieges unter die Lupe, in erster Linie die deutschen, die britischen und die amerikanischen. Wir werden sehen, wie sie den Ausgang des Krieges beeinflußt haben und um wieviel wichtiger ihre Rolle war als jemals zuvor – wichtiger auch, als sie jemals wieder sein könnte, falls es überhaupt noch einmal zu einer Kurbelei zwischen Jagdfliegern kommen sollte.

Wir diskutieren die Luftkämpfe über Europa, geben für jede Seite die berichtigten Abschuß- und Verlustzahlen und analysieren die Frage, wer bei den Luftschlachten Sieger blieb. Schließlich werfen wir noch einen Blick auf die beteiligten Luftstreitkräfte selbst, ihre Flugzeuge, ihre Schwächen und Stärken, auf die Vorkriegspläne und werden sehen, wie Planung und Vorkriegsorganisation sich auf den Luftkrieg ausgewirkt haben. Vor diesem Hintergrund begeben wir uns dann zu den führenden RAF- und Luftwaffenpiloten und folgen ihnen auf ihren bemerkenswertesten Einsätzen, die bis in die letzten Einzelheiten rekonstruiert werden konnten. Diese Rekonstruktion erfolgte auf Grund der bisher nicht veröffentlichten Gefechtsberichte der einzelnen Jagdflieger und Interviews mit ihnen. Nach ihrer schriftlichen Abfassung wurden diese Berichte von den jeweiligen Piloten noch einmal auf mögliche Irrtümer überprüft. Der Leser kann auf diesen Einsätzen »mitfliegen«, vom Start bis zum Ende, und kann selbst erkennen, was es für einen Jagdflieger hieß, diese Feindflüge hinter sich gebracht zu haben.

Der Leser kann dabei versichert sein, daß die Berichterstattung nicht künstlich gefärbt wurde. Es gibt keine erdachten Dialoge, wie sie heute so populär geworden sind. Alles, was in diesen Nacherzählungen niedergelegt ist, ist tatsächlich passiert, ist so gesagt worden, fußt auf einstigen Niederschriften und auf deutlicher Erinnerung. Die Leistungen der größten Jagdflieger[1] des zweiten Weltkrieges waren so, wie sie erzielt wurden, dramatisch genug – sie haben keine journalistischen Zutaten, keine literarische Ausmalung nötig.

Abgesehen von der Schilderung der Ereignisse vermittelt uns die vergleichende Studie über die gemeldeten Abschüsse und die tatsächlichen Verlustzahlen beider Seiten einen besseren Einblick in das, was wirklich geschah.

Was läßt sich nun über die Jagdflieger selbst sagen? Was für Menschen sind sie? Wie unterscheiden sie sich von Land zu Land und was machte sie zu den erfolgreichsten Vertretern ihrer Waffengattung?

Es gibt kein Standard-Schema, in das man diese Männer pressen könnte. Sie unterscheiden sich in Persönlichkeit, Erscheinung und

---

[1] *Siehe auch meine Bücher »Greatest Fighter Missions« (bei Harper and Row, New York, 1962) und »American Aces« (bei Harper and Row, New York, 1958. MacDonald, 1958).*

Benehmen genauso voneinander wie andere Einzelpersonen. Mit einem Unterschied: sie sind durch Kameradschaft verbunden. Alle sind wache Köpfe – auch heute noch. Der bezeichnende Unterschied zwischen den wirklichen »Assen« und den durchschnittlichen Piloten mag sich nur in der Luft gezeigt haben – in dem, was sie unter bestimmten Umständen taten, oder wie sie es taten. Vermutlich ist es gar nicht möglich, das heute zu erfassen (oder während des Krieges vom Boden aus) – Jagdflieger waren allein in ihrem Flugzeug. Sie waren Einzelkämpfer. Ein Autor, der über sie schreiben will, muß zuerst Gefechtsberichte und andere Unterlagen studieren, muß die Kameraden hören; dann erst darf er sich den Mann selbst ansehen.

Wenn man versucht, den (mit 352 Abschüssen) erfolgreichsten Jagdflieger der Welt, Erich Hartmann, zu charakterisieren, dann versagt selbst diese Methode. In einer zufälligen Unterhaltung mit diesem ungezwungenen und bescheidenen »Bubi« Hartmann würde man niemals auf den Gedanken kommen, daß dieser immer noch junge blauäugige Deutsche mehr Flugzeuge abgeschossen hat als sonst jemand in der Geschichte der Jagdfliegerei. Hartmann zeigt eine umgängliche, äußerst gelöst erscheinende Persönlichkeit. Ist er – innerlich – auch so unerschütterlich, wie er scheint? Seine Leistung scheint das zu beweisen. Denn er hat – durch drei Jahre hindurch – russische Flugzeuge in regelmäßiger Beständigkeit und in einer fast geschäftsmäßig kühlen Art vom Himmel geholt. Aber unter allen Spitzen-Jagdfliegern dieses Krieges bleibt er das größte Rätsel. Man käme nie von allein darauf, unter dieser ruhigen Oberfläche, in diesem Mann, der äußerlich so ganz dem Bild des Durchschnittspiloten entspricht, eiserne Selbstdisziplin und starken Willen zu suchen.

Adolf Galland dagegen ist ganz anders. Sofort spürt man bei ihm die Intensität und gespannte Bereitschaft des Jagdfliegers. Zu diesem Eindruck gehört auch das schnell aufkommende Lächeln und die gewinnende Persönlichkeit. Er strahlt männlichen Charme aus und Führereigenschaften. Man kann sich leicht vorstellen, daß ihm seine Männer im Einsatz blind gefolgt sind. Mittelgroß, mit dunklem Schnurrbart, durchdringenden dunklen Augen und diesem entwaffnenden Lächeln (das genauso ansteckend sein kann wie das des ermordeten Präsidenten Kennedy) könnte er die Rolle sogar in einem Film spielen. Galland war schon älter, als der Krieg begann, und wurde schnell einer der hervorragendsten Flieger, von Hitler persönlich ausgezeichnet, den er (wie auch den Reichsmarschall Göring) bei Fragen der Luftkriegführung sowie der Entwicklung und Produktion von Jagdflugzeugen über lange Zeit beraten hat. So lernte er den Krieg auch »oben« kennen und dabei die führenden Nazigrößen, denn er bekleidete die Position des Generals der Jagdflieger 3 Jahre lang.

Ich besuchte Galland im Zusammenhang mit diesem Buch zum erstenmal in seinem Büro – in einem alten Gebäude in der Koblenzer Straße in Bonn. Damals rauchte er noch 15 bis 20 schwarze Brasilzigarren am Tag, hatte zwei oder drei Positionen gleichzeitig inne und war fast dauernd auf dem Sprung. Seither hat er auf Anraten seines Arztes etwas zurückgesteckt, raucht keine Zigarren mehr und trinkt nur noch gelegentlich ein Glas Rotwein. Aber er ist immer noch aktiv, fliegt sein eigenes Flugzeug, hat eine ruhige Hand und ist eine dynamische Persönlichkeit.

Bei der RAF bildet Roland R. Stanford Tuck so etwas wie ein Gegenstück an Tempo und Energie. Wie auch bei seinem Kameraden R. R. S. Bader erkennt man bei Tuck noch das Feuer des Jagdfliegers. Interessanterweise sind diese beiden – über Frankreich abgeschossen – anschließend von Galland eingeladen und erstklassig bewirtet worden. Galland sprach diese Einladungen als damaliger Kommodore des Jagdgeschwaders 26 aus.

Tuck betreibt heute eine Champignonzucht in Kent, ein recht gut gehendes Unternehmen. Er reist oft auf den Kontinent, um mit Galland zusammen auf die Jagd zu gehen, und ist auch jetzt noch ein bemerkenswert guter Schütze. Während des Krieges war Tuck das Sinnbild des glorreichen Jagdfliegers. Er ist immer noch vom Geist dieser Tradition erfüllt. (Trotzdem ist einer seiner Söhne vor kurzem in Sandhurst[1] eingetreten!) Mit schmalem Bärtchen und dunklen Augen, aufrecht und durchtrainiert, zeigt Tuck noch die ganze Kraft einer vitalen Persönlichkeit.

Douglas Bader, vielleicht der berühmteste britische Jagdflieger, ist so alt wie Galland und war gerade dabei, Karriere zu machen, als er abgeschossen wurde und in Gefangenschaft geriet. Wenn man alle kühnen, einsatzfreudigen Geister dieses Krieges Revue passieren läßt, dann ist kaum einer dabei, der Bader in der Summe seiner Eigenschaften übertrifft. Er hatte bereits vor dem Krieg bewiesen, aus welchem Holz er geschnitzt war: Ein gefährlicher Unfall hatte ihn beide Beine gekostet. Trotz zwei Beinprothesen lernte er wieder richtig tanzen, Golf spielen und ein normales Leben zu führen, wie es bisher kein Mann unter solchen Gegebenheiten erreichte.

[1] *Kriegsschule der britischen Armee.*

Ein Verband Hurricane MK. I in der bei der RAF anfangs üblichen engen Formation.

Spitfires in der Schlacht um England.

Bader war furchtlos, aber nicht leichtsinnig, er hatte durchaus lebensbejahende Ansichten, und er war ein dynamischer Einheitsführer. Ähnlich wie der legendäre Graf Luckner aus dem ersten Weltkrieg, ging Bader als ein begeisterndes Vorbild aus dem zweiten Weltkrieg hervor. Natürlich ist er kein Übermensch; aber sein Bild mag manchmal gar nicht mehr in unsere heutige Welt der Manager hineinpassen, denn Baders Leben ist Stoff für ein richtiges Geschichtenbuch. Mit diesem sommersprossigen, blauäugigen Heißsporn, mit dieser aufrichtigen, sprühenden und charmanten Persönlichkeit zusammenzutreffen, war ein Erlebnis.

Er war ein genauer Kenner der Taktiken des ersten Weltkrieges und vor seinem Unfall einer der besten Stunt-Flieger der RAF. Er bewies sein fliegerisches Können, das durch zwei Beinprothesen keineswegs beeinträchtigt wurde, seine taktischen Fähigkeiten und seine Entschlußkraft 1940 in hervorragendem Maße und wurde schnell zu einem vielseitigen und äußerst erfolgreichen Jagdflieger. Bader strahlt Kraft aus – psychisch und physisch – (in Schultern, Armen und Händen). Er ist die verkörperte Selbstbeherrschung und lebt auch heute noch ganz abstinent.

Zwei der in diesem Buch genannten RAF-Asse blieben auch nach dem Krieg im aktiven Dienst: James Harry Lacey, Held der Schlacht um England, und James E. Johnson. Beide sind kurz vor Drucklegung dieses Buches in Pension gegangen.

Lacey macht, wie Hartmann, einen bescheidenen Eindruck, der kaum etwas von dem großen Talent und dem Kampfgeist vermuten läßt, der zu so hervorragenden Ergebnissen führte. Er konnte sich von allen, die ich befragt habe, am besten an Einzelheiten erinnern. Er sprach schon im Kriege nicht gerne über seine Erfolge. Ein ironischer Humor entspringt seiner zurückhaltenden Art. Zweifellos hat es ihm eine tiefe Befriedigung bereitet, die Leute – und hier besonders die hohe Generalität – sprachlos zu finden, wenn sie Leistungen zur Kenntnis nehmen mußten, die sie diesem unauffälligen Mann gar nicht zugetraut hätten.

Wenn Tuck der beste Schütze war, dann galt für Lacey, daß ihn keiner in der Beherrschung eines Jagdflugzeuges erreichte. Er war begeisterter Flieger und Fluglehrer schon vor dem Krieg. Eine Quelle seiner Stärke war das Vertrauen auf das, was er mit seinem Flugzeug in der Luft anstellen konnte.

Das ist zugleich eine Erklärung dafür, warum ihn auch nichts abhalten konnte, wenn die Chancen gegen ihn standen, und warum er auch einen größeren feindlichen Verband allein anging. Wenn man sich mit ihm unterhält, würde man ihm diese Kühnheit und diesen Mut nicht zutrauen, so friedlich und bescheiden klingt seine Stimme. Aber in seinen Augen und in seinem Benehmen ist eine gewisse Bestimmtheit zu spüren. Nur jemand, der keinen Sinn mehr für das Einfache und Gerade hat, könnte Lacey als Menschen ablehnen.

Das »As der Asse« der RAF – nach der Zahl der offiziell anerkannten Luftsiege – war J. E. Johnson, der nach dem Krieg bis zum Vizeluftmarschall aufstieg und heute zu den erfolgreichen Autoren auf dem Gebiet der Taktik und Strategie der Jagdluftwaffe gehört. Johnsons Kriegs- und Nachkriegserfolge und der ihm eigene Charme des typischen Jagdfliegers ergeben eine eindrucksvolle Mischung. Wenn man ihn beobachtet, versteht man auch, wie er zu seinem hohen Rang und seiner Popularität gekommen ist. Er hatte die Fähigkeit, von anderen zu lernen; und er besaß die Zurückhaltung und den geistreichen Witz eines guten Diplomaten. Johnson begann verhältnismäßig spät im Krieg, seine Luftsiege zu erringen – ausschließlich über Jäger, und nicht über die schlechtesten. Und er ließ manchen weniger erfahrenen Piloten an seinen Siegen teilhaben. Für die meisten, die mit ihm flogen, war er *der* Jagdflieger des Krieges.

Und die amerikanischen Asse? Auch sie unterschieden sich von Mann zu Mann – wie ihre britischen und deutschen »Kollegen«. Francis Gabreski, der in Europa zu den meisten Abschüssen kam und sich dann auch im Koreakrieg auszeichnete, ist ein offener und freundlicher Typ – die Verkörperung des Geistes der amerikanischen Demokratie. Bei seinem Gleichmut unterschätzt man ihn leicht. Gabreski ist aktiver Offizier der USAAF.

Bob Johnson, zielbewußt wie er war, bewies seine Qualitäten auch nach dem Krieg als Geschäftsmann. Es ist anzunehmen, daß er es auf 40–50 Abschüsse gebracht hätte, wenn er länger im Einsatz gestanden hätte (in knapp einem Jahr hat er 28 Flugzeuge über Europa abgeschossen). Die Energie, die er an den Tag legte – und vielleicht auch sein Ehrgeiz – gingen weit über den Durchschnitt hinaus.

Top-As der USAAF war Dick Bong, der kurz nach dem Krieg bei einem Unfall mit einer F-80 ums Leben kam. Auch Bong, mit dem ich während des Krieges zusammentraf, war ein bescheidener Mensch. Bob Johnson und George Preddy hatten das Zeug, zu den besten US-Jagdfliegern in Europa zu werden (viele glauben, daß der von eigenen Kameraden abgeschossene Preddy überhaupt der erfolgreichste Jäger geworden wäre). Bong führte jedenfalls klar im Pazifik.

Wir jüngeren Piloten sahen in Bong einen bemerkenswert guten Schützen. Wenn er Einsatzhäfen der Jagdwaffe besuchte und die Sprache darauf kam, dann war er selbst anderer Meinung. Das war nicht nur Bescheidenheit, denn das Treffen hing im Kurvenkampf zu mehr als 50 Prozent auch vom fliegerischen Können ab – Marseille bewies das durch die Technik, die er in Afrika entwickelte. Bong soll einmal gesagt haben, wenn er bei seinem Eintreffen im Pazifik schon die ganze Erfahrung besessen hätte, dann hätte er eigentlich 80 Flugzeuge abschießen müssen. Das ist durchaus möglich. Zu jener Zeit wußten wir noch nicht, daß deutsche und japanische Jagdflieger diese Marke nicht nur erreicht, sondern zum Teil erheblich überschritten hatten. Irrtümlicherweise hielt man damals bei uns solche Abschußzahlen für absolut ausgeschlossen.

Bong war immerhin ein so guter Schütze, daß er wußte, wie weit sich diese Kunst entwickeln ließ und wo ihre Grenzen lagen. Wer über Europa eingesetzt war, wird sich natürlich kaum davon überzeugen lassen, daß man mit dem Abschuß eines japanischen Jägers ebenso viel Mühe hatte wie bei einem deutschen.

Wenn man nun die erfolgreichsten Jagdflieger der verschiedenen Länder vergleicht, entdeckt man dann Qualitäten, die ihnen gemeinsam sind? Ich möchte das bezweifeln, wenn man von einem besonderen Sinn für ausgelassene Späße absieht, der eigentlich zu jeder starken Persönlichkeit gehört. Den hatten fast alle; dazu kam schnelle Auffassung und Reaktionsvermögen. Die Ausbildung und die Kampferfahrung, die allen eigen war, vermittelte so etwas wie einen gemeinsamen »background« und möglicherweise auch eine gleiche Einstellung zum Leben. Das mag teilweise auch jene innere Verwandtschaft erklären, die sich bis auf den heutigen Tag zeigt, wann und wo immer sie sich auch über die Grenzen hinweg treffen. Darüber hinaus ist aber jeder ein anderer Mensch und keiner auf einen Standard festzulegen.

Die in diesem Buch beschriebenen Feindflüge wurden von diesen Männern selbst berichtet. Ich erzähle sie wieder in chronologisch genauem Ablauf. Als langjähriger, erfahrener Redakteur habe ich alle Mühe aufgewandt, um diese Genauigkeit zu sichern. Chronisten, Reporter und Fotografen konnten auf solchen Einsätzen nicht mitfliegen. In einem Jagdflugzeug war nicht so viel Platz. Die Luftkämpfe erstreckten sich mit hoher Geschwindigkeit und schnellem

Handlungsablauf zum Teil über weite Gebiete. Deshalb sind bisher wenig Anstrengungen unternommen worden, sie in allen Einzelheiten nachträglich schriftlich niederzulegen. Für jemand, der nicht selbst als Jagdflieger am zweiten Weltkrieg teilgenommen hat, dürfte es ohnehin sehr schwierig sein, sich in die Gefühle, Gedanken und Überlegungen einzuleben, die zu einem Luftkampf gehören. Es ist deshalb meine Hoffnung und auch eine Absicht dieses Buches, nun den Leser auf den bedeutendsten oder bemerkenswertesten Feindflügen der berühmtesten Jäger dieses letzten Krieges »mitfliegen« zu lassen, einige dieser Männer und deren Flugzeuge unter die Lupe zu nehmen und ein Bild von den großen Luftschlachten des zweiten Weltkrieges zu geben.

»DIE GROSSE JAGD«

Im Rückblick erkennen wir heute: der zweite Weltkrieg war der Kulminationspunkt der Jagdwaffe. Im ersten Weltkrieg, als die Fliegerei noch in den Kinderschuhen steckte, hat sie die Aufmerksamkeit der Öffentlichkeit gewonnen; erfolgreiche Jagdflieger wurden zu Nationalhelden. Aber damals war eine Luftwaffe noch kaum mehr als ein taktisches Anhängsel des Heeres. Im zweiten Weltkrieg haben dann Bomberflotten Kampf und Vernichtung in geradezu verheerendem Ausmaß hinter die Fronten in das feindliche Heimatland getragen. Jagdflieger schufen die Voraussetzungen dazu. Jagdflieger mußten die Lufthoheit über dem Operationsgebiet erkämpfen. Sie bestimmten damit den Ausgang strategischer und taktischer Unternehmen zu Lande und zur See.

Diese Verschiebung in der Funktion und Bedeutung der Jagdwaffe zeigte sich auf dramatische Weise in der Schlacht um England, wo das RAF Fighter Command tatsächlich den Vormarsch der unbesiegten Truppen Hitlers stoppte und die Invasion des in sonstiger Hinsicht nur schwach verteidigten britischen Inselreichs verhüten konnte. Aber diese Veränderung der Aufgaben hatte sich dem sorgfältigen Beobachter bereits vorher aufgedrängt. Bei der Eroberung Norwegens durch die Deutschen – im April 1940 – haben Luftstreitkräfte die entscheidende Rolle gespielt. Die Luftwaffe erkämpfte sich innerhalb der Reichweite ihrer Absprunghäfen schnell die völlige Kontrolle über See und gewann auch die Schlacht um Nachschub und Verstärkung. Bereits die Feldzüge in Polen und Frankreich hatten die umwälzenden Möglichkeiten des Luftkrieges augenfällig gemacht. Japan hat den Vorteil des Potentials in der Luft zu verblüffenden strategischen und taktischen Erfolgen im Pazifik genutzt und dabei Marineflieger von hohem Ausbildungsstand einsetzen können, um sich die Lufthoheit zu sichern.

Die einzelnen Völker haben verschiedene Auffassungen im Einsatz ihrer Luftstreitkräfte entwickelt. Deutschland und Rußland betonten die Zusammenarbeit mit dem Heer, während die Vereinigten Staaten und England, die mit der Aneignung und Anwendung dieses Konzepts nachzogen, den strategischen Bombenkrieg realisiert haben. Die deutsche Blitzkriegtechnik der engen Zusammenarbeit zwischen Luft und Boden war das überraschende Moment in den Feldzügen der Jahre 1939 und 1940. Innerhalb dieser Taktik war der Bomber mehr eine taktische als eine strategische Waffe und trug in Verbindung mit schnellen Panzerverbänden zu den Blitzsiegen bei. Hitler hat immer eine Voreingenommenheit für den Offensivbomber gezeigt. Jäger – als notwendige Defensivwaffe – waren für ihn von zweitrangigem Interesse. Aus diesem Grunde wurden in Deutschland bei Ausbruch des Krieges auch weniger Jäger als Bomber produziert. Es liegt eine besondere Ironie in der Tatsache, daß es die Luftwaffe trotz der Priorität der Bomberproduktion nie zu einer wirksamen schweren Bomberflotte gebracht hat und demzufolge auch nie zu entsprechenden Erfolgen[1] kam, während einzelne deutsche Jagdflieger und die Jagdwaffe allgemein ihrem Vaterland hervorragende Dienste leisteten und dem Gegner in vielen Luftschlachten eindeutig überlegen blieben.

Die russische Auffassung über Luftkriegführung war der deutschen in vieler Hinsicht ähnlich. Obwohl die Russen riesige Luftstreitkräfte aufbauen konnten, brachten sie es gleichfalls nicht zu einer wirksamen strategischen Bomberwaffe großer Reichweite. Die Russen legten das Schwergewicht immer auf die Zusammenarbeit der Luftwaffe mit der Truppe.

Die Briten und Amerikaner jedoch haben zwar starke Jagdverbände aufgestellt, aber daneben beträchtliche Anstrengungen unternommen, schwere Bombengeschwader zu schaffen, die hohe Bombenlasten tief in das Hinterland des Feindes tragen konnten. Gelegentlich, wie bei der Invasion im Juni 1944 und beim Durchbruch von St. Lo[2] im August, wurden die schweren Bomber auch im taktischen

---

[1] Galland: »Die Ersten und die Letzten« (Schneekluth Verlag), Seite 99. Wood und Dempster, »The Narrow Margin« (Hutchinson, 1961), Seite 44–45.

[2] C. Wilmot: »The Struggle For Europe« (bei Collins, London 1965). S. 391, zitiert Generalleutnant Fritz Bayerlein, den Kommandeur der Panzer-Lehr-Division, die bei St. Lo gegen die Amerikaner kämpfte, über den Einsatz schwerer Bomber wie folgt: »Die Flugzeuge kamen wie auf einem Förderband, und die Bombenteppiche fielen Zielquadrat neben Zielquadrat. Kaum hatte meine Flak das Feuer eröffnet, wurden die Batterien von Volltreffern eingedeckt. Eine Stunde später hatte ich keinerlei Verbindung mehr, nicht einmal per Funk. Gegen Mittag war vor Staub und Qualm nichts mehr zu sehen. Meine Hauptkampflinie sah aus wie eine Mondlandschaft, und etwa 70 Prozent meiner Einheiten waren außer Gefecht gesetzt – tot, verwundet, entnervt oder benommen. Meine vorne stehenden Panzer waren sämtlich kampfunfähig geschossen. Die Straße war nicht mehr passierbar.« Eine Befragung des Generalfeldmarschalls von Rundstedt durch die US-Army ergab, daß viele deutsche Generale, einschließlich von Rundstedts, die alliierten Luftstreitkräfte als entscheidendes Element beim Zusammenbruch der deutschen Westfront betrachteten.

Einsatz mit verheerender Wirkung an den Feind gebracht. Primär erhielten sie jedoch strategische Aufgaben. Erst im Verlauf des Krieges haben es die britischen und amerikanischen Jagdflieger gelernt, im taktischen Einsatz eng mit den vorrückenden Panzerverbänden zusammenzuarbeiten. Die Briten zeigten das bei El Alamein; bei St. Lo war es dann die US-Army, die die wirksamste Unterstützung aus der Luft erhielt, die jemals demonstriert werden konnte.

Die im zweiten Weltkrieg zur entscheidenden Bedeutung gewachsenen Luftstreitkräfte wiesen dem Jagdflugzeug und dem Jagdflieger unvermeidlich eine Schlüsselrolle zu. Denn nur Jäger konnten die Lufthoheit und Luftüberlegenheit erkämpfen. Der Verlauf des Krieges bewies sehr bald, daß eine erfolgreiche Verteidigung gegen schwere Bomber nur möglich war, wenn genügend Jäger zur Verfügung standen. Genauso konnte aber ein Bombereinsatz bei Tage nur dann erfolgreich sein, wenn Begleitjäger den Bombern in angemessener Weise Jagdschutz bieten konnte. Daneben stellte sich heraus, daß auch taktische Bomber (wie z. B. die Ju 87) nur dann Chancen hatten, wenn sie von Jägern gedeckt wurden. Somit war es der Jäger, der am Ende in der Luft den Ausschlag gab.

Diese Voraussetzungen machten den zweiten Weltkrieg zum Krieg der Jagdwaffe. Noch hatten Industrie und Wissenschaft keine Flugzeuge geschaffen, die für die klassische Kurbelei eines Luftkampfes unter Jägern zu weit fortgeschritten waren. Wie im ersten Weltkrieg umgab noch ein Hauch von Romantik und Ritterlichkeit diesen Kampf. Deshalb war es nur natürlich, daß die zum Abenteuer bereiten jungen Männer aller Länder Jagdflieger werden wollten. Die körperlichen und charakterlichen Anforderungen waren verhältnismäßig hoch; es ist keine Übertreibung, zu sagen, daß die Elite der jungen Generation eines jeden Landes zur Jagdwaffe drängte.

Ein Teil des Anreizes lag in der Natur des Kampfes. In weitem Umfang zählte hier die persönliche Leistung – fliegerisches Können, Treffsicherheit, Mut und Ausdauer. Vielleicht die letzte Möglichkeit, den ritterlichen Zweikampf in unsere Zeit herüberzuretten.

Der Luftkampf war so unpersönlich, wie der Zweikampf nur sein kann. Es fehlte dabei jener widerliche Moment, in dem man das Bajonett dem anderen in den Bauch rennt und damit fertig werden muß. Es war eine andere Art des Tötens – man drückte lediglich auf einen oder zwei Knöpfe am Knüppel. Wenn das den Tod zur Folge hatte – ein Jagdflieger konnte immer hoffen, daß das nicht passierte, und gewöhnlich passierte es auch nicht – dann war man nicht dabei und mußte das mitansehen. In anderen Worten, der Kampf enthielt zumindest den Rest eines sportlichen Elements. Außerdem war da noch eine Spur vom Ehrenkodex früherer Zeiten, der den Waffengang bestimmte. Diese Tradition war so stark, daß einige der berühmteren alliierten Jagdflieger – nachdem sie von Deutschen abgeschossen worden waren – von ihren Bezwingern mit allen Ehren eingeladen und bewirtet wurden[1]. Genauso hat der Seenot-Rettungsdienst auf beiden Seiten die abgeschossenen Flieger, ohne Rücksicht auf die Nationalität, wann immer das möglich war, »aus dem Bach gefischt«. Es gab andere Gesten. Piloten, die am Fallschirm hingen, wurden selten beschossen[2]. Und ab und zu winkte man sich gratulierend zu, wenn man sich im Kurvenkampf verschossen hatte und wegen Munitionsmangel abbrechen mußte. Bomber, die entscheidend getroffen, aber noch flugfähig waren, wurden in Deutschland oft durch Jagdflieger zur sicheren Landung geleitet, wenn sie die Absicht zur Landung signalisierten. Und Bewunderung für fliegerisches Können des Gegners wurde auf beiden Seiten durch anerkennende Zeichen zum Ausdruck gebracht. Es handelte sich also um die sauberste und sportlichste Art, einen Krieg auszufechten, wenn auch um eine gefährliche. Und es ist beinahe sicher, daß mit Ende des Krieges auch diese Form des Einzelkampfes in der Luft für alle Zeiten vorbei war und nicht wiederkommen wird. Es ist wenig wahrscheinlich, daß die Kombattanten das nächste Mal – wenn es ein nächstes Mal gibt – dieselben Regeln und Traditionen pflegen werden. Es ist viel wahrscheinlicher, daß das ganze ein Geschäft für elektronisch gesteuerte Raketenwaffen wird; und man kann sich dabei nicht vor-

[1] *Zu diesen »Ehrengästen« der deutschen Jagdflieger zählte auch Douglas Bader und Robert Stanford Tuck, die beide 1941 bzw. 1942 von Fliegern des JG 26 über Frankreich abgeschossen worden sind und von denen später in diesem Buch berichtet wird.*
[2] *In mehreren englischen Büchern über den Luftkampf im zweiten Weltkrieg (mein eigenes »American Aces« eingeschlossen) werden alliierte Piloten als Augenzeugen zitiert, daß eigene Flieger am offenen Fallschirm hängend beschossen wurden. Auf deutscher Seite führt General Adolf Galland in »Die Ersten und die Letzten« an, daß auch er gesehen habe, wie alliierte Jagdflieger auf abgesprungene Me 262-Piloten geschossen hatten, die noch in der Luft hingen. Hans Ring und Galland kamen auch im Gespräch mit mir auf dieses Problem zu sprechen, wobei mir Ring an die hundert Namen deutscher Jagdflieger nennen konnte, die auf diese Weise den Tod fanden. Im allgemeinen kann man jedoch sagen, daß dies auf keiner Seite die Regel war (obwohl viele Deutsche das »gewissen Mustangs mit roten Nasen und Schwänzen« nachsagen), und wahrscheinlich legte mancher die Handlungen eines gegnerischen Piloten falsch aus, wenn er, am Fallschirm hängend, bei dessen Angriff auf ein anderes Ziel zufällig in die Schußlinie geraten war.*

stellen, daß sportliche Infrarotstrahlen einem tapferen Gegner über den Himmel entgegenblinken.

Die Zeiten dafür sind vorbei – wie so viele Sitten und Bräuche des alten Europa, die wir gekannt haben. Das gehört mit zu dem Preis, den wir für das Atomzeitalter zahlen.

In diesem Buch interessiert uns der Krieg nur insoweit, als er von Jagdfliegern am Himmel über Europa und Afrika ausgefochten wurde. Die drei hauptsächlichen Luftmächte in diesem Konflikt waren Großbritannien, Deutschland und die Vereinigten Staaten von Nordamerika. Die Sowjetunion könnte man als vierte nennen, obwohl deren Jagdflugzeuge den Standard der erstgenannten Mächte nicht ganz erreichten, und der sowjetischen Luftwaffe Allround-Einsatzfähigkeiten abgingen. Im allgemeinen waren z. B. russische Jagdflugzeuge nicht mit Sauerstoffgeräten ausgerüstet und konnten sich deshalb nicht auf Luftkämpfe in größeren Höhen einlassen. Sie spielten hauptsächlich eine taktische Rolle in der Unterstützung der Roten Armee. Italien besaß eine bedeutende Jagdluftwaffe, deren Flugzeuge jedoch, gemessen am Standard der drei westlichen Hauptkriegführenden, veraltet waren. Dasselbe traf auf Frankreich zu, dessen Jagdflugzeuge zu Beginn des Krieges den englischen und deutschen Typen unterlegen waren.

In Großbritannien, Deutschland und den Vereinigten Staaten dauerte die Ausbildung zum Jagdflieger sehr lange, verlangte Außergewöhnliches von den Schülern und kostete beträchtliche Opfer. Ein großer Prozentsatz der Flugschüler mußte, besonders in den USA, mitten im Kurs wieder die Koffer packen, weil sie den Anforderungen nicht gerecht werden konnten. Wer dann das Flugzeugführerabzeichen – die Schwingen – verliehen erhielt, hatte strenge körperliche wie geistige Prüfungen bestanden und eine Reihe von Flugzeugtypen in verschiedenen Fliegerschulen beherrschen gelernt.

Zu Beginn des Krieges hatten deutsche Jagdflieger ihren Gegnern einiges an Erfahrung voraus, denn sie hatten im Spanischen Bürgerkrieg Gelegenheit, Waffe und Taktik zu erproben. Weitere Kampferfahrungen brachte der Beginn des Krieges im Westen.

Die Deutschen hatten auch die bessere Ausrüstung. Gegen die alliierten Jagdflugzeuge besaß die Me 109 (damals der deutsche Standardjäger) merkliche Vorteile. Alles in allem war sie der Hurricane überlegen, die von der RAF und einigen belgischen Staffeln auf dem Kontinent geflogen wurden. Auch die modernsten französischen Jagdflugzeuge kamen nicht an sie heran. Das einzige Flugzeug, das es zu diesem Zeitpunkt mit der Me 109 aufnehmen konnte, die Spitfire, wurde damals nicht auf dem Festland eingesetzt. Die Spitfires tauchten zum erstenmal, dann von englischen Basen aus, über Dünkirchen in größeren Zahlen auf – und natürlich in der Schlacht um England. Das hauptsächliche Verdienst der britischen Luftfahrtindustrie vor dem Krieg bestand darin, daß sie die Hurricane und die Spitfire 1940, als es wirklich darauf ankam, in nennenswerter Zahl zum Einsatz bereitstellen konnte. Die hervorstechende Leistung dieses Jahres war, daß die britische Luftfahrtindustrie das Rennen um die Produktion der Jäger in der Schlacht um England gewann und damit praktisch die Entscheidung vorwegnahm.

Die RAF-Jagdflieger waren zwar gut ausgebildet und flogen gute Flugzeuge (viele hielten eine ganze Menge von der Hurricane, weil sie schneller stieg als die Spitfire, robuster war und in frühen Versionen mehr MG's trug), aber es fehlte ihnen an der nötigen Kampferfahrung. Dies drückte sich auch in der Wahl der Gefechts- und Angriffsformationen der RAF aus, die am Anfang des Krieges noch etwas vorsintflutlich[1] erschienen.

Amerikanische Jägereinheiten, die 1942 nach Europa kamen, profitierten zwar von den Erfahrungen, für die die RAF bitteres Lehrgeld gezahlt hatte. Aber bis zum Eintreffen der verbesserten P-47 und P-51, mehr als ein Jahr später, mußten sich diese Piloten trotz ihrer guten Ausbildung, die sie in den Staaten erhalten hatten, gegenüber den Me 109-F und FW 190 gehandicapt fühlen. Das Blatt wendete sich erst 1944, als die P-51 in wachsenden Zahlen weit nach Deutschland hineinflogen. Sie konnten es mit allen konventionellen deutschen Jagdflugzeugen aufnehmen. Die Ausnahme waren die Me 262-Düsenjäger, die im Spätjahr 1944 in kleineren Zahlen auftauchten. Um diese Zeit waren auch höher gezüchtete Spitfire und andere britische einmot-Jäger im Einsatz, von denen viele (einschließlich der Mustangs) den Rolls-Royce-Merlin-Motor hatten, der eine so ausschlaggebende Rolle im Kampf und in der Sicherung der Luftüberlegenheit der alliierten Jäger spielen sollte.

Deutschen Jagdfliegern gebührt hohe Anerkennung für ihre Leistungen im Luftkampf. Im Einsatz gegen die RAF und die USAAF kamen 8 deutsche Jagdflieger auf über 100 Luftsiege! Die höchste Zahl im Westen erzielte Heinz Bär mit 124. An der Spitze der alliierten

[1] *J. E. Johnson: »Full Circle« (Chatto and Windus, 1964), Seite 94 und Seiten 106—107. Auch nach Gesprächen des Autors mit Johnson, Tuck, Bader und Galland. Andere Hinweise auf dieses RAF-handicap finden sich in vielen Biographien führender englischer Jagdflieger.*

Jagdflieger, die gegen Deutschland kämpften, stand J. E. Johnson von der RAF mit 38 bestätigten Abschüssen. Der erfolgreichste Amerikaner auf dem europäischen Kriegsschauplatz war Francis Gabreski mit 31 Luftsiegen[1]. Deutsche Jäger brachten es im Osten auf noch verblüffendere Zahlen, zwei kamen auf mehr als 300 Abschüsse. Erich Hartmann wurden, wie erwähnt, 352 Luftsiege zuerkannt.

Der erfolgreichste Amerikaner, Richard Bong von der USAAF, erzielte (gegen die Japaner) 40 Luftsiege. Als bester englischer Jagdflieger gilt allgemein Johnson mit seinen 38 Abschüssen, obwohl ein neueres Buch[2] M. T. St. John Pattle 41 Luftsiege zuschreibt. Als erfolgreichster sowjetischer Jagdflieger wird Generalmajor Iwan N. Koschedub mit 62 Luftsiegen angenommen. (Deutsche Jagdflieger erzählen jedoch, ein nicht auf der offiziellen Liste geführter russischer Jagdflieger habe es auf über 80 Abschüsse gebracht.) Die Liste der Japaner wird von C. W. O. Hiroyashi Nishisawa angeführt, der 104 Luftsiege aufweisen konnte. Bei den Franzosen stand Pierre Clostermann, der die meisten Einsätze in der RAF flog, mit 33 Abschüssen an der Spitze. In Italien war es Adriano Visconti mit 26 Luftsiegen. Hans H. Wind von der finnischen Luftwaffe hatte 75 anerkannte Abschüsse, Prinz Constantino Cantacuzino, Rumänien, erhielt 60 Luftsiege anerkannt[3].

Im Einsatz der Jagdstreitkräfte, die in diesem Buch behandelt werden, der RAF, der deutschen Luftwaffe und der USAAF, drückten sich die unterschiedlichsten Auffassungen aus.

Die RAF und die deutsche Luftwaffe konzentrierten sich in erster Linie auf den Bau von Jagdflugzeugen, die sich am besten für defensive Aufgaben eigneten, während amerikanische Jagdflugzeuge, besonders in den beiden letzten Jahren des Krieges primär offensiv, für Langstreckeneinsatz und lange Flugzeiten ausgelegt waren. Weder die Flugzeuge der RAF noch die der deutschen Luftwaffe

---

[1] *Abweichend von der RAF und der deutschen Luftwaffe sowie den meisten übrigen US-Luftflotten erkannte die 8. US-Luftflotte, die in England stationiert war, auch am Boden zerstörte Flugzeuge als Abschüsse an. In diesem Buch sind die von der 8. US-Luftflotte am Boden zerstörten Flugzeuge von deren Gesamtzahlen bereits abgezogen, da die RAF und die deutsche Luftwaffe solche Abschüsse nicht anerkannten.*

[2] *C. Shores: »Aces High« (bei Spearman, 1966), S. 242; E. C. R. Baker über Pattle in seinem Buch »Supreme Fighter in the Air« (bei Kimber, 1965) schreibt Pattle 42 bis 43 Abschüsse zu. Man glaubt, daß Pattle – der hervorragendste Flieger des Griechenlandfeldzuges 1940 und 1941 – mindestens 40 wahrscheinliche zusätzlich zu seinen anerkannten Abschüssen erzielt hat. Er war Südafrikaner.*

[3] *Siehe die Listen der besten RAF- und USAAF-Jagdflieger im Anhang.*

kamen an die Leistungen dieser amerikanischen Muster heran. Das ganze war eine logische Folge der geographischen Lage. Die RAF gewann die Schlacht um England mit Flugzeugen, die zur Verteidigung der Insel gebaut waren. Die Luftwaffe, deren Standardjäger zur selben Zeit konzipiert waren wie die englischen, kämpfte in der Schlacht über Deutschland gleicherweise mit Kurzstreckenjägern, die auf Verteidigungsaufgaben ausgelegt waren. Die in Europa stationierten Jäger der US-Army waren andererseits zu dem ausdrücklichen Zweck über den Atlantik geschickt worden, den Angriff tief nach Deutschland hineinzutragen, indem sie bei den strategischen Tagbomberangriffen Begleitschutz flogen. Zudem waren diese Flugzeuge wesentlich später als die Me 109 oder die Spitfire konstruiert worden. Die schweren Verluste, die die 8. US-Luftflotte hinnehmen mußte, als sie ohne Begleitjäger[1] Ziele weit im deutschen Binnenland angriffen, machten es notwendig, Jäger auf dem ganzen langen Weg mitfliegen zu lassen. Auf Grund der negativen Erfahrungen, die sowohl die RAF wie auch die deutsche Luftwaffe im frühen Stadium des Krieges gemacht hatten, hatten beide Gegner die Tagbombereinsätze weit ins feindliche Hinterland wieder aufgegeben. Die erfolgreiche Inszenierung der schweren Tagbombereinsätze über Deutschland, die erst durch Langstrecken-Begleitjäger möglich wurde, ist also die hervorragende Leistung der amerikanischen Luftmacht in Europa[2].

Vergleicht man nun die Jagdflieger der drei Länder, so wird es schwieriger, zu allgemeinen Urteilen zu kommen. Trotzdem ist es vertretbar, die deutschen Jagdflieger der Reichsverteidigung zu den

[1] *Galland schreibt über offizielle deutsche und amerikanische Verluste, daß die schweren amerikanischen Bomberverluste beim ersten Luftangriff auf Schweinfurt und Regensburg im August 1943 zum ersten Mal 19 Prozent der eingesetzten Bomber erreichte (von 315 »Fliegenden Festungen«, die das Ziel erreichten, wurden 60 abgeschossen). Weitere 100 wurden beschädigt. Die Deutschen verloren dabei 25 Jagdflugzeuge (nicht 228, wie ursprünglich von amerikanischen Bordschützen behauptet wurde). Diese und schwere Verluste bei anderen Angriffen ohne Jagdschutz bis zum Zielraum überzeugten schließlich die USAAF-Kommandeure von der Notwendigkeit von Langstreckenjägern wie der P-51 – die Göring als »technische Unmöglichkeit« ansah.*
[2] *»Full Circle«, Seite 226. Daß die USA schließlich ein Jagdflugzeug produzieren konnten, das bis in die fernsten Ecken von Deutschland operieren konnte, bezeichnet Johnson als »eines der besten Beispiele dafür, was man erreichen kann, wenn man ein Ziel setzt und es konsequent angeht«. Er schreibt, daß das ursprüngliche Ziel der RAF – wie bei der Luftwaffe – im Tagbomberangriff lag, und daß beide Seiten dieses Ziel wegen zu hoher Verluste aufgeben mußten. Daraufhin hielten die Generalstäbe beider Luftwaffen Fernbombereinsätze am Tage für technisch undurchführbar.*

besten der Welt zu zählen, weil sie sechs Jahre lang »durch den Fleischwolf gedreht« wurden, weil sie es bei der Verteidigung Deutschlands in der größten Luftschlacht des Krieges mit zahlenmäßig überlegenen Gegnern aufnehmen mußten, weil sie eine viel höhere Zahl von Einsätzen flogen, viel mehr Gelegenheiten für Luftkämpfe und damit auch die größte Erfahrung hatten. Ein kurzer Blick auf die Zahl der von den besten deutschen Jagdfliegern geflogenen Einsätze, die nicht nur in die Hunderte, sondern in die Tausende gingen, zeigt, daß sie mehr Erfahrung haben mußten als Jagdflieger irgendeines anderen Landes. Das traf besonders auf die Nachtjäger zu, deren Leistungsstand im Verlauf der langen Bomberoffensive der RAF einen hohen Grad erreichte.

Weil das von Feinden umgebene Deutschland in der Luft zahlenmäßig unterlegen war und um das nackte Überleben kämpfen mußte, wurde von den Jagdfliegern der Luftwaffe ein Einsatz ohne Pause verlangt, wie ihn die britischen und amerikanischen Piloten nie kennengelernt haben. Diese wurden, nach einer bestimmten Zeit vor dem Feind, regelmäßig abgelöst. Dazu kam noch, daß die deutschen Jäger (hauptsächlich in den zwei letzten Jahren des Krieges, als die Luftschlachten größere Zahlen eingesetzter Flugzeuge als früher brachten) über ihrem eigenen Land flogen, wodurch viele abgesprungene oder notgelandete Flugzeugführer wieder zu ihren Einheiten zurückkehren und den nächsten Einsatz fliegen konnten.

Die Annahme ist zulässig, daß auch britische und amerikanische Jagdflieger ähnliche Leistungen erreicht hätten, wenn die nackte Existenz ihrer Nation auf dem Spiele gestanden und sie zu ähnlich verzweifelten Gewaltanstrengungen getrieben hätte. Andererseits kann man sehr wohl den Standpunkt vertreten, daß die Deutschen eine natürliche Neigung zum Wehrdienst oder für Kämpfertum überhaupt besitzen. Und es ist wahr, daß – trotz dem schließlichen Siege der RAF in der Schlacht um England 1940 – von den drei besten deutschen Jagdfliegern, die aus dieser Schlacht hervorgingen[1] (Hel-

---

[1] *1940 standen an der Spitze der deutschen Jagdflieger: Adolf Galland mit 57, Helmut Wick (gefallen am 28. November 1940) mit 56 und Werner Mölders mit 55 Luftsiegen. Eine erste inoffizielle Liste der RAF-Jäger mit den meisten Abschüssen in der Englandschlacht, die mir von der historischen Abteilung des Verteidigungsministeriums auf meine Anforderung hin zuging, weist als die drei besten Lieutenant E. S. Loch (†), D.S.O., D.F.C. und Spange, mit 20; Squadron Leader A. A. McKellar (†), D.S.O., D.F.C. und Spange, mit 20 und Sergeant J. Frantisek (†), D.F.M., mit 17 und außerdem 11 Abschüssen bereits vor der Englandschlacht aus.*

mut Wick, Werner Mölders und Adolf Galland) jeder rund 50 Luftsiege aufweisen konnte, oder anders: ungefähr doppelt so viel wie der beste und unter günstigeren Umständen kämpfende RAF-Pilot.

In den 12 Jahren, die ich mit Vorarbeiten zu 3 Büchern über Jagdflieger und Luftkämpfe des zweiten Weltkrieges zugebracht habe, war es ein bleibendes Erlebnis, mit den berühmtesten Männern der drei Länder zusammenzukommen und sie im längeren Gespräch kennenzulernen. Den Leser interessieren vielleicht ein paar Bemerkungen über sie als Gruppe, denn kaum ein anderer Autor wird von sich sagen können, alle hier Erwähnten interviewt zu haben, und noch viel weniger, selbst als Jagdflieger im letzten Krieg in Europa geflogen zu sein und dann noch in England und Deutschland gelebt und viele Gespräche mit ehemaligen Luftwaffenpiloten in ihrer eigenen Sprache geführt zu haben.

Ganz allgemein: Keiner der Überlebenden schien unter zerrütteten Nerven, Gesichtszucken oder anderer Anomalitäten als Folge des Kriegsdienstes zu leiden. Ganz im Gegenteil, alle waren ausgewogene Persönlichkeiten; und die an den Tag gelegte lässige gute Laune konnte nicht darüber hinwegtäuschen, daß sie auch heute noch »schnell schalten«. Möglicherweise stellen sie einen besseren Nachkriegsdurchschnitt dar als die Männer des Heeres und der Marine, die lange im Einsatz waren. Das widerspricht zwar einer landläufigen Meinung, die von ewigen Besserwissern genährt wird, wonach Jagdflieger in der Regel aggressive Raudis, ja sogar asoziale Typen waren, denen nur der Ruhm etwas galt, und die in Wirklichkeit Kriminelle mit einer Lizenz zum Töten gewesen sein sollen – kurz gesagt tolldreiste, unbelehrbare Typen, die sich nicht mehr an ein geordnetes Zivilleben gewöhnen können, wenn der Krieg vorbei ist. Das Gegenteil trifft zu. Alle meine Gesprächspartner haben nicht nur wieder in ein normales Leben zurückgefunden, sondern die meisten haben auch hier Erfolge erzielt und sind zu führenden Positionen in Gesellschaft und Wirtschaft aufgestiegen. Das trifft auf die Jagdflieger aller drei Länder zu, mit denen sich dieses Buch befaßt.

Ein Übermaß an jugendlicher Begeisterung und Überschwenglichkeit mag manchen bis zu einem gewissen Grade damals angesteckt haben: das waren die Leute, die glaubten, was ihnen in bestimmten Filmen oder Büchern über wagemutige und abenteuerliche Jagdflieger in den beiden Weltkriegen vorgesetzt wurde. Schriftsteller und Bewunderer, die ihre Helden mit Robin Hood, Wyatt Earp (dem legendären Sheriff des Wilden Westens), Rittern, Freibeutern und ähnlichen Sagengestalten verglichen, taten das Ihrige dazu. Ein Teil des Phänomens hängt auch mit der Unart zusammen, einen Piloten bereits mit 5 Luftsiegen als »As« zu bezeichnen und so zu einem Ausnahmemenschen aufzuwerten, wie dies in der angloamerikanischen Welt üblich ist. Diese Übervereinfachung und viel unreifes Geschreibsel über Jagdflieger haben dazu geführt, daß der fundamentale und manchmal entscheidende Wert ihrer Taten im Krieg im nebelhaften Geschwafel unterging.

In Deutschland dagegen wurden 5 Luftsiege nicht unbedingt als Maßstab der Bewährung angesehen. Die deutschen Jäger beurteilten ihre Kameraden nur nach Leistungen, die längere Zeit anhielten. Nur wer überlegene jagdfliegerische Fähigkeiten bewies, galt als »Experte« – ganz gleich, wieviele Gegner er abgeschossen hatte. Deutsche Jäger mit 10, 15 oder selbst 20 Luftsiegen waren deshalb nicht auch schon automatisch Experten.

Es bedarf keiner Entschuldigung, wenn man über die Großtaten der Besten unter ihnen berichtet, denn die von echter Vaterlandsliebe erfüllten Männer dieser Generation sahen ihre Pflicht im Kampf um ihr Land und dessen Existenz, wie es über Jahrhunderte als ehrenvolles Handeln galt. In diesem Buch soll nicht versucht werden, den Krieg zu verherrlichen; die meisten von uns haben ihn aus eigener Anschauung kennengelernt. Trotzdem: eindrucksvolle Leistung im Kampf und unter einer harten Pflicht und persönlicher Einsatz, der Tapferkeit, Mut und Können beweist, sollten – auf beiden Seiten – den Beifall und die Anerkennung aller anständig Gesinnten finden. Es wurde gesagt, und zum Teil mit Recht, daß Nacherzählungen von Luftkämpfen, wie sie in diesem Buch erscheinen, dazu tendieren, den ganzen Horror eines Krieges zu übersehen. Das gleiche könnte man aber auch von den meisten Heldenepen der Weltgeschichte behaupten. Man darf nicht vergessen, daß eine solche Berichterstattung herausragende Taten in einer Tragödie von maßlosen Proportionen aufzeigt. Unleugbar ist, daß die Menschheit in ihrer ganzen Geschichte immer wieder Kriege durchgemacht hat, und daß es in jedem Krieg Männer gab, die tapfer gekämpft und andere angefeuert haben durch ihre Pflichtauffassung und ihren Mut auf dem Schlachtfeld. Ohne solche Männer wäre die Freiheit schon längst verlorengegangen. Vielleicht auch im zweiten Weltkrieg.

Man kann dagegenhalten, daß nicht beide Seiten für die Erhaltung der Demokratie gekämpft haben können. Auch das ist wahr. Andererseits kämpfen Soldaten vor allem für ihr Vaterland. Und die Mehrheit der Millionen, die in zwei Weltkriegen Soldaten sein mußten, hat die Überzeugung in sich getragen, für die gerechte Sache ihres Landes gefochten zu haben. Heimatpropaganda, gefärbte Nachrichten und die Äußerungen von Politikern (im Nazi-Deutschland eine kontrollierte Presse und manipulierter Rundfunk) genügen aber, um dem durchschnittlichen Bürger ein bestimmtes Bild glaubhaft zu machen, denn er ist selten in der Lage, hinter die Kulissen zu schauen. Und so werden Kriege eben nicht von Millionen von Staatsbürgern ausgefochten, die sich einer guten und gerechten Sache verschrieben haben – die von ihrer Regierung unparteiisch vertreten wird –, sondern von Millionen von Bürgern, die einfach für ihr Land kämpfen und dabei glauben und hoffen, daß ihre Regierung im Recht ist, und daß das, was sie lesen und hören, auch wahr ist. Es ist zuviel verlangt, wenn man von jedem einzelnen erwartet, daß er durch eigene Nachforschungen, durch Einsicht und Kenntnis der Lage einen weltweiten Überblick gewinnen kann, der allem gerecht wird. Die Staatsmänner und die maßgeblichen Leute von Presse und Rundfunk tragen diese Verantwortung und zahlen oft genug auch den Preis dafür. Wenn der Krieg beginnt, so kämpft der durchschnittliche Jüngling oder Mann für sein Land, weil er das als seine Pflicht ansieht oder einfach, weil hinter dem Gestellungsbefehl die ganze gesetzliche Autorität des Staates steht. So sind die in allen Einzelheiten in diesem Buch nacherzählten Episoden nicht als Anlaß gedacht, einer Verherrlichung des Krieges oder überhaupt eines Kampfes auf Leben und Tod zu dienen. Sie sollen vielmehr im Sinne der oben angeführten Gedanken verstanden werden.

Die Namen der erfolgreichsten Jagdflieger des zweiten Weltkrieges und die Zahl ihrer Luftsiege zeigt folgender Überblick (weitere Einzelheiten sind im Anhang zu finden):

Deutschland

Westfront[1]		Ostfront	
Hans-Joachim Marseille †	158	Erich Hartmann	352
Heinz Bär †	124	Gerhard Barkhorn	301
Kurt Buehligen	112	Günter Rall	275
Adolf Galland	104	Otto Kittel †	267

[1] *Einschließlich Afrika. In den Summierungen für die Westfront sind Heinz Bärs 96 Luftsiege auf anderen Kriegsschauplätzen nicht mitgerechnet, wogegen bei Hartmann (Ostfront) der Abschuß von 5 und bei Rall von 3 westalliierten Flugzeugen eingeschlossen ist.*

Squadron Leader R. R. S. Tuck, RAF.

Squadron Leader D. R. S. Bader, RAF.

Eine erbeutete Me 109 E-4 wird in England getestet.

Großbritannien

Europa[2]		Übersee	
James E. Johnson	38	M. T. St. J. Pattle †	41
Adolph G. Malan †	35	George F. Beurling †	31
Pierre H. Clostermann	33	Neville F. Duke	29
Brendan E. Finucane †	32	Clive R. Caldwell	28½

USA

Europa[3]		Ferner Osten[4]	
Francis S. Gabreski	31	Richard L. Bong †	40
Robert Johnson	28	Thomas B. McGuire †	38
George E. Preddy †	26	David McCampbell	34
John C. Meyer	24	Charles H. MacDonald	27

Wenn man die Liste überfliegt, dann muß man sich daran erinnern, daß es eine offizielle Liste der »Asse« nicht gibt. Eine solche Bezeichnung war in Deutschland nicht üblich. Die halboffiziellen Listen werden zwar laufend revidiert, wie es sich aus dem Studium und der Überprüfung der Unterlagen durch Historiker und Statistiker ergibt. Aber die hier genannten Zahlen werden in allen drei Ländern allgemein von militärgeschichtlichen Abteilungen und Kennern der Materie anerkannt.

Es fällt auf, daß mehr als die Hälfte den Krieg überlebt haben. Tatsächlich bilden die auf der Liste genannten einen besseren Durchschnitt, als wenn man die Liste der englischen und amerikanischen

---

[2] *Von den 8 aufgeführten RAF-Piloten sind nur 2 Engländer. Pattle und Malan waren Südafrikaner, Clostermann ist Franzose; Beurling war Kanadier; Finucane war Ire und Caldwell ist Australier. Die 8 erfolgreichsten englischen Flieger außer Johnson und Duke waren: Robert S. Tuck (29), John R. Braham (Nachtjäger, 29), James H. Lacey (28), Frank R. Carey (28), Eric S. Lock (26) und Billy Drake (24½). Von den oben aufgeführten Fliegern aus Übersee hatte Beurling noch 5 Luftsiege und Duke 2 Luftsiege in Europa aufzuweisen. 8 Abschüsse erzielte Caldwell gegen Japaner über Australien, den Rest gegen Flugzeuge der Achsenmächte in Afrika.*

[3] *In dieser Liste fehlt Lance C. Wade mit 25 Luftsiegen, ein Texaner, der sich 1940 freiwillig zum Flugdienst bei der RAF meldete und einer der erfolgreichsten Amerikaner im Kriege werden sollte. Er war RAF Wing Commander, als er 1944 bei einem Flugunfall in Italien ums Leben kam.*

[4] *Diese Liste führt nur Luftsiege amerikanischer Piloten auf, die sie während ihrer Dienstzeit in den regulären Streitkräften erreichten. Gregory Boyington hat 6 Luftsiege als »Freiwilliger« bei Tschiang Kai-Schek erzielt, und als Pilot des Marine Corps schoß er 22 weitere Flugzeuge ab. David McCampbell von der US-Navy stand an der Spitze der Navy-Piloten im zweiten Weltkrieg.*

Piloten nach unten erweitert. Auch bei den 104 Deutschen, die die Liste der Luftwaffe anführen, ergibt sich dann eine Überlebensquote von nurmehr 50 Prozent. Die wenigen Jagdflieger an der Spitze konnten einen weit größeren Prozentsatz der gesamten Feindverluste auf ihr Konto buchen, als vielfach angenommen wird. Die zehn besten deutschen Jagdflieger haben nachweislich 2588 alliierte Flugzeuge[1] abgeschossen, und Hans Ring gibt an, daß rund 300 deutsche Jagdflieger fast 24 000 russische Flugzeuge vom Himmel geholt haben. Bedenkt man die Tatsache, daß die Russen allein durch die deutschen Jagdflieger insgesamt etwa 45 000 Flugzeuge verloren haben, dann kann man leicht den Anteil der besten Piloten ermessen und wird auch verstehen, warum die Kommandeure mehr daran interessiert waren, einen einzigen guten Mann anstelle von mehreren Nachwuchsfliegern zu bekommen. Es waren meist die Unerfahrenen, mangelhaft Ausgebildeten, die als erste fielen (besonders bei der deutschen Luftwaffe in den letzten verzweifelten Jahren des Krieges, als Treibstoff knapp war und andere Schwierigkeiten eine angemessene Schulung verhinderten).

So haben die besten Jagdflieger des zweiten Weltkrieges, in dem Luftstreitkräfte (also Jäger und Bomber) zum erstenmal eine entscheidende Rolle gespielt haben, wesentlichen Einfluß auf den Verlauf der Kriegsereignisse genommen, von der Schlacht um England bis zur deutschen Kapitulation am 8. Mai 1945. Eine Auswahl der denkwürdigsten Einsätze nachzulesen, ist nicht bloß eine interessante Lektüre, sondern auch wesentlich für die Erkenntnis, was mit diesem Krieg ebenfalls zu Ende gegangen war: der letzte persönliche Einsatz im Einzelkampf am unbegrenzten Himmel – mit einer Waffe, die einem ganzen Mann, wenn er sie beherrschte, alles gab und alles abforderte. Es war die Glanzzeit der Jagdflieger.

---

[1] R. Oliver und T. Constable: »Fighter Aces« (Macmillan, New York, 1965), Seite 235.

DIE SCHLACHT UM ENGLAND

Betrachtet man die Luftschlachten des zweiten Weltkrieges unter dem Blickwinkel der berichtigten Abschuß- und Verlustzahlen, dann verlieren viele Bilder etwas von dem Glanz, der während des Krieges für die Augen der Öffentlichkeit geschaffen und für die Nachwelt konserviert wurde.

Bei Nachforschungen über alliierte Verluste erweist sich der Schleier der militärischen Geheimhaltung immer noch als Hindernis; aber er ist nicht der einzige Grund für den Mangel an bewiesenem Freimut.

Überall auf der Welt neigt man zu einer gewissen Zurückhaltung bei der Entwicklung von Gedanken und Schlußfolgerungen, die geeignet wären, genau das in Frage zu stellen, was man bisher als großen Sieg feiern durfte.

Mit den Jahren schwindet auch die Empfindlichkeit. Deshalb braucht man heute – 25 Jahre nach dem Geschehen – kein so dickes Fell mehr, wenn man die wesentlichen Luftschlachten des zweiten Weltkrieges objektiv untersucht, selbst wenn man dabei einige liebgewordene Vorstellungen über Bord werfen muß. Die Englandschlacht bietet sich als Beispiel an. War sie wirklich so, wie man allgemein glaubt? Und wer war der Sieger im Luftkrieg der beiden darauffolgenden Jahre 1941 und 1942, wenn man die Verluste unter die Lupe nimmt? Wer hat den Luftkrieg in Afrika gewonnen? Auf welche Weise und wann haben Jagdflieger entscheidend in die Schlacht über Deutschland eingegriffen?

Das sind die Fragen. Ein kurzer Blick auf die Fakten soll dem Leser einen ziemlich verläßlichen Überblick über den Luftkrieg vermitteln, bevor wir die erfolgreichsten Jagdflieger von hüben und drüben auf ihren interessantesten Einsätzen begleiten. Wenn man die Auseinandersetzung in der Luft richtig werten will, dann muß man sich die Einsatzziele sowie die Absichten beider Seiten und die technischen Leistungsdaten der beteiligten Flugzeuge vor Augen halten, bevor man sich mit der letztlich entscheidenden Information befaßt, die eine zuverlässige Statistik über Verluste hergibt.

Es ist gar nicht so einfach, genaue Verlustzahlen zu erhalten, die sich von den ursprünglich veröffentlichten und meist ungenauen

Zahlen abheben. Die offiziellen deutschen Unterlagen sind erbeutet worden und sind leicht zugänglich. Für bestimmte alliierte Unterlagen trifft dies nicht zu, gleichgültig, ob es sich um Gesamtziffern handelt oder um Verlustmeldungen, die nur einen bestimmten Zeitabschnitt betreffen. In manchen Fällen verwehren gesetzliche Bestimmungen den Einblick noch auf einige Jahre hinaus. Manchmal liegt es aber nur an dem gewaltigen Arbeitsaufwand, der dazu gehört, um dieses Material zusammenzustellen – obwohl ich meine, daß irgend jemand während des Krieges diese Zahlen gebraucht haben müßte! Und sicher darf man in einigen Fällen annehmen, daß die Zahlen deshalb nicht freigegeben werden, weil sie den Nationalstolz empfindlich kränken könnten. Ihre Veröffentlichung könnte das zur Zeit gültige Bild eines wesentlichen Kriegsereignisses zu sehr verändern. Von deutscher Seite wurde manchmal der zuletzt genannte Gedanke als Grund für mangelnde Informationsbereitschaft angeführt. In diesem Zusammenhang klang auch an, daß Offiziere oder Beamte ein Interesse an einer Vernebelung haben konnten – nämlich dann, wenn es ihre Aufgabe gewesen war, Zahlen für gewissermaßen amtliche Werke und Veröffentlichungen zusammenzustellen. Diese Leute wollten schließlich ihren Ruf als Autoren hinsichtlich Genauigkeit und Zuverlässigkeit der Information nicht mehr gefährden. Wie dem auch sei, die meisten unter uns sind sich doch darüber einig, daß es mehr als zwanzig Jahre nach Kriegsende an der Zeit ist, sich mit den richtigen Zahlen auseinanderzusetzen, was für ein Bild sie auch ergeben mögen. Ohne Rücksicht auf Mythen und Illusionen, die dadurch erschüttert oder vernichtet werden könnten. Die erbeuteten deutschen Verlustmeldungen sind uneingeschränkt veröffentlicht. Es ist nur fair, in gleicher Weise nach den vollständigen und genauen Angaben der Alliierten zu suchen, um den Luftkrieg in seinen Zusammenhängen zu erfassen und gerecht werten zu können.

Man kann das annähernd genaue Bild einzelner Luftkämpfe zusammenstellen, indem man Bücher und andere Veröffentlichungen, deutsche amtliche Unterlagen, Kriegstagebücher und persönliche Nachforschungen nutzt und das Ganze unvoreingenommen und unparteiisch anpackt. Das vorliegende Kapitel ist auf dieser Leitlinie aufgebaut und greift auch auf Folgerungen einiger Forscher zurück, die zur Zeit alliiertes Zahlenmaterial für einige ausgesuchte Kriegsereignisse zusammentragen (das Ergebnis wird in ein paar Jahren sicherlich mit Interesse zu lesen sein).

Aus diesem Prozeß ergeben sich nunmehr frappante Schlüsse. In punkto Zahlen muß man sich daran erinnern, daß es während des Krieges drei verschiedene Arten oder Serien von Verlustzahlen gab. Da waren einmal die in der Presse und im Rundfunk genannten und noch unbestätigten Abschußzahlen, die unmittelbar nach dem betreffenden Einsatz freigegeben wurden. Sie beruhten auf den Meldungen der zurückgekehrten Flieger. Diese Zahlen erwiesen sich als ziemlich unzuverlässig. Irrtümer waren an der Tagesordnung. Zwei Beispiele mögen dies illustrieren. Amerikanische Bordschützen behaupteten, bei einem Bombereinsatz über dem Kontinent 102 deutsche Jagdflugzeuge abgeschossen oder beschädigt zu haben. Die tatsächlichen deutschen Verluste: ein Flugzeug wurde abgeschossen; beschädigt wurde keines[1].

Ein berühmtes Beispiel bildeten auch die RAF-Claims vom 15. September 1940, dem Tag, der seither als Tag der Englandschlacht gilt und jedes Jahr gefeiert wird. Die britischen Flieger behaupteten, 185 Flugzeuge abgeschossen zu haben. Die tatsächlichen deutschen Verluste beliefen sich auf 60[2]. Es gab ähnliche Beispiele den ganzen Krieg hindurch.

Auf der deutschen Seite war es hauptsächlich das Goebbelssche Propagandaministerium, das entstellte Zahlen, übertriebene Siegesmeldungen und bagatellisierende Verlustziffern lieferte. Das ist allgemein bekannt – Presse und Rundfunk in Deutschland wurden damals gelenkt und manipuliert. Auf der alliierten Seite waren die Publikationsmittel zwar weniger manipuliert, aber deshalb nicht zuverlässiger, weil auch dort Abschußzahlen veröffentlicht wurden, bevor eine Bestätigung vorlag. Wenn wir also Zeitungsmeldungen aus der Kriegszeit als Informationsquelle ausschalten, kommen wir zu den anerkannten Abschüssen. Auf beiden Seiten waren diese Anerkennungen das Ergebnis von Entscheidungen offizieller Stellen, denen die Verantwortung oblag, die richtige Zahl von Luftsiegen den richtigen Leuten zuzusprechen. Diese offiziellen Bestätigungen ließen – ebenfalls auf beiden Seiten – meistens geraume Zeit auf sich warten, bis eben alle erreichbaren Fakten nachgeprüft waren. Auf alliierter Seite waren Voraussetzung: Sichtbeobachtung und Beglau-

---

[1] *Johnson: »Wing Leader« (bei Chatto & Windus, 1956) nimmt im 10. Kapitel Bezug auf diesen Angriff auf Lille und führt aus, daß die Luftwaffe bald aufgehört hätte zu existieren, wenn die Behauptungen der Bordschützen der »Fliegenden Festungen« gestimmt hätten.*
[2] *Wood; S. 353. Hans Ring gibt 49 als richtige Zahl an. Andere Quellen: 56.*

bigung durch einen Kameraden oder Fotos durch Bordkameras, die mit den Waffen gekoppelt waren. Auf deutscher Seite kam das Verfahren in der Praxis auf das gleiche heraus. Die für Abschußanerkennungen zuständige Abteilung im OKL ließ sich Zeit mit dem Studium und der Bearbeitung der Anträge, und manchmal konnte es Monate, ja sogar ein Jahr und mehr dauern, bis die Anerkennnung endlich vorlag. Wenn zum Beispiel ein Abschuß definitiv anerkannt war, aber noch Zweifel darüber bestanden, wem die Ehre gebührte, erhielt kein Jagdflieger den Luftsieg persönlich zugeschrieben; die Einheit jedoch durfte diesen Abschuß in ihrer Gesamtliste führen. Die Zahl der vom OKL ausgegebenen Anerkennungen lag natürlich weit unter der von Presse und Rundfunk behaupteten Gesamtzahl der Abschüsse.

Aber es gibt eine dritte, noch genauere Aufstellung – die jeweilige offizielle Verlustliste der Gegenseite. Mit ihrer Hilfe kann man Irrtümer korrigieren – nachträglich – sofern den eigenen amtlichen Stellen unbeabsichtigte Fehler bei den Abschußanerkennungen unterlaufen sind. Diese Verlustlisten vermitteln das genaueste Bild, das man sich über den Verlauf und das Ergebnis einzelner Luftkämpfe und größerer Operationen machen kann. Indessen ist die Liste auf alliierter Seite nicht ganz lückenlos. Wenn das vorliegende Kapitel die absolut endgültigen Zahlen hinsichtlich der hier behandelten Luftkämpfe nicht durchweg vermitteln kann, so fußt es doch auf letzten Schätzungen, wo offizielles Zahlenmaterial nicht beigebracht werden konnte. Ich glaube, daß diese Schätzungen sich später als ziemlich zutreffend herausstellen werden.

Die endgültigen Zahlen beweisen immer wieder, daß so mancher »Sieg« in Wirklichkeit eine zahlenmäßige Niederlage gewesen ist. Sie beweisen auch, daß die Summe der Abschußanerkennungen höher liegt als die Zahl der tatsächlichen Feindverluste. Aber die Abschußzahlen der einzelnen Piloten haben deshalb kaum je eine Korrektur nach unten erlitten. Im Gegenteil kann man in allen drei Ländern feststellen, daß diese Zahlen einem konstanten Veredelungsprozeß unterliegen und Ergänzungen nach oben erfahren – und das mehr als zwanzig Jahre nach Ende des Krieges...

Es gehört zu den traditionellen Neigungen des Menschen im Kriege, seinen Gegner zu überschätzen. (Das ist besser, als ihn zu unterschätzen.) Auch wir haben in dieser Hinsicht während des zweiten Weltkrieges offensichtlich dieser menschlichen Neigung unseren Tribut geleistet. Man hätte aber wissen müssen – besonders in den letzten Kriegsjahren in Europa –, daß Deutschland, mit der ganzen Welt als Feind, den alliierten Luftstreitkräften numerisch unterlegen war. Auf der einen Seite war da Rußland, auf der anderen Seite Amerika mit einer riesenhaften Produktion und Einsatzmöglichkeiten von englischen Basen aus, und Großbritannien mit einer eindrucksvollen Luftfahrtindustrie und einer großen Luftstreitmacht. Da nun die deutsche Flugzeugproduktion mit Ausnahme des letzten Jahres vor dem Zusammenbruch, 1944, nicht übermäßig eindrucksvoll war[1], konnten sich die deutschen Flieger nirgends einer zahlenmäßigen Überlegenheit erfreuen, ausgenommen an bestimmten Punkten der Peripherie, wo Konzentrationen erzwungen wurden. Und doch gab es eine Zeit, zu Anfang des Krieges, in der die deutsche Luftwaffe auch zahlenmäßig überlegen war, wenn auch nicht so stark, wie wir damals glauben wollten.

Alle diese Vorüberlegungen eingeschlossen, wenden wir uns nun für einen Augenblick der Schlacht um England zu als dem bekanntesten und verwirrendsten Beispiel einer Fehlinterpretation von Stärkezahlen und Verlusten.

Wir wissen heute, daß der Sieg des britischen Fighter Command im Jahre 1940 einen der entscheidenden strategischen Triumphe der modernen Geschichte darstellt, und den ersten, bei dem Luftstreitkräfte, sprich: Jäger, dem Schicksal so vieler eine Wendung gaben – um Churchill zu zitieren. In den Vereinigten Staaten und in Großbritannien galt während dieser schicksalsträchtigen Tage die Lesart, daß hoffnungslos unterlegene RAF-Jagdgeschwader im Kampf mit dem zahlenmäßig weit überlegenen Feind deutsche Flugzeuge im Verhältnis 2:1 bis 3:1 vom Himmel holten. Seit dem Krieg hat dieser Eindruck keine Korrektur erfahren, zumindest nicht, was die öffentliche Meinung anbetrifft. Und beim geneigten Interessenten bedarf es schon eines sorgfältigen Studiums der Vorgänge, einer Fähigkeit zu eigenständigem Denken und einer gewissen Kombinationsgabe, um sich eine genaue Vorstellung von Bedingungen, den Stärkeverhältnissen und den Verlusten machen zu können. Wieviele Jagdflugzeuge, wieviele Bomber waren eingesetzt, wieviele Flug-

---

[1] *Nach Lord Tedder: »With Prejudice« (bei Cassell, 1966), S. 246, sagt Galland, Deutschland habe 1944 38 000 Flugzeuge aller Typen produziert. Auf derselben Seite wird auch Albert Speer, der Reichsminister für Wehrwirtschaft und Rüstung, zitiert: Ein Grund dafür, daß diese so stark gesteigerte deutsche Produktion sich nicht mehr deutlicher auswirkte, sei gewesen, daß »die alliierten Luftangriffe die Flugzeuge fast so schnell vernichtet hätten, wie sie aus der Fabrik kamen«.*

zeuge gingen verloren, wieviele Flugzeuge lieferte die Industrie wieder nach?

Nimmt man das von den Deutschen bevorzugte Datum, den 13. August, als Beginn der Schlacht, dann hatte die deutsche Luftwaffe ziemlich genau 805 einmot-Jäger einsatzfähig gegenüber 749 der RAF[1]. Der Grund, warum so mancher heute eine unklare Vorstellung von der Zahl der in die Schlacht um England verwickelten Flugzeuge hat, liegt vermutlich darin, daß Berichterstatter häufig dazu neigten, die Zahl der deutschen Jäger und Bomber zusammenzunehmen und ihr nur die Zahl der RAF-Jäger gegenüberzustellen[2]. Es besteht natürlich eine gewisse Berechtigung für eine solche Darstellung, denn die RAF-Jäger hatten es sowohl mit den deutschen Bombern wie auch mit den Jägern aufzunehmen, wogegen die RAF-Bomber feindliche Konzentrationen und mögliche Absprunghäfen, die der erwarteten Invasion dienen konnten, auf dem Festland angriffen – und zwar zu anderen Zeiten und im Rahmen anderer Kampfhandlungen. Aber eine so konzipierte Darstellung der Kräfteverhältnisse ist nichtsdestoweniger irreführend. Deutsche Unterlagen zeigen, daß die Luftwaffe im Kampf gegen England etwas über 2500 Flugzeuge aller Art einsetzen konnte – zwei Luftflotten standen in Frankreich, eine in Norwegen (diese griff aber kaum in die Schlacht ein). In der genannten Zahl sind eingeschlossen 316 Stukas, die praktisch wertlos für diese Aufgabe waren[3].

[1] *Gesamtzahlen der Luftwaffe nach deutschen Akten. RAF-Gesamtzahlen nach verschiedenen Quellen. Word, S. 416, führt 749 Jagdflugzeuge des Fighter Command für den 10. August 1940 auf. Mehrere Quellen geben die Stärke der RAF-Verbände mit 600 bis 700 an. J. F. C. Fuller gibt in »The Second World War« (bei Eyre & Spottiswoode, 1948) auf S. 88 die Stärke der RAF-Jagdwaffe mit 59 Staffeln an; Gleave in einem ausgezeichneten Artikel über die Englandschlacht in der »Flight International« vom 16. September 1965 gibt die Stärke der RAF zu Beginn der Schlacht mit 57 Staffeln an. Da eine Staffel normalerweise 12 Flugzeuge stark war, käme man auf 684, Reserveflugzeuge nicht eingerechnet. In dieser Zahl sind 6 1/2 Nachtjägerstaffeln nicht eingeschlossen, auch die Jagdflugzeuge des Fleet Air Arm nicht. Gleave setzt die Stärke der deutschen Jagdflugzeuge mit 809 an. Captain H. B. Liddell Hart sagt in »The Other Side of the Hill« (bei Cassell, 1948) auf S. 156, daß diese 57 Staffeln mit Reserven insgesamt 1000 Flugzeuge ausmachten. Nach Galland waren die RAF-Verbände zahlenmäßig stärker als die Luftwaffe.*

[2] *Die meisten Listen über die Schlacht, die im oder unmittelbar nach dem Krieg veröffentlicht wurden, schätzten die Stärke der deutschen Jagdflugzeuge und Bomber auf etwa 2700 und die der RAF auf annähernd 600.*

[3] *Gleave sagt, daß die in Frankreich stehenden Luftflotten 2502 Flugzeuge stark waren. Wood schätzt auf S. 229 die Stärke der Luftwaffe an einsatzfähigen Flugzeugen, die am 10. August gegen England eingesetzt wurden, auf 2550. Diese Zahlen stammen aus deutschen Akten.*

Von den etwa 2500 deutschen Flugzeugen in Frankreich, die also für den Angriff auf England zur Verfügung standen, waren 1131 Bomber, etwa 800 Jäger, 316 Stukas (die bald herausgezogen wurden) und 246 zweimot-Langstreckenjäger vom Typ Me 110. Nachdem die Ju 87 ausgeschieden waren, verfügte die Luftwaffe in Frankreich über nicht ganz 2200 Flugzeuge aller Art, die in der Schlacht eingesetzt werden konnten.

Sucht man nach vergleichbaren Zahlen für die RAF, dann muß man auch hier die Bomber mit einrechnen. Das Bomber Command zählte zu Anfang 1940 etwa 53 Staffeln, dazu sechs oder sieben, die in Frankreich der A. A. E. F. angegliedert waren. Zur RAF gehörten auch eine Anzahl Staffeln des Coastal Command[1]. Schätzt man die Einsatzstärken zu Anfang 1940 auf 10 Flugzeuge pro Staffel, dann kommt man auf etwa 600 Bomber für das Bomber Command, nicht eingeschlossen verschiedene Typen des Coastal Command oder des Fleet Air Arm (Marineflieger). Die deutsche Abwehr schätzte die Stärke des Bomber Command auf etwa 1100 Flugzeuge[2], eine Zahl, die weit über die tatsächliche Stärke hinausging.

Alles in allem: wenn auch die RAF offenbar einige Hundert Bomber weniger als die deutsche Luftwaffe hatte, so war doch der Unterschied in der Gesamtstärke der eingesetzten Verbände – Jäger und Bomber zusammengenommen – nicht so groß[3]. RAF-Bomber waren sicher mit ein aktiver Posten in der Schlacht. Eine verläßliche Quelle berichtet, daß die Verluste bei den Bomberbesatzungen »mindestens so groß« wie bei den Jägern des Fighter Command gewesen seien[4].

Für die Öffentlichkeit nahmen die Bomber nicht an der »rich-

---

[1] *Sir Charles Webster und Noble Frankland:* »*The Official History of the Second World War*« *(H.M.S.O., 1961), Bd. 4 (The Strategic Air Offensive Against Germany) geben die Stärke des Bomber Command Anfang 1940 mit 15 Battle-, 10 Blenheim-, 10 Wellington-, 10 Hampden- und 8 Whiteley-Staffeln an.*

[2] *Wood, Seite 106.*

[3] *Webster, Bd. 1, S. 410, gibt die Gesamtstärke der beiden Luftstreitkräfte für August 1940 mit etwa 4500 Flugzeugen der deutschen Luftwaffe gegenüber 3000 der RAF an.*

[4] *Gleave, auf S. 502; Macmillan:* »*The RAF in the World War*« *(bei Harrap, 1942–50) setzt, im Anhang, die Verluste an RAF-Bombern für 1940 auf 752 an, Verluste des Coastal Command auf 269, insgesamt 1021, Verluste des Fighter Command und des Fleet Air Arm etc. nicht eingeschlossen. Sir Arthur Harris führt über Zweck und Einsatz der Bomber aus:* »*Man hat den Einfluß der Bomberwaffe gewaltig unterschätzt ... Die Ehre, England vor der Invasion bewahrt zu haben, wird einzig dem Fighter Command zuerkannt, und die Bedeutung des Anteils des Bomber Command an diesem Verdienst wird meistens übersehen ... Tatsächlich waren die Verluste des Fighter Command, mit der durchschnittlichen Verlustziffer unserer Bomber verglichen, ziemlich niedrig.*«

tigen« Schlacht teil, die sich für den Mann auf der Straße hauptsächlich in den Luftkämpfen über Kent und Sussex abspielte. Natürlich konnte man die RAF-Bomber nicht gegen die einfliegenden deutschen Verbände starten lassen, und so schlugen sich – in Erfüllung der defensiven Rolle der RAF – die Jäger zunehmend mehr mit zahlenstarken Feindverbänden herum (eine Situation, der sich defensiv eingesetzte Jäger auf beiden Seiten gewöhnlich den ganzen Krieg hindurch ausgesetzt sahen). Das führte dann auch zu dem Eindruck weit überlegener deutscher Zahlen und – weil die RAF-Bomber dabei nicht sichtbar in Erscheinung traten – auch zu einem unvollständigen Bild der Englandschlacht.

Deshalb verfolgte das Fighter Command die Taktik, sich in der Schlacht nur begrenzt zu engagieren: nie war mehr als ein Teil der einsatzfähigen Jäger auf 11 Fliegerhorsten im Süden stationiert. Das hieß also, daß kleine RAF-Verbände oft gegen starke feindliche Kräfte standen.

Wenn wir nun annehmen, daß zu Beginn der Schlacht auf beiden Seiten etwa gleich viele Jäger vorhanden waren[1] und daß zwei Bombereinsätze gleichzeitig erfolgten, dann ist es als nächster Schritt interessant, festzustellen, welche Vorteile jede Seite besaß. Der größere Vorteil in dieser Schlacht lag beim Verteidiger. Er bestand darin, daß eigene Jagdflieger, die abspringen oder notlanden mußten, nicht verloren waren (und zu dieser Zeit waren erfahrene Flugzeugführer in der RAF rarer als neue Jagdflugzeuge). Abgesprungene deutsche Jagdflieger gerieten dagegen in Gefangenschaft und mußten von der deutschen Luftwaffe abgeschrieben werden. Unmittelbar nach einem Einsatz wieder landen zu können, erwies sich gleichfalls als taktischer Vorteil für die britischen Piloten, die über ihrer Heimat flogen. Die deutschen Jagdflieger hatten einen langen Anflug und Rückflug und somit nur 30 Minuten Kampfzeit über England. Die »Extra«-Kampfzeit, die sich für die Jäger der RAF ergab, bedeutete vergleichsweise auch mehr Einsatzstunden. Nach Galland und anderen Quellen waren die deutschen Flieger akuten psychologischen Belastungen ausgesetzt, weil sie ja den Kanal überqueren mußten, um ihre eigenen Plätze wieder zu erreichen. Immer flog da die Sorge mit, ob nach dem Luftkampf noch der Sprit »nach Hause« reichte. Die knappe Betriebsstoffkapazität schränkte den Einsatzradius der Me 109 über England entscheidend ein.

[1] *Die Sonderausgabe von »The Royal Air Force News« vom September 1965 gibt die 1940 verfügbaren RAF-Flugzeuge mit 1200 an.*

Die RAF profitierte weiterhin von dem ausgezeichneten Radarwarndienst und der Jägerleitorganisation des Fighter Command – beide waren um diese Zeit sicher die besten der Welt. Die deutschen Verbände konnten beim Anflug nicht nur genau erfaßt werden, sondern die RAF-Abfangjäger wurden durch Bodenleitstellen direkt an die Bomberpulks herangeführt. So wurde der normale Vorteil, der im Angriff liegt, nämlich das Kampfziel und eine Konzentration in diesem Gebiet zu wählen, durch Radar mehr als ausgeglichen und außerdem noch durch den begrenzten Einsatzradius der Me 109 eingeschränkt. Konnten die englischen Jagdflieger vom Boden aus der jeweiligen Kampfsituation angepaßt wendig geführt werden, waren die Einsatzbefehle der deutschen Jagdflieger meist mehrere Stunden alt. Zusätzlich waren deutsche Jäger auch in gewisser Weise gehandicapt, weil sie verhältnismäßig nahe bei den langsamer fliegenden Bombern[1] bleiben mußten, die – an sich unterbewaffnet – ohne Jagdschutz auf Gnade und Verderben den RAF-Jägern ausgesetzt waren[2]. Der Kampf zwischen den Stukas (Ju 87) und den RAF-Jägern war so ungleich, daß man die Stukas bereits zu Beginn der Schlacht abziehen mußte. Auch die Me 110 erwies sich als eine Enttäuschung für die Jagdwaffe, und einmot-Jäger mußten ihnen sogar als Begleitschutz beigegeben werden. So hatten die einmot-Jäger der Luftwaffe zahlreiche Aufgaben und Verantwortlichkeiten zu übernehmen und gleichzeitig gegen bestimmte Handicaps zu fliegen. Betrachtet man alles, was von ihnen verlangt wurde, dann überrascht es nicht mehr, daß sie nicht alle diese Aufgaben erfolgreich durchführen konnten. Was sie trotzdem erreicht haben, war keineswegs unbedeutend. Wir sehen das an den Verlustzahlen der RAF.

Auf der anderen Seite konnten sich die deutschen Jagdflieger auch einiger Vorteile erfreuen. Sie flogen das bessere Jagdflugzeug. Wenn man die Spitfire I und II der Me 109-E gleichsetzt (einige werden bezweifeln, daß man das kann)[3], dann muß man berücksichtigen, daß der RAF lediglich 19 Spitfire-Staffeln im August zur Verfügung standen, die in der Schlacht eingesetzt werden konnten. Die meisten

---

1 »Wing Leader«, Kapitel 4.
2 *Harris schreibt auf S. 42, das Abschießen deutscher Bomber durch RAF-Jagdflieger sei »fast wie das Abschlachten von Kühen auf einer Wiese« erfolgt, weil sie ohne Jagdschutz flogen.*
3 *Während des Krieges wurden verschiedene Versionen der Spitfire und Me 109 produziert. Die Me 109-E wurde in der Schlacht um England gegen die Spitfire I und II geflogen. Gelegentlich schwankten die Leistungsdaten, wodurch sich auch veränderte Einsatzbedingungen ergaben.*

Jagdstaffeln waren mit Hurricanes ausgerüstet (27), mit Defiants und Blenheims (5). Alle einmot-Staffeln der deutschen Luftwaffe flogen die Me 109, die im Sturzflug – und über 600 m auch im Steigflug – allen RAF-Typen überlegen war, eine wirksamere Bewaffnung (2-cm-Kanonen) besaß, in großen Flughöhen mehr Chancen hatte und daneben auch noch den Vorteil der automatischen Kraftstoffeinspritzung besaß. Die Me 109 war schneller als die Hurricane, etwa gleich schnell wie die Spitfire I[1] und vielleicht ein wenig langsamer als die Spitfire II, deren Auslieferung an die Jagdstaffeln im Juni 1940 begann. Auf der anderen Seite konnten die Spitfires und die Hurricanes die 109 auskurven, aber wenn man alle Leistungsdaten und Eigenschaften der 109 betrachtet und sie denen der kombinierten RAF-Typen gegenüberstellt, dann kann man sagen, daß der deutsche Jagdflieger im Durchschnitt den Vorteil des besseren Flugzeugs für sich hatte.

Ein weiterer Vorteil, den die deutschen Jagdflieger ausspielen konnten, war ihre Erfahrung. Einige der deutschen Spitzenpiloten hatten während des spanischen Bürgerkrieges Gelegenheit gehabt, eine große Zahl von Flugstunden unter Kampfbedingungen hinter sich zu bringen. Viele der in der Schlacht um England eingesetzten deutschen Jagdflieger hatten im Westfeldzug ihre ersten Einsätze im Mai und Juni 1940 geflogen. Diese Erfahrung erwies sich besonders wertvoll bei der Vervollkommnung ihrer Gefechtsformationen, die der »Reihe« und den anderen Formen, die bei der RAF geflogen wurden, überlegen waren. Die deutschen Piloten haben deshalb im Hinblick auf die etwas veralteten Gefechtsformationen der RAF zu jener Zeit gerne von der »Idiotenreihe«[2] gesprochen. Aus all dem sehen wir, daß die beiden Seiten, was den Gefechtswert der Jagdwaffe anbelangte, gar nicht so ungleich abschnitten: die Deutschen hatten einen leichten Vorteil in der Ausrüstung, und sie hatten wohl auch einige einmot-Jagdflugzeuge mehr; dem standen aber bestimmte Nachteile gegenüber, die in der Hauptsache in den Umständen zu sehen waren, unter denen sie kämpfen mußten.

Bevor wir uns nun mit Verlustzahlen befassen, wollen wir einen

---

[1] *»Wing Leader«, S. 49: Johnson sagt, die Spitfire hatte in der Schlacht um England den Vorteil einer etwas höheren Spitzengeschwindigkeit. Galland sagt, die Me 109 sei um 25–30 km/h schneller gewesen. Wood führt im Anhang I Leistungsdaten an, die zeigen, daß die Spitfire II dagegen etwas schneller als die Me 109-E war.*

[2] *Nach einer Äußerung General Gallands dem Autor gegenüber. Von anderen Jagdfliegern der deutschen Luftwaffe in anderen Gesprächen bestätigt.*

kurzen Blick auf Produktion und Nachschub in diesem Sommer richten. Denn am Ende konnte nur die Seite, die ihre Verluste schnell zu ersetzen in der Lage war, eine verlängerte Schlacht gewinnen. Dem Leser mögen die Vergleichszahlen hinsichtlich der Flugzeugproduktion nicht gegenwärtig sein[1]. Hier zeigen sich nämlich beträchtliche Unterschiede. Die britische Industrie, die durch die Energie Lord Beaverbrooks angespornt wurde, hat die Deutschen in diesem entscheidenden Jahr bei weitem übertroffen. Beginnend mit dem Monat Juni ist in der folgenden Liste die Jägerproduktion der beiden Länder der fünf Monate gegenübergestellt:

	England	Deutschland
Juni	446	164
Juli	496	220
August	476	173
September	467	218
Oktober	469	200
	2354	975

Was nun das Auffüllen der Personalstärken anbelangt, so widersprechen sich die Ansichten. Deutschland hatte genügend ausgebildete Piloten zur Verfügung, wenn man die Me 110-Piloten einrechnet. Aber das Ausbildungsprogramm war noch nicht voll angelaufen. Die RAF ihrerseits hat, während ihre Jagdfliegerverbände noch nicht auf voller Personalstärke angelangt waren, Piloten von den Marinefliegerverbänden und vom Bomber Command rekrutiert. Sie erhielt auch einen steten Zufluß von Piloten aus den besetzten Ländern des Kontinents, dazu einige amerikanische Piloten und andere Zugänge aus befreundeten Ländern. Am Ende hat der Nachschub an Piloten sich auf beiden Seiten kaum als entscheidende Größe erwiesen, obwohl das Verhältnis der deutschen Pilotenverluste zu verlorenen Flugzeugen höher war als das der RAF (hauptsächlich weil viele deutsche Piloten nach dem Absprung in Gefangenschaft gerieten oder in den Kanal fielen).

So kommt man also zur vielleicht interessantesten Frage der ganzen Schlacht. Wer hat sie gewonnen, wenn man die Verlustzahlen

---

[1] *»The Royal Air Force«, 1939–45 (H.M.S.O., 1953) und Wood geben die britische Produktion von Jagdflugzeugen für 1940 mit 4283 an. Die deutsche belief sich im selben Jahr auf 2424 (nach den Akten des Rüstungsministeriums).*

als Maßstab nimmt? Einige deutsche Forscher sagen heute, daß die Verluste an Flugzeugen auf beiden Seiten ungefähr gleich waren. Eine neuerliche Schätzung legt die RAF-Jagdflugzeugverluste auf etwa 1200 fest (die Zahl, die gewöhnlich in britischen Berichten auftaucht, wie zum Beispiel in Churchills »The Second World War«, beläuft sich auf 915). Zusätzlich, so schätzt man, verlor die RAF ungefähr 300 Bomber über Deutschland während dieses Zeitraums, dazuhin eine weitere Anzahl von Flugzeugen, die französische Häfen angriffen und Plätze, die man als Bereitstellungsräume für die geplante Invasion des britischen Inselreichs ansehen mußte. Wenn die oben aufgeführte Schätzung der Wirklichkeit nahe kommt, dann hätte die RAF während der Schlacht um England insgesamt über 1500 Flugzeuge aller Typen verloren. Wenn man jedoch die Zahl 915 als richtig ansieht, dann kommt man auch auf eine Gesamtzahl zwischen 1215 und 1500. Widersprüchliche Behauptungen und verwirrende Zahlenangaben machen es etwas schwierig, die Gesamtzahl für die Verluste der RAF festzulegen. Es gibt sehr viel veröffentlichtes Material über dieses Thema, aber wenig einfache und übersichtliche Angaben über die Gesamtverluste. Wo solche Gesamtzahlen genannt werden, werden sie durch bestimmte Qualifikationen oder die Terminologie wieder entwertet.

Ein weithin anerkanntes und beachtetes englisches Werk[1] über die Schlacht gibt für die Periode Juni bis Oktober (dieselbe Periode, für die auch die deutschen Verlustangaben gemacht werden) an, daß 1305 RAF-Jagdflugzeuge abgeschossen wurden. Dieselbe Quelle berichtet, daß zusätzlich 715 Jagdflugzeuge beschädigt wurden, woraus sich für Jagdflugzeuge eine Gesamtzahl von über 2000 ergibt. Wie viele davon waren Verluste, die im Luftkampf aufgetreten sind? Eine andere verläßliche englische Quelle[2] berichtet, es seien zwischen dem 10. Juli und dem Ende des Monats Oktober 515 RAF-Piloten und Besatzungsmitglieder gefallen, etwa 500 verwundet worden; und man könne annehmen, daß viele Piloten zwar abgeschossen worden seien, aber keine Verwundung davongetragen hätten. Es wäre dankenswert, wenn man vollständige Berichte über alle Flugzeugverluste für diesen Zeitraum in einfacher Form erhalten könnte. Bis solch ein offizieller Bericht vorliegt, muß man entweder die deutschen Schätzungen annehmen oder die etwas geringeren englischen. Nimmt man die geringere Zahl, dann haben wir 915 Total-

[1] *Wood, Seite 471.*
[2] *Gleave, Seite 501.*

verluste von Jagdflugzeugen, eine weitere Zahl für Jagdflugzeuge, die im Luftkampf beschädigt wurden (von denen viele sicher von den Jägern der Luftwaffe als abgeschossen bezeichnet wurden) und eine weitere Zahl für Bomberverluste. Zusätzlich wurden Flugzeuge am Boden zerstört – was man bei der Zusammenstellung der Gesamtverluste an Flugzeugen auch noch berücksichtigen muß[1].

Die offiziellen britischen Statistiken beziffern die reinen Kampfverluste der RAF vom 10. 7.–31. 10. 40 auf: 1671 Flugzeuge Categ. 3 (Totalverlust) und 995 Categ. 2 (schwerbeschädigt).

Die deutschen Verluste sind allgemein bekannt. Während in verschiedenen Berichten etwas voneinander abweichende Zahlen angegeben werden, kommen praktisch alle auf eine Gesamtzahl von etwas über 1700. Hier in diesem Buch führen wir die Zahl der deutschen Verluste mit insgesamt 1789 an, eine Zahl, die etwas höher ist als die in den meisten britischen Quellen genannte Zahl, wie z. B. die 1733 Flugzeuge, die von Johnson in »Full Circle« erwähnt werden. Die obige Zahl kommt indes von einer verläßlichen deutschen Quelle; sie wurde erst kürzlich zusammengestellt. Schlüsselt man sie in die einzelnen Typen auf, dann beliefen sich die Verluste der Luftwaffe auf: reine Kampfverluste 1385; Verluste aus anderen Ursachen 404. Auf die Kampfverluste entfielen 502 Me 109 (Gesamtzahl der verlorenen Me 109: 600), 224 Me 110 Langstreckenjäger, 488 Bomber (Do 17, He 111 und Ju 88) und 59 Stukas. Erinnert man sich nun, daß einige der angeführten RAF-Verluste ebenfalls Verluste aus anderen Umständen darstellen, dann erscheint der Unterschied in den reinen Kampfverlusten bzw. den Gesamtverlusten für die Schlacht um England nicht mehr groß. Natürlich hat die RAF im Verhältnis zur deutschen Luftwaffe bedeutend mehr Jagdflugzeuge als Bomber verloren. Das Verhältnis war etwa 2:1. Man kann also insgesamt die Leistungen der deutschen Jagdflieger in der Schlacht um England als gar nicht so schlecht bewerten. Sie haben Verluste auch durch Flakbeschuß hinnehmen müssen, während die RAF durch Beschuß und Bombenangriffe auch Verluste am Boden erlitt. Wenn man alles berücksichtigt, so hat sich die Me 109 augenscheinlich im Luftkampf recht gut gehalten. Man darf mit einiger Berechtigung annehmen, daß alles in allem die Gesamtverluste auf beiden Seiten etwa gleich gewesen sein müssen.

[1] *Die Ehrenliste des Militärflughafens Biggin Hill bei London enthält die Namen von 1494 Gefallenen – 448 des Fighter Command, 718 des Bomber Command, 280 des Coastal Command, 34 des Fleet Air Arm und 14 andere.*

Natürlich war die Schlacht um England, ganz unabhängig von den Verlustzahlen, im Endeffekt ein Sieg für die RAF, mit weitreichenden Konsequenzen für die ganze freie Welt, weil die deutsche Luftwaffe das Ziel, das sie sich gesetzt hatte, nicht erreichen konnte (wobei die Schuld nach Ansicht mancher Leute mehr auf Seiten des OKL lag). Was die angeführten Zahlen zeigen – und das ist alles, was sie zeigen können – ist, daß diese große Schlacht nicht so einseitig verlaufen ist, wie man bisher immer glauben machte.

Wenn man der Größe des britischen Sieges huldigt, dann muß man auch die gewaltigen Anstrengungen und Leistungen der deutschen Piloten und Besatzungen in der Schlacht um England anerkennen, denn sie erfreuten sich keineswegs einer so hervorragenden Führung und Organisation wie die Briten. Die Bomberbesatzungen der Luftwaffe flogen in Do 17, He 111 und Ju 88 (die Ju 88 war die beste der drei) mit dem Wissen, daß ihre Bomber schlecht bewaffnet waren. Und sowohl Bomberbesatzungen wie Jagdflieger mußten ja beim Heimflug noch übers Wasser. Von Anfang an mußten sie schwere Verluste hinnehmen, und die an sie gestellten Forderungen waren außergewöhnlich[1]. Dazuhin standen sie in den späteren Stadien der Schlacht der Tatsache gegenüber, daß die Zahl der RAF-Jäger von Tag zu Tag zunahm.

---

[1] *A. McKee setzt sich in »Strike From The Sky« (bei Souvenir Press, 1960) im Kapitel »The Crisis of Fighter Command« mit den Strapazen der englischen und deutschen Flieger in der Englandschlacht auseinander und betont dabei, daß die Engländer während der Schlacht Erholungsurlaub erhielten, die Deutschen aber Einsätze fliegen mußten, solange die Schlacht dauerte.*

Die Me 109 E-3.

Die Bf. 110 C-4.

DIE ROYAL AIR FORCE

Der zweite Weltkrieg war ein Krieg der Jagdwaffe. Der Ausgang des Krieges sollte, wenigstens zu einem gewissen Grade, von Plänen und Konzepten abhängen, die für die Jagdwaffe aufgestellt wurden. Die RAF im besonderen benötigte plötzlich Jagdflieger, um ihr Land vor der Invasion zu retten; bereits vor dem Kriege getroffene Entscheidungen und Vorbereitungen zahlten sich entscheidend aus.

Der Jägerkrieg in Europa wurde in der Hauptsache mit Flugzeugen ausgekämpft, die vor dem Kriege gebaut und während der Kriegsjahre weiterentwickelt wurden. Die Produktionspläne der Vorkriegszeit haben den Ausgang der Nachschubschlacht weitgehend schon bei den ersten größeren Operationen entschieden. Viele kritische Fehler waren bei den taktischen Überlegungen und bei der Produktion gemacht worden. Einige dieser Fehler erwiesen sich als verhängnisvoll in den entscheidenden Schlachten.

Wie bereits der erste Weltkrieg gezeigt hatte, war England gegenüber deutschen Luftangriffen verwundbar. Schon im Jahre 1923 wurde ein Kriegsplan entworfen, der einen Angriff etwa auf der Basis dessen voraussagte, was dann tatsächlich im Jahre 1940 eingetroffen ist. Obwohl ein wesentlicher Ausbau der RAF erst im Jahre 1936 gerade noch zur rechten Zeit begonnen wurde, gingen die entscheidenden Pläne und die Grundlage der Organisation auf Vorbereitungen im Jahre 1919 zurück. Damals hatte der Vater der modernen britischen Luftwaffe, Air Chief Marshal Sir Hugh Trenchard, ein Memorandum zusammengestellt, das Winston Churchill dem Parlament als Weißbuch vorlegte. Dieses bildete den grundlegenden Organisationsplan der RAF im Zeitraum zwischen den beiden Kriegen und während des zweiten Weltkrieges und erwies sich als ein bemerkenswert weitsichtiges Dokument. Erweiterungsprogramme waren zwischen den beiden Kriegen zwar immer wieder befürwortet worden, aber bis weit in die Dreißiger Jahre hinein wurden sie immer wieder aufgeschoben oder wegen der allgemeinen Wirtschaftslage abgelehnt. Trenchard hatte es erleben müssen, wie im Jahre 1918 die damals beste Luftwaffe der Welt bis auf die Knochen demobilisiert wurde. Von einer Einsatzstärke von 188 Staffeln und 199 Ausbildungsverbänden mit insgesamt 675 Fliegerhorsten war die britische Luftwaffe im Jahr 1919 auf 12 Staffeln zusammengestrichen worden. (Erst 7 Monate vor Ende des ersten Weltkrieges hatte man nach einer Studie des Generals Jan Christian Smuts die verschiedenen Luftstreitkräfte in eine dritte selbständige Waffengattung umorganisiert.) Die grundlegenden Elemente der von Trenchard vorgeschlagenen Organisationen bestanden in einer kleinen hochausgebildeten Berufsluftwaffe, die im Falle der Not schnell erweitert werden konnte, und in einer Konzentration auf die Entwicklung der besten Ausbildungsmethoden, der besten Waffen und der besten Organisation. Im Rahmen dieses Plans wurde in Cranwell eine Kadettenanstalt und eine zentrale Fliegerschule errichtet, an der Fluglehrer ausgebildet werden konnten. Ein Ausbildungssystem wurde eingeführt, das garantieren sollte, daß jeder künftige RAF-Offizier im Hinblick auf den Dienst und auf den fliegerischen Einsatz mit den letzten Erkenntnissen vertraut war.

Der Trenchard-Plan trug einer Zukunft Rechnung, in der es einmal darauf ankommen konnte, einen schnellen Ausbau sicherzustellen, indem die Auxiliary Air Force (für die kurzzeitige Ausbildung von freiwilligen Zivilisten), die Universitätsstaffeln, und die Offizierspatente auf kurze Zeit (5 Jahre) geschaffen wurden. All das und die Freiwillige Reserve, die im Jahre 1936 eingeführt wurde, wurde dann mit nachhaltigem Erfolg genutzt, um die RAF in der Krisenzeit um 1939–40 auf den notwendigen Stand zu bringen. Das Fighter Command war bereits im Jahre 1936 aufgestellt worden.

Während dieser Zeit stand die RAF (und die deutsche Luftwaffe) unter dem Leitgedanken der Priorität des Bombers. England wie Deutschland hatten die Theorien des italienischen Generals Giulio Douhet übernommen und mußten dann sehen, daß die Entscheidung in der kritischen Schlacht des Jahres 1940 durch die Jagdflieger herbeigeführt wurde. Die Briten (einschließlich Trenchard) sahen im Bomber ihre Verteidigung der ersten Linie, eine Waffe, die die feindliche Luftwaffenindustrie und ihre Flugzeuge am Boden zerstören sollte. Ein wesentlicher Faktor in diesem extremen »Bomberbewußtsein« lag zweifellos in der Erinnerung an die Luftangriffe auf London in den Jahren 1917 und 1918. Die Deutschen hatten ein ähnliches Konzept, aber sie beurteilten die Einsatzfähigkeit des Bombers zu einem noch größeren Grade in Richtung auf eine enge taktische Zusammenarbeit mit dem vorrückenden Heer.

Die RAF betonte die Entwicklung eines schweren Bombers bzw. einer schweren Bomberflotte als strategische Waffe, während die deutsche Luftwaffe, in einem ausgesprochenen Planungsirrtum, niemals eine schwere Bomberflotte anstrebte und sich auf die mittelschweren Bomber verließ.

1934, kurz nachdem Hitler an die Macht gekommen war, begann England mit einem Expansionsprogramm, das bestimmt war, die erste Linie der RAF bis zum Frühjahr 1939 auf mehr als 1000 Flugzeuge zu bringen. Im selben Jahr wurde die Anfängerschulung auf zivile Fliegerschulen übertragen, um eine Erweiterung der Ausbildung zu erreichen (eine Methode, die später in den Vereinigten Staaten übernommen wurde). Der Ausbau der RAF und der Hilfsausbildungsprogramm wurde bis 1939 fortgeführt und gefördert durch weitere Maßnahmen, so daß sich zu dieser Zeit die Personalstärke der RAF auf 118 000 belief, mit einer ausgebildeten Reserve, die etwas mehr als die Hälfte der aktiven Personalstärke ausmachte. Das waren 57 1/2 Jagdfliegerstaffeln, einige weitere befanden sich im Aufbau, bzw. in der Umgliederung. Dazu kamen 6 1/2 Nachtjägerstaffeln und 5 oder 6 Jägerstaffeln des Coastal Command. Das Fighter Command konnte sich außerdem auf die mehr oder minder veralteten Staffeln der Marineflieger abstützen. Es hatte weiter die beste Radarwarnorganisation, die damals auf der Welt bestand.

Das Flugzeugführer-Ausbildungsprogramm war in den Dreißiger Jahren auch auf die Dominions ausgedehnt worden, nachdem erste Vorschläge in dieser Richtung bereits im Jahre 1935 vorgetragen worden waren. Ein Blick auf die Liste der besten RAF-Jagdflieger zeigt, welchen Beitrag Südafrika, Australien, Kanada und Neuseeland[1] geleistet haben. Der Ministerpräsident von Kanada, Mackenzie King – überzeugt, daß eine Beteiligung am RAF-Ausbildungsprogramm Kanada automatisch in einen Krieg verwickeln müßte –, hat sich bis nach dem Ausbruch des zweiten Weltkrieges dagegen gewehrt. Australien, Neuseeland und Südafrika haben zugestimmt, und Südafrika hat dann auch zwei der drei bekanntesten RAF-Piloten beigesteuert: N. T. St. John Pattle und Adolf G. Malan.

Der erste Oberkommandierende des im Jahre 1936 neugeformten Fighter Command war Air Marshal Sir Hugh Dowding, der den Jagdfliegereinsatz 1940 vorbereitete und dann auch durchführte. Er hat damals zum Ausdruck gebracht, daß zumindest 45 Jagdfliegerstaffeln notwendig seien, um Großbritannien gegen Luftangriffe zu schützen, die über die Nordsee vorgetragen werden. Was man nicht vorhersah, war die Tatsache, daß in der entscheidenden

---

[1] *Siehe Anhang I, Seite 294.*

Luftschlacht des Krieges die deutsche Luftwaffe in ihrer Masse gleich auf der anderen Seite des Kanals, nur 20 Meilen entfernt, bereitstehen würde. Dowdings Beitrag zum Aufbau des Fighter Command zu der äußerst wirksamen Organisation, als die es sich erwies, war eine der Grundlagen des Erfolges, der sich 1940 einstellte.

Auf dem Gebiet des Radar, einem wesentlichen Faktor beim Sieg in der Schlacht um England und auch beim Zusammenbruch der deutschen U-Bootschlacht, war die RAF ihrem Gegner weit überlegen. Den Anfang dazu machte A. P. Rowe 1934 mit einem Memorandum an seinen Chef H. E. Wimperis, den Direktor der wissenschaftlichen Forschungsabteilung im Luftfahrtministerium, in dem er die Gefahr einer Niederlage heraufbeschwor, wenn die Wissenschaft keinen neuen Weg zur Verbesserung der Verteidigungschancen fände[1]. Wimperis schlug dem Ministerium vor, man solle ein Komitee für die Untersuchung dieser Fragen bilden und als Chef dieses Komitees den bekannten Physiker H. L. Tizard einsetzen. Diesem Komitee gehörten u. a. Wimperis, Rowe, Dr. A. V. Hill und Professor P. M. S. Blackett an. Wimperis war es, der dann später Superintendant Robert Watson-Watt von der Forschungsstation für Funkwesen des National Physical Laboratory zu Beratungen über dieses Thema zuzog. Dieser wiederum hatte bereits entsprechende Untersuchungen angestellt. Einer seiner Mitarbeiter, A. F. Wilkins, stellte Material zusammen, aus dem die Möglichkeit hervorging, Funkwellen zur Entdeckung von Feindzielen und zu ihrer Ortung heranzuziehen. Auf Grund dieser Unterlagen ging das Komitee einen Schritt weiter. Eine erste Vorführung fand unter Beisein von Dowding im Winter 1935 statt. Die Vorführung überzeugte, und kurz danach wurden 10 000 Pfund Sterling für weitere Arbeiten an diesem Projekt bewilligt, das unter der nichtssagenden Bezeichnung »Radio Direction Finding« lief. Die erste Ortungsstation in einem System, das dann zur Kette erweitert werden sollte, wurde im Mai 1937 fertiggestellt. Als noch im selben Jahr Luftmanöver stattfanden, waren bereits drei Stationen in Betrieb. Die Ergebnisse waren positiv, und das Ministerium arbeitete Spezifikationen für eine Kette von 20 Stationen aus. Das Schatzministerium genehmigte den Plan im August.

Einen anderen Beitrag zur Verteidigungsbereitschaft leistete das Royal Observer Corps, eine Organisation von Zivilisten, die sich der Erkennung von Flugzeugen nach Sichtbeobachtung und Hör-

[1] *Wood, Seite 127.*

beobachtung gewidmet hatten. Im letzten Jahr des ersten Weltkrieges hatte General A. B. Ashmore, der Kommandeur der Verteidigung Londons, ein System organisiert, wobei Einzelbeobachter ihre Wahrnehmungen an einen zentralen Auswertungstisch in seinem Gefechtsstand weiterleiteten. Als im Jahre 1924 die Fragen einer Luftverteidigung untersucht wurden, wurde auch Ashmores Erfahrung wieder zum Tragen gebracht. Er organisierte die ersten Übungen im Flugzeugerkennungsdienst mit Zivilisten. Ein telefonisch verbundenes Beobachtungsnetz wurde aufgebaut und erreichte im Jahr 1939 einen Umfang von 32 Zentren, über 1000 Beobachtungsposten und einigen 30 000 Beobachtern, die einfache Instrumente benutzten, um Höhe und Kurs der anfliegenden Flugzeuge festzulegen. Mit Hilfe von Flugzeugerkennungsklubs erreichte das Corps, daß das Fighter Command den ganzen Krieg hindurch mit einer massiven Zahl schneller Auswertungen von Sichtbeobachtungen versorgt wurde.

Private Firmen entwickelten zwei moderne Jagdflugzeuge, die Hurricane und die Spitfire, und brachten es fertig, sie für den Einsatz in der Schlacht um England in genügenden Zahlen herzustellen. Die Hurricane stellte in den Jahren 1939 und 1940 den Hauptteil der Jagdflugzeuge der ersten Linie; sie war vor Beginn des Krieges gebaut und in den Verbänden des Fighter Command eingeführt worden. Die Spitfire I folgte kurz danach. Die ersten Auslieferungen der Spitfire II an Einsatzstaffeln begannen kurze Zeit vor Beginn der Schlacht um England, so daß zu diesem Zeitpunkt 27 Hurricane-Staffeln und 19 Spitfire-Staffeln zur Verfügung standen.

Die Hurricane kam zwar der Me 109 nicht gleich, wurde aber von dieser nicht so deklassiert, daß sie etwa ohne Aussicht auf Erfolg in den Kampf eingreifen konnte. Sie war lediglich in ihrer Spitzengeschwindigkeit etwa 50 km/h langsamer. Wenn sie einen Höhenvorteil hatte, dann war sie mindestens gleichwertig. Im Hinblick auf Bewaffnung und Panzerung war der Unterschied nicht allzu groß. Die 109 hatte zwar einen Waffenvorteil, aber die Hurricane war besser gepanzert und auch robuster gebaut; und demzufolge konnte sie auch mehr einstecken (siehe auch die Bemerkungen von James Lacey in Kapitel 5). Die in der Schlacht um England eingesetzten Hurricane hatten eine Höchstgeschwindigkeit von etwa 520 km/h. Sie waren mit 8 Browning-MG ausgerüstet. Die Hurricane konnte die Me 109 auskurven, ein Vorteil in der Verteidigung, der zweifellos die Rettung für manchen RAF-Piloten war. Erinnert man sich, daß die erste Hurricane im Jahre 1937 flog, also ein Jahr vor dem Abkommen von München, dann wird man mit Respekt erkennen, welche Leistung darin lag, daß ein Privatunternehmen ein solch hervorragendes Flugzeug bereits zu diesem frühen Zeitpunkt entwickelt hatte. Die Spitfire, die etwas später herauskam, war um etwa 70 km/h schneller. Man nahm an, daß sie selbst die Me 109-E noch um weniges übertraf, obwohl man sich auch heute noch über diesen Punkt streiten kann. Auch die Spitfire konnte die 109 auskurven, und sie verfügte gewöhnlich über denselben Motor und dieselbe Bewaffnung wie die Hurricane. Wenn sie vielleicht auch nicht so robust gebaut war wie die Hurricane, so war sie doch ein recht stabiles Flugzeug und konnte in der Regel wahrscheinlich mehr aushalten als die Me 109. Die Höchstgeschwindigkeit der Versionen, die in der Schlacht um England eingesetzt waren, lag über 570 km/h. Verbesserte Versionen der Hurricane und der Spitfire kamen im Verlauf des Krieges zur Truppe und blieben bis zum Ende des Krieges im Einsatz.

Aber die Hurricane und die Spitfire blieben bei weitem nicht die einzigen RAF-Jagdflugzeuge während des Krieges. Am Ende verfügte die RAF über eine Anzahl neuerer Modelle, darunter zahlreiche Staffeln des besten amerikanischen Jagdflugzeugs P-51, das in den Vereinigten Staaten eigentlich erst auf RAF-Bestellungen hin gebaut wurde (bevor Amerika in den Krieg eintrat). Die Firma Hawker brachte einige hervorragende Jagdflugzeuge heraus, nachdem der Krieg begonnen hatte, einschließlich der Tempest, eines Erdkampfflugzeuges, von dem die FW 190 in manchen Punkten beeinflußt worden sein soll, und die Typhoon, einen Jagdbomber. Es war hauptsächlich die Typhoon, die es dann mit der schnellen FW 190 aufnahm, welche gewöhnlich beim Anflug über den Kanal im Tiefflug die englische Radarkette unterflog, überraschend ihre Ziele beschoß und wieder zu ihren französischen Basen zurückkehrte. Diese späteren britischen Flugzeugmodelle waren schnell, und gut bewaffnet. Obwohl ihnen der große Einsatzradius der P-51 abging, stellten sie hervorragende Jagdflugzeuge dar. RAF P-51-Staffeln und andere nahmen an der Schlacht über Deutschland teil und flogen als Begleitjäger den ganzen Weg nach Berlin und zurück, manchmal sogar nach Zielgegenden, die noch tiefer in Deutschland lagen.

Auch die De Havilland Mosquito war ein hervorragendes Flugzeug. Obwohl nicht als Jagdflugzeug eingestuft (es war ein zweimotoriges Flugzeug, dessen Zelle ganz aus Holz bestand), war es so schnell wie ein Jagdflugzeug, und seine Aufklärungsflüge und Luftbildflüge über Deutschland waren von unermeßlichem Wert.

Die RAF brachte auch eine Anzahl leichter, mittlerer und schwerer Bomber hervor. Obwohl sich dieses Buch mit Jagdflugzeugen befaßt, darf noch darauf hingewiesen werden, daß die schweren Bomber der RAF, wie z. B. die Lancaster, die Halifax und die Wellington, eine viel größere Bombenmenge über Deutschland abgeworfen haben als die in den Vereinigten Staaten gebauten Flugzeuge.

Eine der Schwächen des Fighter Command bei Ausbruch des Krieges lag in der Eigenart der geflogenen Gefechtsformationen. Die älteren Offiziere des Fighter Command klammerten sich an die korrekten und wohlgeordneten Figuren des Formationsflugs und der Zielanflüge. Die Grundlage bildete ein Verband aus 3 Flugzeugen, in V-Stellung (Pfeil) fliegend. Zwei solche Formationen bildeten eine »Flight« (Halbstaffel). Eine Staffel bestand aus 12 Flugzeugen (2 Flight bestehend aus je 6 Flugzeugen), und einige Staffeln bildeten dann einen »Wing«, also ein Geschwader. Die in V-Formation bzw. in Reihe fliegende Staffel war den Kampfformationen unterlegen, die die deutschen Jagdflieger flogen und als Lektion aus Spanien mitgebracht hatten. Wie die Dinge beim Militär nun einmal liegen: etwas Bestimmtes zu ändern, ist gar nicht so einfach. Die englischen Staffelkapitäne hatten ihre Leute in langer Ausbildung auf die festgelegten Gefechtsformationen gedrillt, in denen jeder Mann seinen bestimmten Platz hatte und dann – auf Kommando – seinen Angriff »entsprechend der Vorschrift« flog. Im Luftkampf funktionierte das jedoch nicht so, wie es im Buch stand. Einer der besten Jagdflieger der RAF hat sich nach dem Krieg erinnert, daß die letzten Worte so manches tapferen RAF-Jagdfliegers in den früheren Jahren des Krieges also lauteten: »Rot II, beginne Angriffsflug B ......«, während andere zusahen und warteten, bis sie an der Reihe waren. War auch der Jägerkrieg bis zu einem gewissen Grade ein Krieg unter Gentlemen, so durfte man das doch nicht zu weit treiben. Wenn der Feind diese sehr ordentliche und würdevolle Eröffnung des Kampfes seinerseits nicht so formgerecht respektierte, dann war das zwar bedauerlich, aber verständlich.

Die wirkliche Bewährung der Ausbildungsmethoden der RAF lag in der Moral und in dem Kampfgeist ihrer Jagdflieger zu Beginn des Krieges. Zu keiner Zeit trat das mehr in Erscheinung als in der Schlacht um England, als diese Piloten die Hauptlast des deutschen

Ansturms tragen mußten und gezwungen waren, mehrere Einsätze am Tag zu fliegen und die übrige Zeit in Bereitschaft zu sein. Trotz solchen Anforderungen und trotz der Tatsache, daß sie entschlossene und fähige Gegner in guten Flugzeugen vor sich hatten, ließen sie in ihrer Einsatzfreude nicht nach. Es waren dieser Geist, das gute Radarwarnsystem, angemessene Ausbildung und Ausrüstung sowie die Führerschaft und die Organisation des Fighter Command, die im Jahre 1940 in dieser Kombination unschlagbar waren.

Wie die deutsche Luftwaffe, so hat auch die RAF an Offiziere und Unteroffiziere die Schwingen des Flugzeugführerabzeichens verliehen. Viele Unteroffiziere dienten mit Auszeichnung, erreichten hohe Leistungen und wurden in Anerkennung dieser Leistungen oft zu Offizieren befördert. Die Offiziersdienstgrade in ihrer Rangfolge von unten nach oben waren:

      Pilot Officer
      Flying Officer
      Flight Lieutenant
      Squadron Leader
      Wing Commander
      Group Captain
      Air Commodore
      Air Vice-Marshal
      Air Chief Marshal
      Marshal of The R.A.F.

Ein Wort ist noch angebracht über die weniger bekannten Annehmlichkeiten des Dienstes im Fighter Command. Vielleicht mehr als die der Luftwaffe, und sicher mehr als die der USAAF, bildeten die Fliegerhorste des Fighter Command komfortable und sorgfältig ausgestaltete Heime für die Piloten. Im Mittelpunkt eines typischen Jägerhorstes stand ein Backsteingebäude, das von Rasenflächen und Tennisplätzen umgeben war und in dem sich die Schlafräume der Piloten (Ordonnanzen standen zur Verfügung), Wäscherei, Zentralheizung, ein Speiserestaurant, eine Bar und ein ruhiger Leseraum befanden. Wie zu erwarten, gab es in diesem Leseraum weder Radau noch unvorschriftsmäßiges Benehmen.

Die Piloten des Fighter Command wohnten in Komfort und angemessenem äußeren Rahmen. Sie erfreuten sich des Abenteuers und der Gefahr des Fliegens, eines gewissen Grades von Saloppheit im militärischen Umgang, und der RAF-Tradition von Ausgelassenheit außer Dienst. Sie entwickelten einen Korpsgeist, der viel zur Moral und demzufolge auch zur Kampfstärke beitrug. Es war kein Wunder, daß darin eine Anziehungskraft für die Elite der Nation lag. Die Attraktivität dieses Fliegerlebens war eine nicht unbeträchtliche Größe in der Anhebung des Selbstbewußtseins, das man braucht, wenn man siegen soll.

KRISE BEI DÜNKIRCHEN

23. MAI 1940 –
FLIGHT LIEUTENANT R. R. STANFORD TUCK, RAF

Der Mann mit vielleicht der besten Treffsicherheit der RAF des zweiten Weltkrieges gehörte zu den gut aussehenden, eleganten Vertretern seiner Gattung. Er heißt Roland Robert Stanford Tuck. Sein Vater, Captain Stanley Lewis Tuck, der im ersten Weltkrieg im Queen's Royal West Surrey Regiment gedient hatte, war Fachmann in Feuerwaffen und sorgte dafür, daß Robert und sein Bruder schon in frühem Alter mit allen Arten von Waffen umgehen konnten. Robert entwickelte sich zu einem außergewöhnlich guten Gewehr- und Pistolenschützen.

Er besuchte St. Dunstan's, und ging dann auf der Suche nach dem Abenteuer als Seekadett zur Handelsmarine. In St. Dunstan's war er kein besonders guter Schüler gewesen, obwohl er eine gewisse Begabung für fremde Sprachen gezeigt hatte. Vermutlich war das auf den Einfluß seiner russischen Gouvernante zurückzuführen. Die Dame hatte ihm Russisch beigebracht, einen Satz pro Tag, und das ein paar Jahre lang. (Später sollten sich diese Kenntnisse dann als wichtige Fähigkeit erweisen.) Aber er hatte als Turner, Fechter, Schwimmer, Boxer, auf dem Spielfeld und hauptsächlich auf dem Schießstand ganz gut abgeschnitten. Als Schütze war er der Beste. Zweieinhalb Jahre zur See ließen ihn dann etwas breiter und kräftiger werden und gaben ihm Gelegenheit, seine Schießkünste weiter zu perfektionieren. (Er hat es schließlich so weit gebracht, Haie mit einem Gewehrschuß zu erledigen, eine erstaunliche Leistung.)

Aber der Reiz, die Welt an Bord eines Schiffes zu durchstreifen, begann zu verblassen – Schiffe schienen sich doch sehr viel Zeit zu lassen, um von einem Platz zum anderen zu kommen. Als er dann im Hause seines Vaters in Catford ein paar Tage Urlaub verbrachte, fiel sein Auge auf eine Anzeige, die seine Phantasie anregte. Sie lautete »Fliege mit der RAF!« Was auch die RAF für diese Anzeige bezahlt haben mag, das Geld war gut angelegt. Über diese Zeitungsannonce kam die RAF zu einem ihrer größten Jagdflieger.

Tuck teilte also seinem Vater die Absicht mit, sich bei der RAF zu bewerben. Der Papa sagte wohl oder übel ja. Es kam nun eine schriftliche Prüfung vor einer Kommission von fünf aktiven Offizieren. Nach zwei Wochen Spannung erhielt Tuck einen Brief vom Luftfahrtministerium mit der Mitteilung, daß er angenommen sei. Er hatte in den ersten beiden Prüfungen recht gut abgeschnitten, und die mündliche Prüfungskommission muß Gefallen an den Antworten und an dem Aussehen des gebräunten, schlanken und gut angezogenen Kandidaten gefunden haben, denn nur ein kleiner Prozentsatz der Bewerber erhielt den sehnlich erstrebten Rang eines Acting Pilot Officer (auf Probe). Tuck erhielt den Befehl, sich am Nachmittag des 16. September 1935 auf dem Fliegerhorst Uxbridge einzufinden. Am Morgen dieses Tages kamen 33 junge Leute in Uxbridge an (6 oder 8 davon sind heute noch am Leben), um zwei Wochen Kasernenhofausbildung, Unterricht und verschiedene Eignungsprüfungen über sich ergehen zu lassen.

Von dort kam Tuck dann zur Fliegerschule nach Grantham in Lincolnshire. Zum erstenmal in seinem Leben stand er nun auf Tuchfühlung mit einem Flugzeug, einem Avro Tutor. Wie sein Biograph, Larry Forester, in »Fly For Your Life«[1] beschreibt, war er ziemlich enttäuscht. Das Ding sah so zerbrechlich aus im Vergleich zu den Schiffen, auf denen er bisher gefahren war. Er gewöhnte sich dann doch sehr schnell an die klapprige Erscheinung der Flugzeuge von 1935.

Dann stolperte Tuck aber beinahe über seinen Übereifer. Glücklicherweise hatte er einen Fluglehrer mit Einfühlungsgabe und Verständnis, Flying Officer A. P. S. Wills. Wills bemerkte gleich am Anfang, daß Tuck trotz – oder gerade wegen – seines Enthusiasmus einfach »den Bogen nicht herauskriegte«, so sehr er sich auch Mühe gab. Als die anderen bereits ihre ersten Alleinflüge hinter sich gebracht hatten, plagte er sich immer noch mit den Anfangsschwierigkeiten herum und blieb verkrampft. Sein Hauptfehler bestand darin, daß er bei Steuerkorrekturen mit schwerer Hand »übersteuerte«, anstatt Knüppel und Pedale mit Gefühl und weich zu bedienen. Als die normale Zeit für den ersten Alleinflug kam und vorüberging, und als zwei andere Schüler den Hut nehmen mußten, kamen Sorgen und Nervosität zu den schon vorhandenen Schwierigkeiten Tucks hinzu. Seine Flugweise wurde noch eckiger. Wills versuchte alles, um ihn unauffällig aus dieser Spannung herauszuführen und aufzulockern. Er bemühte sich, in seiner Kritik und bei

[1] *Muller, 1956.*

den Korrekturanweisungen leger und freundlich zu bleiben. Ganz nebenbei wies er auf die schöne Landschaft unter dem Flugzeug hin und versuchte auch damit, die Spannung zu lösen. Auch Tucks Kameraden zeigten Verständnis und versuchten ihn aufzuheitern. Tuck blieb verkrampft. Er hatte nun 13 Flugstunden hinter sich gebracht und konnte nicht weitermachen ohne einen Überprüfungsflug mit dem stellvertretenden Schulungsleiter, Flight Lieutenant Tatnall. Und Tatnall mußte ihn nach Hause schicken, wenn bei diesem Flug nichts Besseres herauskam.

Irgendwie war Tuck klargeworden, daß die Geschichte hoffnungslos für ihn aussah, und mehr oder weniger schien er sich bereits mit seinem Schicksal abzufinden. An dem Morgen, als der wahrscheinlich letzte Flug vor ihm stand, waren Verkrampfung und Resignation so stark geworden, daß ihm Hände und Füße kaum gehorchen wollten. Als Tatnall befahl zu starten, reagierte er wie halb benommen. Aber dann legte er einen guten Start hin, blieb beim Steigflug auf geradem Kurs und drehte ganz weich in die erste Kurve ein. Er flog, als ob es nichts mehr zu bedeuten hätte, und plötzlich hatte er die Sache kapiert: Es ging tatsächlich, wenn man sich nicht zu viel Mühe dabei gab. Auf einmal ging überhaupt alles! Er flog weiter, locker und weich; langsam kam die Hoffnung wieder. Nach 15 Minuten befahl Tatnall, zu landen. Als er sauber aufgesetzt hatte und das Flugzeug zum Halten gekommen war, kletterte der stellvertretende Schulungsleiter aus dem Cockpit und sagte nur: »Nochmal rauf!« Es war einer der dramatischsten Augenblicke in Tucks Leben. Anstatt durchgefallen zu sein, erhielt er jetzt die Chance für den ersten Alleinflug. Tatnall drehte ihm den Rücken zu und ging weg. Also hatte er keine Zweifel mehr. Tuck gab Vollgas und begann seinen Alleinstart. Er kam sauber ab, flog eine vorschriftsmäßige Platzrunde und kam zu seiner ersten Landung herein. Er konzentrierte sich auf diesen neugefundenen lockeren Kontakt mit Knüppel und Pedalen, fing die Maschine weich ab, setzte leicht auf und rollte geradeaus.

Wills, Tatnall und die anderen Fluglehrer sahen vom Platzrand aus gespannt zu. Jemand war hinter sie getreten und sagte: »Na, das ist ein Junge, aus dem mal was wird.« Sie drehten sich um und salutierten vor dem Chef der Schule, W. A. B. (»Jimmy«) Savile, der mit den Augen zwinkerte; auch er hatte gemerkt, welche Mühe sie mit Tuck gehabt hatten.

Von diesem kritischen Stadium an machte Tuck schnelle Fortschritte und bestätigte bald, daß sich die Fluglehrer nicht umsonst so um ihn gekümmert hatten. In jedem weiteren Ausbildungskurs wurde er hervorragend beurteilt. Nach kurzer Zeit kam eine fast überhebliche Sicherheit über ihn. Das führte so weit, daß selbst erfahrene ältere Flieger ihn manchmal für leichtsinnig oder gar überheblich halten mußten. Während der nächsten beiden Jahre bewies er dann, daß diese Meinung nicht so abwegig war. Reaktionsschnell, wie er am Knüppel war, ging er manchmal fragwürdige Risiken ein. Es gab Fälle, wo er gerade noch einmal dem Sensenmann von der Schippe gesprungen war. Erst 1938 kam plötzlich die Ernüchterung über ihn. Gerade noch zur rechten Zeit. Er flog in enger Formation, als plötzlich Turbulenz auftrat. Der Pilot vor ihm zog abrupt nach oben. Tuck konnte nicht mehr ausweichen. Beide stießen zusammen, und Tucks Propeller tötete den anderen. Wegen den Schäden an seinem eigenen stürzenden Flugzeug konnte Tuck die Haube nicht öffnen. Er schien einem sicheren Tod entgegenzustürzen, bis die angeknacksten Tragflächen abmontierten und die Kanzel freigaben. Er hatte gerade noch Zeit auszusteigen – bei seinen vergeblichen Bemühungen, aus der Kanzel freizukommen, hatte er sich die Finger blutig gerissen. Als er schließlich doch freikam, schnitt er sich an einem scharfen Metallstück das Gesicht auf, was ihm eine bleibende Narbe und einen beträchtlichen Blutverlust einbrachte. Obwohl er neun Tage später bereits wieder flog, hinterließ diese Erfahrung ihre Spuren.

Im April war er in einen weiteren Zusammenstoß in der Luft verwickelt und konnte gerade noch landen, bevor seine Tragflächen sich lösten. Auch bei diesem Unfall traf ihn keine Schuld. »Tucks Glück«, sagte das Bodenpersonal nur. Er hatte auch bei anderen Gelegenheiten schon unverschämten Dusel gehabt. Einmal sollte er wegen einer Verkehrsübertretung aus dem Dienst entlassen werden. Die Sache hatte ihn vor einem Zivilgericht nur eine Geldstrafe von 10 Schillingen gekostet. Nur sein ausgezeichneter Ruf als Pilot und seine Schießleistungen ergaben dann bei der Überprüfung des Falles durch das Luftfahrtministerium den Widerruf des Entlassungsbescheids.

Nach seiner Flugausbildung war Tuck zur 65. (Ostindien-) Staffel in Hornchurch versetzt worden, wo er nach zwei Jahren zum Flying Officer befördert wurde (in Hornchurch hatte er dann die beiden beinahe tödlichen Unfälle). Kurz danach wurde ein etwas gereifterer Tuck von der 65. Staffel ausgewählt, um in der neuen Supermarine Spitfire seine Fähigkeiten unter Beweis zu stellen. Nur ein Pilot aus jeder künftigen Spitfirestaffel durfte teilnehmen; das war an sich schon eine bedeutsame Anerkennung.

Tuck meldete sich Ende des Jahres auf dem RAF-Fliegerhorst in Duxford. Dort sollte ihn der Chef-Testpilot der Vickers-Werke, Jeffrey Quill, ein früherer RAF-Pilot, in der Spitfire auf Herz und Nieren prüfen. Wie alle, die das schlanke neue Jagdflugzeug noch nicht kannten, war er schon allein vom Anblick begeistert. Er saß eine Stunde im Cockpit, während Quill ihn für den ersten Start einwies. Nachdem er seinen ersten Flug hinter sich gebracht hatte, war er von dem Flugzeug noch mehr begeistert als von irgendeinem, das er bisher geflogen hatte. Er kehrte im Januar des Schicksalsjahres 1939 mit Erfahrungen nach Hornchurch zurück, die in den Kameraden freudige Erwartung auslösten. Zu jener Zeit, genau 7 Monate und 3 Wochen vor Ausbruch des Krieges, war Tuck einer der wenigen Piloten, die die Spitfire geflogen hatten. Gerade noch zur rechten Zeit, denn ein Jahr später sollte er in einer Spitfire über dem Strand von Dünkirchen seinen ersten Kampfeinsatz fliegen, als dieser Flugzeugtyp zum erstenmal in größeren Zahlen durch das Fighter Command eingesetzt wurde.

Tuck kam indes zu seiner bitteren Enttäuschung in den ersten Monaten des Krieges nicht zum Einsatz. Er war ein verhältnismäßig erfahrener Veteran mit 700 Flugstunden. Andere Staffeln und junge und unerfahrene Piloten befanden sich bereits im Kampf, während die 65. untätig blieb. Das Fighter Command hielt seine Spitfires in Reserve und verließ sich bis Dünkirchen und die Schlacht um England hauptsächlich auf die Hurricanes.

Am 1. Mai 1940 wurde er von der 65. zur 92. Staffel versetzt, die in Croydon lag. Dort wurde er zum Flight Lieutenant befördert. Das bedeutete, daß er die zweite Halbstaffel in der Staffelformation flog. Mit der 92. Staffel, die von dem Südafrikaner Robert Bushell geführt wurde, einem bekannten Londoner Rechtsanwalt, flog Tuck zum erstenmal gegen den Feind. Das ist der Tag, dem wir nun unsere Aufmerksamkeit zuwenden wollen.

Am 10. Mai 1940 schlug das deutsche Heer und die deutsche Luftwaffe gegen Frankreich, Belgien und die Niederlande los und begann mit dem Vormarsch auf die Kanalküste und auf Paris. Innerhalb von 50 Tagen waren die drei Länder aus dem Rennen. In Frankreich standen zuerst sechs RAF-Hurricane-Staffeln, weitere sechs kamen nach Beginn der Kämpfe hinzu. Obwohl die Feldflugplätze nicht die besten technischen Voraussetzungen boten, taten die Staffeln, was sie konnten. Aber sie stemmten sich vergeblich gegen die anrollende Welle. Bei den Erdtruppen verschlechterte sich das Bild von Tag zu Tag, und die britische Armee wurde vom Gros der französischen Armeen abgedrängt und stand mit dem Rücken zum Kanal. Die Jagdfliegerstaffeln verlegten von einem Feldflugplatz zum nächsten, immer gerade noch rechtzeitig vor den vorrückenden deutschen Truppen, und wurden dann schließlich nach England zurückbeordert. Etwas über 200 Hurricanes waren in den Kämpfen und im anschließenden Chaos verlorengegangen. Einige hatte man bei der hastigen Evakuierung französischer Plätze in Brand stecken müssen.

Das waren schwerwiegende Verluste für das Fighter Command, das beim Beginn der deutschen Offensive nur ungefähr 800 einsatzfähige Jagdflugzeuge zur Verfügung hatte. Die britische Armee sah sich in der Falle. Hunderttausende strebten auf Dünkirchen zu, unter ihnen auch verschiedene französische, belgische und holländische Einheiten. Es war jedem klargeworden, daß eine erfolgreiche Evakuierung der Truppen nur über den Hafen Dünkirchen möglich war. Bei dieser verzweifelten Operation war es nun Pflicht und Aufgabe des Fighter Command, alles zu unternehmen, um der deutschen Luftwaffe die Luftherrschaft über dem Strand von Dünkirchen streitig zu machen. So stand das Fighter Command, obwohl die Verluste in Frankreich schwere Lücken gerissen hatten, vor dem Zwang, größere Anstrengungen zu unternehmen, um die Einschiffung in Dünkirchen abzudecken. Das hieß, daß neben den Hurricanes nun auch die neuen Spitfires eingesetzt werden mußten. Der deutschen Luftwaffe auf der anderen Seite oblag die Aufgabe, die Evakuierung zu verhindern und die auf engem Raum zusammengedrängten Truppen zu vernichten. So trafen die beiden Jagdstreitkräfte zum erstenmal in einer größeren Luftschlacht aufeinander, die verhältnismäßig nahe bei den Liegeplätzen der englischen Staffeln abrollte. Die Auseinandersetzung war hart. Der Einsatz der RAF hat aber doch geholfen, Tausende auf die heimatliche Insel zurückbringen, die es sonst nicht geschafft hätten. Die Verluste auf beiden Seiten waren schwer. Einige der RAF-Staffeln, die in diesen Kampf geworfen wurden, traf es hart: In der kurzen Spanne von nur zwei oder drei Tagen mußten sie Verluste von bis zu 50 Prozent hinnehmen. Tucks Staffel gehörte auch dazu, aber sie steckte nicht nur Schläge ein, sie teilte auch welche aus. Mit Tuck als Führer einer

Halbstaffel bekam sie ihre Feuertaufe am 23. Mai. Für Tuck selbst wurde es ein denkwürdiger Tag.

23. Mai 1940. In einem Schlafzimmer des zweistöckigen Offizierskasinos des RAF-Fliegerhorstes Norfolk wurde Flight Lieutenant R. R. Stanford Tuck von seinem Burschen Thompson geweckt. Es war noch dunkel, die Dämmerung hatte noch nicht eingesetzt. Die 92. Staffel sollte nach Hornchurch verlegen und von dort aus Jagdeinsätze über einer französischen Hafenstadt fliegen: Dünkirchen. Die Piloten waren begierig auf den Einsatz, nachdem die ersten neun Monate des Krieges für sie bisher ereignislos verlaufen waren. Thompson stand mit einer Tasse in der Hand da, und Tuck grüßte ihn mit der Standardfrage: »Was für ein schreckliches Gesöff bringen Sie denn da?« Thompson gab die Standardantwort: »Das ist Tee, Sir.« Tuck trank, während er sich rasierte und anzog – blaue Hosen, blaue Bluse, roter Seidenschal, dicke weiße Socken und schwarze, schaffellgefütterte Stiefel. Da zuerst noch ein Wetterflug fällig war, verschob er das Frühstück auf später. Nach einer Tasse Kaffee fuhr er mit seinem Staffelkapitän Roger Bushell mit dem Auto zu dem behelfsmäßigen Gefechtsstand, einer kleinen Baracke am Platzrand. Nach einem Anruf bei der Flugleitung stiefelte Tuck auf sein Flugzeug zu, eine Spitfire I, die 50 Meter vor der Baracke stand. Das Bodenpersonal hatte den Motor bereits warmlaufen lassen, und Tuck ließ sich bei laufendem Propeller im Cockpit anschnallen. Da es sich um einen Einzelstart handelte, konnte er auf das übliche Hin und Her mit der Flugleitung verzichten. Er gab Gas und rollte auf Startposition. Dunst hing über dem Feld, aber es begann aufzuklaren. Er donnerte über den Platz, hob ab und stieg in den blauen Himmel. Das Wetter oben war ideal. Nach wenigen Minuten ging er wieder tiefer, und mit wenig Gas und ausgefahrenen Klappen fand er seinen Weg durch den Dunst und ein paar Nebelfetzen und setzte zur Landung an. Er rollte auf den Abstellplatz zu, sprang aus der Maschine und gab telefonisch an die Flugleitung durch: »Alles klar, die Staffel kann starten.« Dann fuhr er zurück ins Offizierskasino und ließ sich ein kriegsstarkes Frühstück mit Schinken und Eiern schmecken. Kurz danach kam der Startbefehl.

Bushell ging mit der Staffel auf Kurs Ostsüdost, und die 12 braungrünen Spitfire landeten 20 Minuten später auf Tucks altem Horst in Hornchurch. Hier traf die 92. Staffel mit drei anderen (54., 65. und 74.) zusammen. Die vier Staffeln sollten Jagdeinsatz über Dün-

Bf. 110 C über dem Kanal.

Squadron Leader J. H. Lacey, RAF.

2 Hurricane MK. II

kirchen fliegen. Die genauen Einsatzbefehle wurden bei einer Einsatzbesprechung von dem Group Captain und späteren Air Chief Marshal Cecil (»Boy«) Bouchier erteilt, der seinen Piloten sagte: »Es wird Sie freuen, daß wir heute zum erstenmal in den Kampf eingreifen ... in Dünkirchen brennt Öl, das ist also leicht zu finden ... eine Evakuierung ist im Gang ... also hinein und mit allem, was ihr habt, drauf auf die Flugzeuge, die unsere Truppen und unsere Schiffe angreifen.« Den Piloten wurde mitgeteilt, daß sie mit Feindverbänden von bis zu 40 Jagdflugzeugen zu rechnen hätten. Es gab noch einige Fragen der Staffelkapitäne über Flughöhen, Wetter- und Ic-Berichte, und dann machten sich die Piloten auf den Weg zu den Abstellplätzen ihrer Staffeln. An der Baracke der 92. gaben Bushell und Tuck Gefechtsformationen, Flughöhen und andere Einzelheiten an die gespannt wartenden Piloten der Staffel durch.

Es war 10.30 Uhr, als endlich das Telefon läutete. Startfreigabe für den Einsatz. Tuck hatte über seine weißen Seidenhandschuhe braune Lederhandschuhe angezogen und machte sich, den Helm in der Hand, im Laufschritt auf den Weg zu seiner Maschine. Er grüßte die Warte, sprang auf den linken Flügel und ließ sich ins Cockpit gleiten, wo er sich gleich an die Arbeit machte. Das ging alles schnell und nach strenger Ordnung: Bremsen angezogen, Trimmung – weiße Linien für Start, Klappen eingefahren, Zündung aus, Betriebsstoff voll, Fahrgestell ausgefahren und eingerastet, Kühlerklappen auf maximale Kühlung. Das Sauerstoffgerät war angeschlossen, und die Gurte waren nachgezogen. Tuck rief: »Alles klar!« und schaltete die Zündung ein. Da er mit dem Startwagen verbunden war, drückte er zwei Knöpfe auf der rechten Seite des Gerätebretts, der Motorenwart drückte einen Knopf, der den Startwagen an das Bordnetz anschloß, und der Propeller begann sich zu drehen. Der Motor spuckte ein- oder zweimal, kleine weiße und dunkle Wölkchen kamen aus den Auspuffstutzen, dann »kam« der 1175-PS-Rolls-Merlin-Motor, und der Propellerwind fegte über das offene Cockpit. Die Verbindung zwischen Startwagen und Bordnetz wurde gelöst, und der Wart sprang von der Fläche herunter. Der Staffelkapitän rollte gerade in Startposition. Tuck gab Handzeichen zu seiner Halbstaffel, löste die Bremse und schob den Gashebel vor. Der Motor der Spitfire dröhnte lauter, die Warte winkten, und er fing an zu rollen.

Fünf Spitfire folgen in Position. Die 92. startet in zwei Halbstaffeln zu je zwei Ketten. Über die Kopfhörer kommt die Stimme des Staffelkapitäns: »Ich starte.« Bushell donnert mit den ersten drei Flugzeugen über das Feld. Kurz darauf folgen die nächsten drei. Tuck bremst an, beobachtet, wie die anderen in den aufklarenden Himmel steigen, und schiebt dann den Gashebel bis zum Anschlag vor. Die ersten drei Flugzeuge seiner Halbstaffel nehmen Geschwindigkeit auf und werden leichter und leichter. Tuck zieht ein wenig, die Spitfire reagiert und hebt ab. Jetzt geht die eine Hand vom Gashebel zum Knüppel und die andere vom Knüppel zum Fahrgestellhebel. Das Fahrgestell fährt ein. Etwas Gas wegnehmen, das Kabinendach schließen und verriegeln. Einen Blick nach hinten ... Die Halbstaffel ist sauber abgekommen. Er sucht am Himmel nach den sechs Flugzeugen Bushells, sieht sie voraus in eine Linkskurve gehen und beginnt nun aufzuholen. Tuck und die 92. Staffel fliegen ihrer ersten scharfen Kurbelei mit dem Feind entgegen. Es ist 10.50 Uhr. In Staffelformation nehmen die 12 Flugzeuge Südostkurs auf Dünkirchen. Tuck schaltet das Reflexvisier ein; auf dem Glas vor seinen Augen erscheint ein heller orangeroter Ring und zwei senkrechte Balken (der Abstand der Balken kann mit einem Knopf unten am Gerät eingestellt werden auf Spannweiten feindlicher Flugzeuge). Das Reflexvisier funktioniert. Als sorgfältiger Schütze, der er ist, hat er aber auch noch einen Kratzer an der Frontscheibe vorne angebracht, mit dessen Hilfe er zielen kann, wenn das Reflexvisier ausfällt. Und nun nimmt er übungsmäßig die Position ein, die er für dieses Notvisier braucht. Seine Waffen sind geladen, aber er hat seinem Waffenwart befohlen, einen höheren Prozentsatz von De-Wilde-Leuchtspurmunition zu gurten. Die Leuchtspurmunition versaut zwar die Läufe der Waffen, aber Tuck überläßt es seinem Waffenwart, sich darüber Gedanken zu machen. Seiner Ansicht nach ist die Leuchtspurmunition wirksamer als die Panzermunition. Er dreht den Abzugsknopf am Knüppel und entsichert damit die Waffe ... Die Staffel, immer noch im Steigflug, überquert die englische Küste in einer Flughöhe von 5000 Fuß.

Die 12 Spitfire steigen weiter in den blauen Himmel hinein der Morgensonne entgegen ... 6000, 7000, 8000 Fuß. Es ist Funkstille; nichts hört man außer dem stetigen Dröhnen der Motoren. Weit unten erkennt man Schiffe und Boote an den Heckwellen, die sie hinterlassen. Eine Rauchwolke erhebt sich voraus über dem Horizont .. noch weit entfernt ... Dünkirchen! Die Formation hat sich jetzt etwas aufgelockert. Die Staffel hält weiterhin Kurs auf den Evakuierungshafen, Tuck beobachtet etwas tiefer einige Hurricanes, die auf dem Heimflug von einem Einsatz sind. Oben liegt eine

Schicht von Stratuswolken, aber die Staffel geht jetzt auf Marschflug und bleibt unter den Wolken. Langsam geht der Zeiger des Geschwindigkeitsmessers auf Marschgeschwindigkeit; der Steigflug ist vorbei. Die Piloten räkeln sich in ihren Sitzen und lassen den Blick über den Himmel und über den Strand vorausgehen. Das Drama unter ihnen nimmt sie gefangen. Als sich die Staffel dem Hafen nähert, kurvt Bushell scharf nach links und führt sie die Küste hinauf. Kein Feind in Sicht, aber jeder Pilot sucht ... wartet ... Bushell bleibt auf 8000 Fuß, geht dann in eine 180-Grad-Kurve, um wieder zurückzufliegen, in der vorschriftsmäßigen Ausführung dessen, was im Einsatzbefehl »Offensive Sortie«, also etwa »Jagdeinsatz« heißt. Aber es sind keine feindlichen Flugzeuge zu sehen, gegen die man einen Angriff fliegen könnte, zumindest im Augenblick nicht. Die Staffel fliegt also weiterhin Patrouille.

Da, ein schwarzes Rauchwölkchen auf kurze Entfernung – Flak! Noch ein paar mehr ... aber querab zum Kurs. Die Deutschen schießen aus größerer Entfernung. Die Staffel ist in keiner unmittelbaren Gefahr. Tuck hat sogar Zeit, immer wieder einmal einen Blick auf die Bewegungen unten auf der Erde zu werfen. Er sieht Bombenexplosionen in der Nähe der Schiffe, die vor der Küste vor Anker liegen. Wo sind die feindlichen Bomber? Er sucht den Himmel ab, kann sie aber nicht erkennen.

Aber er kann auch nicht lange den Blick da draußen herumwandern lassen, denn er muß seine Position in der engen Gefechtsformation halten und außerdem noch aufpassen, was sich im Rücken hinter ihm tut. Er ist keineswegs begeistert von der engen Formation, die die RAF-Staffeln nach den geltenden Ausbildungsgrundsätzen in der Nähe des Feindes strikt einzuhalten haben. Das macht radikale oder schnelle Bewegungen äußerst gefährlich (wie er aus Erfahrung weiß) und verkürzt die Zeit, die ein Pilot braucht, um den Himmel um sich herum zu beobachten. Die Staffel trifft auf böige Luft; die Formation wird beinahe gesprengt, aber sie gruppiert sich wieder. Tuck ist es nicht wohl in seiner Haut. Zu jeder Kursänderung um 180 Grad gibt Bushell den Befehl über Sprechfunk. Jetzt befiehlt er: »Rechtskurve – los!« Und die linken Tragflächen der 12 Jagdflugzeuge heben sich alle zur gleichen Zeit, die Staffel geht in ihre nächste 180-Grad-Kurve. Da unten ist Dünkirchen. Tuck blickt zu den Männern hinüber, die ihm an jeder Seite am nächsten sind. Aus irgendeinem Gefühl heraus winkt er ihnen zu, und sie erwidern diesen Gruß, indem sie mit ihren Fingern das V-Zeichen machen.

Ein Ruf in den Kopfhörern. Tuck kann ihn nicht richtig verstehen. Der Sprecher ist zu aufgeregt. Tuck dreht schnell den Kopf. Irgend etwas passiert da ... hinten links kommt was aus den Wolken von oben, schnell ... stürzt .. Jagdflieger! Lauter Me 109! Sie haben die Spitfires fast erreicht ... fliegen direkt auf sie zu. Tuck haut die Pulle hinein, gerade in dem Augenblick, als eine Spitfire der Staffel in Flammen aufgeht. Es geht alles wahnsinnig schnell. Die Funkstille ist gebrochen. Mehrere Piloten rufen Warnungen ins Mikrofon. Bushell befiehlt irgend etwas. Chaos. Die Piloten der 92. reagieren instinktiv, und die Formation bricht auf! Tuck zieht scharf nach der Seite. Weg, raus aus der Feuerlinie, und dann wieder zurück. Die führende feindliche 109 – vielleicht war das der Pilot, der die explodierende Spitfire erwischt hat – fliegt einfach durch die englische Formation durch und vorne hinaus. Da er aus einer Überhöhung von möglicherweise 5000 Fuß gestürzt ist, hat der deutsche Jäger den entscheidend wichtigen Geschwindigkeitsvorteil, der ausreicht, um wieder Höhe zu gewinnen und aus der Reichweite der Spitfire und ihrer acht Browning-MGs herauszukommen. Tuck beobachtet den Führer des feindlichen Verbandes, der jetzt rechts vor ihm fliegt. Er behält ihn im Auge, ohne die Beobachtung nach hinten zu vergessen. Ist der Deutsche noch zu erwischen? Kurz entschieden er sich, die Sache zu probieren. Andere Jagdflugzeuge, Spitfires und Me 109, kurven in allen möglichen Richtungen durcheinander. Tuck haut den Gashebel bis zum Anschlag durch. Der Rolls-Merlin bellt auf, und Tuck drückt an, um Geschwindigkeit aufzunehmen. Der feindliche Jäger ist immer noch rechts vor ihm ... jetzt geht er in einen leichten Turn nach links und fängt an, den langen Sturzflug abzufangen. Damit hat Tuck eine Chance. Er kann dem feindlichen Flugzeug den Weg abschneiden, in der Kurve von hinten herankommen. Er legt den Knüppel scharf nach links und hält die Nase seiner Spitfire nach unten. Der Gegner hat ihn offensichtlich noch nicht bemerkt. Die Spitfire holt in dem engeren Turn auf. Jetzt legt sich der Feind in eine Steilkurve weiter nach links. Tuck drückt leicht an, hält auch nach links. Die Erregung steigt in ihm hoch, als die Silhouette der 109 im Zentrum des Reflexvisiers auftaucht.

Mit Knüppel und Pedalen bringt er sich in Schußposition. Er kurvt etwas schärfer, um im Reflexvisier vorzuhalten. Der orangerote Kreis muß links vor die spitze Nase der Me 109 kommen ... Die Me 109 ist zwar sehr schnell, aber Tuck ist in der Kurve innen und kommt langsam auf Schußentfernung heran. Seine ganze Ausbildung, die Vorbereitungen in den Vorkriegsjahren haben diesen Augenblick zum Ziel gehabt, seinen ersten Luftkampf im zweiten Weltkrieg. Als einem der treffsichersten Piloten der RAF sollte es ihm möglich sein, mit dem deutschen Jagdflugzeug vor ihm nun genau das zu machen, was er mit so vielen Schleppzielen bei der Schießausbildung der vergangenen Jahre immer fertiggebracht hat. Aber er hat bis jetzt noch nie auf einen Menschen in einem anderen Flugzeug geschossen. Schußentfernung! Er überprüft noch einmal, ob der in der Steilkurve liegende Feindjäger mit richtigem Vorhaltemaß im Visier liegt – das tut er – dann drückt Tuck den Daumen runter. Acht Browning-MGs rattern los, und die Spitfire schüttelt. Er hat dieses Geräusch nun schon oft gehört und er hat gesehen, wie das Schleppziel im Wind flattert, wenn die Kugeln treffen. Aber bisher hat er noch nicht erlebt, was für eine Wirkung acht MGs auf ein anderes Flugzeug haben können. Und so beobachtet er unter dem Dröhnen des Motors und dem Rattern der Waffen gespannt das Flugzeug voraus.

Das erste Zeichen dafür, daß die Schüsse im Ziel liegen, kommt von der Leuchtspurmunition ... die Treffer liegen genau auf der 109, die immer noch in einer Linkskurve liegt und nun scharf abfängt. Jetzt kann Tuck beobachten, wie die Garbe den rechten Flügel trifft. Der Feind bietet ihm ein großes Ziel, zieht vor der Spitfire hoch, die hinter ihm hängt, und gibt nun einen großen Teil der Tragflächen preis. Tucks Garbe liegt immer noch in der rechten Tragfläche, und jetzt sieht er, wie einzelne Stücke nach hinten wegfliegen. Die 109 zieht weiter hoch, Tuck gibt mit dem Knüppel etwas nach, um dranzubleiben. Jetzt fliegt das rechte Querruder von der Fläche weg, fliegt nach hinten, dreht sich, überschlägt sich langsam nach unten. Tuck hält die 109 im Visier, und eine neue Garbe frißt sich in die angeschossene Tragfläche.

Die Tragflächen sind einer der schwächsten Punkte der Me 109. Deutschen Piloten ist es passiert, daß sie im Sturzflug abmontiert haben. Tucks Feuerstoß gibt der Fläche den Rest. Die Messerschmitt scheint die Nase nach vorn zu nehmen und in den Horizontalflug überzugehen. Dann bleibt Tuck der Atem weg. Die ganze rechte Tragfläche löst sich vom Rumpf, kippt langsam weg, während der schwere Rumpf mit der linken Tragfläche zu stürzen beginnt. Tuck hat sein Feuer eingestellt und beobachtet fasziniert, wie sein erstes Opfer auf die Küste da unten zutrudelt. Ein Blick nach hinten zeigt ihm, daß ihm niemand folgt, und so legt er einmal seine Spitfire auf die linke und dann wieder auf die rechte Seite, gerade lang genug, um zu beobachten, wie die Me 109 aufschlägt. Die rechte Tragfläche taumelt immer noch durch die Luft. Dann blickt Tuck nach hinten. Er ist allein. Während er den Feind landeinwärts jagte, wurde er von seiner Staffel abgedrängt. Er weiß, daß er äußerst verwundbar ist wie alle Jagdflieger, die sich allein über feindlichem Territorium befinden. Schnell dreht er also die Nase der Spitfire nach Nord-West, gen England und Hornchurch. Er nimmt das Gas auf Marschflug zurück. Er hat noch genügend Sprit, vorausgesetzt, daß ihm nicht noch einmal ein Feindverband begegnet.

Der Strand von Dünkirchen liegt direkt unter ihm, und während er tief über das Wasser dahinstreicht, versucht er sich vorzustellen, wieviel eigene Flugzeuge Treffer einstecken mußten, abgeschossen wurden und welche Verluste des Feindes auf das Konto der eigenen Staffel kamen ... ein Blick auf die Uhr ... es ist genau 12.10 Uhr. Seit dem Start sind nur eineinhalb Stunden vergangen. Über dem Kanal schaut er dann immer wieder zurück. Aber kein feindliches Flugzeug ist zu sehen. Und langsam beginnt sich die Spannung zu lösen. Er überdenkt seinen ersten Sieg über den schnellsten und besten gegnerischen Typ – das ist ein guter Anfang. Die Minuten vergehen, während Tuck alles noch einmal an sich vorbeiziehen läßt, sich sicherer fühlt und nun von dem erregten Stolz über seinen ersten Sieg erfaßt wird. Nach ein oder zwei Minuten kommt die englische Küste in Sicht ... hebt sich im Dunst wie eine tiefe Linie über dem Horizont ab. Das ist freundlicher Boden und ein willkommener Anblick.

Etwas seitlich von ihm sieht er einen Schatten über die Köpfe der Wellen jagen, fast in gleicher Richtung wie er selbst. Er sieht nach oben und erkennt, wer diesen Schatten wirft ... ein anderes Jagdflugzeug. Er sieht genauer hin, nach der Form der Tragflächen ... eine Spitfire! Er hat Gesellschaft bekommen, obwohl die andere Maschine wesentlich höher fliegt. Er drückt den Mikrofonknopf und versucht »Cornflower« zu erreichen, die Codebezeichnung für Hornchurch. Keine Antwort. Er ruft noch einmal. Da meldet sich Cornflower. Tuck gibt seine Position durch und daß er schätzungsweise in zehn Minuten über dem Platz sein wird. Nun wissen sie wenigstens, daß Bushells Halbstaffelführer noch da ist. Er fliegt über die Küste und nimmt Kurs auf den Absprunghafen, der etwas östlich von London liegt. Das Grün der Landschaft saust schneller und schneller unter seinen Tragflächen weg, während er Höhe verliert. Nach ein paar Minuten kann er die offene Fläche voraus ausmachen, die Hornchurch ist. Er bittet um Landegenehmigung, die unmittelbar gewährt wird. Er fährt das Fahrgestell und die Landeklappen aus und macht den vorschriftsmäßigen Platzanflug. Er nimmt das Gas ein wenig zurück, geht mit einer Viertelrolle aus der Steilkurve und setzt 100 Meter über Grund zur Landung an. Während er abfängt und die Nase der Spit oben hält, verliert er Geschwindigkeit ... 210, 190, 175 km/h. Der Boden kommt schnell entgegen. Jetzt kommt die Platzgrenze. Ausschweben. Aufsetzen. Knüppel an den Bauch. Und Ausrollen.

Tuck rollt direkt auf seinen Abstellplatz zu, schiebt die Haube zurück und sieht, daß seine Leute schon auf ihn warten. Er rollt dicht heran, läßt die Spitfire eine Kehrtwendung machen und lacht über das ganze Gesicht, als er das Gas herausnimmt. Der Motor stirbt. 12.45 Uhr. Seine beiden Warte klettern auf die Tragflächen, um ihn zu begrüßen. Er berichtet über seinen Luftsieg Nummer eins und merkt erst jetzt, während sie ihm gratulieren, daß ringsum geschäftiges Tun herrscht. Andere Spitfires werden wieder startfertig gemacht. Einige Piloten stehen schon wieder bei ihren Flugzeugen. Er war einer der letzten, die zurückkamen. Die Warte sagen, daß wahrscheinlich ein neuer Einsatz geflogen werden muß.

Er eilt auf die Baracke zu, wo ihn die anderen Piloten gleich mit Fragen überfallen. Einige haben einen Luftsieg zu melden. Fast die ganze Staffel ist vom Einsatz wieder zurückgekehrt, nur Pat Learmond fehlt. Bushell zeigt sich bedrückt von dem Verlust, genauso wie Tuck. Aber, was gibt es, was hört man da von einem neuen Einsatz? Für die Staffel ist Bereitschaft befohlen, es soll nochmal nach Dünkirchen gehen! Tuck gibt bei dem Ic einen Bericht über seinen Luftkampf ab und erfährt, daß die Staffel bei der wilden Kurbelei an diesem Morgen fünf Luftsiege erzielt hat gegenüber dem Verlust eines Kameraden. Alle sind stolz auf dieses Verhältnis. Nachdem ihm jeder gratuliert hat, geht Tuck zum Lunch und kehrt dann wieder an den Abstellplatz zurück. Aber inzwischen sind keine neuen Befehle eingetroffen. Die Zeit geht langsam vorbei. Stunde um Stunde. Erst ist es 15 Uhr, dann 16 Uhr, und schließlich 17 Uhr nachmittags.

Dann plötzlich – ein Anruf von der Einsatzleitung. Start! Wieder stürzt er im Laufschritt zur Türe hinaus auf seine Spitfire zu. Zum zweitenmal führt Bushell seine Halbstaffel aus dem Platz heraus, und Tuck folgt mit sechs weiteren Flugzeugen. Es ist 17.20 Uhr. Der Kurs ist der gleiche, die 92. ist zum zweitenmal auf dem Weg zum Strand von Dünkirchen. Die Siege des Vormittags haben etwas Appetit gemacht. Die 12 Spitfires – ein Pilot aus dem Nachersatz fliegt an Learmonds Stelle – überqueren den Kanal. Wieder schaltet Tuck sein Reflexvisier ein und entsichert die Waffen. Neun Monate lang kein Einsatz – und nun zwei an einem Tag!

Die Formation ist wieder ziemlich eng, zumindest nach Tucks Ansicht, aber dieser Stil ist immer noch Evangelium für die RAF. Die sauber fliegende Staffel gewinnt Höhe. Wenige Minuten nach dem Start kommt die große Rauchwolke wieder in Sicht, und in weiteren fünf Minuten liegt Dünkirchen vor ihnen. Auf Bushells Befehl dreht die Staffel auf 10 000 Fuß Höhe in einem weiten Turn nach links ab und beginnt die Patrouille. Es ist 17.45 Uhr. Die Sonne geht bereits im Westen unter. Tuck hält Formation und läßt seine Augen über den Himmel wandern, hauptsächlich nach oben, da die Staffel verhältnismäßig niedrig fliegt, um Truppen und Schiffe decken zu können. Das läßt eine Menge Sonne und Himmel im Westen übrig, und mehr als ein Pilot denkt an den alten Merkspruch der alliierten Jagdflieger des ersten Weltkriegs – »Paß auf den Hunnen in der Sonne auf!« Es ist ein klarer Nachmittag. Man kann das Gewimmel der Menschen, Fahrzeuge und Schiffe da unten gut beobachten.

Plötzlich redet alles im Kopfhörer aufgeregt durcheinander. Tuck erkennt eine der Stimmen – »Feindliche Jagdflieger von oben.« Mehrere Kameraden haben den Feind zur selben Zeit ausgemacht. Er legt den Kopf in den Nacken und schaut angestrengt nach oben. Bushell befiehlt einen Turn nach links als Beginn des Abwehrkreises. Die Spannung wächst, während die einzelnen Piloten sich einordnen ... sie bleiben mit den Augen am Himmel oben. Tuck macht plötzlich kleine dunkle Schatten aus, die steil auf die Staffel herunter stoßen ... sie erscheinen größer als einmot-Jagdflugzeuge. Er erkennt die Motorengondeln zweimotoriger Flugzeuge ... aber das sind keine Bomber, denn die greifen die Spits ja nicht im Sturzflug an. Me 110! Deutsche zweimot-Jäger! Zum erstenmal sicht er sie. Sie sind mit Kanonen und Maschinengewehren bewaffnet, die nach vorne schießen, und haben einen Heckschützen mit einem MG in Schwenklafette – direkt hinter dem Piloten.

Tuck beobachtet, wie sie sich nähern, während Bushell die 12 Spitfire im Abwehrkreis anführt. Der feindliche Verband ist ziemlich groß ... 20 oder 30 Flugzeuge. Tuck hat wenig Zeit, um sich Gedanken über die Übermacht zu machen. Die führende 110 kommt heran ... fliegt genau auf die Spitfire zu. Jetzt erkennt man das Mündungsfeuer ihrer Waffen, und Leuchtspur zieht auf die kreisenden Spitfires zu. In diesem Augenblick beginnen die Piloten der 92. Staffel, aus dem Abwehrkreis heraus ihre eigenen Manöver zu fliegen. Andere Me 110 folgen dicht hinter dem ersten Flugzeug und greifen in den Kampf ein. Jeder Spitfirepilot muß jetzt selbst aufpassen, ob er den Rücken frei hat, und versucht aus der Feuerlinie heraus in eine Position zu kommen, die es erlaubt, einen der feindlichen Jäger zu verfolgen. Tuck legt seine Maschine in eine Steilkurve. Spitfires, die von vorne auf die Me 110 schießen können, eröffnen das Feuer. Tuck sieht sich nach einem geeigneten Opfer um. Er muß in den Messerflug gehen, um einer Me 110 auszuweichen und dann noch einmal einer ... er bemerkt, wie die feindlichen Flugzeuge jetzt auch in einer Kurve wegdrehen, um sich auf einen Kurvenkampf mit den Spitfires einzulassen. Sie fliegen nicht einfach durch die englische Formation durch und nach unten weg, um von dem englischen Verband loszukommen, und überall entwickeln sich heftige Zweikämpfe.

Plötzlich kommt direkt vor ihm, von unten her, ein dunkler Schatten – es ist eine Zweimotorige – also eine Me 110! Mit der linken Hand schiebt Tuck den Gashebel nach vorn. Die 110 geht in eine leichte Kurve; der Heckschütze erschrickt, als er die Spitfire so plötzlich hinter sich sieht. Er schwenkt sein Maschinengewehr herum und eröffnet das Feuer. Als Tuck sieht, wie Leuchtspurfäden auf ihn zuströmen, tritt er verzweifelt ins Ruder und drückt etwas an, um seine Waffen in Schußrichtung auf den feindlichen Jäger zu bringen. Zu spät! Wumm! Wumm! Er hört die Treffer ... sieht, wie die Leuchtspur direkt auf ihn zukommt. Instinktiv duckt er sich für eine Sekunde, riecht Cordit ... sein Kahn ist getroffen. Er muß sich jetzt aber schnell wehren. Ein kurzer Blick durch das Reflexvisier: die Flächen der Me sind in Schußentfernung ... sein Daumen drückt auf den Abzugsknopf. Inzwischen prallen Querschläger von seinem Panzerglas vorne ab, aber einige Schüsse durchschlagen den Boden des Cockpits. Dort kommt der Corditgestank her. Aber sein schweres Feuer (8 MGs gegen eines) gibt dem Kampf die Wende ... die De-Wilde-Leuchtspurmunition rasselt in die leichtgebaute Me 110, Panzermunition und Leuchtspurmunition durchschlagen die Abdeckung des Heckschützen, der plötzlich nicht mehr schießt. Das Gesicht in dem schwarzen Helm sieht ihn nicht mehr an, die Waffe schweigt.

Aber nun ist Tuck ziemlich nahe herangekommen. Die 110 dreht etwas weg ... Tuck drückt den Daumen wieder auf den Knopf ... dieses Mal fährt der Strom seiner Leuchtspur in die linke Motorengondel. Auf solch nahe Distanz durchschlagen die Kugeln die Tragfläche und die Gondel. Seine Waffen speien etwa 100 Schuß/sec aus. Das ist zuviel für das deutsche Jagdflugzeug, das nun eine dünne Rauchspur aus dem linken Motor zeigt. Die Me 110 beginnt zu gieren ... erst nach der einen, dann nach der anderen Seite. Der Pilot verliert die Kontrolle über die Maschine oder muß tot sein. Die Me 110 geht in eine Rolle und stürzt. Tuck schießt nicht mehr, beobachtet ... er sitzt dem Feind jetzt fast auf dem Leitwerk. Da legt sich die Me 110 auf den Rücken, die Nase geht nach unten. Das schwer angeschlagene Flugzeug stürzt senkrecht ab. Eine Rauchwolke aus dem linken Motor markiert den Weg dieses Sturzes. Luftsieg Nr. 2!

Ringsum hält die wilde Kurbelei noch an. Tuck ist nicht allein wie am Vormittag nach seinem Sieg über die Me 109. Zur Rechten und Linken kann er Jagdflugzeuge sehen, die stürzen, kurven ... und über die Kopfhörer hört er wildes Geschrei und ärgerliche Bemerkungen über zuviel undisziplinierte Quatscherei. Er brüllt einen Befehl in das Mikrofon, die anderen sollten endlich die Schnauze halten, aber das Geschrei geht weiter. Er tritt scharf Ruder links und fliegt in das Zentrum des Durcheinanders ... eine Spitfire schiebt sich an ihm vorbei – sie hängt dicht hinter einer 110. Er erkennt Tony Bartley, wie er beinahe schon das Leitwerk seines Gegners ansäbelt, während seine Garbe voll in die 110 geht. Auf der anderen Seite bietet sich Tuck ein weniger erfreulicher Anblick: eine Spitfire trudelt in hellen Flammen auf den Boden zu. Das könnte Sergeant Klipsch sein; Tuck sieht keinen Fallschirm, und während er sich noch Gedanken macht – wumm, wumm, wumm! Wieder Treffer im eigenen Kahn! Tuck sieht sich um. Da rast vorne eine Me 110 direkt auf ihn zu. Das Mündungsfeuer blinkt von ihren Tragflächen!

Mit Knüppel und Pedalen bringt er die angreifende Silhouette ins Reflexvisier und drückt mit dem Daumen nach unten. Die 110 fliegt weiter genau auf ihn zu. Tuck glaubt, einige Treffer ausmachen zu können, aber bei einem solchen Schießen auf Kollisionskurs kann man nur wenig sehen, und das feindliche Flugzeug bietet einem nur eine kleine Zielfläche. Mit fast 1000 km/h rasen die beiden Jagdflugzeuge aufeinander zu, und Tuck bleiben lediglich Sekunden, um in genaue Schußposition zu kommen ... seine MGs schießen, die Garbe liegt im Ziel ..., aber jetzt ist er beinahe auf der schnell größer werdenden und auf ihn zufliegenden Silhouette drauf. Er hat genau Kurs auf die feindliche Maschine ... Keiner der beiden Piloten wechselt Kurs. Beide schießen weiter. Keiner möchte dem anderen ein etwas größeres Ziel bieten, dadurch, daß er hochzieht. Das Ganze ist in gewissem Sinn eine reine Nervenangelegenheit. Tuck duckt seinen Kopf, er weiß, die beiden Flugzeuge werden zusammenstoßen. Keiner weicht. Und plötzlich ist es vorbei. Der andere ist unten durch oder oben drüber ... Tuck kann es wirklich nicht sagen. Er blickt nach hinten. Da! Die 110 dreht landeinwärts ab ... sie kommt nicht zurück. Tuck hat eine Menge Munition verschossen, aber etwas muß noch übrig sein ... für den Fall, daß er den noch erwischen kann. Er stellt das Flugzeug auf die linke Fläche und drückt an. Der Feind taucht nach unten, der Erde zu. Er ist mehr als eineinhalb Kilometer weg und Tuck gelingt es, im Turn von innen her einige Distanz gutzumachen. Die Spitfire fliegt mit Vollgas. Die Me 110 ist nicht so schnell wie die Me 109. Tuck, der nun mit allem was drin ist stürzt, holt auf. Der Feind bemerkt ihn jetzt, nimmt die Nase etwas weiter nach unten und stürzt steiler. Tuck folgt und merkt: es dauert nicht mehr lang und dann hat er ihn. Die 110 ist jetzt fast am Boden, fliegt offensichtlich Kurs Heimat. Tuck kann den Heckschützen erkennen, der gespannt hinter seiner Waffe sitzt, die er auf Tuck gerichtet hat. Tuck kommt schnell auf Schußentfernung. Die 110 fliegt knapp über die Baumwipfel hinweg, als die Spitfire von hinten herandonnert – 500 m, 400 m. Tuck blickt durchs Reflexvisier und fängt an zu zielen. Der feindliche Pilot versucht ihn abzuschütteln, indem er zickzack fliegt und slippt. Aber Tuck wartet und macht sich näher an ihn heran. Noch näher, ein paar kleine Korrekturen ... jetzt ... Feuer! Leuchtspur schießt auf die 110 zu, der Heckschütze schießt zurück. Was da auf Tuck zukommt, sieht aus wie weiße Kerzen, die sich leicht im Winde biegen. Wumm! Tuck spürt den Treffer. Er sieht noch einen auf dem Panzerglas vor sich. Der feindliche Schütze versteht etwas von seinem Handwerk.

Sie sind jetzt so weit unten, über den Bäumen und Dächern, daß ein kleiner Fehler zum letzten Fehler werden kann. Tuck erkennt Treffer in der Me 110. Aber der feindliche Pilot kurvt und fliegt kleine Rollbewegungen. Tuck gibt wieder einen Feuerstoß ab. Der feindliche Pilot drückt an. Da, genau voraus ... Hochspannungsleitungen. Der Deutsche geht unten durch. Tuck zögert und zieht dann in der letzten Sekunde hoch. Bei diesem Manöver ist seine ganze Unterseite dem Feind ausgesetzt. Der Heckschütze nützt das und schießt sofort.

Tuck hört, wie die Treffer an der Rumpfunterseite einschlagen. Er muß den Heckschützen kriegen, bevor seine Spitfire über feindbesetztem Territorium einen entscheidenden Treffer erhält. Also andrücken und hinterher. Der feindliche Pilot fliegt weiterhin Abwehrmanöver, aber diesesmal hängt sich Tuck mit finsterer Entschlossenheit hinter ihn ... jetzt hat er ihn im Visier ... jetzt ist er auf Schußentfernung ... geradeaus fliegen ... Feuer! Tuck weiß nicht, wieviel Munition er noch hat. Aber er weiß, er muß den Heckschützen zuerst erwischen. Die Spitfire hat ihn beinahe erreicht. Treffer decken die Haube der Me 110 ein. Der Bordschütze sackt in sich zusammen, der Lauf seines MGs pendelt lose. Er hat ihn!

Der Pilot da vorne weiß das. Er geht in eine Steilkurve. Tuck folgt. Die Me 110 ist ihm ausgeliefert. Sie rast jetzt auf offenes Gelände zu. Tuck geht ebenfalls auf ebenen Kiel, hat den Daumen auf dem Knopf, um ihn jederzeit drücken zu können, aber die 110 fliegt niedriger, noch niedriger ... und wird langsamer. Tuck schießt über die 110 hinweg, er legt seine Spitfire auf die Fläche, dann sieht er: die 110 geht runter. Er beobachtet, wie die zweimotorige Maschine eine Bauchlandung macht und einen Graben durch das Feld zieht, inmitten einer Wolke von Dreck und Staub. Tuck kurvt ein, fliegt um die Stelle herum und sieht, wie der Pilot aus dem Cockpit springt, sich neben sein Flugzeug stellt und zu der niedrig fliegenden Spitfire heraufschaut. Ein guter Pilot ... aber die Spitfire war eben doch zu schnell für ihn. Tuck fliegt noch einmal drüber mit ausgefahrenen Klappen ... er schiebt die Haube zurück und winkt seinem geschlagenen Feind zu. Da ist plötzlich ein Loch in der Haubenverglasung, wo vorher noch keins war. Ein leichtes Plopp. Tuck fliegt zurück. Der feindliche Pilot steht da und hat etwas in der Hand. Hat er geschossen? Tuck wird wild. Er stellt die Spitfire auf eine Fläche und rast nun hinunter, genau auf die notgelandete 110 zu und den danebenstehenden Piloten. Bevor sich der feindliche Pilot noch regen kann oder weiß, was ihm da blüht, ist die Spitfire heran, nur wenige Meter über dem Boden. Tuck drückt auf den Knopf. Noch hat er Munition. Die MGs hämmern, Dreck spritzt auf, und die 110 muß alles einstecken und geht in Flammen auf. Tuck kann nicht mehr feststellen, was mit dem feindlichen Piloten passiert ist – aber diesesmal erhält die Spitfire keinen weiteren Treffer. Tuck zieht hoch und nimmt Kurs auf die Küste.

Plötzlich spürt er die Auswirkungen des Kampfes und des langen Tages. Er ist allein, fliegt niedrig und ist immer noch tief im feindlichen Land. Er muß zusehen, daß er nach Hause kommt, ohne jetzt noch einmal angegriffen zu werden. Er hält die Nase seiner Spitfire genau nach Westen und bleibt weiter im Steigflug, immer wieder einen schnellen Blick nach hinten werfend. Gott sei Dank ist noch klares Wetter. Er hat wenig Zeit, über seine beiden Siege nachzudenken... Drei waren das ja an diesem Tag! Seine Gedanken konzentrieren sich auf Navigation, Treibstoff, und natürlich auf den Feind. Wie er langsam Höhe gewinnt, sieht er die Küste vor sich, Dünkirchen liegt links ab. Er kurvt nach Nordwesten ein und bald läßt er die Küste hinter sich... er ist auf dem Weg heim nach England.

Nach ein paar Minuten fühlt er sich bereits etwas sicherer, obwohl er immer noch gelegentlich zurückblickt. Auf einmal ist ein anderes Flugzeug neben ihm... gleicher Kurs... Spitfire. Er verringert den Abstand. 92. Staffel. Tony Bartley. Er schaut sich Bartleys Flugzeug näher an und sieht viele Einschüsse. Und Bartley ruft ihn über Sprechfunk an und bemerkt dabei aufgeregt, daß Tucks Spitfire ganz schön durchlöchert sei! Sie bleiben beieinander und nehmen Kurs auf Hornchurch.

Die englische Küste wird sichtbar. Kurz darauf fliegen sie darüber weg... die Zeit wird lang... aber noch laufen beide Motoren. Bei Tuck nähert sich der Temperaturzeiger dem roten Bereich. Die Kühlflüssigkeit scheint ausgelaufen zu sein. Der Merlin-Motor dreht noch, wird aber langsam rauh. Und die Betriebstemperatur steigt und steigt.

Da taucht der Platz vor ihnen auf! Bartley bleibt bei ihm, Tuck sagt ihm, daß er einige Schwierigkeiten erwartet. Tony fordert ihn auf, als erster zu landen. Er selbst habe noch Zeit, er könne noch warten. Tuck drückt an und nimmt etwas Gas weg. In diesem Augenblick beginnt der Motor zu hacken und auszusetzen. Der Temperaturzeiger ist im roten Feld, am Anschlag. Jetzt muß Tuck runter... keine Zeit mehr für einen vorschriftsmäßigen Platzanflug... also direkt hinein! Er fährt das Fahrgestell aus und beobachtet, wie die Geschwindigkeit zurückgeht. Dann drückt er den Platz an. Ob es noch bis zum Aufsetzpunkt reicht? Wahrscheinlich nicht. Der Motor klingelt und bleibt stehen. Tuck schafft es gerade noch bis zum Grasstreifen am Kontrollturm. Knüppel an den Bauch, etwas Ruder... ein Bumser... er rollt mit stehendem Propeller. Natürlich bricht die Spitfire aus. Nach rechts. Tuck muß links schwer auf die Bremse gehen und aufpassen, daß er die Nase geradeaus halten kann. Anscheinend ist der rechte Reifen platt. Er kann gerade noch einen Ringelpietz vermeiden und bringt die Maschine schließlich zum Halten. Langsam richtet er sich auf und löst die Gurte, macht die Haube auf und steigt auf den linken Flügel. Jetzt erst sieht er die Löcher überall im Rumpf und in den Flächen. Der erste Mann, der mit dem Wagen auf ihn zukommt, ist Bouchier, der Platzkommandant. Ist der aufgeregt! Er ruft Tuck zu, er solle seinen Bock gefälligst woanders hinstellen. Etwas indigniert meint er, Tuck wisse doch recht gut, daß er hier nicht einfach parken könne. Bouchier denkt natürlich an die anderen Flugzeuge, die landen wollen. Als er dann aufgeregt auf ihn zustiefelt und immer noch mit den Armen wedelt, blickt ihm Tuck leicht spöttisch entgegen. Bouchier kommt näher heran, sieht sich die Spitfire genauer an und hört plötzlich auf zu schimpfen. Er sieht den platten Reifen, die Einschußlöcher, den ganzen Segen, den das Flugzeug abbekommen hat. Dann wird ihm sein absurdes Benehmen klar und er bricht in Gelächter aus. Er ist plötzlich so guter Stimmung, daß Tuck mitlachen kann.

Von diesem ersten Einsatztag an hat Tuck einen grimmigen Kampf gegen die Luftwaffe geführt. Achtzehn Monate lang. Bei vielen anderen Gelegenheiten in dieser Zeit ist er auf Tuchfühlung an den Feind herangegangen und hat Treffer bei sich riskiert, um seinen Gegner zu bezwingen.

An diesem ersten Tag verlor die 92. Staffel fünf Piloten einschließlich Bushell. Das war beinahe eine Halbstaffel. Unverhältnismäßig hohe Verluste für einen Tag. Bei dieser Verlustrate mußte die Staffel praktisch innerhalb dreier Tage ausgelöscht sein. Indes – die Verluste des zweiten Tages waren nicht so schwer, obwohl wieder heftige Kämpfe tobten. Am zweiten Tag führte Tuck die Staffel. Erfolgreich. Es gelang ihm, einen Verband von Do 17-Bombern abzufangen, bevor sie in Dünkirchen Schaden anrichten konnten. Bei dem Angriff, der die feindliche Formation sprengte, schoß Tuck einen Bomber ab und stieg dann wieder auf Kampfhöhe, um einen zweiten zu erwischen. Aber wieder mußte auch er Treffer einstecken und brachte eine schwer beschädigte Spitfire nach Hause. »Tucks Glück« rettete ihn wieder, obwohl er diesmal einen Steckschuß in der Hüfte hatte. Tuck führte die 92. mit Auszeichnung und kam zu weiteren Luftsiegen. Bald war er einer der am meisten gefeierten und bewunderten Staffelkapitäne der RAF und einer der Jagdflieger mit den meisten Abschüssen. Aber noch vor Beginn der Schlacht um England wurde die 92. Staffel herausgezogen und hat dann in den Monaten Juli, August und September nicht mehr an Luftkämpfen teilgenommen. Trotzdem brachte es Tuck fertig, Ju 88-Bomber zu finden, die manchmal über Wales flogen, und er schoß eine ganze Anzahl ab, nicht ohne zweimal selbst durch ihr Abwehrfeuer schwer getroffen zu werden und einmal sogar in 120 m Höhe aussteigen zu müssen, nachdem sein Flugzeug entscheidend getroffen war. Mitte September hatte er die Führung der 92. Staffel abgegeben und die 257. Staffel übernommen. Er führte diese Hurricane-Staffel dann auf dem Höhepunkt der Schlacht um England am 15. September, wobei er eine Me 109 abschoß, und formte sie zu einer der besten Jagdstaffeln der RAF. Am Ende des Jahres 1940 hatte er 18 Luftsiege aufzuweisen.

Im Juli 1941 wurde er befördert und zum Kommodore der Gruppe ernannt, die in Duxford lag. Damit hatte er wieder einen Spitfire-Verband. Er führte die Gruppe mit großem Erfolg, bis er im Herbst des Jahres in die Vereinigten Staaten entsandt wurde, um dort als Berater für Ausbildungsfragen und Kampftaktik zu fungieren. Er hatte Freude an diesem Zwischenspiel in Amerika, wo er sich auf ein Pistolenschießen mit General H. H. (»Hap«) Arnold, dem Kommandierenden General des US Air Corps, einließ. Natürlich gewann Tuck. Überall wo er hinkam, wurde er gefeiert. In New York erhielt er Rita Hayworth zur Begleiterin, die damals als einer der hellsten Sterne am Himmel Hollywoods strahlte. Tuck hatte jedoch schon lange vorher das Mädchen kennengelernt, das dann seine Frau werden sollte – nämlich als er noch die Burma-Staffel führte. Er war mit dieser Miss Joyce Ackermann bei einem Tanzabend in Norwich bekanntgeworden. In Joyce fand er den Rückhalt und den ausgleichenden Einfluß, den er brauchte. Nach ein paar Monaten stand für ihn fest, daß er sie heiraten würde – und diese Überzeugung half drei Jahre Gefangenschaft und Trennung ertragen. Sie schrieb ihm regelmäßig. Als er kürzlich gefragt wurde, was für eine Farbe ihr Kleid an dem Abend gehabt habe, an dem er sie kennenlernte, da erwiderte er ohne Zögern: »Blau«. Und sie antwortete auf die Frage nach ihrem ersten Eindruck von Tuck lächelnd: »Ich dachte, der ist sagenhaft.«

Nach seiner Rückkehr aus den Vereinigten Staaten, Ende 1941, erhielt Tuck den Befehl über die Gruppe Biggin Hill. Als Gruppenkommodore wurde er im Januar 1942 durch Flakfeuer abgeschossen, während er Bodenziele in der Nähe von Boulogne bekämpfte. Bis zu diesem Zeitpunkt hatte er 29 bestätigte Luftsiege. Er wurde von deutschen Soldaten gefangengenommen, aber nicht bevor er die Flak-Selbstfahrlafette, die ihn abgeschossen hatte, ebenfalls außer Gefecht gesetzt hatte. Kurz darauf hatte er dann eine bemerkenswerte Unterhaltung mit einem deutschen Jagdflieger, der damals gegen die RAF kämpfte, nämlich Oberstleutnant Adolf Galland. Galland hatte schon von Tuck gehört, denn das letztemal, als sie sich in der Luft begegnet waren, hatte er Tuck beinahe von hinten erwischt. Er ließ ihm also eine Einladung zugehen, am ersten Abend nach seiner Gefangenschaft an einem Essen des Jagdgeschwaders 26 teilzunehmen. Als Galland Tuck begrüßte, sagte er, daß er ihn beinahe schon bei ihrem letzten Zusammentreffen in der Luft abgeschossen hätte.

Tuck überlegte einen Augenblick und erinnerte sich dann an den Einsatz. Er war mit seiner Gruppe durch Me 109 von oben angegriffen worden. Die beiden führenden 109 waren von hinten durch die Formation der Spitfire hindurchgeflogen und nahmen sich den Führer der Formation vor – Tuck. Im letzten Sekundenbruchteil drehte Tuck gerade noch weg, aber die Messerschmitt hinter ihm hatte dann seinen Rottenflieger erwischt. Tuck hatte dabei seinerseits Gallands Rottenflieger abgeschossen. »So, das waren Sie«, sagte Tuck. »Ich habe Ihren Kaczmarek erwischt, als er vor mir auftauchte.« Galland erwiderte: »Und ich habe Ihren erwischt, und das macht uns – wie sagen Sie da in England – ›even stevens‹?«

Tuck kam dann in das Gefangenenlager Stalag Luft III, wo er Bushell, Douglas Bader und viele andere treffen sollte. Bei verschiedenen Gelegenheiten entkam er dem Tod nur durch gut Glück. Kurz bevor er an einer Unternehmung teilnehmen konnte, die seither als die »Große Flucht« bekannt ist, wurde er plötzlich für zwei Monate in ein anderes Gefangenenlager versetzt. Die Flucht lief ab wie geplant, und 76 Gefangene konnten durch den gegrabenen Tunnel entweichen. Bis auf drei wurden alle wieder geschnappt, und 50 Teilnehmer an der Flucht einschließlich Bushell wurden von der Gestapo erschossen.

Nach wiederholten Versuchen gelang es ihm schließlich, in der bitteren Januarkälte 1945, aus einem Gefangenenlager in Polen zu entfliehen. Wochenlang marschierte er nachts mit einem ebenfalls geflohenen Kameraden nach Osten, den vorrückenden russischen Armeen entgegen. Ein paarmal wurde er beinahe von deutschen

Französisches Jagdflugzeug Dewoitine 520.

Göring bei Galland (rechts im Vordergrund).

Bruchlandung einer Me 109.

Soldaten gefaßt. Halb erfroren und halb verhungert traf er schließlich auf die Russen, die ihn beinahe erschossen hätten, da sie seine Geschichte nicht glauben wollten. Sie ließen ihn nicht nach Rußland hinein, und er war nun gezwungen, die Deutschen zwei Wochen lang zu Fuß zu bekämpfen, wobei er seinen ganzen Fluchtweg in der Gegenrichtung noch einmal machen mußte. Schließlich entkam er auch den Russen und fand einen Weg von Polen nach Rußland, wo es ihm gelang, telefonisch mit der britischen Botschaft in Moskau Verbindung aufzunehmen. Die Botschaft riet ihm, den nächsten Zug nach Moskau zu nehmen, was er dann auch tat.

Von Moskau wurde er nach Odessa geschickt, wo er ein Schiff nach England fand. Eine Woche nach seiner Rückkehr heiratete er seine Joyce.

Die Zahl der von Tuck errungenen Luftsiege ist immer noch bemerkenswert, wenn man bedenkt, daß er am Ende des Krieges noch an 8. Stelle der Jagdflieger der RAF stand, obwohl er mehr als drei Jahre im Gefangenenlager verbracht hatte!

Nach dem Krieg wurde er oft als einer der größten Jagdflieger bezeichnet, sowohl im Kreise seiner Kameraden als auch auf der Gegenseite z. B. von Adolf Galland. Er wurde ausgezeichnet mit dem D.S.O. mit zwei Spangen und dem amerikanischen D.F.C.

Der junge Mann, der beinahe in der Fliegerschule durchgefallen wäre und mit dem seine Ausbilder so viel Mühe hatten, hat sich dieser Mühe würdig erwiesen.

BADER AUF JAGD ÖSTLICH VON LONDON

30. AUGUST 1940 –
SQUADRON LEADER D. R. S. BADER, RAF

Von all den Berichten über alliierte Jagdflieger im zweiten Weltkrieg ist vermutlich der über Group Captain Douglas Bader der imponierendste. Mancher Leser wird die Geschichte vielleicht kennen, die in Paul Brickhills »Reach for the Sky«[1] beschrieben und dann unter demselben Titel auch verfilmt wurde. Trotzdem ist eine Wiederholung hier am Platz.

Douglas Robert Stuart Bader war als der jüngere Sohn von Frederick und Jessie Bader in London im Jahre 1910 zur Welt gekommen. 1914 ging sein Vater in den Krieg und starb schließlich nach dem Waffenstillstand noch in Frankreich an den Folgen einer Schrapnell-Wunde. Douglas hatte ihn kaum gekannt.

Obwohl seine Mutter dann wieder heiratete – einen Geistlichen aus Yorkshire –, hatte der Tod des Vaters ein Stipendium notwendig gemacht, um Bader den Besuch der höheren Schule zu ermöglichen. Die Familie mußte mit Geld sehr haushalten. In der Erkenntnis seiner begrenzten Möglichkeiten hat sich Bader auf den Hosenboden gesetzt und sich dieses Stipendium ehrlich erworben. Mit 13½ Jahren kam er an St. Edward's in Oxford, wo er sich in den Unterrichtsfächern wie auch im Sport auszeichnete. Als nächstes Ziel nahm er sich vor, die Aufnahmeprüfung für Cranwell – das RAF-College – zu bestehen, um eine der begehrten sechs freien Kadettenstellen zu erhalten. Monatelang büffelte er bis in die Nacht hinein und wurde schließlich als Fünfter in der Prüfung gewertet und so auf Grund eigener Leistungen in die Elitekadettenschule der RAF aufgenommen.

In Cranwell wurde er dann einer der besten Sportler. Er war schon Kapitän des Rugby-Teams von St. Edward's gewesen. Und nun entdeckte er seine Fähigkeiten im Boxen und fand Spaß daran. Es war beinahe selbstverständlich, daß er es auch hier zu etwas brachte. Dann aber fing er an, seine Studien auf die leichte Schulter zu nehmen. Das, und die Verletzung kleinerer Regeln, führte zu einer

[1] *Collins, 1954.*

ernsten Verwarnung. Keineswegs wollte man weitere Auswüchse bei ihm dulden. Unter dem Damoklesschwert der drohenden Entlassung nahm er sich zusammen und wurde beinahe über Nacht wieder zu einem ernsthaften Schüler. 1930 ging er mit Auszeichnung ab.

Seine erste Einheit war die 23. Staffel in Henley, wo er Gloster »Gamecock« Jagdflugzeuge flog und bald in der ganzen RAF als Sportler und Kunstflieger bekannt wurde. Als Rugbyspieler war er so gut, daß er für das RAF-Team ausgewählt wurde. Und bei den Fliegern zeichnete er sich in einem Maße aus, daß man ihn für die jährliche Flugschau in Hendon auswählte, um vor 175 000 Zuschauern zu zeigen, was er konnte. Die Times beschrieb seine Leistung und die seines Flight Commanders Harry Day als die tollste Luftschau, die man in England jemals gesehen habe. Bader war nun obenauf, ein Mitglied der Combined Services XV, eine anerkannte Führerpersönlichkeit, ein Liebling der Presse und das Idol des schönen Geschlechts.

Zu jener Zeit wurde die 23. Staffel auf das schwere »Bulldog«-Jagdflugzeug umgerüstet, das zwar schneller aber weniger manövrierfähig als die Gamecock war. In einer Bulldog passierte dann Bader das, was ihn im Lauf der Zeit zu einer Legende machen sollte. An einem Dezembermorgen 1931 flog er auf einem routinemäßigen Ausbildungsflug mit zwei Kameraden. Die drei Offiziere landeten auf einem Behelfsflugplatz, und nach dem Start flog Bader in niedriger Flughöhe eine Rolle über dem Feld. Da er die Höhe oder aber die Geschwindigkeit der schwereren Bulldog um ein geringes falsch eingeschätzt hatte, streifte eine Tragfläche den Boden, als er aus der Rolle herauskam. Das Flugzeug stürzte ab. In kritischer Verfassung wurde Bader schleunigst in das nächste Krankenhaus gebracht. Eine ganze Weile hing sein Leben an einem seidenen Faden. Er war so schwach, daß es die Ärzte nicht wagten, sein rechtes Bein sofort zu amputieren, was dringend notwendig war. Sie mußten warten, bis er sich etwas erholt hatte. Den nachoperativen Schock hätte er beinahe nicht überlebt. Ein paar Tage darauf mußte dann auch sein linkes Bein abgenommen werden. Das war eine schwere Belastung für seine Konstitution. Aber er schaffte es. Der berühmte Pilot, der vor kurzem noch so viel als Flieger und Sportsmann versprochen hatte, war jetzt ein Mann ohne Beine.

Damit begann die Geschichte, die zuerst eine Nation und später die ganze Welt in Bann schlagen sollte. Bader war entschlossen, sich durch den Verlust seiner Beine in seiner Karriere als Flieger nicht stören zu lassen. Aber bisher gab es kein Vorbild für einen Mann ohne Beine, das zu erreichen, was Bader sich vorgenommen hatte. Freunde und Krankenpfleger versuchten, ihn aufzuheitern. Aber kaum einer glaubte wirklich daran, daß er jemals wieder fliegen würde oder daß er den Dienst wieder aufnehmen könne. Sie schienen recht zu behalten. Bader erlitt schwere Enttäuschungen. Aber die bitterste kam vielleicht, nachdem er mit vieler Mühe mit zwei Prothesen fertig geworden war, wieder gelernt hatte, zu gehen, ein Auto zu fahren, und dann schließlich bei der zentralen Fliegerschule auch noch die Nachprüfung bestanden hatte. Die Fluglehrer fanden seine Fähigkeiten als Flieger unbeeinträchtigt. Als er schon glaubte, die Schlacht gewonnen zu haben (und es war eine lange und harte Schlacht gewesen), meldete er sich bei dem ärztlichen Untersuchungsausschuß, der ihm allein die endgültige Genehmigung für Alleinflüge geben konnte. Dieser ärztliche Ausschuß hatte ihn, vielleicht in der ärztlichen Überzeugung, daß er in der Fliegerschule durchfallen werde, zu den Testflügen geschickt. Und deshalb nahm Bader an, daß die Genehmigung nur noch Formsache sei. Stattdessen sagte ihm der zuständige Militärarzt etwas verlegen, daß er die Genehmigung nicht befürworten könne, weil ein solcher Fall wie der seine »in der Vorschrift nicht vorgesehen sei«!

Da er bei den Flugprüfungen bewiesen hatte, daß er allen Anforderungen eines Fliegeroffiziers gewachsen war, war dies ein richtiger Tiefschlag. Bader wurde der Transportabteilung auf dem Jagdfliegerhorst Duxford zugeteilt. Hier erteilte man ihm einen zweiten, gleichfalls vernichtenden Schlag. Er wurde vom Horstkommandanten, einem alten Freund, zum Rapport befohlen. Der sagte ihm, daß man ihm die härteste Aufgabe seiner bisherigen Laufbahn übertragen habe. Er überreichte Bader einen Brief des Luftfahrtministeriums. Der war kurz und deutlich, indem er erstens aufführte, daß – im Hinblick auf die endgültige Beurteilung des ärztlichen Ausschusses – Bader nicht länger im aktiven Dienst der Royal Air Force bleiben könne, zweitens vorschlug, daß Bader auf Grund seiner angegriffenen Gesundheit seinen Abschied nehme, und drittens feststellte, daß eine weitere Mitteilung mit Datum seines Ausscheidens zu erwarten sei, in der die Höhe seiner Invalidenrente und seiner Pension festgesetzt werde.

Die RAF war Baders Leben und Heimat gewesen und war es noch. So kann man sich sehr leicht die Auswirkung dieses Briefes auf Bader vorstellen.

Was ihn vielleicht vor der Verzweiflung gerettet hat, war seine wachsende Zuneigung für ein Mädchen, das er während der Rekonvaleszenszeit nach seinem Unfall kennengelernt hatte – Thelma Edwards. An sie wandte er sich nun in diesen Zeiten der Enttäuschung um Trost und Kameradschaft. So kamen sie sich nahe. Aber er hatte ja einer zukünftigen Ehefrau recht wenig anzubieten – einen Ex-Piloten ohne Beine mit einer Pension und einer Invalidenrente von insgesamt 200 £ (im Jahr).

Auf der Suche nach einem Job ging er zu einer Arbeitsvermittlung und wurde schließlich von der Asiatic Petroleum Company mit einem Gehalt von 200 £ im Jahr angestellt. Kurz darauf ließen er und Thelma sich heimlich trauen. Weil er sich immer noch keine Wohnung leisten konnte, blieb sie bei ihrer Familie. Offiziell gaben sie lediglich bekannt, daß sie verlobt seien. Das war im Oktober 1933. An Weihnachten bekam er dann eine Gehaltsaufbesserung von 50 £ im Jahr, aber das war immer noch nicht genug, um beiden ein eigenes Heim zu ermöglichen. Erst 1937, vier Jahre nach ihrer heimlichen Heirat, hatten sie genügend erspart, um eine Wohnung in West Kensington zu mieten und Möbel zu kaufen. Dann erst ließen sie sich kirchlich trauen. Um diese Zeit hatte Bader bereits die Bewunderung vieler erworben, weil er Golf spielen gelernt hatte und sich dabei mit Profis messen konnte. (Soviel bis dahin bekannt war, hatte das bisher kein Mensch geschafft, der keine Beine mehr hat). Bader spielte auch Tennis, obwohl er dabei noch mehr gehandicapt war, denn Tennis verlangt immerhin schnelle Reaktion und gute Körperbeherrschung.

Um die Zeit der Münchener Krise, im September 1938, sah Bader voraus, daß ein Krieg bevorstand. Er schrieb an das Luftfahrtministerium und bat um Genehmigung eines Auffrischungskurses im Fliegen. Das Ministerium antwortete negativ und bemerkte ausdrücklich, daß man ihn als dauerndes Unfallrisiko ansehen müsse, fragte aber dennoch nach, ob er vielleicht an einer Verwaltungsaufgabe interessiert sei. Bader lehnte ab. Sein Herz hing immer noch am Fliegen. Sechs Monate später probierte er es wieder. Im Frühling 1939 schrieb er dem neuen Personalchef im Luftfahrtministerium, mit dem ein enger Freund seinethalben schon gesprochen hatte. Die Antwort des Air Marshal Sir Charles Portal sah wie eine negative Stellungnahme aus. Aber bei näherem Hinsehen ließ der Brief doch einen Wechsel in der Tonart erkennen. Portal schrieb, daß Bader in Friedenszeiten nicht die Erlaubnis erhalten könne, in die Reserve einzutreten. Er fügte aber hinzu, daß er im Falle eines Krieges versichert sein könne, daß das Luftfahrtministerium »mit großer Wahrscheinlichkeit« auf seine Dienste als Flieger zurückkommen werde, wenn die Ärzte dann ihr Einverständnis dazu geben sollten. Die Tür war wieder ein klein wenig aufgegangen.

Hitler fiel im September in Polen ein. Nach 25 Jahren stand Europa zum zweitenmal im Krieg. Bader begann nun Freunde und zuständige Beamte mit Forderungen seiner Wiedereinberufung zu bombardieren. Schließlich wurde er im Oktober zu einer ärztlichen Nachuntersuchung befohlen. Inzwischen waren sechs Jahre vergangen, seit seine Hoffnungen durch genau solch eine ärztliche Untersuchung vernichtet worden waren. Als er das Untersuchungszimmer betrat und sich vorstellte, schien jeder, der dort herumstand, anzunehmen, daß er sich für eine Tätigkeit beim Bodenpersonal bewerben wolle. Als er von einem Offizier gefragt wurde, was für eine Art von Beschäftigung er am liebsten übernehmen würde, war er doch etwas erschüttert und erwiderte in sehr deutlicher Form, daß er nur am Fliegen interessiert sei. Dieser Offizier, Air Vice Marshal Halahan, einst sein Kommandeur in Cranwell, mußte ihm leider mitteilen, daß er nur noch mit Fragen des Bodenpersonals zu tun habe. Baders Hoffnungen sanken, aber er brachte seine Entschlossenheit noch einmal zum Ausdruck. Nach einer Pause schrieb Halahan eine Notiz und sagte ihm, er solle »den Wisch zu den Quacksalbern mitnehmen«. Und dann wünschte er ihm Hals- und Beinbruch.

Das Sanitätspersonal bemerkte gleich nebenbei – und das war keineswegs ermutigend – daß er natürlich überhaupt nicht damit rechnen könne, voll tauglich geschrieben zu werden. Aber Bader setzte der zweifelnden Abschätzung seinen Optimismus entgegen. Er brachte die ärztliche Untersuchung hinter sich und kam dann zur endgültigen Beurteilung. Er fand sich dem gleichen Tisch gegenüber, wo er vor sechs Jahren die Enttäuschung seines Lebens entgegennehmen mußte. Der Dienstarzt bemerkte, Bader sei natürlich völlig fit. Mit Ausnahme seiner Beine. Dann zeigte er ihm die von Halahan hingekritzelte Notiz: eine phantastische Beurteilung und eine Empfehlung. Der Arzt machte eine Pause. Bader hat später einmal erzählt, es habe so ausgesehen, als ob der tüchtige Arzt ihm am liebsten nicht in die Augen geschaut hätte. In dem entstehenden Schweigen hielt Bader dem Blick des anderen stand. Schließlich sprach es der Arzt aus: Er stimme völlig mit Halahan überein und beurteile ihn hiermit als voll tauglich. Es war ein unvergeßlicher

Augenblick. Die RAF nahm ihn wieder auf, voll tauglich, nach sechs schweren Jahren der Trennung vom Dienst und nach manchem Kampf. Als er heimkam und Thelma die gute Nachricht mitteilen konnte, waren sie beide ziemlich bewegt.

Er erhielt Befehl, sich am 18. Oktober 1939 bei der zentralen Fliegerschule in Upavon für seinen ersten Überprüfungsflug zu melden. Glücklicherweise sollte ein früherer Klassenkamerad von Cranwell, Squadron Leader Rupert Leigh, bei diesem Flug als Check-Pilot fungieren, und das machte die Sache schon einfacher; Bader bestand die Prüfung mit Glanz. Und das war nach sieben Jahren das erstemal gewesen, daß er wieder flog! Er mußte einen Auffrischungskurs mitmachen. Am 27. November 1939 kam endlich der Augenblick, wo sein Fluglehrer ausstieg und im Weggehen sagte, er brauche ihn wohl nicht mehr und könne nun allein fliegen. Bader rollte mit der Tudor zum Haltepunkt, startete, flog zum erstenmal wieder 25 Minuten allein und landete dann glatt. Es war ein langer Weg gewesen bis hierher.

Der Auffrischungskurs dauerte bis Februar 1940. Anschließend wurde Bader als Flying Officer zur 19. Staffel versetzt. Bereits im April wurde er zum Halbstaffelführer im Rang eines Flight Lieutenant befördert und zur 222. Staffel versetzt. Mit dieser Einheit kam er dann Ende Mai in den Einsatz und zu seinem ersten Luftkampf. Die 222. war eine der Staffeln gewesen, die man für Notfälle in Reserve gehalten hatte. Sie lag weit im Norden, in Kirton-in-Lindsay, und wurde eines Tages dann bei Morgengrauen nach Martlesham in der Nähe der Suffolkküste verlegt. Bader und die anderen Piloten wußten wenig von dem, was auf der anderen Seite des Wassers vor sich ging, wo die geschlagene britische Armee und der Rest der Alliierten auf Dünkirchen zuströmte. Einige Tage lang patrouillierte die 222. über dem Strand von Dünkirchen und sah die Situation aus erster Hand. Dann, am Morgen des 31. Mai, als die Spitfires gerade eine Formation von Me 110 jagten, wurden sie durch einen Me 109-Verband von oben angegriffen. In einer tollen Kurbelei schoß Bader kaltblütig einen der deutschen Jäger ab, wurde dabei vom Rest seiner Staffel getrennt und flog allein heim. Am Nachmittag flog er noch eine Patrouille und erwischte dabei einen He 111-Bomber, wobei eine andere Spitfire in den letzten Sekunden ebenfalls eingriff, nachdem Bader den Heckschützen der He 111 getötet und den Bomber in Brand geschossen hatte. Das »Wunder ohne Beine«, wie E. C. R. Baker Bader nennt und unter welchem

Beinamen er später auch berühmt wurde, hatte die Feuertaufe im Einsatz gegen das beste feindliche Jagdflugzeug hervorragend bestanden. Er war wirklich voll tauglich.

Im Juni 1940 wurde Bader zum Acting Squadron Leader befördert, was hieß, daß er nun mit den meisten seiner Klassenkameraden von Cranwell im Rang gleichgezogen hatte. Er erhielt das Kommando über die 242. (Hurricane) Staffel. Die Führung dieser Staffel war nicht so einfach, und der Kommodore des 12. Geschwaders, Air Vice Marshal Trafford Leigh-Mallory, der Bader gut kannte, hatte ihn für diesen Posten besonders ausgesucht. Die Staffel bestand in erster Linie aus Kanadiern und hatte in Frankreich inmitten der Verwirrung und Demoralisierung der alliierten Flucht und Evakuierung im Einsatz gestanden. Mit unzulänglichen Bodeneinrichtungen, einer schlechten Koordination und Führung hatte die Staffel mehr als 50 Prozent Verluste hinnehmen müssen. Die Piloten waren entweder verbittert oder hatten einfach die Nase voll, der Kampfgeist ließ nach. Ein dynamischer Mann mußte her, um die Moral wieder herzustellen. In diese Situation hinein kam nun Bader nach Coltishall in der Nähe von Norwich. Als neuer Staffelkapitän ohne Beine. Als einige der kanadischen Piloten von dem Mann mit zwei Prothesen hörten, da glaubten sie, er werde wohl kaum selber fliegen und vermutlich ein ziemlich ruhiger Einheitsführer werden. Sie sollten sich täuschen.

Bader verlor keine Zeit mit der Verjüngung der 242. Zwei Halbstaffelführer löste er einfach sofort ab. Er sorgte für vorschriftsmäßigen Anzug und für Disziplin und setzte selbst ein energisches und präzise fliegendes Beispiel. Innerhalb kurzer Zeit kehrte ein neuer Geist in die Staffel ein. Als es mit der Ersatzteilbeschaffung und der Wartung des technischen Gerätes nicht so richtig klappte, ließ er einen Sturm von Beschwerden los, daß die Aufregung bis zum Befehlshaber der Jagdflieger drang, der Bader zum Rapport befahl. Die Folge war dann, daß ein Nachschuboffizier in Coltishall und ein höherer Dienstgrad der Jagdflieger innerhalb von 24 Stunden aus ihrer Stellung flogen. Die Ersatzteile und Werkzeuge für Baders Hurricane kamen ohne Verzug an. Kurz – er war ein Mann, der es fertigbrachte, daß jeder spurte, daß der ganze Laden wieder klappte. Seine Piloten wurden bald von diesem Geist angesteckt.

Als dann im Juni die Schlacht um England begann und sich in den August hinein ausdehnte, wurde die 242. immer noch nicht nach Süden verlegt, um in den Kampf einzugreifen, und Bader wurde ungeduldig. Er war so erpicht darauf, an den Feind zu kommen, daß jeder Pilot in der Staffel auch psychologisch wieder auf Vordermann war, als es dann schließlich so weit kam. Erst am 30. August griff nun auch die 242. in die Schlacht ein; das war Wochen, nachdem die schwersten Luftwaffenangriffe eingesetzt hatten. Da die Staffel zum 12. Geschwader gehörte, das in der Nähe von Norwich stand, also beträchtlich nördlich des eigentlichen Schlachtfeldes, war ein Einsatz nur möglich, wenn die Staffel auf einem weiter südlich liegenden Feld am frühen Morgen zwischenlandete und von dort aus im Alarmstart losflog, sobald anfliegende Feindverbände durch Radar geortet wurden. Bader hat wiederholt mit Ungeduld verlangt, daß seine Staffel in dieser Weise eingesetzt werde. Schließlich gab man ihm die Chance. Wir wenden uns deshalb diesem Tag, dem 30. August und damit dem ersten Auftreten der 242. Staffel in der Schlacht um England gegen die deutsche Luftwaffe, zu.

Der 29. August war in diesem ausnahmsweise schönen Sommer des Jahres 1940 ein regnerischer Tag gewesen. Aber der 30. dämmerte klar über dem Kanal und über Norfolk auf. Nördlich von Norwich lag der Fliegerhorst Coltishall. Dort standen die Hurricanes der 242. Staffel auf dem Grasplatz weit auseinandergezogen und liefen bereits warm, als der Morgenhimmel im Osten hell wurde.

Stokoe, Baders Bursche, ging den Flur des zweistöckigen Offizierskasinos hinunter, öffnete Baders Türe und fand den Staffelkapitän bereits wach. Bader hatte einen leichten Schlaf, und Stokoe mußte ihn selten wecken. Er bot dem Staffelkapitän einen respektvollen guten Morgen, stellte eine Tasse Tee an sein Bett in die Nähe der beiden Prothesen, und ging wieder. Es war sechs Uhr morgens. Bader stand auf, lief auf den Händen ins Badezimmer und setzte sich in die Wanne, um ruhig zu baden und sich dann mit einem Gilette-Rasierapparat zu rasieren. Innerhalb 15 Minuten war er wieder im Schlafzimmer und schnallte seine Prothesen an – das ging bei ihm so schnell wie bei den anderen Piloten das Anziehen der Schuhe. Er zog die blaue Uniform an, eine schwarze Krawatte und wand einen blauen Schal mit weißen Punkten um den Hals. Um 6.25 Uhr war er in der Messe, saß am langen Tisch und sprach mit dem Staffelkapitän der 66., Rupert Leigh, und mit anderen Piloten.

Er nahm ein leichtes Frühstück von Toast, Butter und Orangenmarmelade zu sich, und seine Gedanken waren schon bei dem bevorstehenden Einsatz. Er wollte schnell auf dem Abstellplatz sein und hoffte natürlich, im Süden einfliegende Verbände der Luftwaffe abfangen zu können. Er hatte mit seinen Piloten nunmehr seit Wochen auf diese Chance gewartet. So verließ er also nach wenigen Minuten wieder den Frühstückstisch in seinem typischen Gang, der das einzige sichtbare Zeichen eines Prothesenträgers ist. Er setzte sich in einen 4sitzigen Standard, der draußen parkte und fuhr zum Abstellplatz, wo die anderen Piloten der Staffel ihre Schwimmwesten holten, die Flugausrüstung nachprüften, etwas Tee tranken und im übrigen warteten. Während der letzten Wochen heftiger Kämpfe hatten die Piloten der 242. da draußen in der Baracke nur herumgesessen, und dieser Morgen fing nicht anders an. Aber schon nach wenigen Minuten rasselte das Telefon. Bader nahm den Hörer ab. Es war die Einsatzleitung. Was er zu hören bekam, ließ seine Augen aufblitzen. Andere Piloten wurden aufmerksam. Bader legte den Hörer auf und rief triumphierend: »Na also, Leute, es geht los!« Eine Welle der Erregung ging durch die Baracke; die Piloten eilten zu ihren Flugzeugen. Baders Maschine stand direkt vor der Baracke – nur ein paar Schritte entfernt – und er war schon neben der braungrünen Hurricane, als die anderen noch in einem Kastenwagen losfuhren, um an ihren Flugzeugen abgesetzt zu werden. Das Bodenpersonal hatte den Motor bereits warmlaufen lassen. Sein Fallschirm blieb immer im Cockpit, im Gegensatz zur normalen Praxis. Nachdem er seinen Warten guten Morgen gesagt hatte, legte er dem einen die linke Hand auf die Schulter und hüpfte auf die linke Fläche. Er schwang seine rechte Prothese zuerst ins Cockpit und benutzte dazu seine Hände. Und dann – indem er sich an der Seite des Cockpits festhielt – schwang er das andere Bein herüber und ließ sich in den Sitz gleiten. Der Wart, der auf dem rechten Flügel stand, half ihm mit den Gurten und mit dem Sauerstoffgerät: Bader überprüfte die Instrumente und ließ den Motor an. In der Nähe begannen sich auch die Propeller der anderen Flugzeuge zu drehen. Die zwölf Hurricanes rollten zum Startplatz. »Führer Laycock Rot« (Bader) bremste und stoppte, überprüfte nochmals die Flugzeuge hinter sich – das Cockpit war immer noch offen – und schob dann den schwarzen Gashebel auf der linken Seite nach vorn. Seine Kette begann zu rollen; hinter ihr warteten die anderen drei Maschinen einen Moment und folgten dann. Bald waren alle vier Ketten in Formation hinter ihm und neben ihm und donnerten über das Gras. Bader hob als erster ab, zog das Fahrgestell ein, schob die Haube zu und nahm das Gas etwas zurück. Er flog genau wie üblich mit noch geringer Geschwindigkeit, um den anderen das Aufschließen zu ermöglichen. Allmählich nahmen sie Staffelformation ein, und der Verband blieb für 10 oder 15 Minuten in geringer Höhe. Dann meldete sich eine Stimme in Baders Kopfhörer. Es war der Leitoffizier, der Bader und die 242. zurück nach Coltishall befahl! Bader kochte vor Wut, mußte dem Befehl aber Folge leisten. Er flog mit der 242. zurück nach Coltishall, wo er sofort ans Telefon stürzte und fragte, was zum Teufel noch einmal los sei. Er wurde ruhig und bestimmt darauf hingewiesen, daß er warten solle, was für Befehle man für ihn habe.

Die enttäuschten Piloten saßen herum, warteten, tranken eine Tasse Tee und machten sich Gedanken darüber, ob sie überhaupt jemals noch zu einem richtigen Einsatz kommen würden. Wieder Startbefehl für Duxford! Wieder ging Bader zu seiner Hurricane hinaus, während die anderen losfuhren. Schnell war er im Cockpit festgeschnallt, ließ den Motor an und rollte dann in Startposition. Die zwölf buckligen Hurricanes hoben vom Platz ab, in einen klaren Himmel hinein. Es war kurz nach neun Uhr vormittags, eigentlich noch nicht spät – aber es war Bader und seinen Piloten trotzdem vorgekommen wie ein halber Tag. Er nahm etwas Gas weg, die Staffel formierte sich in Reihe und ging auf Kurs Duxford. Diesmal wurden sie nicht zurückgerufen; 25 Minuten später flogen sie eine Platzrunde über Duxford und setzten hintereinander zur Landung an. Ein Abstellplatz war bereits vorbereitet, ähnlich wie bei den Flugzeugschuppen in Coltishall, und sobald Bader herangerollt war und angehalten hatte, rief er die Leitstelle an: »Woody, was ist los?« »Nichts im Moment«, erwiderte der Kommodore »Woody« Woodall, ein Freund von Bader. Woodall erklärte, daß die 242. in Bereitschaft bleiben müsse, für den Fall, daß sie gebraucht werde. In diesem Augenblick flogen aber schon deutsche Flugzeuge im Süden über den Kanal. Es waren etwa hundert. Einige Staffeln der 11. Gruppe waren bereits auf dem Weg, um sie abzufangen. Also wartete die 242. weiter. Die Deutschen griffen RAF-Plätze an, darunter Biggin Hill, wo eine Staffel der 12. Gruppe Jagdschutz für den Flugplatz flog. Aber Bader und die 242. wurden nicht alarmiert. Dann tat sich nichts mehr. Bader wollte jedoch die Bereitschaft nicht aufheben, und so lungerten sie eben alle um die abgestellten Hurricanes in der Sonne herum, aßen belegte Brote zum Lunch und warteten. Bader saß neben dem Telefon, aber kein Anruf kam. Um 13.30 Uhr wurden drei Verbände der deutschen Luftwaffe durch Radar geortet, im Süden, mit Einflugrichtung über Dover. Die Feindmaschinen griffen die Flugplätze der 11. Gruppe in Biggin Hill, Tangmere, Shoreham und Kenley an. Acht Staffeln der 11. Gruppe wurden alarmiert, um sie abzufangen. Für die 242. kam kein Ruf, und die Sonne begann langsam im Westen unterzugehen. Nachdem sie nun so lange gewartet hatten, um an dieser Schlacht und am Krieg teilzunehmen, und nachdem man sie schon einmal nach Coltishall zurückgeschickt hatte, fand Bader die Warterei und die Tatenlosigkeit in Duxford ziemlich deprimierend. Es war nun 16.00 Uhr geworden, und einige Kameraden hatten bereits ihren Unmut dahingehend ausgedrückt, daß das eben wieder einmal falscher Alarm für die 242. gewesen war.

Die Minuten ticken vorbei. 16.15 Uhr, 16.30 Uhr, 16.45 Uhr. Die deutschen Flugzeuge, die den letzten Angriff geflogen haben, sind längst zurück auf ihren Plätzen in Frankreich; aber was Bader noch nicht weiß: weitere Feindverbände sind bereits auf dem Weg. Sie überqueren den Kanal, und auf den Radarschirmen zeichnen sich langsam viele Wellen ab, die verschiedene Ziele anfliegen. In der Leitstelle ist man beschäftigt und beobachtet das Bild auf den Radarschirmen, plant die Abwehr und entscheidet, welche Staffeln alarmiert werden sollen. Als zu erkennen ist, daß eine Welle in Richtung North Weald fliegt, einem Jagdfliegerhorst am Nordostrand von London und etwas südlich von Duxford, fällt die Entscheidung für den Alarm der 242. Das Telefon klingelt. Bader nimmt den Hörer ab. Woodalls Stimme: »Alarmstart, Kundschaft kommt!« Bader haut den Hörer auf die Gabel, schreit: »Alarmstart!« Jetzt kommt Bewegung in den Laden.

Bis er bei seiner Maschine ankommt, hat sein erster Wart bereits den Motor angeworfen. Bader klettert in die Maschine und schnallt sich an, schiebt den Gashebel vor und rollt an. Überall fangen die Propeller der Flugzeuge der 242. an, sich zu drehen. Die Piloten beeilen sich, in ihre Maschinen zu kommen, geben ebenfalls Gas und folgen. Bader rollt nur die paar Meter über das grüne Gras, schwenkt ein und schiebt die Pulle vor. Er beschleunigt schnell und poltert über die Grasbahn. In Gruppen von drei Flugzeugen folgen sie, die gelbe, die grüne und die blaue Kette. Eric Ball ist Führer von Gelb, George Christie von Grün, Georgie Powell-Shedden von Blau.

Die Hurricane beschleunigt voll. Bader zieht etwas, die Maschine hebt ab. Kurs: Süden. Die Hurricane steigt schnell, besser als die

Spitfire. Sofort zieht er das Fahrgestell ein, fährt die Klappen ein, schließt die Haube und ruft Woodhall über das Funksprechgerät: »Führer Laycock Rot ruft Steuermann. Bin gestartet. Welche Höhe?« – »Engel 15«, kommt die Antwort. Woody fügt noch hinzu: »Die Kundschaft nähert sich North Weald. Vektor 1–9–0. Buster.« Die Staffel schließt auf und steigt jetzt mit Maximalleistung. Die drei Auspuffstutzen auf jeder Seite des Merlin spucken Flammen. Die Sonne ist im Westen, und die Taktik des Feindes bei den letzten Angriffen war es, aus dieser Tatsache einen Vorteil zu ziehen, nämlich aus der Sonne heraus anzugreifen. Bader entschließt sich, ein wenig mehr nach rechts zu drehen – nach Westen, um den Feind nach dessen eigenem Rezept zu schlagen. Es ist das gleiche Spiel wie im ersten Weltkrieg.

Seine drei Ketten melden sich über Funk. »Führer Gelb – in Position ... Führer Grün – in Position ... Führer Blau – in Position ...« Bader schaltet das Reflexvisier ein, dreht den Auslöseknopf sorgfältig auf »Feuer«. Er blickt ins Reflexvisier, wo der orangegelbe Kreis in der Mitte und die orangegelben Linien auf der Seite gut sichtbar sind. Mit dem kleinen Knopf am Reflexvisier unten bringt er die gelben Linien auf eine Spannweite von 13 Meter. Die Me 109 hat etwa 10 Meter. Aber die Kundschaft besteht vielleicht aus Bombern mit größeren Spannweiten. Die vier Ketten sind sauber gestaffelt, steigen auf einem Kurs von 220° mit einer Geschwindigkeit von 205 km/h in Richtung der tiefstehenden Sonne. Sie sind über Hertford. Noch ungefähr zehn Minuten bis North Weald. In der Entfernung sieht man das Mündungsgebiet der Themse und die große Masse von London. Plötzlich eine Stimme im Kopfhörer: »Führer Blau an Führer Laycock, drei Lastwagen, drei Uhr tief.« Bader blickt in die angegebene Richtung und erkennt die Punkte voraus und etwas tiefer. Er befiehlt Powell-Shedden, mit seiner Kette einmal nachzusehen. Die drei linken Flächen von Blau gehen hoch und Powell-Shedden setzt sich in einer Rechtskurve vom Verband ab. Die 242. ist jetzt noch 9 Flugzeuge stark.

Bader greift mit der Hand nach hinten links und schaltet den Sauerstoff ein – ganz auf. Die Höhe nimmt zu ... 12 000, 13 000, 14 000 Fuß. Die Propeller müssen ziemlich ziehen. Volle Leistung. Die braungrünen spitzigen Nasen der Hurricanes steigen höher und höher in den Himmel. »Steuermann« gibt Zwischenmeldungen über den Standort des Feindes. Die letzte Kursänderung ging auf 2–4–0. Ein Kurs, auf dem es möglich sein sollte, den Feind abzufangen.

Bader sucht den Himmel vor sich ab, links und rechts und oben. Aber noch kann er nichts erkennen. Das Dröhnen der Motoren füllt die Cockpits, aber sonst schweigt alles; die Piloten drehen fortwährend den Kopf, erst nach der einen Seite, dann nach der anderen Seite, dann nach hinten. Es ist 17.00 Uhr.

Höhe 15 000, 16 000 Fuß. Im Osten kommt das Wasserreservoir von Enfield in Sicht. Es ist klar zu erkennen, obwohl ein leichter Dunst bis auf 7000 Fuß liegt. Bader ruft »Steuermann«. Woody antwortet: »North Weald wird angegriffen.« Ob man den Feind schon ausmachen kann? In Bader kribbelt es, er sucht den Himmel ab, in Richtung North Weald vorne links sieht er noch nichts. Er sieht North Weald... aber keine »Banditen«! Wo können die sein? Plötzlich hängen vorne schwarze Wölkchen über dem Flugplatz. Flak! Dort muß der Feind sein. In den Kopfhörern krachte es: »Rot 2, Banditen links voraus!« Es ist Willie McKnight, sein Rottenflieger, der den Pulk erkannt hat. Bader kneift die Augen zusammen..., jetzt sieht er sie auch... viele Punkte, die auf ihn zu kommen. Er drückt den Mikrofonknopf: »Ich hab' sie.«

In jedem der neun Piloten wächst nun die Spannung, als die feindlichen Flugzeuge ungefähr auf gleicher Höhe etwas von links herankommen. Jeder kann sehen, wie viele das sind. Zwei Pulks zu je 30 oder mehr Flugzeugen. Sie werden größer und größer und schwärzer und schwärzer. Und dann sieht Bader über den Bombern noch mehr Punkte... kleinere... Jäger! Sie fliegen etwas höher als die 242. Mit denen muß er es aufnehmen. Bader hat neun Hurricanes. Drei können den oberen Verband angreifen. Er drückt wieder auf den Mikrofonknopf: »Grün, nehmt den oberen Haufen.« Christie bestätigt; seine drei Flugzeuge lösen sich nach rechts und gehen auf Steigflug. Jetzt besteht die 242. noch aus sechs Flugzeugen. Bader hält Kurs und steigt immer noch. Die meisten Bomber sind zweimotorige, graue Do 17, »fliegende Bleistifte«. Jeweils vier oder mehr fliegen in Linie, und zwischen ihnen Me 110, Kurs Ost. Baders sechs Hurricanes kommen heran. Auf Süd-Südost-Kurs, etwas höher fliegend. Nachdem die Bomber schon über North Weald sind, hat er keine Zeit mehr aufzupassen, was die »Grüne« jetzt da oben macht.

Er steigt aufs linke Pedal, legt den Knüppel nach links, und die sechs Jagdflugzeuge stellen sich auf die Flächenspitzen, gehen in eine Kurve, die sie aus der Sonne heraus auf die Feindpulks bringen wird. Jetzt geht's um die Wurst.

Bader drückt den Mikrofonknopf: »Reihe formieren, wir gehen runter. Kette hinter Kette.« 3000 Fuß über den feindlichen Flugzeugen drückt er an. Die Hurricanes nehmen bei ihrem Sturz aus der Sonne Geschwindigkeit auf. Bader behält die zweimotorigen Bomber im Auge; er will die feindliche Formation aufsprengen und durch sie durchfliegen. Der Zeiger des Geschwindigkeitsmessers steigt. Das Dröhnen des Motors wird stärker und das Pfeifen der Luft nimmt zu. Die Silhouetten der feindlichen Bomber werden größer und größer. Bader stürzt jetzt rasch. Die erste und die zweite Welle wird er nicht mehr erwischen, aber die dritte.

Während er mit seinen beiden Rottenfliegern herankommt, eröffnet er das Feuer, ist dann plötzlich zwischen den Bombern und stürzt nach unten weg. Da er so unerwartet durch die Formation durchschießt und nach unten taucht, kurven die erschrockenen Piloten der Do 17 und Me 110 nach allen Richtungen weg. Die zweite Kette zischt durch die gesprengte Formation und schießt; Bader fängt seinen Sturz ab und zieht wieder hoch – wo er sich nun eines der abgesprengten Flugzeuge aussuchen kann. Im Hochziehen, mit McKnight links und Crowley-Milling rechts hinter ihm, sieht er über sich voraus drei Me 110, die nach rechts kurven. Er nimmt sich den letzten in dieser Formation vor und richtet die Nase seiner Hurricane auf den zweimot-Jäger. Nach einem Sturz von 3000 Fuß, mit Vollgas, hat er jetzt einen ganz schönen Zahn drauf. Bader beobachtet, wie die Tragflächen der 110 in seinem Visier wachsen. Der feindliche Pilot zieht hoch und kurvt scharf nach rechts. Bader folgt ihm. Die Spannweite wächst weiter im Visier. Er holt rasch auf ... Näher ... noch näher. Jetzt ist er dran ... Schußentfernung!

Sein Daumen geht nach unten, und die acht Browning-MGs knattern los. Die Hurricane schüttelt unter dem Feuerstoß. Bader ist so nahe, daß die konzentrierte Garbe genau in die Me 110 hineinfetzt. Stücke fliegen nach hinten ab. An der Flächenwurzel züngeln Flammen auf. Bader sägt jetzt beinahe mit seinem Propeller das Leitwerk des Feindflugzeuges an und nimmt den Daumen vom Abzugsknopf. Die zweimotorige Messerschmitt fällt aus ihrem Turn heraus nach unten rechts. Eine schwarze Rauchwolke markiert den Weg ihres Sturzes. Bader kann nicht weiter beobachten, er schaut nach rechts, nach links, nach hinten ... die anderen Do 17 und Me 110 drehen nach allen Richtungen weg. Im Verlauf des Luftkampfs hat er seine beiden anderen Hurricanes verloren. Jeder hat sich ein eigenes Opfer ausgesucht. Noch einmal blickt er nach hinten und geht in einen Turn. Alles klar. Er fliegt allein, und plötzlich wird ihm bewußt, daß er seinen ersten Luftsieg in der Schlacht um England errungen hat.

Er hat jedoch wenig Zeit darüber nachzudenken. Unten, weiter rechts ... noch eine 110. Knüppel nach rechts, Nase runter. Baders Magen protestiert gegen den scharfen Sturz. Die Messerschmitt muß gerade aus einem scharfen Turn herausgekommen sein. Mit Pedal und Knüppel bringt Bader die Flächen des Feindes ins Visier, aber jetzt zieht der andere hoch ..., geht in den Steigflug. Bader nimmt den Knüppel an den Bauch und folgt. Der Pilot der 110 drückt an und geht in den Sturzflug. Bader drückt ebenfalls und folgt ihm, bleibt hinter ihm und holt auf. Das ist eine komische Taktik, er kann sich nicht vorstellen, was der feindliche Pilot sich da ausgedacht hat. Die 110 zieht wieder scharf hoch. Bader folgt, holt auf, während die 110 mit ihrem Auf und Nieder weitermacht. Jetzt stürzt sie gerade wieder, und Bader ist nahe genug heran, um schießen zu können. Also, ihm nach! Da zieht der wieder hoch. Bader nimmt den Knüppel auch heran. Die Tragflächen der 110 füllen nun genau den Zwischenraum zwischen den gelben Balken aus. Bader kann die schwarzen Kreuze auf den Flächen erkennen. Schußentfernung! Er ist fast auf ihm drauf, drückt den Daumen auf den Abzugsknopf und die acht Brownings spucken ihre Munition in die linke Fläche. Bader kann sehen, wie die Kondensstreifen der Kugeln im Ziel zusammentreffen.

Die Wirkung der acht MGs auf die kurze Entfernung ist verheerend: die Fläche wird halb abrasiert. Bader ist so nahe, daß er gar nicht danebenschießen kann. Dann blitzt eine Flamme entlang der Tragfläche auf. Feuer! Die Nase des zweimotorigen Jägers senkt sich, die Me 110 geht in eine Rolle und trudelt nach unten weg. Bader hat das Feuer eingestellt und beobachtet. Der Feind stürzt rauchend, wirbelnd senkrecht nach unten. Bader schaut schnell nach hinten und kann den Sturz des Flugzeugs weiter verfolgen. Die Me 110 wird immer kleiner, kein Fallschirm öffnet sich, und dann erst fällt ihm ein: er hat in keiner der beiden 110 auf den Heckschützen geachtet. Haben die auf ihn geschossen? Das wird er nie sagen können!

Er blickt wieder nach hinten. Gerade noch rechtzeitig. Ein schwarzer Schatten hinter ihm ... eine zweimotorige Maschine, Me 110! Sofort stellt sich Bader auf das rechte Pedal und legt den Knüppel nach rechts, haut die Hurricane in eine Steilkurve. Der andere war

Ein He 111 Bomber auf dem Anflug nach England.

Wing Commander J. E. Johnson, RAF.

Lieutenant R. C. Johnson, USAAF.

beinahe auf Schußentfernung heran. Noch eine, zwei Sekunden, und es wäre zu spät gewesen. Die 110 kann nicht so eng kurven wie die Hurricane; Bader kurvt sie innen aus. Der feindliche Pilot erkennt das und beschließt, nicht zu warten, bis Bader herumgekommen ist und sich hinter ihn setzen kann. Steil schwingt er ab. Bader drückt und jagt ihm beinahe senkrecht hinterher, aber die Anfangsgeschwindigkeit der 110 beim Sturz hat den Abstand vergrößert. Der Mann da vor ihm muß den Gashebel bis zum Anschlag vorgedrückt haben. Beide stürzen nach unten und fangen langsam ab. Bader behält ihn im Visier. Aber er holt nicht auf. Die 110 ist im Sturz zu weit von ihm abgekommen, bevor er das Manöver bemerkt hat und folgen konnte. Die Hurricane fliegt jetzt mit allem, was drin ist, aber sie gewinnt keinen Zentimeter. Der Bursche wird ihm entwischen. Wenigstens hat er Bader nicht gekriegt, obwohl er nahe dran war, den Staffelführer der angreifenden britischen Jäger abzuschießen. Bader kurvt von der 110 weg und steigt wieder in der allgemeinen Richtung des Luftkampfs. Er gewinnt Höhe und sieht sich um.

Nirgends ein Flugzeug! Wo sind denn alle, die vor ein paar Minuten noch da waren, überall wo man hinsah? Er genießt die Genugtuung, zwei feindliche zweimotorige Jagdflugzeuge abgeschossen zu haben. Er drückt den Mikrofonknopf: »Laycock Führer Rot, hier bin ich, Kumpels ... ich fliege heim.« Er kurvt nach Norden, sucht immer noch nach Freund oder Feind, hinter sich und auf beiden Seiten. Er sieht einen einsamen Jäger aus einigem Abstand näher kommen und auf sich zufliegen. Bader dreht auf ihn ein, und läßt seine Augen nicht von der Silhouette. Er erkennt die Umrisse ... Tiefdecker, einmotorig. Eine Spitfire, eine Hurricane, oder eine Me 109? Er beobachtet, wie sie herankommt. Näher, noch näher ... dann erkennt er – eine Hurricane! Der Freund kurvt hinter ihm ein und nimmt Position ein. McKnight! Sein Rottenflieger ist wieder bei ihm. Bader hält mit zufriedenem Grinsen zwei Finger hoch – zwei Siege – Willie grinst – hält drei Finger hoch! Damit haben sie zusammen fünfe erwischt. Bader macht sich Gedanken über den Rest der Staffel und fliegt nach Norden. Was für eigene Verluste werden sie gehabt haben? Hat North Weald viel abgekriegt? Noch eine Hurricane kurvt in Position ein, wieder einer von der 242. Jetzt fliegen sie zu dritt nach Hause. Dann findet sich ein vierter und schließt sich an. Bader ruft Woody: »Bin auf dem Weg zurück.« Ein paar Minuten vor Duxford findet ein fünfter Pilot zum Verband;

so donnern fünf Hurricans über Duxford und kurven über dem Platz zur Landung ein.

Duxford ist nicht angegriffen worden, also können die Hurricanes nacheinander zur Landung ansetzen. Bader kommt als erster. Er nimmt Gas weg, verliert Geschwindigkeit, fährt das Fahrgestell aus, dreht den roten Hebel für die hydraulischen Klappen, während er zum Endanflug ansetzt. Die Fluggeschwindigkeit geht herunter auf 145, 140 130 km/ ... er berührt das Gras mit den Rädern ... und rollt polternd aus. Im Rollen dreht er auf den Abstellplatz zu, gibt noch einmal Gas, schaltet die Zündung aus und ruft dem Bodenpersonal mit seinem typischen Lächeln die frohe Botschaft zu. Schnell bildet sich um die Hurricane eine Gruppe. Sie haben gesehen, daß er geschossen haben muß, und sobald Bader aus der Maschine heraus ist, überfallen sie ihn mit Fragen. Nachdem die anderen Flugzeuge gelandet sind, kommen die Piloten herüber zum Flugzeug ihres Staffelkapitäns. Kurz darauf ist der größte Teil der Staffel einschließlich des Ic-Offiziers im Gras versammelt. Jede Einzelheit des Luftkampfes wird eifrig diskutiert. Bader fragt die freudig erregten Piloten und zählt das Ergebnis zusammen. Seine 12 Flugzeuge schossen 12 Feindflugzeuge ab. Keine eigenen Verluste – jeder Pilot ist wohlbehalten zurück. Es ist ein perfekter Sieg bei ihrem ersten Einsatz vor dem Feind in der Schlacht um England. Bader fällt ein Stein vom Herzen. Seine beiden Luftsiege bedeuten Nummer vier und Nummer fünf. Er schreibt für den Ic einen Gefechtsbericht über den Luftkampf aus, beschreibt jede Einzelheit des Angriffs und alles, an was er sich erinnern kann. Dann wird es Zeit für die Staffel, nach Coltishall zurückzufliegen. Es ist spät geworden, aber an einem langen Sommertag wie diesem bleibt der Himmel hell bis 21.00 Uhr. Bader und die 242. werfen nun zum viertenmal an diesem Tag die Rolls-Merlins an und heben vom Gras ab – diesmal mit Kurs nach Norden.

Der Erfolg der 242. Staffel bei ihrem ersten Einsatz am 30. August überzeugte Bader in seiner Ansicht, daß die größte Hoffnung auf hohe Abschußzahlen darin lag, größere eigene Jagdfliegerverbände beim Angriff auf Feindfliegerverbände zusammenzufassen. Obwohl er mit dem Ergebnis dieses Tages mehr als zufrieden war, konnte er doch nicht umhin, Spekulationen darüber anzustellen, wie das Ergebnis ausgesehen hätte, wenn er drei oder vier Jagdstaffeln angeführt hätte. Er war sicher, daß er dabei zu einem noch größeren Erfolg gekommen wäre. Er war so überzeugt von seinen taktischen

Ideen, daß er von diesem Zeitpunkt an seine Vorstellungen bei jeder Gelegenheit bei Kameraden und höheren Offizieren vorbrachte. So begann eine heißumstrittene Debatte innerhalb der Truppe, die eigentlich bis zum heutigen Tage noch nicht ganz aufgehört hat, also mehr als 25 Jahre nach der Schlacht. Wegen Baders Rolle in dieser manchmal harten Kontroverse ist eine kurze Zusammenfassung angebracht.

Nach der Landung in Coltishall diskutierte Bader seine taktischen Ansichten mit seinen Kameraden. Der A.O.C. 12. Gruppe, Air Vice-Marshal Leigh-Mallory, rief an, um ihm und der Staffel zu ihrem 12:0-Sieg zu gratulieren, und fragte Bader, wie er sich zukünftige Einsätze vorstelle. Bader sagte ihm, wenn er 36 Jäger gehabt hätte anstelle von nur 12, dann hätte er eben auch »dreimal soviel abschießen können«. Er führte aus, daß nach seiner Ansicht größere Formationen das beste taktische Rezept gegen den Feind seien – er meine Formationen, die man früh genug – auch im Alarmstart – in die Luft bringen könne, um die notwendige Höhe zu gewinnen, wie es ihm an diesem Nachmittag beinahe gelungen wäre.

Bader hielt an der Doktrin der Jagdflieger aus dem ersten Weltkrieg fest: daß die drei absolut grundlegenden Prinzipien für den Erfolg von Jagdfliegern im Höhenvorteil, im Vorteil aus der Sonne heraus und in kurzer Schußentfernung liegen. Er schlug vor, daß die Staffeln der 12. Gruppe den Startbefehl möglichst frühzeitig erhalten sollten, um diese Taktik anzuwenden. Wenn man das tue, so sei er fest überzeugt, daß die Feindverluste zunehmen und die Verluste der RAF abnehmen müßten. Für die taktische Führung in der Schlacht um England war damals Air Vice-Marshal K. R. Park verantwortlich, und zwar als A.O.C. der 11. Jagdfliegergruppe (Südengland). Park sandte Jagdflieger oft in kleinen Verbänden hoch, sobald Radarmeldungen über Stärke und Kurs der anfliegenden großen feindlichen Formationen vorlagen. Die RAF-Jagdflieger wurden dabei meistens in niedriger Flughöhe von den Me 109 von oben angefallen, während sie noch im Steigflug waren, um die Bomber abzufangen. Aber mit nur 20 Jagdstaffeln und der Absicht, Kämpfe mit massierten feindlichen Jägern zu vermeiden, war Park der Meinung, daß die Situation es noch nicht erforderte, innerhalb der 11. Gruppe die Versammlung größerer Kräfte anzustreben, denn das brauchte natürlich Zeit. Und nachdem es ihm oft gelungen war, Bomberverbände auseinanderzusprengen, bevor sie ihr Ziel erreicht hatten oder ihre Bomben hatten fallen lassen, schien er recht zu behalten. Außerdem hatte er bewiesen, daß er mit dieser Taktik dem Feind stärkere Verluste zufügte, als er selbst hinnehmen mußte.

Im Norden, wo natürlich auch mehr Zeit zur Verfügung stand, um die Verbände in der Luft zusammenzuführen, ließ sich Leigh-Mallory von Baders Argumenten beeindrucken und versprach, ihm drei Staffeln zu geben, einen wirklich starken Abfangverband, damit er seine Theorie unter Beweis stellen konnte. Bader konnte mit diesen drei Staffeln kurze Zeit später eine wirklich eindrucksvolle Rechnung präsentieren. Dies überzeugte manchen davon, daß diese Taktik durchaus ihre Vorzüge hatte. Andererseits konnten Park und seine Anhänger anführen, daß die Bedingungen im exponierten Süden, also bei der 11. Gruppe, von Grund auf anders lagen, und daß die Vorteile kleinerer Jagdverbände die Nachteile überwogen. Aber auch Park hat Befehle erlassen, die das Sammeln größerer Jagdverbände empfahlen, soweit es die Umstände zuließen. Bei einer Sitzung im Luftfahrtministerium über Taktik unterstützte der Befehlshaber des Fighter Command, Air Marshal Sir Hugh Dowding, hauptsächlich Park, dem man praktisch die Entscheidung darüber überlassen hatte, die Schlacht nach seinem besten Wissen und Gewissen zu führen. Ein paar Monate später wurden sowohl Park wie auch Dowding auf andere Posten versetzt – und manche Leute hielten das für eine Ungerechtigkeit. Leigh-Mallory erhielt das Kommando der 11. Gruppe. Air Marshal W. Sholto Douglas, ein Anhänger von Baders Theorie, wurde zum neuen Befehlshaber des Fighter Command ernannt. In den Nachkriegsjahren ließen nun Analytiker und Historiker, die sich mit der Schlacht um England befaßt hatten, Park Gerechtigkeit widerfahren. Er hatte doch immerhin die entscheidende Luftschlacht gewonnen, die für England und die freie Welt so wichtig war. Das heißt nicht, daß Baders Ideen, die zu einem großen Prozentsatz auf bewährten Prinzipien der Jagdflieger des ersten Weltkrieges aufgebaut waren, nicht auch ihre Verdienste gehabt hätten. Die Möglichkeiten der 12. bzw. der 11. Gruppe waren völlig verschieden, und demzufolge waren auch verschiedene Taktiken durchaus angebracht. Das ergab sich einfach aus geographischen Gesichtspunkten. Viele englische Autoren und Piloten stimmten darin überein, daß eine bessere Koordination zwischen der 12. und der 11. Gruppe erwünscht gewesen wäre, oder wenn sich das nicht erreichen ließ, dann eben eine Führung am kürzeren Zügel von seiten des Fighter Command. Schließlich stehen aber alle diese Argumente der unumstürzbaren Tatsache gegenüber, daß

Park und Dowding mit der Hilfe von rotierenden Jagdstaffeln und mit den Staffeln der 12. Gruppe (dem Duxford-Wing) die Schlacht gewonnen haben. Erleichtert wurde ihnen die Sache natürlich dann noch durch Irrtümer in der Strategie und Taktik der deutschen Seite und durch bestimmte Vorteile, die einfach beim Verteidiger lagen. Ob sie nun die Schlacht noch wirkungsvoller und auf der anderen Seite auch wirtschaftlicher hätten auskämpfen können, ist eine andere Frage (wie nach jeder Auseinandersetzung), und im Nachhinein scheint es durchaus möglich, daß sie das zu einem bestimmten Grad auch hätten tun können. Das wäre dann die perfekte Luftschlacht gewesen, die aber bis zum heutigen Tage noch nicht ausgetragen wurde. Als erstaunlichste Tatsache geht aus dieser Kontroverse hervor, daß Bader als untergeordneter Staffelführer seine taktischen Gedanken so wirkungsvoll vorgebracht und auch unter Beweis gestellt hat, daß sie bei den Überlegungen der hohen Kommandostellen eine bedeutende Rolle gespielt haben. Es kann bezweifelt werden, ob irgend ein anderer kleiner Staffelführer von sich sagen kann, jemals einen solchen persönlichen Einfluß ausgeübt zu haben.

Nicht lange nach seinem Erfolg vom 30. August führte Bader tatsächlich größere Verbände von Jagdflugzeugen gegen den Feind und hat sich auch dabei bewährt. Am 6. September konnte seine Staffel, die allein flog, elf Luftsiege melden. Am 9. September, als er mit drei Staffeln in der Luft war (der 242., der 310. und der 19.), waren es 20 Luftsiege. Mit fünf Staffeln am 15. September (mit der 242., 310., 19., 302. und 611.) konnte er für den Verband 25 Luftsiege melden! Bader war stolz auf diese Siege und glaubte, daß seine zahlenmäßig geringen Verluste einen Beweis für die Richtigkeit und den Wert seiner Auffassung darstellten.

In Anerkennung seiner Bestrebungen erhielt er seine erste Auszeichnung, den D.S.O.

Er führte den Duxford-Wing weiter bis zum Ende der Schlacht um England. Ihm selbst waren dabei 12 Luftsiege zuerkannt worden. Als die RAF dann 1941 zur Offensive überging, wurde Bader der Befehl über den Tangmere-Wing mit drei Spitfire-Staffeln übertragen (545., 610. und 616. Staffel). Er bewies dabei einen Angriffsgeist, wie er in der RAF nicht mehr übertroffen wurde, und hatte bald mehr Einsätze über Frankreich geflogen als jeder andere RAF-Pilot. Man riet ihm, er solle einmal ausspannen, da er während des guten Wetters im Sommer 1941 nahezu täglich flog. Aber er wies diesen guten Rat zurück. Zu dieser Zeit nahm er bereits den fünften Rang unter den besten RAF-Piloten ein.

Am 9. August flog er seinen letzten Einsatz. In der Nähe von Le Touquet führte er die Gruppe in einem Angriff auf eine Formation Me 109. Er schoß zwei ab, bevor eine andere 109 ihn rammte und dabei das Leitwerk ansägte. In der stürzenden, sich dauernd überschlagenden Maschine führte Bader einen Kampf auf Leben und Tod, um aus dem Cockpit herauszukommen, bis schließlich der Lederriemen, der seine eingeklemmte rechte Prothese festhielt, riß und er freikam. Sein Fallschirm öffnete sich. Er landete ziemlich hart und wurde gefangengenommen.

Die deutschen Jagdflieger wußten gleich, wen sie vor sich hatten und behandelten ihn mit Achtung. Oberst Adolf Galland schickte einen Wagen in das Krankenhaus, wo man ihn unter Bewachung hielt, um ihn zu einem Besuch beim J.G. 26 abzuholen.

Das »Wunder ohne Beine« war von ungebrochenem Mut, und ein paar Nächte später brachte es Bader mit Hilfe einer französischen Krankenschwester fertig, aus dem Krankenhaus zu fliehen! Er band Bettücher zusammen und ließ sich vom Fenster seines Krankenzimmers an der Außenwand herunter. Es gelang ihm dann, aus dem Hof des Krankenhauses unbeachtet herauszukommen und in der Nacht ein Bauernhaus zu erreichen. Über die Untergrundorganisation hätte er es dann beinahe geschafft, nach England geschleust zu werden – einen Tag vor der geplanten Übernahme durch ein Mitglied des Untergrundes wurde er durch eine andere Krankenschwester verraten. Inzwischen hatte die Luftwaffe eine Botschaft an die RAF gesandt, daß Baders Prothesen bei seinem Abschuß beschädigt und unbrauchbar geworden seien. Man bot einem englischen Flugzeug freies Geleit an, wenn es für Bader ein Paar Ersatzprothesen abwerfen wolle. Die RAF wies das freie Geleit zurück, warf aber die Prothesen bei einer »anderen Gelegenheit« ab, und die Luftwaffe hat sie Bader prompt zugestellt. Verschiedentlich hat Bader erneut zu fliehen versucht. Aber inzwischen wußte man ja, wen man vor sich hatte, und so wurde er in ein besonders abgesichertes Lager nach Kollwitz gebracht. Er blieb Kriegsgefangener bis zum April 1945. Nach seiner Befreiung und zwei Monaten Erholungsurlaub wurde er zum Group Captain ernannt.

Aber er nahm seinen Abschied und ging im Jahre 1946 wieder zurück zu seinem alten Arbeitgeber (Shell), wo er heute noch beschäftigt ist.

Bader wurde mit dem D.S.O. mit Spange ausgezeichnet, dem D.F.C. mit Spange, der Ehrenlegion und dem Croix de Guerre. Er war zweifellos ein Fachmann auf dem Gebiet der Taktik, ein außergewöhnlich guter Pilot, als Führer ein Naturtalent, und sein Mut kannte keine Grenzen. Er hatte 22 $^1/_2$ Luftsiege, als sein Flugzeug gerammt wurde und er über Frankreich abspringen mußte. Wäre das nicht passiert, dann ist es schwer abzuschätzen, wie viele Feindflugzeuge er noch abgeschossen hätte. Es ist auch schwierig, den Wert zu ermessen, den er für sein Land und die RAF besaß – als Mann, der ein körperliches Handicap oder eine körperliche Niederlage nicht hinnahm und der eine solche Entschlußkraft hatte. Sein Beispiel – und seine Legende – waren ein Ansporn für die Jagdflieger im Kriege, für diejenigen, die später zu dieser Waffengattung kamen, und für Millionen Menschen auf der ganzen Welt und in allen Lebensbereichen.

EINER DER »WENIGEN«

15. SEPTEMBER 1940 –
SERGEANT PILOT JAMES H. LACEY, RAF

Der überlebende britische Jagdflieger mit der größten Zahl von Luftsiegen in der Schlacht um England ist ein bescheidener Rotschopf aus Yorkshire. James Harry (»Ginger«) Lacey war einer der unsterblichen »wenigen«, die im Sommer 1940 den Weg zum Sieg über die deutsche Luftwaffe freigeflogen und freigekämpft hatten und sich dabei die Herzen der freien Welt erobern konnten. Millionen beobachteten diese kritische Kraftprobe am Himmel über Sussex und Kent, und Ginger Laceys Name war in England bald in aller Munde. Das ist über 25 Jahre her, und seitdem ist der junge Fliegerheld von 1940 wieder in der Anonymität versunken. Wo lebt er heute, und wie hat ihn das Schicksal in der Nachkriegszeit behandelt?

Um die Antwort auf diese Frage zu erhalten und um Einzelheiten über seinen interessantesten Einsatz in der Schlacht um England zu bekommen, bestieg ich an einem trüben Wintertag im Jahre 1966 den Expreß »White Rose« auf dem Bahnhof King's Cross. Drei Stunden Eisenbahnfahrt weiter nördlich erreichte der Zug dann die aus der Frühzeit der Industrialisierung stammenden Terrassenhäuser von Leeds. Ich mußte umsteigen und fuhr nun eine Stunde nach Osten. Der Zug näherte sich Hull. Schüler stiegen an den Vorortshaltestellen zu. Sie unterschieden sich vermutlich wenig von ihren Altersgenossen der Dreißiger Jahre. Wußten sie überhaupt etwas über die Luftschlacht, die ihr Land 1940 rettete, oder von dem berühmtesten Jagdflieger dieser Schlacht, der mitten unter ihnen als gebürtiger Yorkshireman lebte? Man konnte daran zweifeln, wenn man ihre gute Laune und ihr sorgloses Lachen auf sich wirken ließ. Es gab ja weder die Gefahr eines drohenden Krieges noch einer drohenden Invasion, und nichts stand ihren Gedanken an die Zukunft entgegen ... es war eine andere Zeit und eine andere Welt! Aber waren diese jungen Leute wirklich so verschieden von diesem anderen jungen Mann aus der gleichen Gegend, der vor dreißig Jahren, von seinem Interesse am Fliegen und an Motoren getrieben, in die freiwillige Reserve der RAF eintrat? War einer unter ihnen, der zum gleichen befähigt gewesen wäre wie dieser andere damals – der Flieger wurde und dann 16 Flugzeuge innerhalb von zwei Monaten in diesem entscheidenden Waffengang des Krieges abschoß? Wer kann das sagen?

Bei Ausbruch des Krieges war Lacey als Sergeant Pilot der Reserve zum aktiven Wehrdienst einberufen und am 10. Mai, als die deutsche Offensive im Westen losbrach, nach Frankreich geschickt worden, wo er fünf Luftsiege errang, davon drei über der einschwenkenden Front bei Sedan. Das geschah in der kurzen Zeit, die den britischen Streitkräften noch auf dem Kontinent verblieb. Wieder in England, stand er dann südlich von London an der vordersten Front. Vom Anfang bis zum Ende der Schlacht um England.

Nach diesem Start im Jahre 1940 ließ die Lufttätigkeit etwas nach, aber Lacey blieb bis zum Juli 1941 am Kanal im Einsatz und konnte weitere Luftsiege erkämpfen. Von da an bis zum Schluß des Krieges diente er im Ausbildungskommando, in verschiedenen Stäben bzw. im Fernen Osten und hatte wenig Gelegenheit, an Luftkämpfen teilzunehmen. Trotzdem gehörte er am Ende des Krieges mit seinen 28 bestätigten Abschüssen noch zu den besten Jagdfliegern der RAF.

Lacey war der Sohn eines Viehhändlers in Yorkshire. Er lernte fliegen, bevor er zwanzig war. Zum erstenmal erwachte sein Interesse, als ein RAF-Team die Schneider-Trophäe für Großbritannien gewann. Aber seine Eltern redeten ihm die Fliegerei sachte aus. Dann starb sein Vater 1933, während des Tiefpunktes der Depression. Er war damals Drogistenlehrling und hatte noch zwei Jahre Lehrzeit vor sich. Die beiden Jahre gingen viel zu langsam vorbei, teilweise weil Lacey gar nicht als Drogist arbeitete, was er erhofft hatte, sondern weil er meistens nur Pakete einwickeln und Parfüm verkaufen mußte. Nachdem er die dreijährige Lehre 1936 endlich abgeschlossen hatte, konnte er sich bei der freiwilligen Reserve der RAF bewerben. Er bat seine Mutter um die Erlaubnis, die körperliche Eignungsprüfung mitmachen zu dürfen. Sie sagte ja, in dem Gedanken, daß man ihn nicht nehmen würde. (Lacey war damals 19 Jahre alt, und bis zum Krieg waren es immer noch drei Jahre). Wegen der Ungewißheit erzählte er niemand, daß er Flugstunden nahm. Etwas zurückhaltend, wie es der englischen Tradition entspricht, wußte er, daß er dann weniger Ausreden erfinden müßte, falls er doch nicht durchkam. Aber vom ersten Tage der Ausbildung an zeigte sich, daß die Gefahr des Durchfallens für ihn gar nicht bestand. An dem Kurs nahmen noch 29 andere Bewerber teil. Sein Fluglehrer Nick Lawson beurteilte ihn aber schon von Anfang an als überdurchschnittlich. Er war dann auch der erste seiner Klasse, der auf Alleinflug ging.

Nach sechs Wochen und insgesamt 65 Flugstunden hatte er den Kurs hinter sich gebracht und war nunmehr ein ausgebildeter Pilot. (Die Klasse war die erste Gruppe von Sergeant Pilots innerhalb der freiwilligen Reserve, die in einem solchen Schulungsprogramm ausgebildet wurden.) Nach den damaligen Richtlinien kehrte er dann wieder nach Hause zurück, um dort an den Wochenenden weiterzuschulen. Erst zu diesem Zeitpunkt gaben er und seine Mutter dann auch Freunden und Bekannten gegenüber zu, daß er seine Fliegerausbildung erfolgreich abgeschlossen und seine Pilotenlizenz in der Tasche hatte. Obwohl während der Woche genügend Zeit für andere Interessen oder andere Arbeiten zur Verfügung stand, sah man Lacey selten weit vom örtlichen Flugplatz in Brough. Sein Herz hing nun einmal hundertprozentig am Fliegen, und er genoß die Kameradschaft, die sich zwischen den einzelnen Piloten gebildet hatte. Während der Anfangsschulung hatte er eine Tiger Moth geflogen; jetzt begann er, an den Wochenenden die Blackburn B II S zu fliegen.

Dann traf eine Hawker Hart in Brough ein. Die Hart flog beinahe 320 km/h, konnte auf über 6000 m steigen (Lacey war bisher nicht über 3000 m hinausgekommen) und war doppelt so schwer wie die B II S. Lacey war einer der ersten beiden Piloten der Reserve, die dieses Muster allein fliegen durften. Er flog sie dann, so oft er nur konnte. Manchmal flog er acht Stunden am Tag, wenn auch nicht alle acht Stunden in der Hart. Da er so viel flog und offenbar der geborene Pilot war, erreichte er bald die Qualifikationen für einen Fluglehrerkurs, der auf dem Flugplatz Grimsby in der Nähe stattfand. Als er auch diesen Kurs erfolgreich abgeschlossen hatte, bewarb er sich als Fluglehrer beim Yorkshire Aeroplane Club und erhielt den Job. Inzwischen war es 1938 geworden, und der Krieg ließ nur noch ein Jahr auf sich warten. Während dieses letzten Jahres nutzte Lacey jede Chance, als Fluglehrer zu fliegen, und zwar im Angestelltenverhältnis wie auch privat. Die RAF lud zu jener Zeit Reservepiloten, die 250 Flugstunden aufweisen konnten, zu Sechswochen-Übungen bei einer regulären RAF-Staffel ein. Lacey erhielt Ende des Jahres eine solche Einladung. Er stellte Bedingungen, aber diese

Bedingungen wurden vom Luftfahrtministerium akzeptiert. Er hatte seine Zusage davon abhängig gemacht, daß er zu einer einmot-Staffel an der Südküste versetzt werde, vorzugsweise zur Staffel in Tangmere. Im Januar 1939 traf er dort ein und flog zum erstenmal die Hawker Fury, die eine Spitzengeschwindigkeit von 375 km/h hatte. Ein paar Wochen später landete ein neuer Typ in Tangmere, der ungewöhnliches Interesse fand – die Hawker Hurricane. Als Lacey dieses Flugzeug sah, das zweimal so schwer wie die Fury, länger und drei Meter breiter in der Spannweite war, zweifelte er daran, ob er jemals Zeit genug haben würde, es fliegen zu lernen – ein Gedanke, der so vielen zukünftigen Jagdfliegern in ähnlichen Umständen während des Krieges durch den Kopf ging. Aber Kameraden, die die Hurricane schon kannten, nahmen ihm seine Bedenken. Er brauchte tatsächlich nur kurze Zeit, um sich mit dem Instrumentenbrett vertraut zu machen und den Cockpitdrill hinter sich zu bringen; und schließlich durfte er dann die Hurricane allein fliegen. Er war so begeistert, daß es ihm wirklich leid tat, als die sechs Wochen Übung vorbei waren und er sich von den Piloten der 1. Staffel und der Hurricane verabschieden mußte, um nach Yorkshire zurückzukehren.

Am 2. September 1939, einen Tag vor der englischen Kriegserklärung an Deutschland und einen Tag, nachdem deutsche Truppen in Polen eingefallen waren, erhielt Lacey wie jeder andere Reservist in Yorkshire die Aufforderung, sich auf dem Rathaus in Hull zu melden. Dort wurde er der 501. Staffel (»County of Gloucester«), die in Filton bei Bristol stand, zugeteilt. Das Beste war dabei, daß die 501. mit Hurricanes ausgerüstet war. Leider stellte sich die Fliegerei in Filton als ziemlich müde Angelegenheit heraus. Es gab da nur Übungs- und U-Boot-Patrouillenflüge über dem Bristol-Kanal.

Drei Monate später wurde die 501. nach Tangmere verlegt. Auch hier war alles überraschend ruhig, wenn auch Lacey in einigen Nachteinsätzen Jagdschutz für die Schiffahrt fliegen konnte. Die Monate vergingen. Plötzlich – im Mai 1940 – wurde die 501. Staffel vom Sog der schnell aufeinanderfolgenden Ereignisse gepackt.

Am Tage des deutschen Angriffes hatte die RAF sechs Jagdstaffeln in Frankreich stehen. Zwei gehörten zu dem vorgeschobenen Schlachtgeschwader, vier waren der britischen Expeditionsarmee unterstellt. Am 10. Mai kamen sechs weitere Staffeln dazu. Drei gingen zum Expeditionskorps, die anderen drei zum vorgeschobenen Schlachtgeschwader. Lacey und die 501. gehörten zu den letzteren.

Am späten Nachmittag des 11. Mai fiel die 501. Staffel in Betheniville in der Nähe von Reims ein. Sie sollte nicht lange dort bleiben. Der schnelle deutsche Vormarsch brachte alle alliierten Pläne durcheinander und sorgte für schnell aufeinanderfolgende Verlegungen. Aber Lacey zeichnete sich bereits in dieser Zeit aus. Die Alliierten waren durch Niederlagen demoralisiert, Chaos herrschte auf allen Seiten. Trotz dauernder Verlegungen kam Lacey zu zahlreichen Luftkämpfen und schoß fünf feindliche Flugzeuge ab, einschließlich einer Me 109.

Einmal wäre es beinahe aus mit ihm gewesen, als sein lahmgeschossener Vogel sich bei einer Notlandung in einem Sumpf überschlug und er im Cockpit eingeschlossen war, als die Maschine im Dreck versank. Das war in der Nähe von Le Mans.

Schließlich kehrte die 501. Staffel Ende Juni mit anderen RAF-Einheiten und über 300 000 Evakuierten aus Dünkirchen nach England zurück. Frankreich war in weniger als 50 Tagen überrollt worden und hatte kapitulieren müssen.

Kurze Zeit war Lacey in Croydon und in Middle Wallop stationiert. Als die Schlacht um England begann, verlegte die Staffel nach Gravesend. Vom 2. Juli an wurden englische Kanalhäfen und Schiffskonvois durch eine große Anzahl von Feindflugzeugen angegriffen – bei Nacht folgten Angriffe auf Städte in allen Teilen der britischen Inseln. Am 8. August vergrößerte sich dieser Druck, und weit stärkere Angriffe folgten am 11. und 12. August. Besonders aber am 13. August (dem ersten Tag der Schlacht nach deutscher Auffassung) ließ die Luftwaffe ihre ganze Stärke auf die Insel los und flog 1485 Einsätze in koordinierten Angriffen.

Am 15. August flog die Luftwaffe sogar noch massiertere Angriffe. Zusätzlich zu den Flugzeugen der Luftflotten 2 und 3, die jenseits des Kanals standen, griffen Bomber der Luftflotte 5 von Basen in Norwegen aus an. Die Jagdflieger der RAF konnten den Deutschen während dieser Eröffnung der Schlacht schwere Verluste beibringen (75 Flugzeuge am 15. August). Dann änderte die Luftwaffe ihre Taktik. Größere Jagdverbände schützten die Bomber und erzielten dabei bessere Erfolge. Die deutschen Formationen durchbrachen die britische Verteidigung, obwohl sie dafür immer noch einen beachtlichen Preis zahlen mußten.

Ermüdungserscheinungen machten sich aber auf beiden Seiten bemerkbar, und die Deutschen änderten ihre Taktik noch einmal. London wurde zum Hauptziel.

In der Rückschau erwies sich das als einer der wesentlichen Fehler, die das deutsche Oberkommando während der Schlacht machte. Wenn auch diese Angriffe auf London spektakulär waren und ziemlichen Schaden anrichteten, so waren sie doch nicht gegen die Einrichtungen und Fernmeldeanlagen des Fighter Command gerichtet – das im Gegenteil dadurch eine Ruhepause bekam. Der erste Tagesangriff auf London und gleichzeitig der verheerendste fand am 7. September statt. Jeder verfügbare Bomber und Jäger der Luftwaffe nahm daran teil. Schlechtes Wetter zwang zu einer Atempause, und erst am 15. September konnten die Deutschen einen zweiten schweren Angriff unternehmen. Wegen der tapferen Verteidigung durch die RAF wurde dieser Tag als »Tag der Schlacht um England« bezeichnet. Die Deutschen erlitten ziemlich schwere Verluste. Und es war hauptsächlich dieser Tag, der die maßgeblichen Leute der Luftwaffe davon überzeugte, daß eine Invasion Englands auf lange Sicht nicht durchführbar sei, daß die Luftwaffe die RAF, wenn überhaupt, nur schwer niederringen könne. Am 15. September verlor die Luftwaffe 56 Flugzeuge, viele andere wurden beschädigt. Zwei Tage später verschob Hitler die Operation »Seelöwe« (das war die Tarnbezeichnung für die Invasion Englands) auf das nächste Jahr. An diesem 15. September hat Ginger Lacey seinen Beitrag zur Rettung Englands geleistet, wie wir nun sehen werden.

Eine klare Sommernacht wölbte sich über ein mit Bombentrichtern übersätes Feld, den Fliegerhorst Kenley, 13 Meilen südlich von London. Man konnte diese Löcher in der Dunkelheit nicht zählen, aber sie waren ein Zeichen für die militärische Bedeutung des Platzes und die Treffsicherheit der deutschen Luftwaffe. Um dieses zerwühlte Feld lief ein Stacheldrahtzaun, der auch einige requirierte Privathäuser einschloß. Am südlichen Platzrand stand ein zweistöckiges, verwittertes Backsteingebäude, das von scharlachrotem wildem Wein überwachsen war. In einem nach hinten liegenden Schlafzimmer des 2. Stocks schlief der Sergeant Pilot James H. Lacey von der 501. Staffel in einem schwarzen Eisenbett einen gesunden Schlaf.

Er war um zehn Uhr zu Bett gegangen. Die deutschen Luftangriffe dauerten nun bereits einen Monat an, und die RAF-Jagdflieger, die manchmal mehrere Einsätze am Tag fliegen mußten, waren abends ziemlich müde. Bei Lacey gab es noch einen anderen Grund. Er war am Tag vorher – einem Freitag – abgeschossen worden und hatte sich an beiden Beinen schmerzhafte Brandwunden zugezogen, bevor es ihm gelang, aus seinem brennenden Flugzeug abzuspringen. Er hatte sich geweigert, im Revier zu bleiben, verbarg seine Verbrennungen unter einer neuen Uniform und einem neuen Overall und meldete sich zum Dienst. Deshalb war er auch für den kommenden Tag – Sonntag, den 15. September – zum Flugdienst eingeteilt worden.

Seit Beginn der Schlacht war er bei den meisten Alarmstarts dabeigewesen und hatte elf Gegner abgeschossen. Ein paarmal hatte auch er Treffer einstecken und sogar mehrmals aus seinem schwer angeschossenen Flugzeug aussteigen müssen. Schlagzeilen berichteten, wie knapp er am Tag vorher gerade noch davongekommen war, denn er hatte den allein fliegenden He 111-Bomber verfolgt und auch erwischt, der nach Meinung der aufgeregten Öffentlichkeit versucht hatte, den Buckingham-Palast zu bombardieren. Das Wetter war so schlecht gewesen, daß man nach Freiwilligen suchen mußte, die einen Start riskieren wollten. Die Chance war ziemlich gering, den Bomber bei solchem Wetter zu finden. Aber Lacey meldete sich, trabte auf sein Flugzeug zu, startete und fand den Bomber in der dicken Milchsuppe. Als er von hinten an die He 111 herankam, setzte er den überraschten Heckschützen mit dem ersten Feuerstoß außer Gefecht. Gerade als er seinem Gegner den Rest geben wollte, besetzte ein Ersatzmann überraschend den Heckturm der 111 und eröffnete das Feuer auf ihn. Treffer schlugen bei ihm ein. Aber er brach den Angriff nicht ab und setzte die He 111 in Brand. Dann erst drehte er weg.

Sein Flugzeug fing jetzt auch zu brennen an. Er mußte sehen, wie er herauskam. Er schaffte es gerade noch und pendelte nun durch die Wolken. Als er aus den Wolken unten herauskam, erkannte er Mitglieder der Home Guard (Heimatschutz), die in der Gegend herumrannten und beobachteten, wie die He 111 in der Nähe aufschlug. Lacey erlebte das Schauspiel von oben. Ungefähr 180 m unter ihm stand ein Wachtposten. Den rief er an. Der Mann blickte nach allen Richtungen, nur nicht nach oben. Lacey rief wieder: »Hier, guck nach oben!« Als der Posten Lacey sah, legte er seine doppelläufige Waffe auf ihn an, was Lacey aus seiner angeborenen Zurückhaltung riß. »Um Gottes willen, nicht schießen!« schrie er und fügte dann eine Serie typisch angelsächsischer Bemerkungen hinzu, um seiner Forderung Nachdruck zu verleihen. Nicht weit von dem Mann landete er dann. Aber der Posten hielt sein Gewehr weiterhin auf ihn gerichtet. Lacey rief ihm zu, er werde mit seiner Hand jetzt nach seiner Kennkarte greifen, um zu beweisen, daß er Engländer sei. Da erst ließ der Posten den Lauf seiner Waffe sinken. »Ich brauch die Kennkarte nicht mehr anzusehen; wer so fluchen kann wie du, ist bestimmt kein Deutscher!«

Die Verbrennungen, die Lacey im Gesicht hatte, waren nicht so schlimm, und er verdeckte die etwas schwereren Verbrennungen an seinen Beinen mit einem Paar geborgter Hosen, bevor er sich bei seinem Kommandeur meldete. So konnte er gerade noch vermeiden, vom Flugdienst abgesetzt zu werden. Aber er hatte den ganzen Samstag gebraucht, um eine neue Uniform zu bekommen und einen Verbandskasten, mit dessen Inhalt er seine Beine dann »privat« behandelte. Etwas erschöpft hatte er später bei der Wache hinterlassen, man möge ihn um 4.30 Uhr wecken, und war früh zu Bett gegangen. Bevor die Morgendämmerung sich am östlichen Himmel von Surrey zeigte, hatten die Warte bereits die 1030-PS-Merlin-Motoren der 501. Staffel warmlaufen lassen und nachgeprüft.

Das Dröhnen der Motoren klang kilometerweit über die ruhige Landschaft. Aber erst als ein Korporal einige Zeit später sein Schlafzimmer betrat und ihn weckte, fing der Tag für Lacey an. »Bitte unterschreiben«, sagte der Korporal und hielt ihm das Formular hin, das ihn von weiterer Verantwortung entband. Wenn Lacey unterschrieben hatte, war es seine Sache, wenn er nochmal ins Bett ging und weiterschlief. Lacey drehte sich also um, unterschrieb und horchte, wie die anderen Piloten in den Waschraum rannten. Er wartete immer, bis der erste Ansturm vorbei war; er frühstückte sowieso nicht und wusch sich erst dann, wenn die anderen schon am Frühstückstisch saßen. Nachdem er sich gewaschen und die juckende Sommer-Kampfbluse, Hosen und schwarze Fliegerstiefel (die immer glänzend gewienert waren) angezogen hatte, kam er herunter. Die anderen waren gerade fertig mit dem Frühstück, und alle zusammen bestiegen dann einen Ford 1500, der draußen vorgefahren war. Als der Wagen anfuhr und Kurs auf die Abstellplätze nahm, fragte jemand, wieviel Uhr es sei. Es war 5.15 Uhr.

An einem viereckigen Holzbau an der oberen westlichen Ecke des Platzes hielt der Wagen an, und die Piloten begaben sich in den Aufenthaltsraum des Staffelheims. Da standen bequeme Ledersessel, aus denen zwar an manchen Stellen die Polsterung herausquoll. Auf einem Tisch gleich neben der Tür stand ein schwarzes Feldtelefon, daneben ein Grammophon und ein paar Kleinmöbel. Flugausrüstung und Overalls lagen wild verstreut über den Stühlen. Lacey trat ans schwarze Brett. Der Staffelkapitän H. Hogan hatte die Namen der

Piloten mit Kreide hingeschrieben, die den ersten Einsatz fliegen sollten, und außerdem die Position, in der sie fliegen würden. Lacey war Rot 3, Kette A. Das hieß, daß er mit Hogan flog. Die Halbstaffel sollte in zwei Ketten fliegen (die Ketten, aus denen die Staffel bestand, wurden immer durch Farben bezeichnet – Rot, Grün, Gelb, Blau). Da der Deckname der 501. Staffel »Pinetree« war, war Lacey also Pinetree Rot 3. Er ging in einen kleinen Nebenraum, zog seine gelbe Schwimmweste an, griff nach einem braunen Fliegerhelm und einem Fallschirm und beteiligte sich dann draußen an der Unterhaltung der Kameraden.

Im Osten hellte sich der Himmel auf. Das Gras bekam langsam seine grüne Farbe, und der wilde Wein an den alten Häusern leuchtete immer mehr in einem vollen Rot. Die starren Formen der graugrünen Hurricanes mit ihren Dreiblattpropellern, jeder mit einem Startwagen daneben, hoben sich am westlichen Platzrand klar gegen den Horizont ab. Lacey ging zu einer der am nächsten stehenden Maschinen. Am Rumpf über der großen gelben Lufteinlauföffnung waren die Buchstaben SD vier Fuß hoch aufgemalt, gleich hinter den Staffelbuchstaben. Etwas weiter hinten am Rumpf war ein kleineres F. (Lacey hatte sich geweigert, dieses F wieder aufmalen zu lassen, nachdem er mehrmals genau an dem Tag abgeschossen worden war, an dem ein Maler dieses F angebracht hatte. Jetzt wurde das F nur noch mit Kreide angebracht.)

Er grüßte die Warte, legte seinen Fallschirm sorgfältig auf dem Leitwerk ab, die Gurte sauber ausgelegt für den kritischen Moment beim Alarmstart. Er kletterte ins Cockpit und überprüfte die Länge der Pedaleinstellung, die durch ein Stellrad zwischen den Pedalen reguliert werden konnte. Er trimmte das Höhensteuer auf Start und öffnete die Klappe am Reflexfenster, um festzustellen, ob eine Extrabirne in der Klammer steckte. Die kleinen weißen Birnen, die jenen Lichtring auf dem Visier erzeugten, der im Kampf außerordentlich wichtig war, waren rar. Lacey prüfte jeden Morgen nach, ob eine Birne im Visier eingeschraubt und eine Ersatzbirne vorhanden war; gewöhnlich hatte er noch weitere Ersatzbirnen in der Tasche. Nachdem er alles nachgeprüft hatte, hing er seinen Helm auf die rechte Seite des Visiers und schloß den Sauerstoffschlauch an. Dabei paßte er auf, daß dieser auch hörbar einrastete. Dann schloß er das Kopfhörer- und Mikrofonkabel an das Funkgerät an, das sich rechts am Boden des Cockpits befand. (Diese Anordnung führte leider dazu, daß sich das Kabel im unmöglichsten Augenblick aus der Steckbuchse

Eine Me 109 G-6 des JG 27.

Eine Spitfire MK. V rollt zum Start.

lösen konnte und so den Funkkontakt unterbrach.) Dann füllte er das Formular 700 aus, das Wartungsblatt, womit er bestätigte, daß das Flugzeug in flugfähigem Zustand war. Die Warte hatten bereits vor ihm unterschrieben.

Es war noch nichts los. Nach der Überprüfung unterhielt er sich mit dem Bodenpersonal über die vergangene Nacht – das war immer das erste Gesprächsthema am Morgen. Der Himmel war nun hell geworden, und er ging in die Baracke zurück. Die Einsatzpiloten und ein paar andere versuchten noch ein wenig zu dösen; wer nicht fliegen mußte, dem gelang das natürlich besser. Manche schnarchten bereits. Lacey ließ sich in einen Sessel sinken und versuchte zu schlafen, konnte aber nicht. Die Minuten vergingen, dann eine Stunde und noch eine. Der Morgen ging dahin. Schließlich war es Zeit für die Teepause. So weit war der 15. September also ein ruhiger Tag.

Nach der Teepause Fortsetzung der Warterei. Wolken begannen über den Platz hereinzutreiben, was den Sonnenstrahlen etwas von der brennenden Wirkung nahm, die sie auf Laceys empfindliche und an manchen Stellen angesengte Haut ausübten.

Die Minuten ticken vorbei und der Zeiger der Uhr geht von 11.30 Uhr auf Viertel vor zwölf. Betont ungezwungene Blicke gehen hin und her, und gedämpfte Spannung bemächtigt sich der Männer in der Baracke. Das Telefon klingelt. Irgend jemand am Tisch nimmt den Hörer ab. Alle Augen folgen seiner Bewegung. Er winkt die Piloten hoch. Alarmstart! Alles stürzt los. Lacey fegt durch die Tür und ruft: »Anwerfen!« Sein erster Wart, der neben dem Flugzeug steht, springt in das Cockpit, der andere an den Startwagen. Auch bei den anderen Hurricanes kommt Leben in das Bodenpersonal. Die Piloten wissen noch nicht, wie stark der Feind ist, gegen den sie geschickt werden. Sie werden die Einzelheiten erst über Funk erfahren.

Lacey kommt bei seiner Maschine an, gerade als der bullige Rolls-Merlin zündet, Rauchwolken aus dem Auspuffstutzen stößt und der Propeller sich langsam zu drehen beginnt. Er packt seinen Fallschirm, schnappt sich den Halbgurt links am Sicherheitsschloß und hält ihn an den Bauch, während er mit der Schulter hineinschlüpft, die Gurte um die Beine legt und das Schloß einschnappen läßt. Er springt auf die linke Fläche, während der erste Wart aus dem Cockpit auf die rechte Fläche klettert. Im Cockpit setzt er den Helm auf. Sein Wart hilft ihm beim Anschnallen. Er zieht die Gurte nach. Jetzt ist er soweit und wirft einen Blick nach rechts, nach der Hurricane des Staffelkapitäns. Hogan ist fertig. Laceys Wart schlägt ihm auf die rechte Schulter – das macht er immer –, ruft »Hals- und Beinbruch« und springt von der Fläche. Die Motoren dröhnen. Hogans Flugzeug rollt zum Start; Lacey schiebt den Gashebel mit der linken Hand vor, löst die Bremsen. Auch seine Hurricane beginnt zu rollen. Die Warte beobachten, wie das Flugzeug schneller wird. Ihre Overalls flattern im Propellerwind. Lacey rollt an Hogans Seite in Position, und Hogan schiebt die Pulle ganz nach vorn. Die Jäger starten geradeaus, Lacey hält seine Augen auf Hogan, der etwa zehn Meter voraus und etwas rechts von ihm ist. Dazwischen geht sein Blick schnell auf die Instrumente ... Betriebstemperatur, Umdrehungszahl, Öldruck, Ladedruck, Kühlerhebel zurück ... alles in Ordnung. Die Hurricane holpert vorwärts, und der Merlin kommt auf Touren. Die Bumser werden schwächer – die Räder heben ab. Lacey hält den Knüppel am Bauch. Er nimmt etwas Gas weg. Die Kette des Staffelkapitäns mit Pinetree Rot 3 steigt hoch. Die drei Hurricanes legen sich in einen leichten Turn, sie ziehen aus dem Platz heraus. Lacey fährt das Fahrgestell ein, legt den rechten Hebel an der rechten Seite des Instrumentenbrettes um, der die Klappen einfährt, und drückt den schwarzen Knopf im Cockpitboden zurück, um die Kühlerklappen zu schließen – er sieht dabei nie länger als eine Sekunde von Hogan weg. Er und Rot 2 fliegen ziemlich eng bei Hogan. Die anderen drei Ketten holen in engeren Kurven während des Starts auf den Staffelkapitän auf, und bald ist der Verband in sauberer Formation und steigt. Über die Kopfhörer kommt die Stimme Hogans: »Rot bitte melden.« »Rot zwei«, erwidert eine Stimme. »Rot drei« gibt Lacey durch, dann meldet sich jeder Pilot der Staffel, die gelbe, die grüne und die blaue Kette. Jetzt kommt vom Kontrollturm unten die wichtigste Information über die Kopfhörer: »Führer Pinetree auf 1-3-0 drehen, wiederhole: 1-3-0. Engel auf 15. Wir haben einen 50 + Angriff für Sie, anfliegend zwischen Dungeness und Ramsgate.« Hogan bestätigt, und ein leichter Schauer der Erregung geht durch die Staffel, während sie in den halbbewölkten südöstlichen Himmel klettert. Lacey schaltet das Reflexvisier ein. Der Orangering erscheint in der Mitte der Visierscheibe, er ist das Vorhaltemaß für 160 km/h. (Zwei Kreise vorhalten gilt für ein Flugzeug, das den eigenen Kurs rechtwinklig mit 320 km/h kreuzt.) Lacey hat seine acht Browning-MGs so justieren lassen, daß ihre Garben sich auf einem Punkt vereinen, der 150 Yards voraus liegt. Das ist 100 Yards näher als die normale Justierung. Er hat seine

Munition nach eigener Wahl gurten lassen. De Wilde panzerbrechende Leuchtspurmunition und Standardmunition im Verhältnis 1:1, während das normale Verhältnis 1:5 beträgt. Die De Wilde ist das, was sein Waffenwart, Sergeant »Dapper« Green, eine »dreckige Ladung« nennt. Sie hat die Tendenz, die Läufe zu versauen, aber Lacey kümmert sich nicht darum, ob Läufe versaut werden oder nicht. Green bewundert Lacey und gurtet, zwar etwas widerwillig, die Extra-De-Wilde-Munition – und kriegt dann jedesmal das Heulen, wenn er die Waffen nach dem Einsatz sieht.

Die Jäger ziehen höher und höher. Der Feind wird in großer Höhe einfliegen. Der Turm hat Hogan auf Engel 15 eingewiesen, was sich anhört wie 15 000 Fuß – aber »15« ist eine Deckbezeichnung und bedeutet in Wirklichkeit 25 000 Fuß. (Zu den im Funksprechverkehr genannten Zahlen ist automatisch eine zehn zu addieren.) Man hofft, mit dieser Regelung die Deutschen täuschen zu können, die den Funksprechverkehr der RAF mit Erfolg überwachen. Wenn die Hurricanes die schnelleren feindlichen Jäger aus einer Überhöhung überraschen können, dann ist das ein beträchtlicher taktischer Vorteil. Aber es ist nicht einfach, wenn man das aus dem Alarmstart heraus schaffen will. Die Me 109 hat sowohl den Vorteil einer höheren Dienstgipfelhöhe als auch einer höheren Geschwindigkeit.

Jeder einzelne sucht nun den Himmel voraus und oben nach dem Feindverband ab, während die Rolls-Merlins die gedrungen wirkenden RAF-Jäger mit einer Geschwindigkeit von fast 320 km/h nach oben ziehen. Die Hurricane mit ihrer verhältnismäßig geringen Flächenbelastung von 140 kg/m² kann ihren RAF-Partner, die Spitfire, im Steigflug schlagen, während die Spitfire die schnellere von beiden ist. Die Hurricane kann auch mehr aushalten. Wohl hat sie nur eine Höchstgeschwindigkeit von 530 km/h gegenüber den 590 km/h der Spitfire, aber Lacey ist nicht neidisch auf seine Kameraden, die Spitfires fliegen. Für ihn sind das bloß »Glamour Boys«. Die Staffel erreicht 8000, 9000, 10 000 Fuß. Kurs ist Südost. Ashford kommt unten in Sicht. Der Feind müßte nun jeden Augenblick auftauchen. Die Staffel wird es wahrscheinlich nicht schaffen, vorher auf 25 000 Fuß zu kommen. Jetzt ruft der Kontrollturm Hogan. »Banditen genau voraus, etwas höher!« Lacey sucht den Himmel ab, sieht nichts. Jeder Pilot, schweigsam und gespannt, läßt die Augen über den Himmel gleiten, horcht und überprüft noch einmal Visier und Waffen. Die Staffel kommt auf 12 000 Fuß, dann 13 000 Fuß, schließlich auf 14 000 Fuß, und fliegt immer noch mit maximaler Steigleistung. Unten auf den netten und freundlichen Sommerterrassen der Gärten in Kent und Sussex ist es jetzt beinahe Lunchzeit.

»Lastwagen, 12 Uhr hoch!« Der Ruf wirkt wie ein elektrischer Schock. »Tally-ho«, erwidert Hogan. Lacey blickt gespannt nach oben ... da sind sie ... ein großer Pulk ... 2000 Fuß höher, voraus. Der Feind hat den Höhenvorteil.

Sekunde um Sekunde werden die dunklen Schatten größer. Lacey läßt sie nicht mehr aus den Augen. Was für Flugzeuge sind das? Er sieht zweimotorige Bomber und daneben kleinere Silhouetten – Me 109! Hogan zieht hoch, um sie von vorne anzugreifen. Lacey nimmt den Knüppel an den Bauch und zwingt die Nase seiner Hurricane nach oben. Die ganze Staffel steigt jetzt steiler, aber Lacey ist dabei noch steiler als die anderen. Seine Geschwindigkeit sinkt. Die Silhouetten der deutschen Flugzeuge werden breiter und kommen über ihnen direkt auf sie zu. Die Bomber – nun ganz groß – sind Do 17. Der Abstand verringert sich schnell. Lacey merkt, daß die feindlichen Flugzeuge zu hoch über sie wegfliegen werden. Hogan kann die Staffel nicht hoch genug bekommen für einen Angriff von vorn. Verzweifelt zieht Lacey noch etwas stärker, und die Hurricane richtet sich auf, büßt aber noch mehr an Geschwindigkeit ein. Die Do 17 und Me 109 kommen heran. Die RAF-Jäger werden so nicht mehr zum Schuß kommen, und wenn sie sich noch so anstrengen. Die beiden Formationen fliegen jetzt mit einer Geschwindigkeit von etwa 650 km/h aufeinander zu. Aber die Deutschen sind immer noch 1000 Fuß höher. Laceys Hurricane steht beinahe auf dem Schwanz. Seine Augen sind auf eine Do 17 gerichtet. Während er fast senkrecht nach oben durch das Reflexvisier zielt, als der Feind gerade über ihn hinwegfliegt, zieht er die Hurricane mit. Entfernung 400 m. Ist das zu weit weg? Sein Daumen drückt auf den silbernen Abzugsknopf. Die acht Brownings rattern los. Aber der Rückstoß und der Anstellwinkel des Flugzeugs machen sich nun bemerkbar. Die Hurricane schüttelt. Lacey versucht anzudrücken, um aus dem überzogenen Zustand herauszukommen. Keine Wirkung. Die Nase bleibt oben, er verhungert, fällt aus dem überzogenen Zustand heraus und kommt dann ins Trudeln. Während des Sturzes kann er sich nicht mehr um den Feind kümmern, sondern muß sehen, wie er sein Flugzeug wieder steuerfähig bekommt. Durch die taumelnden Bewegungen seines Flugzeugs wird er im Cockpit hin und her geworfen, aber er beginnt nun konzentriert mit dem vorschriftsmäßigen

Verfahren, um aus dem Trudeln herauszukommen. Knüppel nach vorn ... laß sie trudeln ... dann Gegenruder. Die Geschwindigkeit nimmt zu. Das Schütteln läßt etwas nach. Das Flugzeug kommt aus der Schraubenbewegung und stürzt nun mit großer Geschwindigkeit auf den Boden zu. Jetzt heißt es aufpassen. Wenn der Sturzflug zu lange dauert, dann montieren unter Umständen die Flächen ab. Abfangen! Lacey zieht vorsichtig, das Gas hat er bereits weggenommen. Ein immenses Gewicht lastet nun auf seinen Schultern, und er wird immer härter in seinen Sitz hineingedrückt. Aber die grüne Grasfläche unten geht doch ziemlich nach hinten weg, und die Nase des Flugzeugs zeigt langsam in Richtung Horizont. Die Hurricane kommt aus dem Sturz heraus. Es wird ihm schummrig vor den Augen, aber schließlich lassen die Zentrifugalkräfte, die ihn in den Sitz pressen, langsam nach, und sein Kopf wird wieder klarer. Nach einem Sturz von 5000 Fuß geht er langsam in den Horizontalflug über. Der Feind und seine Kameraden sind außer Sicht geraten.

Er zieht hoch, um die verlorene Höhe wiederzugewinnen, drückt den Mikrofonknopf: »Rot 3 an Führer Rot, wo seid ihr?« Über die Kopfhörer kommt die Antwort: »Führer Rot an Rot 3. Genau nördlich von Maidstone. Aufschließen über Maidstone.« Lacey legt das Flugzeug auf Nordwestkurs, um wieder Anschluß zu finden. Ein alleinfliegender Jäger ist leichte Beute für den Feind. Er gewinnt Höhe, 12 000, 13 000, 14 000 Fuß. Er dreht den Kopf, um den Himmel über sich abzusuchen. Jetzt kann er nicht mehr weit von seiner Staffel sein. Der Himmel ist leer und friedlich.

Dann, genau voraus, im Nordwesten ... kleine Pünktchen ... die schnell größer werden ... eine Jagdstaffel. Lacey paßt jetzt genau auf ... einmotorige Flugzeuge ... vielleicht die 501. ... Sie fliegen auf ihn zu. Jetzt kann er die Spinner der Propeller erkennen. Gelb! Me 109! Sie fliegen direkt auf ihn zu. Haben sie ihn gesehen? Jetzt muß er handeln. Er ist auf Kollisionskurs mit einem Dutzend Feindjäger, von denen jeder schneller als die Hurricane ist. Instinktiv drückt er an, der Horizont kommt nach oben, und er taucht unter dem Verband durch. Aber er macht sich nicht aus dem Staub. Nach allen Regeln des Luftkampfes sollte er das tun. Er holt Fahrt auf, und jetzt sind die Me 109 direkt über ihm.

Das Geräusch der vorbeistreichenden Luft und das Dröhnen des Motors nehmen zu, während er auf Geschwindigkeit kommt. Jetzt zieht er, nimmt den Knüppel voll an den Bauch. Er wartet, bis die Nase seines Flugzeugs senkrecht nach oben zeigt. Diesesmal hat er die notwendige Geschwindigkeit, um wie eine Rakete nach oben zu gehen. Lacey schießt hoch, fast direkt hinter den letzten gegnerischen Jägern, und zieht immer noch. Die Hurricane legt sich auf den Rücken, es war ein perfekter Looping. Er ist jetzt direkt hinter der letzten Me 109. Lacey hängt im Sitz, nur von den Gurten gehalten. Seine Augen sind auf die Messerschmitt gerichtet. 150 Yards – die ideale Schußentfernung! Sein Looping war perfekt berechnet. Er hat bisher noch nie im Rückenflug auf ein anderes Flugzeug geschossen. Das Reflexvisier ist für die umgekehrte Position justiert und berücksichtigt, daß die Geschosse auf ihrem Weg zum Ziel fallen. Er wird diese Justierung also ausgleichen und etwas über die 109 halten müssen! Aber schnell, seine Geschwindigkeit geht zurück. Die Me 109 sind mit etwa 380 km/h auf dem Rückflug, und obwohl er bei seinem Sturz Geschwindigkeit schinden konnte, können sie ihm davonfliegen, wenn er seinen Schwung verliert. Bis jetzt haben sie seinen waghalsigen Anflug noch nicht bemerkt. Er bringt die Flächenspitzen der 109 zwischen die Balken im Reflexvisier.

Jetzt ... Feuer! Sein Daumen drückt auf den Knopf. Acht MGs spucken einen Strom von Panzer- und Leuchtspurmunition. Lacey, immer noch mit dem Kopf nach unten, beobachtet die Wirkung. Das Rattern seiner Waffen und das Schütteln des Flugzeugs lassen die ungewöhnliche Sensation eines Angriffes im Rückenflug noch toller erscheinen. Aber er hat doch richtig vorgehalten. Die Me ruckt unter der Wirkung dieses aus nächster Nähe abgegebenen konzentrierten Feuerstoßes. Leuchtspurmunition haut in den Motor und in den Kraftstofftank hinter dem Piloten. In Sekundenbruchteilen zeigt die Me 109 eine Rauchfahne. Es war eine vollkommene taktische Überraschung! Die 109 schert aus ihrer Formation, kippt auf die Seite, geht in Flammen auf und stürzt ab.

Jetzt erst fliegt Lacey eine halbe Rolle. Der Druck in seinem Kopf läßt nach, und er sieht die elf dunklen Silhouetten der feindlichen Jäger noch deutlicher, die Balkenkreuze auf ihren Tragflächen sind direkt vor ihm. Noch haben sie ihn nicht gesehen. Sie haben auch nicht bemerkt, daß es ihren Kameraden, der als letzter flog, erwischt hat. Lacey manövriert sich hinter eine Messerschmitt, die links vor ihm fliegt ... Abstand 250 Yards. Schnell bringt er das Ziel mit Ruder und Knüppel ins Reflexvisier. Die Flächen füllen jetzt fast den Abstand zwischen den Balken im Visier aus, das Ziel liegt im orangeleuchtenden Kreis. Jetzt geht der Daumen nach unten. Zum drittenmal spucken die MGs aus seinen Flächen mehr als 100 Schuß in der Sekunde aus. Obwohl die Garbe auf 250 Yards nicht dicht beisammen liegt, liegen schon die ersten Schüsse im Ziel. Bei der Me 109 fliegen Stücke aus Rumpf und Fläche. Lacey hält den Daumen unten. Sein zweites Opfer fängt jetzt an, eine weiße Fahne hinter sich herzuziehen. Lacey weiß, er hat den Kühler getroffen. Die 109 ist zum Absturz verdammt. Denn ohne Kühlflüssigkeit wird der Daimler-Benz-Motor schnell heißlaufen.

Lacey nimmt den Daumen vom Abzugsknopf. Der Pilot wird über England oder dem Kanal abspringen müssen. Plötzlich erscheinen Flakwölkchen am Himmel. Unangenehm nahe. Und in diesem Augenblick tun die verbliebenen zehn feindlichen Jäger – denen nun endlich bewußt wird, daß sie einen frechen Fremdling unter sich haben –, was sie schon gleich hätten tun sollen. Sie spritzen in zwei Gruppen auseinander, die eine Hälfte dreht nach rechts, die andere nach links. Sie gehen in eine Steilkehre, um ihn von hinten zu schnappen. Wenn er jetzt hinter einer Gruppe herfliegt, dann wird die andere hinter ihm einkurven. Er hat beinahe seine ganze Munition verschossen. Die anderen haben den Geschwindigkeitsvorteil. Es ist nahezu sicher, daß ihn die eine oder andere Hälfte von hinten kriegen wird! Aber er hat noch ein paar Schuß Munition, und eine 109 in der Gruppe, die nach links wegkurvt, hängt etwas nach. Vielleicht hat er gerade noch Zeit, sich die zu schnappen und dann doch noch abhauen zu können. Das ist natürlich ein Lotteriespiel. Ruder links, Knüppel links. Lacey lehnt sich in eine Steilkurve nach links, um in Position zu kommen. Die Gruppe rechts von ihm dreht ein, um hinter ihn zu kommen. Kein Zweifel, die feindlichen Piloten können die blauen und roten Kreise auf den Flächen der kurvenden Hurricane klar erkennen und bewundern zweifellos die Kühnheit dieses Jägers, der eigentlich längst hätte wegtauchen sollen und der sich nach allen Spielregeln auf diesen Kampf nicht hätte einlassen dürfen.

Lacey zieht immer noch, sein Flugzeug steht auf der linken Fläche. Jetzt hat er die letzte 109 im Visier – aber auf maximale Schußentfernung. Die Zeit wird kostbar. Feuer! Für eine Sekunde hört er das Stakkado seiner acht Waffen. Dann fangen sie an zu stottern, ein MG nach dem anderen verstummt. Er hat sich verschossen! Er sieht Leuchtspurstreifen vor sich und auf beiden Seiten. Er ist in der Falle. Die 109 haben hinter ihm eingedreht. Abschwung! Instinktiv drückt er mit der rechten Hand den Knüppel nach vorn. Es hebt ihn fast vom Sitz, als die Nase seines Flugzeugs nach unten geht und er auf die Erde zustürzt. Glücklicherweise hat die Hurricane eine sehr hohe Anfangsgeschwindigkeit beim Sturz. Sie ist darin schneller als die Spitfire und – so hofft Lacey – schnell genug, um den Me 109 zu entkommen. Weil er zuerst wegtaucht, hat er einen kleinen Vorteil vor dem Feind. Sein Schwung nimmt zu. Wenn sie nicht alle gleichzeitig nachstürzen, können sie ihn nicht mehr erwischen. Außerdem müssen sie an ihre begrenzte Kraftstoffkapazität denken. Lacey nützt den einzigen Vorteil, der unter diesen Umständen vorhanden ist: eine gute Anfangsgeschwindigkeit. Während er nach unten weggeht, bemerkt er ganz in der Nähe eine Wolkenbank. Wenn er dort hineinkommt, dann ist er seine Verfolger los, falls sie hinter ihm bleiben.

Die Fluggeschwindigkeit geht über 480, dann 560, und schließlich über 640 km/h hinaus. Lacey stürzt weiter, sieht nach hinten. Jetzt ist er in der Wolkenbank ... fliegt durch die Milchsuppe durch und unten wieder heraus. Er fängt an, leicht zu ziehen, und sieht immer wieder nach hinten. Die Nase der Hurricane kommt hoch. Jetzt ist er auf 3000 Fuß herunter, immer noch im Sturz. Er sieht keinen, der ihm folgt. Jetzt ist er auf 1000 Fuß, geht herunter bis über die Baumwipfel und nimmt nun Kurs auf Kenley nach Nordwesten. Da sein Platz in der entgegengesetzten Richtung der Heimathäfen der deutschen Luftwaffe liegt, hat sich der Führer der feindlichen Jagdflieger wahrscheinlich entschieden, ihm nicht nachzustoßen. Oder er konnte einfach nicht, weil ihm der Sprit ausging. So findet sich Lacey plötzlich ohne Verfolger. In dieser niedrigen Flughöhe – ohne Munition und allein fliegend – ist er noch immer verwundbar. Gespannt beobachtet er den Himmel hinter sich – keine feindlichen Flugzeuge. Der einsame Jäger beeilt sich auf seinem Weg über die Baumspitzen.

Zum erstenmal, seit er die zwölf feindlichen Jäger gesichtet hat, kann Lacey aufatmen. Unten erkennt er jetzt vertraute Landmarken. Er hat nicht mehr weit bis nach Kenley. Er wird einen Luftsieg als sicher, einen als wahrscheinlich und ein drittes Flugzeug als beschädigt melden; im ganzen hat er vier Luftkämpfe gehabt. Und heute hat er keinen Treffer abbekommen. Aber nach dem letzten Angriff hat der doch ziemliches Glück gehabt. (Lacey hat so oft notlanden oder aussteigen müssen, daß er froh ist – heute mit seinen verbrannten Beinen –, wenigstens nach der Landung nur ein paar Schritte gehen zu müssen.) Er fliegt immer mal wieder etwas höher, um vertraute Punkte zu erkennen, und kommt so genau auf Kenley zu. Die grüne Fläche des großen Flugplatzes kommt in Sicht. Ein willkommener Anblick; er macht eine Platzrunde vor der Landung.

Nach der Landefreigabe nimmt er etwas Gas weg, dann Landeklappen raus, und während er Geschwindigkeit verliert, fährt er das Fahrgestell aus. Die Hurricane kommt mit etwa 190 km/h auf den Platz herein. Kurz vor dem Platzrand fängt er ab und hat nun noch eine Geschwindigkeit von 160 km/h. Das ölverspritzte Flugzeug setzt um 12.35 Uhr auf. Pinetree Rot 3 ist sicher gelandet. Er bremst etwas und dreht auf seine Splitterboxe ein. Seine Warte stehen da und beobachten. Lacey bremst mit offener Haube und bringt die Hurricane zum Halten; er nimmt das Gas weg. Der Motor setzt aus, Lacey greift zu den zwei Zündschaltern am Gerätebrett unten und schaltet sie aus. Der Rolls-Merlin bleibt stehen. Lacey nimmt den Helm ab, klettert aus dem Cockpit und hat nun eine Menge Fragen zu beantworten. Er muß die ganze Geschichte erzählen – ein feindlicher Jäger mit Sicherheit abgeschossen, einer wahrscheinlich, Angriff auf einen anderen und einen Bomber! Glückwünsche kommen von allen Seiten. Der Tankwagen fährt heran. Sofort wird das Flugzeug wieder aufgetankt.

Lacey geht zur Staffelbaracke, wo die zurückgekehrten Piloten beisammenstehen und den Einsatz besprechen. Nach einigem Hin und Her fragt der federführende Offizier so nebenbei: »Hat irgend jemand was zu melden?« Lacey ist der einzige, der hat. Er ist bloß noch nicht dazu gekommen.

Er schreibt also seinen Gefechtsbericht aus und kann zum Lunch gehen. Nach dem Essen kommt er in die Baracke zurück ... und findet seinen Namen schon wieder an der Bereitschaftstafel! Er wählt sich einen bequemen Sessel aus und versucht ein wenig zu schlafen. Dabei geht ihm wieder durch den Kopf, wie er einen feindlichen Jäger im Rückenflug abgeschossen hat.

Später am Nachmittag hat die Staffel einen neuen Alarmstart. Wieder geht es gegen einfliegende Bomber. Ein Verband Me 109, der Jagdschutz fliegt, springt die Hurricanes an, bevor sie an die Bomber herankommen, und verwickelt sie in eine Kurbelei, in der Lacey einem Deutschen das ganze Leitwerk mit einer Garbe absäbelt. Kurz danach erwischt er einen der Bomber (He 111) und schickt ihn nach unten – sein zweiter Abschuß an diesem Nachmittag. Im Laufe eines Tages hat er am Morgen eine Me 109 abgeschossen, eine weitere wahrscheinlich abgeschossen und dann am Nachmittag noch zwei Luftsiege errungen!

Als er dann wieder in Kenley landet, ist er müde, aber zufrieden. Vier Luftsiege an einem Tag! Eben dieser Geist, der von Lacey so vorbildlich verkörpert wurde, machte der Luftwaffe jenseits des Kanals klar, daß ein Angriff gegen England nicht so leicht war, wie das vielleicht einmal ausgesehen haben mochte.

Am 17. September wurde Lacey über Ashford erneut abgeschossen. Der Fallschirm rettete ihm zum wiederholten Mal das Leben. Am 27. schoß er eine weitere Me 109 ab, was die Zahl seiner Luftsiege auf 19 brachte. (Kurze Zeit danach erhielt er die Spange zu seiner D.F.M.) Im Oktober schoß er dann noch drei Me 109 ab und mußte danach notlanden, wobei er nur knapp mit dem Leben davonkam.

Nach dem Oktober wurde es etwas ruhiger. In Anerkennung seiner Leistungen und Fähigkeiten wurde Lacey im darauffolgenden Januar zum Offizier befördert. Als die Jagdfliegertätigkeit im Sommer 1941 wieder lebhafter wurde, war Lacey erneut bei der 501., jetzt als Offizier, und nahm an Jagdeinsätzen über Frankreich teil. In diesem Sommer schoß er drei Me 109 ab, bevor er dann als Fluglehrer an eine Ausbildungsschule versetzt wurde. (Die RAF nahm nach allgemein üblichem Brauch ihre besten Jagdflieger aus dem Kampf, wenn sie ihr Teil geleistet hatten oder über eine längere Zeit hinweg im aktiven Einsatz gestanden hatten.)

Im Jahr 1942 war er gerade wieder – diesesmal mit der 602. Staffel – an die Front gekommen und hatte drei FW 190 ziemlich angekratzt, als er plötzlich zu einer Stabsverwendung befohlen wurde. 1943 kam er nach Indien. Erst in den letzten Monaten des Krieges machte er dann wieder aktiven Frontdienst, als er die 17. Staffel in Burma übernahm. Am 19. Februar 1945 traf er auf eine Oscar 2, ein ausgezeichnetes japanisches Jagdflugzeug, und schoß es als 28. bestätigtes Opfer ab. Das war sein letzter Luftsieg.

Nach dem Kriege blieb er bei der RAF. Als ich ihn in Hull besuchte, stand er gerade vor seiner Pensionierung, nach einer hervorragenden Karriere in der Royal Air Force. Er ist immer noch der gleiche Rotschopf, obwohl die Haare jetzt etwas lichter werden, immer noch bescheiden und zurückhaltend: Wenige Leute, die mit ihm in ein Gespräch kommen, kämen dabei auf die Vermutung, daß dieser Yorkshireman der Jagdflieger mit den meisten Luftsiegen in der Schlacht um England ist.

Er spricht immer noch wehmütig von der Hurricane: »Na ja, Sie wissen – das war so eine Sammlung von unwichtigen Einzelteilen... Da konnte man irgendwo mit dem Gewehr durchschießen und traf nie etwas, was besonders gebraucht wurde. Aber der Bock konnte stürzen und klettern, und wenn man auch – egal was – weggeschossen hatte, dann fiel er noch lange nicht herunter!«

Ginger Laceys ruhige, aber bulldoggenhafte, sture Kühnheit war die Essenz jenes britischen Geistes, der die Schlacht um England gewinnen half – mit allen Konsequenzen für die freie Welt. Aber Lacey besaß mehr als das. Vielleicht kein Pilot in der RAF war so sicher in seinem fliegerischen Können und im Kunstflug. Mit dieser außergewöhnlichen Beherrschung eines Flugzeugs verband Lacey noch die Eigenschaft des hervorragenden Schützen. Man kann spekulieren, wie viele Feindflugzeuge er vielleicht abgeschossen hätte, nachdem er allein im Jahre 1940 über 20 Luftsiege erkämpfte, wenn er in den letzten vier Jahren des Krieges länger im Kampf gestanden hätte. Und wenn er dabei überlebt hätte – und wahrscheinlich hätte er das –, dann wäre er mit großer Wahrscheinlichkeit einsam an der Spitze der RAF-Liste zu finden gewesen.

DIE SCHLACHT IN AFRIKA

Die Luftkämpfe in Afrika gehören mit zu den interessantesten des zweiten Weltkrieges. Da die Zahl der eingesetzten Jagdflugzeuge zumindest in der ersten Zeit nicht groß war, kann man sich auch heute noch ein verhältnismäßig klares Bild machen. Man muß bei der Beurteilung der Luftkämpfe und der Verluste aber berücksichtigen, daß die deutsche Luftwaffe über das bessere Jagdflugzeug verfügte.

Deutsche und italienische Truppen kapitulierten im Mai 1943 in Tunis. Damit endeten die Feindseligkeiten in Afrika, die mit der Kriegserklärung Mussolinis an Frankreich und Großbritannien im Juni 1940 angefangen hatten, von seiten Mussolinis in der Hoffnung begonnen, etwas von dem großen Kuchen zu erwischen, der nach dem Sieg Hitlers auf dem Kontinent zu haben sein mußte. So dauerte dieser Kampf immerhin drei Jahre. Die Deutschen griffen im Frühjahr 1941 in Afrika ein, um Mussolinis Streitkräfte vor einem sich bereits abzeichnenden militärischen Desaster zu schützen.

Von der Zeit an, als deutsche Me 109-E in Tripolis ankamen – im April 1941 –, war die Luftwaffe besser ausgerüstet. Diese Überlegenheit dauerte, bis Spitfires schließlich 1942 auch auf diesem Kriegsschauplatz auftauchten. Selbst dann stellten die Spitfires nur einen ganz kleinen Prozentsatz der alliierten Jagdstreitkräfte dar. Die RAF erfreute sich zwar einer zahlenmäßigen Überlegenheit, aber ihre Hurricanes und Curtiss-Tomahawks und Kittyhawks waren keine gleichwertigen Gegner für die Me 109-E und noch weniger natürlich für die Me 109-F, die im Spätjahr 1941 eingesetzt wurden. Andererseits haben aber die deutschen Stukas sehr schwere Verluste einstecken müssen, wenn sie ohne eigenen Jagdschutz (und manchmal sogar mit einem solchen) von den RAF-Jägern geschnappt wurden. Die RAF-Piloten erfreuten sich eines technischen Vorteils gegenüber ihren italienischen Gegnern, bis die deutsche Luftwaffe im April 1941 in den Kampf eingriff; und diese hat damals wesentlich mehr Flugzeuge vernichtet, als sie selbst verloren hat. Die Engländer haben Beweise, daß die italienischen Verluste in weniger als einem Jahr mehr als 1000 Flugzeuge betragen hatten, von denen viele jedoch einfach im Stich gelassen oder durch Beschuß am Boden ausgefallen waren. Die deutschen Verluste in Afrika waren keineswegs schwer, wenigstens nicht bis zum Herbst 1942, und erreichten erst einen Höhepunkt während der unglücklichen Versuche der Achse, die in Tunis eingeschlossenen Streitkräfte im Jahre 1943 aus der Luft zu versorgen. Dann, als die Flugplätze der Achsenmächte sowohl zahlenmäßig abnahmen als auch auf ein immer kleineres Gebiet zusammengedrängt wurden – und als Transportflieger versuchen mußten, das Mittelmeer in einem verzweifelten Einsatz von Nachschub und Evakuierung zu überqueren –, da verursachte die alliierte Luftüberlegenheit gewaltige Flugzeugverluste beim Gegner.

Bis zum Spätsommer 1942 (etwa um die Zeit des Todes des großen Hans-Joachim Marseille, auf den wir später zu sprechen kommen) behielten die Jagdflieger der deutschen Luftwaffe meistens die Oberhand. Mit Sicherheit bestand von November 1941 an, als das Jagdgeschwader 27 mit Me 109-F ausgerüstet wurde, eine klar erkennbare technische Überlegenheit der deutschen Jagdflugzeuge. Die Ankunft einer kleinen Anzahl von Spitfires konnte man nicht als Gegengewicht ansehen. So kommt man zu dem Schluß, daß in den Luftkämpfen in Afrika Qualität über Quantität triumphierte, wenn man im ersten Jahr die Briten und die Italiener betrachtet und dann danach die Deutschen und die Briten.

Die Zahl der ersten Jäger der deutschen Luftwaffe, die nach Afrika verlegt wurden, belief sich auf etwas über vierzig (eine Gruppe des Jagdgeschwaders 27 unter dem Befehl von Eduard Neumann). Das war im April 1941[1]. Später stand das volle Geschwader in Afrika, und schließlich wurde im Sommer 1942 eine zusätzliche Gruppe von einem anderen Geschwader (III. Gruppe des JG. 53) in die Wüste verlegt. 1943 waren zwei bis drei Geschwader im Einsatz. Hitler hatte Verstärkungen in den entscheidenden Monaten der Kampagne hereingeworfen. Man kennt also die Stärke der deutschen Jagdflieger in Afrika von 1941 bis 1942 sehr genau; der Feldzug begann mit etwa 40 Flugzeugen, die Zahl stieg dann etwa auf 120 (Geschwaderstärke) und ging 1942 etwas über 160 hinaus[2]. Obwohl man zugeben muß, daß die schwierigen Wartungsbedingungen die Zahl der einsatzfähigen Flugzeuge im Durchschnitt um etwa 50 Prozent herabdrückte (die RAF-Situation war besser, sie sicherte eine Einsatzfähigkeit von etwa 66 Prozent der in Afrika operierenden

---

[1] *Nach einem Gespräch mit Eduard Neumann, München, dem Kommodore der ersten Jagdgruppe der Luftwaffe, die nach Afrika verlegt wurde. Später erfolgte – unter Neumann – der Ausbau zum vollen Geschwader (JG. 27).*
[2] *Diese Schätzung beruht auf deutschen Unterlagen und wurde von Neumann und Ring bestätigt.*

Luftstreitkräfte). 1943 betrug die Stärke der deutschen Luftwaffe, einschließlich der Jäger, einige hundert Flugzeuge.

Die Stärke der RAF war Anfang 1940 ziemlich bescheiden. Aber während der Kämpfe wurde sie ständig aufgestockt – obwohl Abgänge an anderen Fronten wie zum Beispiel Griechenland 1940 diesen Prozeß verlangsamten. Von 3 Gladiatorstaffeln, 6 Blenheims, 21 Lysanders und 10 Sunderland-Flugbooten mit Reserven von 100 Prozent wie am Anfang 1940 (Italien hatte damals noch nicht den Krieg erklärt), gingen die Zahlen laufend nach oben[1]. Am Ende des Sommers 1941 hatte die RAF in Afrika eine Jagdfliegerstärke von 4 Hurricanestaffeln, 4 Tomahawkstaffeln, einer Marinestaffel, einer Erdkampfstaffel (für Zusammenarbeit mit der Armee) und 6 anderen. Zu dieser Zeit bestanden die Verbände der deutschen Luftwaffe dort aus lediglich etwa 40 Flugzeugen (einschließlich 10 Me 110-Fernjägern[2]). Im Mai 1942 bestand die Desert Air Force aus 18 einmot-Staffeln, unter ihnen 3 Aufklärungsstaffeln, eine griechische und eine freie französische (die letzten beiden waren Hurricanestaffeln[3]). Eine Quelle berichtet, daß sich die Stärke der Jagdflieger der Desert Air Force im Juli 1942 auf 367 Flugzeuge[4] belief und daß zur Zeit der Schlacht von El Alamein zumindest 24 Staffeln vorhanden waren – oder etwa doppelt so viele Staffeln, wie die deutsche Luftwaffe hatte. Wenn man diese Zahlen als recht genaue Stärkeschätzungen der einander gegenüberstehenden Jagdfliegerverbände wertet, was läßt sich dann über die Verluste sagen? Die britische Statistiken über Verluste sind nicht so leicht zugänglich wie die deutschen. (Die meisten Verluste an deutschen Jagdflugzeugen in den Jahren 1941/42 kann man aus den Unterlagen des JG. 27 entnehmen.) Auf deutscher Seite wurden bis zur Zeit von El Alamein (An-

---

[1] Owen, »The Desert Air Force« (Hutchinson, 1948), Einleitung zu Band I. Der Autor führt an, daß Ende 1939 die italienischen Jagdverbände mindestens doppelt so stark waren wie die der RAF, und daß es sich bei den italienischen Jagdflugzeugen um Breda 65 und C.R. 30 gehandelt hat. 1940, während der erfolgreichen britischen Offensive, waren die ersten Hurricanes in Afrika aufgetaucht. Obwohl die Italiener inzwischen ihre fliegenden Verbände erweitert hatten, erlitten sie eine verheerende Niederlage bei General Wavells Vormarsch zur Cyrenaika.
[2] Owen, Anhang B.
[3] Angaben beruhen auf offiziellen Quellen.
[4] Owen, Kapitel 16. Diese Zahl setzt sich zusammen aus 251 Hurricanes, 92 Kittyhawks und 24 Spitfires. Die deutsche Luftwaffe hatte um diese Zeit insgesamt 310 Flugzeuge in Afrika, wovon nicht mehr als die Hälfte Jagdflugzeuge waren. Johnson schätzt in »Full Circle«, Seite 201, die Stärke der Achsenverbände im Frühjahr 1942 auf zusammen etwa 600 Flugzeuge.

fang November 1942) insgesamt 1294 Luftsiege über alliierte Flieger offiziell anerkannt. Schlüsselt man diese Zahl auf, dann wurde den Piloten der Luftwaffe zuerkannt, 709 Curtiss- (Tomahawk- oder Kittyhawk-) Jagdflugzeuge, 304 Hurricanes, 119 Spitfires und 162 andere abgeschossen zu haben. Selbst offiziell anerkannte Abschüsse stellen natürlich keine genauen Zahlen dar, die deutschen Piloten waren dafür bekannt, daß sie die alliierten Typen des öfteren durcheinanderbrachten.

Die offiziellen Zahlen lassen erkennen, daß die Gesamtverluste der RAF von Anfang an im Nahen Osten höher waren als die Zahl der den deutschen Piloten zugesprochenen Luftsiege. Das war zu erwarten, denn sie schließen die Verluste, die sie durch italienische Jagdflieger und andere Ursachen hinnehmen mußte, mit ein. Im September 1942 beliefen sich die Gesamtverluste, die auf Feindeinwirkungen zurückzuführen waren, auf 1635 abgeschossene Flugzeuge, und zusätzlich 1648 Flugzeuge[1], die beschädigt wurden. Die Verluste stiegen während der Schlacht von El Alamein etwas an und gingen schließlich beim Ende des Afrikafeldzuges im Jahre 1943 noch einmal höher. So kann es sein, daß die deutschen Luftsiege (1294) keine Übertreibung darstellen, obwohl einige kritische Kenner des Wüstenkriegs der Meinung sind, die beanspruchten Luftsiege in Afrika, hauptsächlich im Jahre 1942, dürften in ihrer Gesamtheit als nicht so zuverlässig gewertet werden wie zum Beispiel die entsprechenden Zahlen in Europa. Wie dem auch sei, von den 1294 Luftsiegen wurden allein 674 für 15 Piloten bestätigt. Ein Jäger- »Experte«, das wird man noch sehen, war viel mehr wert als mehrere durchschnittliche Piloten. Der Mann an der Spitze der deutschen Jagdflieger in Afrika (und auch aller anderen, die im Westen flogen) war Marseille, der kurz vor El Alamein mit 158 anerkannten Luftsiegen (davon 151 in Afrika) ums Leben kam. Er war nicht der einzige deutsche Jagdflieger in Afrika mit einer beachtenswert großen Abschußzahl. Werner Schroer, der am Ende des Krieges 114 Luftsiege aufwies, hat 61 in Afrika erkämpft, und es gab andere, die um die 50 Luftsiege hatten (Stahlschmidt 59, Roedel 51, Homuth 46). Wie hoch waren nun die deutschen Verluste in dieser Periode? Aus amtlichen Unterlagen geht hervor, daß ungefähr 200 Me 109 in Luftkämpfen verlorengingen, wobei 31 Piloten fielen, 30 als Vermißte galten (einige davon wahrscheinlich gefallen), 28 in Gefangen-

---

[1] *Table of Operations, RAF Middle East Aircraft Casualties*, 8. September 1942.

schaft geraten und 25 verwundet worden waren. Das sind interessante Zahlen. Wenn wir auch die Zahl der Luftsiege, die den deutschen Jagdfliegern zuerkannt wurden (1294), hier oder da etwas korrigieren könnten, so müßte man demgegenüber schon recht beträchtliche Korrekturen vornehmen, wenn man die Verluste der RAF auf eine vergleichbare Gesamtzahl herunterdrücken wollte.

Die Zahlen für Jäger ergeben natürlich nicht das vollständige Bild, denn auch hier muß man noch die Verluste an Bombern mit einrechnen. Die Gesamtzahl, auf die die RAF Anspruch erhebt – für Flugzeuge aller Typen, sowohl italienische wie deutsche –, kommt der nahe, für die die Luftwaffe Bestätigungen erhielt. Es kann sein, daß die Gesamtzahl der Flugzeugverluste der Achsenmächte, einschließlich der italienischen Verluste, der Stukas usw., in etwa den britischen Verlusten entspricht[1]. Andererseits: Wenn man nun das Bild – deutsche Luftwaffe gegen die RAF in Afrika – ansieht, kann man sich dem Eindruck nicht verschließen, daß eine kleine Zahl von Me 109 in den Jahren 1941 und 1942 über der Wüste hervorragende Ergebnisse erzielt haben muß. In den letzten sechs bis acht Monaten des Feldzuges in Afrika haben die Verluste an deutschen Jagdflugzeugen dann stark zugenommen, wie auch beim Rückzug und der erzwungenen Evakuierung, wie wir bereits festgestellt haben.

Ein Hinweis, daß die oben angeführten deutschen Zahlen ziemlich genau sein müssen, ist die große Anzahl von Jagdflugzeugen, die von der RAF in die Wüste geschickt werden mußten. Nimmt man Ziffern aus englischen Publikationen, dann kann man zum Beispiel sehen, daß zwischen November 1941 und September 1942 1167 Hurricanes, 830 Kittyhawks, ungefähr 200 Spitfires und 7 Tomahawks an die Desert Air Force abgegeben wurden. Während eine bestimmte Zahl in Flugunfällen verlorenging, einige am Boden zerstört wurden und andere aus verschiedenen Gründen abgeschrieben werden mußten, wird nichtsdestoweniger die Annahme richtig sein, daß die Jagdflieger der Luftwaffe für einen beträchtlichen Anteil dieser Verluste verantwortlich waren. Die Tomahawks und Kittyhawks müssen im Kampf mit den Me 109 zahlenmäßig fürchterliche Verluste erlitten haben. Es muß noch einmal betont werden, daß das hier lediglich das Bild Jäger gegen Jäger zeigt. Deshalb muß der Ruhm der Desert Air Force kein falscher Ruhm sein.

[1] *Diese Ansicht vertritt z. B. Christopher Shores, ein Kenner des Luftkriegs in Afrika, Verfasser von »Aces High« und Mitverfasser von »Luftkampf zwischen Sand und Sonne«.*

Hans-Joachim Marseille.

Oberst Neumann in Afrika.

Erich Hartmann.

Heinz Bär.

Es gibt keinen Zweifel, daß im Jahre 1942 die Zusammenarbeit, wie sie zwischen Desert Air Force und der 8. Armee zustande kam, ein entscheidender Faktor in der Niederwerfung der Achsenmächte war. Aber genau wie die RAF-Jäger wenig Mühe mit den unterlegenen italienischen Flugzeugen hatten, so haben auch die Me 109 ihren eigenen Krieg gegen Jagdflugzeuge geringerer Leistung gewinnen können. Nach Ansicht deutscher Piloten waren die amerikanischen Jagdflugzeuge, die in Algerien zwischen November 1942 und dem Zusammenbruch der Achsenmächte im Mai 1943 auftauchten (P-39 und P-38), keine gleichwertigen Gegner für die Me 109.

Sicherlich war der Erfolg des JG. 27, das bis Ende 1942 in Afrika kämpfte, außergewöhnlich. Als das Ende schon vorauszusehen war, mußten die Piloten der beiden in Tunesien eingesetzten Geschwader mit den verbliebenen Jagdflugzeugen von Flugplätzen in Tunis nach Sizilien verlegen. Es gab keine Möglichkeit, das Bodenpersonal zu evakuieren. Aber als die Alliierten dann herankamen, packten die Piloten zwei und manchmal drei Leute in die engen Cockpits der Me 109 wie auch der FW 190, die ebenfalls in geringen Zahlen nach Afrika geschickt worden waren. Und diese Cockpits waren immerhin kleiner als diejenigen in den Spitfires oder Hurricanes und lediglich halb so groß wie die der amerikanischen Jagdflugzeuge. So sind sie dann nach Sizilien gestartet. Das JG. 27 kämpfte durch den ganzen Krieg hindurch, hatte aber nie wieder derartige Erfolge und erlitt in den letzten Jahren schwere Verluste, als die besten amerikanischen Jagdflugzeuge in ständig wachsenden Zahlen über Deutschland erschienen, um das berühmte Wüstengeschwader mit Qualität und Quantität herauszufordern.

DIE LUFTWAFFE

Die deutsche Fliegertruppe des ersten Weltkrieges wurde 1918 aufgelöst, nachdem sie Jagdflieger hervorgebracht hatte, die ihre Gegner mit der Zahl der errungenen Luftsiege bei weitem übertroffen hatten. Die deutschen Flieger sicherten sich damals über der Front meistens die Luftüberlegenheit. Es waren die Deutschen gewesen, die das erste Jagdflugzeug mit Maschinengewehren in Einsatz brachten, die durch den Propellerkreis schießen konnten. Nach dem Krieg haben deutsche Armeeführer, besonders Generaloberst Hans von Seeckt, erkannt, daß starke Luftstreitkräfte zukünftig eine noch wichtigere Rolle spielen würden. So wurde eine Fliegertruppe im geheimen aufgebaut und als Teil der Reichswehr ausgebildet.

Bereits 1923 wurde ein geheimes Abkommen mit Rußland getroffen, das im Jahre 1924 zu der Errichtung einer Fliegerschule in Lipezk, tief innerhalb von Rußland, führte. Diese Schule bestand neun Jahre; die meisten höheren Dienstgrade der späteren Luftwaffe gingen durch diese Schule. Zusätzlich wurde eine andere Gruppe deutscher Piloten nach Italien geschickt; aber dieses Experiment erwies sich von nur begrenztem Wert und wurde wieder abgebrochen.

Um jungen Leuten Gelegenheit zum Fliegen zu geben, wurde der deutsche Luftsportverband gegründet. Diese Organisation führte dann in ganz Deutschland Segelfliegerkurse durch. An der Spitze des DLV stand Hauptmann Kurt Student, damals Chef der Luftfahrttechnischen Abteilung der Reichswehr.

Die Herstellung von Flugzeugen hat in Deutschland nach dem ersten Weltkrieg nie ganz aufgehört. Die Industrie hielt sich auf verschiedene Weise am Leben. Eine Schlüsselfigur in der Entwicklung der Luftfahrtindustrie war Erhard Milch vom Vorstand der Lufthansa. Er war ein Freund von Hermann Göring und wurde 1933 sein Stellvertreter als Reichskommissar für die Luftfahrt (damals gab es noch keine militärische Fliegerorganisation). Die Lufthansa wurde zu einer Schule für Militärpiloten. Und es war auch die Lufthansa, die das Lorenzverfahren als Anflugverfahren auf Flugplätze entwickelte. Dieses System sollte später dann im Kriege die Bomber der Luftwaffe auf britische Städte hinführen.

Obwohl Milch sich geweigert hatte, in die Partei einzutreten, gewann er die persönliche Aufmerksamkeit Hitlers, vermutlich auf Görings Einfluß hin, und wurde von den Nazis dann erfolgreich in den frühen dreißiger Jahren sowohl im Aufbau der deutschen Luftfahrtindustrie als auch der neuen Luftwaffe eingesetzt. Zuerst wollten die Nazis die Existenz von Luftstreitkräften nicht zugeben, und deshalb bekleidete Milch nur den Posten eines Staatssekretärs im neuen Luftfahrtministerium Görings. 1935 jedoch gab Hitler die deutsche Luftwaffe als fait accompli bekannt. Die Industrie und die Luftwaffe dehnten sich rasch aus, obwohl Milchs Einfluß später nicht mehr so groß war. (Er war Anfang der dreißiger Jahre noch als Nachfolger Görings in Aussicht genommen worden.) Milch war für einen gründlichen und auf einen längeren Zeitraum sich erstreckenden Aufbau; Göring bestand auf unmittelbaren Resultaten; Hitler verlangte die größte Luftwaffe in der kürzestmöglichen Zeit.

Das Beispiel, das bei der fehlerhaften Planung und bei diesem überspitzten Aufbau am meisten ins Auge fällt, betrifft den schweren Bomber. 1935 wollte die Luftwaffe Prototypen eines Langstreckenbombers haben, und Dornier und Junkers bauten Flugzeuge nach ihren Vorstellungen, die 1936 fertig waren. Der Junkerstyp war der interessantere und bessere. Die Marschgeschwindigkeit lag bei 320 km/h. (Das ist beinahe so schnell, wie die Fortresses und die Lancasters fliegen konnten, die später einen so großen Teil Deutschlands in Schutt und Asche legen sollten.) Außerdem hatte dieser Typ eine Reichweite von nahezu 1600 km. Der Mann, der die Spezifikationen für diesen viermot-Bomber ausgearbeitet hatte und der nach allgemeiner Ansicht dazu bestimmt war, die schweren Bomberverbände der Luftwaffe zu führen, war General Walter Wever, der erste Generalstabschef der Luftwaffe. Wever kam bei einem Flugunfall im Jahre 1936 ums Leben. Diejenigen, die nach ihm kamen, wie zum Beispiel Albert Kesselring, der sich später im Krieg auszeichnen und Feldmarschall werden sollte, teilten anscheinend die Vision Wevers vom schweren Bomber nicht. Tatsächlich war es auch Kesselring, der im Frühjahr 1937 den Befehl unterzeichnete, der das schwere Bomberprogramm von der Planung absetzte[1].

Göring und Milch trugen die Verantwortung dafür, denn Milch hatte zum Ausdruck gebracht, daß Deutschland weder die Kapazität noch die Hilfsquellen habe, um diese schweren Flugzeuge zu bauen, während Göring der Meinung war, daß Hitler mehr zu beeindrucken

---

[1] *Wood, Seite 45.*

sei durch große Zahlen zweimotoriger Bomber als durch kleinere Zahlen viermotoriger Flugzeuge. Als Göring dann seinen alten Kriegskameraden Ernst Udet, den berühmten Jagdflieger aus dem ersten Weltkrieg, zum Oberst und Inspekteur der Jagdflieger und Stukas machte, wirkte sich diese Entscheidung so aus, daß die Waagschalen sich für dieses Stukaprogramm senkten. Udet hatte zwei der amerikanischen Curtiss-Sturzbomber gekauft, die auf der ganzen Welt gewaltigen Eindruck gemacht hatten – teilweise auf Grund von Hollywood-Filmen –, und war von den Möglichkeiten, die in einem solchen Flugzeug steckten, begeistert. Am Ende hat er dann mit Argumenten und durch Demonstrationsflüge auch die Skeptiker überzeugt, und Deutschland ließ sich nun auf eine Überbetonung des Stuka ein. (Die Ju 87, von Junkers gebaut, wurde im Vergleichsfliegen mit der He 118 Sieger.)

Es stimmt, daß man vom Stuka mehr erwartet hat, als er dann gegen weiterentwickelte Gegner ausrichten konnte. Aber am Anfang in Polen, im Westfeldzug, in Afrika und Rußland hat der Stuka beachtliche Wirkung in Zusammenarbeit mit dem Heer und auf Panzer gehabt. Mit einiger Berechtigung kann man sagen, daß seine Entwicklung die Kosten und die Mühen gerechtfertigt hat. Als der Stuka in strategischem Einsatz in der Schlacht um England auftauchte, traf er auf erstklassige Jäger. Da war er viel zu langsam und wurde zur fliegenden Schießscheibe für die britischen Jäger. Als Sturzkampfbomber zur Unterstützung der Erdtruppen hatte er seinen Wert bewiesen, aber der Stuka war kein Ersatz für andere Bombertypen und konnte dann nur noch eingesetzt werden, wenn er über genügend Jagdschutz verfügte.

Die Planer der Luftwaffe hatten, wie auch manche andere, den Verteidigungswert einer oder zwei Heck-MGs überschätzt. Nicht nur die Ju 87, sondern auch die Me 110, die Do 117, die He 111 und die Ju 88 waren unterbewaffnet und hatten auch nicht genügend Panzerung für Luftkämpfe mit modernen Jagdflugzeugen, die mit acht Browning-MGs oder sogar mit 2-cm-Kanonen ausgerüstet waren oder wie die amerikanischen Jagdflugzeuge über sechs oder acht .50-Kaliber-MGs verfügten. Es war die stärkere Feuerkraft der Jagdflugzeuge im zweiten Weltkrieg, die die Theorien mancher Konstrukteure über den Haufen warf. Die US Air Force verwendete die stärkste Verteidigungsbewaffnung, die bisher üblich war: zehn .50 Kaliber in der B-17, der »Fliegenden Festung«. Aber selbst diese »Festungen« brachten es – auch wenn sie in enger Formation flogen –

nicht fertig, die Jäger abzuschütteln. 600–700 amerikanische Besatzungsmitglieder stürzten innerhalb weniger Stunden in solchen schwergeschützten Bombern ab, als Opfer der deutschen Jagdflieger. Das ist nicht nur einmal, sondern öfters passiert.

Das zweimot-Konzept der Luftwaffe begrenzte die Nutzlast, die auf strategischen Einsätzen mitgeführt werden konnte. Auf diese Weise war die Luftwaffe nie in der Lage, solche Bombenlasten wie die RAF und die USAAF mit ihren schweren Bombern an den Feind zu bringen. Genauso schwerwiegende Folgen wie die Ablehnung des schweren Bombers hatte das Versagen der Luftwaffe, den Jagdfliegern Priorität zu verschaffen. Als der Krieg begann, wurden mehr Bomber produziert als Jagdflugzeuge. Die Jagdflugzeugproduktion kam erst im Herbst 1943 einigermaßen in Gang. Das erste Jahr, in dem das spürbar wurde, war 1944. – Und da war der Krieg beinahe schon verloren[1]. Es wird manchen überraschen, wenn er hört, daß die deutsche Flugzeugproduktion in den frühen Jahren des Krieges geringer als die britische war und daß sie bis weit in das Jahr 1942 hinein noch verhältnismäßig bescheiden blieb. Das war immerhin ein Jahr nach dem Angriff auf Rußland. Die Flugzeugproduktion erreichte die Höchstziffer von etwa 40 000 Flugzeugen[2] erst im letzten Kriegsjahr. Nur 25 000 davon waren Jagdflugzeuge. Die Betonung, die man auf Bomber legte, ging sicherlich von Hitler aus. Soweit es sich um die Jagdflugzeugproduktion dreht, so sehen manche Kenner der Materie auch einen hemmenden Einfluß in dem fehlenden Organisationstalent von Udet. Milch, der von dem eifersüchtigen Göring etwas auf die Seite gedrängt wurde, mußte dann mitten im Jahr 1942 – nach Udets Selbstmord – die Dinge wieder ins Lot bringen. Hätte Deutschland zu Anfang des Krieges die Anzahl von Jagdflugzeugen gebaut, die unter Milch und später unter Albert Speer von der Industrie produziert wurden, dann hätte der Luftkrieg sehr wohl einen anderen Verlauf genommen. Speer, der an die Stelle von Milch trat, hat eine erstaunliche Leistung vollbracht, indem er die

---

[1] *Galland, Seiten 13–14. Bekker zitiert in »Angriffshöhe 4000«, Seite 465, Zahlen, die zeigen, daß die deutsche Bomberproduktion 1939 und 1940 zahlenmäßig über der Jägerproduktion lag.*
[2] *Verschiedene Quellen schätzen die deutsche Gesamtproduktion auf 38 000 bis 44 000 Flugzeuge. Galland gibt auf Seite 246 die Gesamtzahl mit etwa 38 000 an; auf Seite 309 nennt er die Zahl 40 593. Bekker gibt auf Seite 465 die deutsche Flugzeugproduktion für 1944 ebenfalls mit 40 593 an.*

unter Milch erreichten Produktionszahlen in jener für die Industrie kritischen Zeit sogar noch mehr als verdoppeln konnte[1].

Das andere faszinierende »Vielleicht« im Gesamtbild der deutschen Jagdluftwaffe betrifft die Me 262. Obwohl viele Nationen an der Entwicklung des Düsenflugzeuges arbeiteten, brachte Deutschland das erste tatsächlich fliegende Düsenflugzeug heraus. Das war ein paar Tage vor dem Poleneinfall. Es handelte sich um die He 178 [2]. Aber es war Willy Messerschmitt, der diese Entwicklungsrichtung weitertrieb und der den ersten einsatzfähigen Düsenjäger, die Me 262, baute. Er wurde jedoch bei dieser Arbeit von Milch und später von Hitler selbst [3] gebremst, so daß das grüne Licht für die Aufnahme der Produktion erst verhältnismäßig spät 1943 von den

---

[1] *Aus verschiedenen Quellen geht übereinstimmend hervor, daß sich die offiziellen deutschen Produktionszahlen 1940 auf über 100 pro Monat beliefen, um dann unter Udets Leitung bis 1942 langsam auf 300 bis 400 zu steigen; unter Milch wurden dann 1 000 pro Monat erreicht. Speer brachte es dann im Herbst 1944 auf 2 500 pro Monat. Siehe auch Galland, Zahlenmaterial im Anhang.*

[2] *Galland, Seite 324.*

[3] *Prof. Messerschmitt erwähnte in einer Unterhaltung mit dem Verfasser im Juni 1964, daß er kurz vor dem Einmarsch in Rußland 1941 den Besuch von Milch erhielt und daß dieser sich dabei ausdrücklich gegen eine Weiterarbeit an der Me 262 gewandt habe. Milchs Einspruch brachte die Arbeiten an der Me 262 praktisch zum Stillstand. Messerschmitt machte zwar im geheimen an diesem Projekt weiter, das bis in das Jahr 1938 zurückreichte. »Die ersten Versuche wurden mit Propeller geflogen«, erinnerte er sich. »1943 kam dann Major Opitz zu mir nach Augsburg. Er sah die Me 262 bei einem Erprobungsflug und wollte sie gleich selbst fliegen. Ich sagte nein. Dann erklärte er mir, die Moral der Luftwaffe befinde sich in einer Krise, und zwar hauptsächlich wegen der zahlenmäßigen und technischen Überlegenheit der amerikanischen Jäger und Bomber und deren Bewaffnung. Er erklärte mir, daß er auf normalem Wege keine Erlaubnis zu einem Flug mit der Me 262 erhalten könne. Da gab ich nach. Er flog die Maschine und empfand sie als Sensation. Er rief Galland an. Auch Galland flog die Me 262, sprach mit Göring und dann mit Hitler. Und auf einmal sollten nun Tausende von den Dingern aus dem Boden gestampft werden. Wir produzierten so schnell wir konnten – in unterirdischen Anlagen bei Garmisch und sonstwo. Aber es war zu spät. Die meisten Flugzeuge wurden dann am Boden zerstört.« Siehe auch bei Galland (er nennt das Datum seines ersten Flugs in der Me 262: 22. Mai 1943). Er erzählt, wie er plötzlich nach diesem Flug die volle Unterstützung von Göring, Milch und anderen bekam, um ein Sofort-Programm zu starten, wie aber Hitler – nach seinen bisherigen Erfahrungen mit großen Versprechungen Görings – weiterhin skeptisch blieb und dieses Sofort-Programm über 6 Monate aufhielt. Nach Gallands Ansicht war der fatale Aufschub eben schon damals, Ende 1940, mit dem Befehl zur Einstellung von Forschungs- und Entwicklungsprojekten erfolgt (auf den sich Milch dann Messerschmitt gegenüber 1941 bezog). Galland schätzt, daß dieser Befehl die Entwicklung mehr als zwei unersetzliche Jahre gekostet hat. Die Luftwaffe hat dann zwar auch noch den ersten Raketenjäger der Welt, Me 163, eingesetzt – aber in zu geringen Zahlen, als daß dieser Typ noch eine bestimmende Rolle hätte spielen können.*

zuständigen Stellen kam. Und genau zu diesem Zeitpunkt bestand Hitler dann darauf, daß dieses Flugzeug in einen Bomber umgebaut wurde – es entsprach ganz seiner Idee vom »perfekten Blitzbomber«, den er gegen England einsetzen wollte. Die Me 262 kam 1944 in den Einsatz und bewies sehr schnell die Richtigkeit ihrer Konzeption. Aber damals war es schon zu spät, und außerdem gab es viel zuwenig Me 262. Hätten bereits im Jahre 1943 Tausende zur Verfügung gestanden, dann ist es sehr zweifelhaft, ob die amerikanischen Kolben-Jagdflugzeuge im folgenden Jahr zu einem derart klaren Sieg am Himmel über Deutschland gekommen wären. Die Me 262 hatte eine Höchstgeschwindigkeit von 830 km/h und konnte den alliierten Jagdflugzeugen mit Leichtigkeit davonfliegen, wie es sich 1944 und 1945 zeigte[1].

So aber mußten die Me 109 und die FW 190 praktisch den ganzen Krieg hindurch als Standardjäger der Luftwaffe eingesetzt werden. Beide Typen wurden in mehreren Versionen produziert; Verbesserungen wurden während des Krieges in die laufende Produktion übernommen, um die Leistungen zu erhöhen.

Die Me 109 war in der Mitte der dreißiger Jahre in Vergleichsflügen in Rechlin als Standardjäger der Luftwaffe festgelegt worden. Sie wurde im spanischen Bürgerkrieg eingesetzt und war bis zum Jahre 1941 das einzige einmotorige deutsche Jagdflugzeug. Erst dann wurden einige Verbände mit FW 190 ausgerüstet. Dieses Jagdflugzeug ist nach allgemeiner Ansicht das beste konventionelle deutsche Jagdflugzeug des Krieges geworden, und alliierte Jagdflieger hatten ziemlichen Respekt vor dieser Maschine. Aber es gibt eine ganze Anzahl deutscher Piloten, die lieber die Me 109 flogen, wie z. B. Erich Hartmann und Gerhard Barkhorn. Einige sind heute noch eifrige Verfechter der Auffassung, daß die letzten Versionen der Me 109 – in den richtigen Händen – es jederzeit mit jedem anderen konventionellen Jagdflugzeug dieses Krieges aufnehmen konnten. Kein Zweifel: die Geschwindigkeit war durch verschiedene verbesserte Motoren angehoben worden. Und als die F-Serie nach der Schlacht um England eingeführt wurde, hatte sie nach Meinung der deutschen Piloten auch wieder ein Plus an Geschwindigkeit gegen-

---

[1] *Siehe auch Galland. Der Verfasser kann dies auch aus eigener Erfahrung bestätigen, wie jeder andere alliierte Jagdflieger, der mit der Me 262 zu tun hatte; von diesem Typ konnte nur eine ausnehmend geringe Zahl im Luftkampf abgeschossen werden.*

über den Spitfires, die damals auftraten[1]. Die Me 109 und die FW 190 haben sich in Afrika in den Jahren 1942 und 1943 gegenüber den amerikanischen Jägern als durchaus gleichwertig erwiesen. Eine anfängliche Schwäche der Me 109 lag in der Struktur ihrer Tragflächen. Bei der etwas leichten Zelle und dem etwas schweren Motor war es durchaus möglich, daß ein Pilot riskierte, daß der »Apparat die Ohren anlegte«, wenn er zu hart nach einem Sturzflug abfing[2]. Die FW 190 hatte, wie die amerikanische P-47, einen Sternmotor und war luftgekühlt. Deshalb konnte sie auch mehr einstecken als die anderen Flugzeuge mit flüssigkeitsgekühlten Motoren, die ohne Kühlflüssigkeit schnell sauer wurden (die P-47 war vielleicht das robusteste Jagdflugzeug des zweiten Weltkrieges, und das hat sicher manch einen Piloten gerettet, der Einsätze im Tiefflug flog und seine geliebte »Sieben-Tonnen-Milchflasche« dann voller Löcher nach Hause brachte). Die FW 190 wurde einige Jahre nach der Me 109 konstruiert und war bei der Mehrheit der Jagdflieger der deutschen Luftwaffe Favorit. Sie wurde für verschiedene Aufgaben während des Krieges eingesetzt – als Jagdbomber mit Raketen, als Panzertöter neben der normalen Verwendung als Jagdflugzeug bzw. als Abfangjäger.

Ohne Frage war die Moral der deutschen Jagdflieger während des ganzen Krieges gut. Trotzdem darf man sagen, daß sich während der Schlacht über Deutschland – 1944 und 1945 – die Auswirkungen der ununterbrochenen Belastung deutlich bemerkbar machten. Es gab verständlicherweise Begebenheiten, bei denen durcheinandergeratene Jagdverbände sich vom Feind absetzten, und andere, bei denen Jagdverbände innerhalb eines Tages nahezu vollkommen ausgelöscht wurden[3]. Der Grund lag in mangelhafter Ausbildung der Jagdflie-

---

[1] *Ob die Me 109 der Spitfire 1941 überlegen war oder nicht, ist heute noch Anlaß für Debatten. Windrow stellt in »Profile Publications«, Serie 3 (London), fest, daß die Spitfire V der Me 109-F leicht überlegen war und diese Überlegenheit behielt, bis im Sommer 1942 die FW 190 auftauchte. Deutsche Stellen behaupten, daß die 109-F der Spitfire V gleichwertig war; die Piloten sind jedoch nicht einer Meinung in diesem Punkt.*

[2] *Douglas Bader äußerte in einer Unterhaltung mit dem Verfasser am 8. Juni 1966, daß bei der Me 109-E (die in der Schlacht um England eingesetzt war) die Flächen wegbrachen, wenn der Pilot aus dem Sturzflug zu hart abfing. »Wir hatten also einen Vorteil beim Abfangen«, sagte er. »Die Deutschen brachten dann Gewichte am Steuerknüppel an, so daß der Pilot nicht mehr so scharf ziehen konnte und somit die Gefahr vermindert war.«*

[3] *Das Jagdgeschwader 3 und andere Einheiten haben am 2. November 1944 in einem kurzen, erbitterten Luftkampf mit amerikanischen Jägern bei Leuna-Merseburg 40 Flugzeuge verloren; 27 Piloten waren gefallen, 11 verwundet. Hans Ring*

ger, die in den späteren Stadien des Krieges den Anforderungen nicht mehr gerecht werden konnte und durch Brennstoffknappheit sowie den großen Bedarf an Nachwuchs mit ausgelöst war. Aber die Leistungen der deutschen Jagdflieger in der Schlacht über Deutschland waren im allgemeinen doch beachtlich. Von insgesamt 70 000 bestätigten Luftsiegen errang die Luftwaffe 25 000 gegen westliche Luftstreitkräfte; interessanterweise ist mehr als die Hälfte dieser Zahl von weniger als 500 Piloten erzielt worden[1].

Unter den deutschen Jagdfliegern herrschte eine ähnliche Kameradschaft wie beim britischen Fighter Command. Wer im fliegerischen Einsatz stand, führte gewöhnlich ein recht gutes Leben, mit Ruheperioden während der normaleren Abschnitte des Krieges. Nur in Rußland war das Leben spartanisch. Trotz guter Moral, guter Ausrüstung und hervorragendem Mut mußten sie schwere Verluste hinnehmen. Deutschland war rings von Feinden umgeben. Auch die Jagdflieger standen gegen eine Übermacht. Rund 8500 deutsche Jagdflieger sind gefallen, etwa 2700 gerieten in Gefangenschaft und 9100 wurden verwundet. Besonders hoch waren die Verluste bei zweimotorigen Flugzeugen (einschließlich Nachtjägern). Sie beliefen sich auf 3600 im Luftkampf und 3100 aus anderen Gründen[2].

Der Leser kann sich einen Begriff von der großen Zahl geflogener Einsätze und Luftsiege deutscher Jagdflieger machen, wenn er die Listen im Anhang 3 und 4 durchgeht. Aus den Berichten der Veteranen geht hervor, was im Krieg von den deutschen Jagdfliegern

hat in einem Gespräch mit dem Verfasser im Februar 1966 seine Meinung dahingehend ausgedrückt, daß die amerikanischen Langstreckenjäger in solchen Kämpfen der deutschen Jagd »das Genick gebrochen haben«. Er zitierte dabei die jährlichen Verluste an Piloten bei zwei Geschwadern, um die Auswirkung der Langstreckenjäger auch statistisch aufzuzeigen:

	JG. 26	JG. 27
1940	82	73
1941	72	48
1942	69	73
1943	154	123 (auf mehreren Kriegsschauplätzen)
1944	293	380
1945	133	126

[1] *Hans Ring in einem privaten Gespräch 1965: »Nach englisch-amerikanischen Maßstäben hatten wir mindestens 2 500 Asse. Aber für uns machten 5 Luftsiege noch kein As.«*
[2] *Obermaier, »Die Ritterkreuzträger der deutschen Jagdwaffe«, Anhang; »Loss totals for Fighter Command and other RAF commands«, MacMillan, Anhang. Andere Quellen geben für die RAF-Verluste geringfügig andere Zahlen.*

verlangt wurde. Während die Statistik bei den besten Jagdfliegern aller Nationen eine sehr hohe Überlebensquote aufweist, hat nur ungefähr die Hälfte der 100 besten Deutschen das Ende des Krieges erlebt. Viele fielen, nachdem sie 50, 100 oder gar noch mehr Luftsiege erkämpft hatten. Unteroffiziere und Mannschaftsdienstgrade flogen als Piloten in der deutschen Luftwaffe, und von den rund 560 Piloten, die mit dem Ritterkreuz ausgezeichnet wurden, begannen 300 als Mannschaftsdienstgrade. Die Offiziersdienstgrade der deutschen Luftwaffe sind in der folgenden Liste, beginnend mit dem niedrigsten Rang, aufgeführt:

        Leutnant
        Oberleutnant
        Hauptmann
        Major
        Oberstleutnant
        Oberst
        Generalmajor
        Generalleutnant
        Generaloberst
        Generalfeldmarschall
        Reichsmarschall

In der Luftwaffe gab es neben den Dienstgradbezeichnungen auch Bezeichnungen für bestimmte Dienststellungen, die nichts mit dem Offiziersrang zu tun hatten. Zum Beispiel wurde Galland als Generalleutnant zum General der Jagdflieger ernannt, und jeder Offizier, der ein Geschwader erhielt, wurde damit gleichzeitig zum Kommodore ernannt – unabhängig von seinem Offiziersdienstgrad. Eine Gruppe hatte ihren »Kommandeur«, wie eine Staffel ihren »Staffelkapitän« hatte. Offiziell wurden beide Bezeichnungen nebeneinander aufgeführt, also z. B. Oberst und Geschwaderkommodore.

Eine andere Eigenheit hat nach dem Kriege ebenfalls zu Verwirrungen geführt: das Punktsystem, das von der Luftwaffe – aber nur im Westen – benutzt wurde. Kurz gesagt: Punkte wurden als Anreiz zuerkannt, und sie zählten bei Auszeichnungen und bei Beförderungen; sie hatten also nichts mit der Zahl der Luftsiege zu tun.

Die deutsche Luftwaffe kannte keine anteilmäßige Aufteilung von Abschüssen auf mehrere Piloten. Die Piloten hatten zu entscheiden, wem der Sieg zuzusprechen war; wenn zwei oder mehr Piloten an einem entsprechenden Luftkampf beteiligt waren, so mußte der Luftsieg einem einzelnen oder keinem von ihnen zuerkannt werden. Punkte wurden wie folgt zugeteilt:

Zerstörung eines bereits beschädigten zweimotorigen Flugzeugs: ein halber Punkt; Zerstörung eines einmot-Jägers, Beschädigung eines zweimotorigen Flugzeugs oder Fangschuß bei einem beschädigten viermotorigen Flugzeug: ein Punkt; Zerstörung eines zweimotorigen Flugzeugs, Beschädigung eines drei- oder viermotorigen Flugzeugs, das von seiner Formation abgedrängt wird: zwei Punkte; Zerstörung eines drei- oder viermotorigen Flugzeugs: drei Punkte.

Deutschland rief genau wie England junge Männer vieler Länder zur deutschen Jagdluftwaffe. Die deutsche Luftwaffe half in der Ausbildung und in der Ausstattung der Jagdluftwaffe mancher Balkanländer (der »Kreuzzug gegen den Kommunismus« kam den Intentionen vieler entgegen). Viele Verbündete Deutschlands, von Finnland bis Rumänien, haben dann hervorragende Jagdflieger hervorgebracht. Interessanterweise kamen mehr Piloten der Luftwaffe aus dem Teil Deutschlands, der heute von der Bundesrepublik abgetrennt ist.

Die Flugformationen der Luftwaffe begannen bei den Jagdfliegern mit der Rotte (zwei Flugzeuge); zwei Rotten ergaben dann einen Schwarm. Eine Staffel konnte aus drei Schwärmen oder weniger bestehen, hatte aber gewöhnlich acht bis zwölf Flugzeuge. Drei Staffeln ergaben eine Gruppe, und drei Gruppen (ab 1943 vier Gruppen) bildeten ein Geschwader.

DER STERN VON AFRIKA ÜBER BIR HAKEIM

6. JUNI 1942 –
OBERLEUTNANT HANS-JOACHIM MARSEILLE, LUFTWAFFE

Der deutsche Jagdflieger des zweiten Weltkrieges, der wohl am meisten die Herzen seiner Landsleute gewann und, ähnlich wie Douglas Bader in der RAF, zu einer Legende werden sollte, war Hans-Joachim Marseille. Autoritäten wie Adolf Galland, Hans Ring und Kameraden, die mit ihm in Afrika flogen, sehen ihn als den größten Jagdflieger der Luftwaffe im zweiten Weltkrieg an. Einige seiner Taten waren so unglaublich, daß Skeptiker in alliierten Ländern jahrelang nicht an die Berichte glauben wollten, die über Marseilles Taten kursierten. Diejenigen, die ihn beobachten konnten, sagen, daß er als Schütze in der Luft eine Klasse für sich war. Wenn er schoß, dann traf er auch. Deshalb kam sein Rottenflieger, der seine Luftsiege bestätigte, zu dem Spitznamen »Fliegendes Zählwerk«. Sein Kommandeur in Afrika, Oberst Eduard Neumann, sagt von ihm: »So was gab es nur einmal. Ich konnte ihn immer, wenn er in der Luft war, herauspicken – einfach an der Art, wie er flog.« Sein Rottenflieger, Reiner Pöttgen, sagt: »Er war unser größter Jagdflieger.« Galland meint: »Er war der unerreichte Virtuose unter den Jagdfliegern des zweiten Weltkrieges. Ohne ihn hätte man geglaubt, daß solche Leistungen einfach nicht möglich sind.« Hans Ring, der mit einer ganzen Anzahl von Kameraden gesprochen hat, die mit ihm geflogen sind, sagt: »Er war der größte unter den ›Experten‹.«

Der Einsatz Marseilles, der in diesem Kapitel beschrieben werden soll, ist der einzige Bericht in diesem Buch über einen Jagdflieger, der nicht mehr lebt. Dieser Bericht konnte nur geschrieben werden, weil noch so viele Augenzeugen am Leben sind und weil es noch Unterlagen gibt, die in alle Einzelheiten gehen. Sein Rottenflieger lebt heute in Köln, sein Kommodore wohnt in München. Beide flogen während der denkwürdigen Episode, die in diesem Kapitel erzählt wird, mit ihm und können sich heute noch genau daran erinnern, selbst an die Worte, die damals gesprochen worden sind. Dazuhin bestätigte einer der Männer, die von Marseille an diesem Tag abgeschossen wurden, die Ereignisse von der anderen Seite her. Die Überprüfung der RAF-Verluste am Tage dieses Einsatzes beweist, daß Marseilles Angaben glaubhaft sind. Bei der Niederschrift dieser Ereignisse habe ich Gebrauch von deutschen Unterlagen gemacht. Es genügt, zu sagen, daß ich als Ergebnis beträchtlicher Nachforschungen zu dem Schluß kam, daß der Bericht über Marseille keine Übertreibungen enthält. Bei Unterlagen aus dem Kriege ist es natürlich immer möglich, daß sich das Bild später – wenn auch die Information der anderen Seite zur Verfügung steht – etwas verändern kann. Das gilt natürlich auch für Marseille, wie für jeden anderen Jagdflieger des zweiten Weltkrieges.

Marseilles Karriere war kurz. Er wurde 1920 in Berlin geboren, ging dort zur Schule und war bei Ausbruch des Krieges 19 Jahre alt. Sein Vater hatte ebenfalls als Flieger im ersten Weltkrieg gedient. Sein Stammbaum geht auf eine alte Hugenottenfamilie zurück. Er hatte gerade seine fliegerische Ausbildung beendet und stand als junger Leutnant an der Westfront, als die deutsche Offensive gegen Frankreich am 10. Mai 1940 begann. Beim Jagdgeschwader 52 schoß er im Westfeldzug sieben Flugzeuge ab. Dann wurde er zum JG. 27 versetzt – und zwar am Abend der Abreise einiger Piloten des Geschwaders nach Afrika. Er kam im April 1941 in Afrika an. In etwas über einem Jahr schoß er dann 151 Flugzeuge ab. Sein Tod am 30. September 1942 fiel in die Zeit des stärksten Einsatzes der Luftwaffe in Afrika. Sein Tod erleichterte die Erholung der britischen Luftstreitkräfte und war vermutlich auch ein Faktor beim Erfolg der 8. Armee. Sein Wert für die Luftwaffe und des Afrikakorps ist leicht erkennbar aus der Tatsache, daß er in den letzten vier Wochen im September 1942 57 feindliche Flugzeuge abgeschossen hat.

Während dieses letzten Monats hatte er auch seinen größten Tag – mit 17 Luftsiegen (in drei Einsätzen). Nach dem Kriege hat es manche Spekulation über die Zuerkennung einer solchen hohen Zahl von Luftsiegen gegeben, deshalb ist ein kurzer Blick auf diesen Tag durchaus in Ordnung. Marseille gab an, zwei Spitfire und zwei Curtiss-Jagdflugzeuge am frühen Morgen abgeschossen zu haben, dann acht Curtiss-Typen (entweder Tomahawks oder Kittyhawks) am späten Vormittag über Alam el Halfa und dann noch einmal fünf Curtiss-Typen am Nachmittag südlich von Imayid. (Nach den Berichten soll er die acht Curtiss-Typen in zehn Minuten und die fünf am Nachmittag in sechs Minuten abgeschossen haben. Für die vier Flugzeuge am Vormittag brauchte er elf Minuten.) Eine derart rapide totale Vernichtung war vorher noch nie erreicht worden, und Fragen tauchten auf – in der Luftwaffe damals schon und später auch in den alliierten Ländern. Nach dem Kriege wurde gesagt – und auch auf deutscher Seite diskutiert –, daß die RAF an diesem Tag im gesamten mittleren Osten nicht so viel Flugzeuge verloren habe, wie Marseille zuerkannt wurden. Indes – die offiziellen Unterlagen weisen aus, daß die RAF 13 Flugzeuge durch Abschuß und weitere sechs durch Bruchlandung nach Treffern im Luftkampf, also insgesamt 19 Flugzeuge, an diesem Tag verloren hat. Außerdem haben andere Flugzeuge Treffer abbekommen. Von den 19 waren zwei Spitfires, acht Curtiss-Typen und neun Hurricanes. Weil nun deutsche Jagdflieger Curtiss und Hurricanes oft verwechselt haben, sollte man nicht zu dogmatisch sein, bis alle RAF-Verluste im Mittleren Osten sowie die genauen Zeiten und die Orte völlig nachgeprüft sind. Nachdem aber Marseille bei anderen Gelegenheiten einige Curtiss kurz hintereinander und mit einem minimalen Aufwand an Munition abgeschossen hat, ist es wohl berechtigt, anzunehmen, daß er eine bestimmte Anzahl von Curtiss-Flugzeugen auch in ein paar Minuten abschießen konnte. In diesem Zusammenhang muß man sich daran erinnern, daß die Me 109, die Marseille flog, den Curtiss oder Hurricanes im Mittleren Osten durchaus überlegen war.

Die Abschußanerkennungen der Luftwaffe und dazu die Bestätigungen der Kameraden, die mit Marseille geflogen sind, sind glaubwürdige Anzeichen dafür, daß die Berichte keiner Korrektur bedürfen. Wenn wir anfangen wollen, die einzelnen Zahlen anerkannter Luftsiege nach unten zu korrigieren, wo wollen wir da aufhören? Wir haben nach dem Krieg festgestellt, daß alliierte Behauptungen und auch die Bestätigungen von Luftsiegen, die an einzelne alliierte Piloten gingen, zusammen eine größere Anzahl von Flugzeugen ausgemacht haben, als der Feind tatsächlich verlor. Demnach müssen die Zahlen mancher britischer und amerikanischer Jagdflieger etwas aufgeblasen erscheinen, wenn dies auch bestimmt nicht mit Absicht geschah. Niemand denkt heute ernsthaft daran, die bestätigten Zahlen der alliierten Asse deshalb zu reduzieren.

Nur ein paar alliierte Piloten, unter ihnen David McCampbell von der US Navy und C. H. Dyson von der RAF, haben bei einem Einsatz vergleichbare Leistungen erzielt. McCampbell schoß neun japanische Zekes ab und beschädigte dazuhin noch zwei in einem einzigen Einsatz im Oktober 1944. Wie Marseille flog auch McCampbell ein überlegenes Jagdflugzeug, eine F6F, und die Zekes flogen eine

Abwehrformation, die ähnlich der der Curtiss-Jäger im Mittleren Osten gegen die Me 109 war. Dyson, der im Dezember 1940 im ersten lybischen Feldzug in Afrika flog, schoß sechs Fiat CR 42 ab, von denen eine auf einen SM-79-Bomber fiel und dessen Absturz verursachte; dabei erreichte er die Höchstzahl der RAF für einen Einsatz: sieben. Wenn auch der Abwehrkreis im ersten Weltkrieg eine erfolgreiche oder zumindest aussichtsreiche defensive Flugformation war, so erscheint er doch als Abwehrmanöver gegen erfahrene Piloten, die in schnelleren Flugzeugen saßen, im zweiten Weltkrieg an Wert eingebüßt zu haben.

Nach denen, die seine Entwicklung beobachten konnten, ist einer der Hauptgründe für Marseilles Erfolg darin zu suchen, daß es sein Kommandeur im JG. 27, Oberst Eduard Neumann, verstand, seinen Übermut und seine Extravaganzen mit sachter Hand unter Kontrolle zu halten. Marseille kam zum Geschwader kurz vor dessen Verlegung nach Afrika. Er war bereits im JG. 52 so etwas wie ein disziplinares Problem gewesen. Neumann, damals noch Gruppenkommandeur und später Geschwaderkommodore, zeigte sehr viel Geduld in der Behandlung des schwierigen Marseille. Dieser war, mit seinen 21 Jahren, wie in der Schule und auch in Frankreich ziemlich unorthodox in seinem Benehmen und in seiner persönlichen Erscheinung. Das drückte sich auch in seiner Flugdisziplin und Flugtaktik aus. Er hielt sich selten an die allgemeingültigen taktischen Regeln. Individualistisch im Anzug, mit seiner Vorliebe für Jazz, für moderne Tänze und Mädchen, hätte er durchaus zu einem wesentlichen disziplinaren und moralischen Problem werden können. (In Deutschland war er einmal auf einer Autobahn gelandet; und in Afrika hat er in einem plötzlichen Ausbruch von Verärgerung den Boden in der Nähe des Zeltes eines Vorgesetzten aus der Luft aufs Korn genommen und beschossen, weil dieser ihn nicht für den Flugdienst einteilen wollte.)

Als wir vor kurzem in München über Marseille sprachen, sagte Neumann: »Marseille konnte nur eines sein, entweder ein disziplinares Problem oder aber ein großer Jagdflieger. Am Anfang hat seine Eigenwilligkeit und sein Mangel an Disziplin seine Kameraden von ihm ferngehalten. Nachdem sie aber sein Talent und seine Fähigkeiten erkannt hatten und sahen, welche Erfolge er erzielte, waren sie auch von seinen Führereigenschaften überzeugt und von seinem Magnetismus angezogen und sahen zu ihm auf wie zu keinem anderen Jagdflieger.«

Neumann hat es bewußt unterlassen, dem jungen Mann auf die Finger zu klopfen. Er hat sich von der Erkenntnis leiten lassen, daß er Marseilles Vertrauen und Achtung erwerben müsse, um etwas mit ihm zu erreichen. Wie im Falle von Bob Tuck von der RAF, der durch verständnisvolle Vorgesetzte davor bewahrt blieb, schon in der Fliegerschule seinen Abschied nehmen zu müssen, ist auch Marseilles Erfolg nur denkbar, weil Neumann die in ihm schlummernden Fähigkeiten erkannte.

Den Erzählungen überlebender Kameraden zufolge war Marseilles Kampftaktik mehr als tollkühn. Er griff unter Bedingungen oder Umständen an, die man ganz allgemein als ungünstig, wenn nicht aussichtslos, ansah. Wenn feindliche Piloten als Abwehrmaßnahme in den Abwehrkreis übergingen, dann zögerte er nicht, sie anzugreifen. Die damalige Theorie ging davon aus, daß ein Jagdflieger, der ein in einem solchen Kreis fliegendes Flugzeug angriff, unweigerlich einem seiner hinterherfliegenden Kameraden ins Visier geraten mußte. Marseille war jedoch ein solch hervorragender Schütze, daß er seine Angriffe im Sturzflug oder aber von unten her mit dem aus einem Sturzflug herrührenden Geschwindigkeitsüberschuß flog und oft sein Opfer bei seinem ersten Anflug mit einem Feuerstoß von nur zwei Sekunden aus dieser kreisenden Formation herausschoß. Bei einigen Gelegenheiten flog er sogar in dem Kreis mit. Eine andere Formation, die er angriff, und zwar aus einer als äußerst unvorteilhaft angesehenen Position heraus, war die Pfeilformation. Er flog von hinten an und setzte sich dabei dem Feuer der seitlich gestaffelten Flugzeuge aus, um das führende Flugzeug im Zentrum zu erwischen. Er kam schnell genug heran, um dann der Rache der feindlichen Jagdflieger auf den Flanken zu entgehen, und erzielte seine Siege mit schnellen, genauen Feuerstößen. Es gibt Zeugen dafür, daß er diese Taktik bei mehr als einer Gelegenheit angewandt hat.

Der Schlüssel zu Marseilles Erfolg war eine an die Grenze der Perfektion getriebene Sicherheit im Schießen. Er erzielte seine Luftsiege mit einem Minimum an Munitionsverbrauch. Seine Spezialität bestand im Schießen mit Vorhaltemaß im Kurvenflug, während er im Sturzflug angriff oder von unten hochzog. Er war dauernd am Üben und wurde dann so genau und so sicher beim Schießen im Kurvenflug, daß er ein System ausknobelte, bei dem er in dem Augenblick auf die Knöpfe drückte, wenn das feindliche Flugzeug (das vor ihm lag) unter seiner Nase verschwand. Nach dem kurzen Feuerstoß kümmerte er sich dann nicht mehr um das Opfer und konzentrierte

Kurt Bühligen.

Me 109 F-0.

Feldflugplatz des JG 51 in Rußland.

sich auf das nächste Flugzeug in dem Abwehrkreis vor ihm. Dazu gehörte natürlich auch hervorragendes fliegerisches Können. In seinem letzten Einsatzjahr erzielte er über 150 Abschüsse und wurde zum deutschen Jagdflieger mit der höchsten Zahl von Luftsiegen, die gegen den Westen während des ganzen Krieges erzielt wurden. Dabei erhielt sein Flugzeug keinen einzigen Treffer. Seine Bewegungen waren überdurchschnittlich schnell, und obwohl das mehr legendär als glaubhaft klingt, bestehen einige überlebende Kameraden darauf, daß seine Me 109 in schnellen Turns an den Flächenenden Kondensstreifen hinter sich herzog, während kein anderes Flugzeug in der Formation eine derartige Erscheinung zeigte. Neumann und Pöttgen gehören zu denen, die diese Geschichte bestätigen.

Er verfügte über hervorragende Augen: Man sagt, daß er sie an die Wüste gewöhnte, indem er immer wieder lange in die Sonne starrte. Das gute Wetter und die ausgezeichnete Sicht, die gewöhnlich in Afrika herrschten, ermöglichten ihm, regelmäßig zu fliegen und seine Meisterschaft im Schießen zur Vollendung zu bringen. Mit einem überlegenen Flugzeug und starkem Selbstvertrauen, unter der Führung eines verständnisvollen Mannes, setzte Marseille sein Talent ein, um einen hervorragenden Beitrag zum Luftpotential seines Landes zu leisten.

Genauso wie die deutschen Anstrengungen in Afrika als Nothilfe zur Rettung Mussolinis der italienischen Streitkräfte vor dem Zusammenbruch begannen und demzufolge als militärische Operation nicht gründlich genug vorbereitet waren, so war auch der deutsche Beitrag in der Luft begrenzt und sporadisch in seiner Natur; er wurde aus der Notwendigkeit des Augenblicks gegeben. Anfangs war die Beteiligung der deutschen Luftwaffe auf Stuka-Einheiten (Ju 87) beschränkt, die mit den Erdtruppen zusammenarbeiten sollten. Die Stukas haben sich am Anfang gut bewährt. Aber dann begannen die Hurricanes der RAF, den langsamen Ju 87 schwere Verluste zuzufügen. Also erging der Ruf nach Jagdschutz. Als Ergebnis wurde eine Gruppe Me 109-E zu diesem Zweck abgestellt.

Die Me 109 erreichten die Front zu Beginn der ersten Offensive Rommels vom März 1941, die das Afrikakorps unter Umgehung von Tobruk Ende Mai bis in die Nähe von Sidi Barani führen sollte. Die Gruppe kam mit etwa 30 Flugzeugen an, weitere Me 109 wurden als Verstärkung und Ersatz nachgeschoben. Neumann konnte also höchstens 40 Jagdflugzeuge in einem massierten Einsatz in die Luft bringen. Der Leutnant Marseille gehörte zur dritten Staffel¹. Er begann seine Fliegerei in der Wüste normal genug. Er war noch nicht der zuverlässige Schütze. Diese Meisterschaft erreichte er während des langen Sommers 1941, im Schießen und im Fliegen. Kameraden waren während der Rückkehr von einem Einsatz die Opfer seiner ständigen Übungsflüge. Sie haben das manchmal mit guter Miene, manchmal aber auch schimpfend hingenommen. Er übte dauernd und arbeitete so die auf den Bruchteil einer Sekunde genaue Abstimmung des Schießens mit Vorhaltemaß aus. Erst im September gab er dann einem Kameraden, dem Leutnant Hans Arnold Stahlschmidt, gegenüber zu, daß er jetzt »den Bogen 'raus habe«. An diesem Tag, dem 24. September, hatte er zum erstenmal in seiner Karriere fünf Flugzeuge an einem Tag abgeschossen, am Vormittag einen Martin-Maryland-Bomber und am Nachmittag vier Hurricanes, die in einem Abwehrkreis zwischen Sidi Barani und dem Halfayapaß flogen. Damit brachte Marseille die Zahl seiner Luftsiege auf 23. »Ich glaube, jetzt klappt's!« sagte er zu Stahlschmidt an diesem Abend. Von diesem Tag an wurde die »Gelbe Vierzehn« in der Wüste berühmt.

Bis Anfang 1942 – die Briten hatten in der Zwischenzeit Rommel wieder von Sidi Barani bis Marsa El Brega zurückgetrieben – hatte Marseille insgesamt 48 Luftsiege erkämpft, wofür er mit dem Ritterkreuz ausgezeichnet wurde. In Deutschland wurde er als »Stern von Afrika« berühmt und fing nun an, sich in den Ruhm und die Publicity zu teilen, die Rommel durch Film und Presse zuteil wurde.

Im April wurde er zum Oberleutnant befördert. Am 1. Juni 1942 wurde er Staffelkapitän der 3. Staffel. In diesem Sommer – eigentlich war es nur der halbe Sommer, denn er war mehr als zwei Monate auf Urlaub – sollte er alles übertreffen, was man bisher gesehen hatte. Rommel hatte nach der erfolgreichen britischen Offensive des Spätjahrs 1941 im Januar 1942 zurückgeschlagen. Im April war er bereits wieder bis El Gazala vorgestoßen. Nach einer Pause nahm er den Vormarsch am 26. Mai wieder auf. Es sollte die letzte erfolgreiche Offensive sein, und mit ihr sollte der Punkt erreicht werden, der die deutsch-italienischen Armeen auf nächste Nähe an Alexandria heranbrachte. Einem von Marseilles erfolgreichsten Tagen in dieser letzten Offensive Rommels wollen wir uns nun zuwenden.

---

[1] *Normale Schreibweise: 3./JG. 27. Die Gruppe wurde dabei nicht geschrieben, weil die 9 Staffeln eines Geschwaders durchlaufend numeriert waren und in arabischen Ziffern geschrieben wurden. Wurde eine Gruppe als Verband genannt, so geschah dies in römischen Ziffern, z. B. II./JG. 27; dabei handelte es sich also um den aus der 4.–6. Staffel bestehenden Verband des JG. 27.*

Etwa 160 km nordwestlich der Schlüsselfestung Tobruk, die immer noch in britischen Händen war, lag zwischen rotbraunem Sand und den Felsenhügeln der Cyrenaika der Feldflugplatz Martuba, ein Jägerplatz der Luftwaffe.

Das erste Morgenlicht, das von Osten her am Mittwoch, dem 3. Juni, über die Hügel kam, ließ eine Anzahl eigenartiger Halbkreise erkennen, die aus sandgefüllten Benzinfässern bestanden. Das waren die Splitterboxen, in denen die braungelben Me 109-F abgestellt waren.

Die Jäger der Luftwaffe waren erst vor kurzem auf diesen Feldflugplatz zurückgekehrt, nachdem man ihn den Briten wieder abgenommen hatte. 1941 war nur ein Teil des JG. 27 in Afrika eingesetzt, aber jetzt stand das ganze Geschwader hier – insgesamt 168 Flugzeuge. Zusätzlich war noch eine Gruppe vom Jagdgeschwader 53, das in Sizilien stand, nach Afrika verlegt worden. Eduard Neumann war kürzlich zum Kommodore des JG. 27 ernannt worden. Hans-Joachim Marseille war zur selben Zeit Staffelkapitän der 3. Staffel geworden, die zur I. Gruppe unter Hauptmann Homuth gehörte.

Rommels Offensive hatte gerade begonnen und ging zügig voran. Einige stark befestigte Forts im Süden, deren Einnahme eine strategische Notwendigkeit war, hielten immer noch aus. Sie mußten genommen werden, bevor die deutsch-italienischen Streitkräfte einen sicheren Vormarsch weiter nach Osten antreten konnten. Eines dieser Forts war Bir Hakeim. Rommel wollte seine Panzeroffensive nicht wieder aufnehmen, bevor dieses Fort gefallen war. Erst dann war es sinnvoll, Tobruk mit den vereinigten deutsch-italienischen Land- und Luftstreitkräften anzugreifen. Die Besatzung von Bir Hakeim bestand aus einer freien französischen Brigade unter dem Befehl von General Joseph Koenig, die bis zum Äußersten entschlossen war. Trotz mehreren schweren Angriffen hielt das Fort immer noch aus. Stukas bombardierten es täglich und versuchten, es zur Kapitulation zu zwingen; Jagdflieger von Martuba flogen Jagdschutz für die Stukas. Die Entfernung von Martuba nach Bir Hakeim im Südosten war nicht weit – nur etwa 100 km. Die Stukas lagen in Derna, einige Kilometer nordwestlich von Martuba, an der Küstenstraße. Die Piloten des JG. 27 wußten also, daß sie mit Begleiteinsätzen für die Stukas an diesem Junimorgen rechnen konnten. Aber der Tag begann recht ruhig.

Die Piloten lungerten herum. Sie trugen leichte Khakihemden.

Marseille hatte weiße Socken und Tennisschuhe an, er trug sie immer beim Fliegen. Leichte Bekleidung war doch angenehmer gegenüber Pelzjacken, Fliegeranzügen und schweren Stiefeln, die andere Flugzeugführer im kälteren Klima und in größeren Flughöhen tragen mußten und die so sehr hinderlich waren. Die Flieger des JG. 27 waren zwar zahlenmäßig unterlegen, aber das zeigte sich keineswegs in der Kampfmoral von Martuba. Marseille war einer der Gründe für dieses Selbstvertrauen und diesen Angriffsgeist.

160 km weiter östlich, auf dem Feldflugplatz der RAF in Gambut, legte die 5. südafrikanische Staffel gerade den Einsatz für diesen Tag fest. Die Piloten der P-40 Tomahawks sollten am späten Vormittag über dem belagerten Fort Bir Hakeim Patrouille fliegen. Das Bodenpersonal prüfte die Curtissjäger nach, und die Piloten bereiteten sich auf den Start vor.

In Martuba erhielten nur wenige Piloten an diesem Morgen einen Einsatzbefehl. Eine Sechsergruppe, geführt von Marseille, sollte einen Stukaverband nach Bir Hakeim begleiten. Start um 11.30 Uhr. Die Flugzeugführer der 1. und 2. Staffel konnten es sich bequem machen; die sechs von der 3. Staffel, einschließlich Marseilles und seines Rottenfliegers Feldwebel Pöttgen, bereiteten sich auf den Einsatz vor.

Die Sonne war heiß, es gab kaum eine Brise, aber sonst war das Wetter gut. Marseille hatte bei der Einsatzbesprechung nicht viel zu sagen. Das ganze war Routinesache. Alle hatten so etwas schon mehrmals mitgemacht. Kurz nach elf gingen die sechs zu den Splitterboxen, wo die Me 109-F startfertig standen. Marseilles erster Wart, Unteroffizier Meyer, half ihm beim Anschnallen und schloß die Haube. Er stand mit der Kurbel auf der rechten Tragfläche und wartete auf Marseilles Zeichen. Die Zahl 14 war in großen gelben Ziffern dicht hinter der Kanzel auf beiden Seiten des Rumpfes aufgemalt. Marseille prüfte kurz alles nach, gab nun mit der rechten Hand das Zeichen und nickte. »Los!« rief er, und Meyer begann zu kurbeln. Das Singen des Schwungkraftanlassers wurde lauter und lauter. Marseille wartete, bis der Sprungkraftanlasser sich »hochgejubelt« hatte. Dann ließ er den 1500-PS-Daimler-Benz-Motor kommen, der mit ein paar Zündungen einsetzte, Rauchwolken aus den sechs Auspuffstutzen ausspuckte und dann gleichmäßig losbrummte. Der Dreiblattpropeller drehte sich immer schneller und wurde schließlich zum schimmernden Kreis vor der Nase der Me 109. Meyer sprang von der Fläche und winkte. Marseille winkte zurück.

Staubfahnen wehten hinter dem Flugzeug auf, als Marseille aus der Splitterboxe herausrollte.

Auch die anderen Me 109 steckten die Nasen aus ihren getarnten Splitterboxen und zogen beim Rollen riesige Staubfahnen hinter sich her. Wegen dieses Staubes startete man im JG. 27 nicht hintereinander. Die sechs Flugzeuge ordnen sich in Rotten zu zweien, jeweils nach der Seite und etwas nach rückwärts gestaffelt. Marseille, mit Codenamen »Elbe eins«, erreicht den Nordrand des Feldes. Die gelben Spinner vor den Propellern deuten in Südsüdostrichtung. Zwei Flugzeuge stehen rechts von ihm, die anderen drei links von ihm. Er überprüft noch einmal das Instrumentenbrett, die Trimmung und die Kühlerklappen – dann schiebt er den gelben Kopf des Gashebels langsam ganz nach vorne. Der Daimler-Benz-Motor brüllt auf, daß man es einige Meilen weit hören kann, und das schwere Flugzeug rollt an. Die anderen folgen. Für die Beobachter verschwinden sie beinahe im Staub und Sand, als sie aus dem Platz herausstarten. Marseille geht in eine leichte Kurve, zieht das Fahrgestell ein. Schnell werden die sechs Flugzeuge zu immer kleiner werdenden Silhouetten in dem südöstlichen Morgenhimmel. Es ist 11.32 Uhr. Weil die Stukas aus verhältnismäßig niedriger Höhe angreifen werden, braucht Marseille nicht auf große Höhe zu steigen. Er überprüft die Waffen, die 2-cm-Kanone und die beiden MGs (die Me 109-F hatte eine Kanone, die E zwei Kanonen). Der blasse gelbe Ring erscheint im Reflexvisier. Marseille sucht den Himmel voraus nach den Stukas ab, mit denen er zusammentreffen und die er dann nach Bir Hakeim begleiten soll. 160 km weiter östlich hebt die südafrikanische Staffel um diese Zeit gerade vom Feldflugplatz Gambut ab. 14 bis 16 Tomahawks (P-40) nehmen Kurs Südwest auf Bir Hakeim. Ihre Tragflächen tragen oben blaue und rote konzentrische Kreise; auf der Unterseite der Fläche ist die Kokarde weiß-blau-rot.

Marseille macht die Stukas bald im vorbezeichneten Gebiet aus. Er läßt seinen Verband etwas ausschwärmen, um ihnen so viel wie möglich Schutz zu geben. Die mit Bomben beladenen Stukas sind langsam. Die Me 109 nehmen etwas Gas weg und fliegen nun in S-Kurven über den Stukas, um dieselbe Marschgeschwindigkeit wie der Bomberverband halten zu können. Die Ju 87 fliegen mit voller Bombenlast und zwei Mann Besatzung nur etwa 150 km/h; Marseille fliegt also mit seinen Jägern Zickzackkurs, um bei einem Überraschungsangriff nicht zu langsam zu sein.

Bis jetzt sind noch keine Feindjäger zu sehen. Es ist 12.10 Uhr.

80 km weiter östlich, etwa 12 Minuten von Bir Hakeim, fliegen die Curtiss-Jäger auf ihr Einsatzgebiet zu. Sie fliegen schneller als die schwerfälligen Ju 87 mit ihrer Messerschmitt-Begleitung. Auch sie sehen noch nichts, wenn sie den südwestlichen Himmel absuchen.

Dann können die Stuka und die Me 109 in der Ferne Bir Hakeim ausmachen. Die Stukapiloten formieren sich für den Sturzangriff, und die Heckschützen drehen sich in der Kanzel um. Sie schauen nach Hurricanes, Tomahawks oder Kittyhawks aus, die am Himmel oben auf sie warten können. Aber der Verband kommt näher an das Fort heran, und immer noch sind keine RAF-Jäger zu sehen. Vielleicht gibt das einen Einsatz ohne Feindstörung, obwohl es der zweite Stukaangriff an diesem Morgen ist und der deutsch-italienische Druck auf das Fort dauernd anhält. Die Stukas sind jetzt über dem Ziel und gehen in Position, um in den Bombenangriff abzukippen. Marseille mit seinen Me 109 ist etwas westlich von Bir Hakeim. Es ist 12.21 Uhr.

»Horridoh!« Der Ruf platzt über die Kopfhörer in die Ohren der Männer in den Me 109. »Indianer – von hinten«, schreit jemand. Marseille dreht sich um und sieht die Tomahawks. Sie sind etwas höher und kommen von hinten. Es ist die 5. südafrikanische Staffel. Die Ju 87 sind schon im Sturz. Bomben fallen bereits auf Bir Hakeim, von wo nur leichtes Flakfeuer kommt. Marseille zieht hoch, die Me 109 trennen sich automatisch in Paare. Marseille und Pöttgen sind am höchsten. Die Tomahawks, in einem etwas dunkleren Braun als die Me 109 angestrichen, haben ziemlich Fahrt drauf und scheinen die Stukas angreifen zu wollen. Aber jetzt sehen sie die Me 109. Ein RAF-Jäger ändert den Kurs. Auf beiden Seiten wächst die Spannung.

Marseille kurvt auf die Tomahawks ein; er ist jetzt ungefähr auf der Höhe des Feindes, im Steigflug. Die Stukas fangen nach dem Bombenwurf ab und gehen auf Nordwestkurs. Die Tomahawks vor Marseille nehmen die linke Fläche hoch und gehen nach rechts in einen Abwehrkreis über, um den Vorteil des engeren Kurvenflugs zu nutzen. Flughöhe ist 1600 Meter. Marseille kommt von oben heran (Pöttgen folgt in Position, etwa 100 Meter zu seiner Linken). Marseille nimmt Maß, während die feindlichen Jäger kreisen. Die gelbe Vierzehn wird in dieses Karussell hineinstechen. Die Tomahawks fliegen in einem Abstand von nur etwa 60 Meter hintereinander, die rechten Tragflächen weisen in dem engen Turn steil nach unten.

Marseille drückt an. Die Nase der Me 109 geht nach unten. Pöttgen bleibt oben. Die stürzende Me 109 nimmt Geschwindigkeit auf, kommt an den Abwehrkreis heran, ist jetzt auf gleicher Höhe und stürzt weiter nach unten. Dann nimmt Marseille den Knüppel heran. Die gelbe Nase der 109 geht wieder nach oben, richtet sich auf den Feindverband, Marseille sucht sich eine der Tomahawks heraus. Die Tragflächen der P-40 werden größer und größer. Jetzt berühren die Flächenspitzen der Silhouette den Rand des orangeroten Kreises im Visier. Marseille, nur 50 m hinter seinem Opfer, kommt in einem nach oben gezogenen rechten Turn von hinten heran, drückt beide Abzugsknöpfe auf dem schwarzen Griff des Steuerknüppels. Die Kanone und die MGs rattern los. Der kurze Feuerstoß trifft den Motor des Feindflugzeuges und wandert an diesem langsam zurück. Marseille taucht in den Abwehrkreis der anderen hinein und kommt unten wieder heraus. Dann zieht er wieder über dieses Karussell hoch. Die P-40 schleppt eine Rauchfahne hinter sich her, schert aus dem Kreis aus und fällt nach unten. Dieser Anflug hat nur Sekunden gedauert. Marseille läßt sich von dem Schwung nach oben tragen und blickt sich um. Die tödlich getroffene Tomahawk stürzt und zeichnet eine senkrechte Rauchfahne in den Himmel. Dann schlägt sie auf und explodiert. Die anderen Tomahawks setzten ihr Abwehrmanöver fort, das die meisten Angreifer abhält. Nicht aber Marseille. Er drückt wieder an, legt sich in eine Rechtskurve, stürzt nach unten, um wieder hinter ein anderes Flugzeug zu kommen. Die Geschwindigkeit wächst, als er sein nächstes Opfer vornimmt.

Mit einer auf Bruchteile von Sekunden abgestimmter Genauigkeit fängt er ab, kurvt scharf nach rechts und sitzt damit genau hinter dem nächsten Opfer im Kreis. Marseille ist so schnell, daß der feindliche Jäger, der nun hinter ihm im Kreis fliegt, gar nicht zum Schuß kommt. Für Sekunden hat Marseille sein Ziel im Visier, dann drückt er auf die Knöpfe. Wieder rattern die Waffen los. Wieder nur ein kurzer Feuerstoß, auf 50 m Entfernung, der genau in der Maschine vor ihm im Ziel liegt. Die ganze Geschoßgarbe, auf kürzeste Entfernung mit dem richtigen Vorhaltemaß abgegeben, muß den Motor des Feindflugzeugs oder die Kanzel treffen. Der zweite Feindjäger raucht, fällt aus der Formation heraus. Pöttgen beobachtet das Ganze voller Bewunderung. Marseille ist wieder nach unten getaucht und fängt ab, der Schwung trägt ihn hoch, an den Abwehrkreis heran, noch schneller als beim ersten Anflug. Das zweite Opfer stürzt senkrecht auf die Erde zu, die nur etwa 1000 Meter tiefer liegt. Die kreisenden Feindjäger verlieren ständig an Höhe. Marseille hat die

Finger auf den Abzugsknöpfen, die Augen am Reflexvisier, und kurvt nun zum drittenmal in dieses Karussell hinein. Auch dieses Mal hat er sein Manöver so abgestimmt, daß er direkt hinter ein drittes Opfer kommt, das nun in seinem Reflexvisier auftaucht und durch den Orangekreis hindurchwandert, jetzt etwas langsamer, gerade etwa ein oder zwei Sekunden in genauer Schußposition. In diesem Moment bellen die Waffen der gelbnasigen Me 109 auf. Das dritte Opfer fängt an zu rauchen. Marseille ist jetzt über dem Abwehrkreis, sieht sich den Schauplatz an, kippt ab und sucht sich ein viertes Opfer. Bei diesem Sturz ist er noch schneller als beim letztenmal. Während das dritte Opfer noch auf dem Weg nach unten eine Rauchfahne hinter sich her zieht, ist die Me 109 wieder an den immer noch kreisenden Tomahawks. In dem scharfen Abschwung nach rechts unten schätzt Marseille Zeit und Entfernung; die Flächen des feindlichen Flugzeuges wandern in den orangeroten Kreis im Visier ein und schieben sich dann wieder hinaus. Der Feindjäger verschwindet unter der Nase der 109. Marseille drückt auf die Knöpfe. Die Kanone schießt nicht! Ladehemmung! Aber die beiden Maschinengewehre spucken ihre Garbe direkt auf die Tomahawk. Stücke fliegen von ihr ab, aus dem Motor kommt schwarzer und weißer Rauch. Auch diese Tomahawk kommt ins Wackeln und fällt aus der Formation heraus. Marseille hat kaum einen Blick auf sein Opfer geworfen. Das ist gewöhnlich ein Kardinalfehler eines Jagdfliegers im Luftkampf. Er ist so überzeugt von seiner Treffsicherheit, daß er nur einen kurzen Blick auf den angenommenen Gegner wirft und sich dann auf das nächste Opfer konzentriert. Pöttgen ist fasziniert, sieht den dritten aufschlagen und explodieren. Der vierte beginnt seinen letzten Flug nach unten.

Wieder ist Marseille an dem Abwehrkreis der Tomahawks, und in einer weiteren scharfen Rechtskurve bringt er sich mit Knüppel und Pedalen geschickt hinter Nummer 5. Die feindlichen Piloten stehen anscheinend unter dem Eindruck eines massierten Jägerangriffs oder haben noch gar nicht richtig gemerkt, was da vor sich geht. Sie kreisen weiter eng umeinander. Es ist 12.28 Uhr: Sechs Minuten, seit die erste P-40 abgeschossen wurde. Innerhalb von Sekunden ist Marseille wieder in Position, kurvt leicht von oben ein, wie wenn er zu den Tomahawks gehören würde. Er drückt die Abzugsknöpfe, ... die MGs feuern. Aber auch diese Garbe erwischt den Gegner vom Motor bis zum Cockpit ... ein kurzer Feuerstoß genau im Ziel. Marseille nimmt den Finger vom Knopf. Jetzt ist er aus dem Kreis heraus, und das fünfte Opfer fällt mit schwarzer Rauchfahne. Pöttgen merkt gerade, wie die Nummer 4 aufschlägt. Der Verband hat ziemlich Höhe verloren. Marseille beobachtet aus einiger Entfernung und überlegt. Seine Kanone schießt nicht. Er hat fünf Feindjäger aus der Formation herausgeschossen, hat selbst keinen Treffer bekommen ... eine unglaubliche, blitzschnelle Leistung. Oben kreist Pöttgen. Marseille sieht, wie die Tomahawk tiefer und tiefer spiralen. Seine 109 ist in Ordnung. Er hat noch eine Menge Munition. Er ist jetzt eine Stunde in der Luft, hat aber noch eine ausreichende Kraftstoffreserve. Er gibt Gas, um nochmal in die Spirale einzudrehen.

Die Augen fest auf Nummer 6, macht er seinen letzten schnellen Anflug auf den Abwehrkreis. Er sucht sich einen Punkt zwischen zwei kreisenden Tomahawks heraus, kurvt nach unten ein, fängt ab und schießt schnell in die Kreisformation hinein. Er hat die Flächen der P-40 im Zielkreis, drückt ein wenig, seine rechte Tragfläche weist senkrecht nach unten. Die Nase der 109 wandert vom Cockpit des Feindjägers vor zu dem Motor, dann verschwindet das Opfer außer Sicht. Feuer! Marseilles MGs rasseln los, erschüttern die kleinere 109 zum sechstenmal. Treffer fetzen in das Opfer Nr. 6. Marseille dreht aus der Formation heraus und nach unten weg. Die sechste Tomahawk zeigt Rauch am Motor, schert aus dem Kreis und fängt an zu stürzen. Marseille hat sechs Flugzeuge aus dem feindlichen Verband herausgeschossen! Erleichtert, aufgeregt drückt er den Mikrofonknopf: »Elbe eins an Elbe zwei – hast du den Aufschlag gesehen?« Pöttgen erwidert: »Elbe zwei an Elbe eins – Victor, Victor.« Marseille wackelt mit den Flächen, zieht zu Pöttgen hoch, bleibt unbelästigt. Dann hört er plötzlich über die Kopfhörer einen überraschenden Glückwunsch. Kommodore Eduard Neumann ist gerade noch rechtzeitig auf dem Schauplatz eingetroffen, um Zeuge des Kampfes zu werden. »Bravo, Joachim!« ruft er. Dann gratulieren die anderen Kameraden. Marseille ist erleichtert. Der Luftkampf ist vorbei. Die anderen Me 109, von denen nur ein paar Feindberührung gehabt haben, nehmen Kurs auf Martuba. Die Tomahawks sind ebenfalls auf dem Rückflug. Marseilles sechstes Opfer verliert ständig an Höhe.

Die triumphierende Staffel richtet die gelben Nasen nach Nordwesten. Marseille freut sich. Zum erstenmal hat er bei einem einzigen Einsatz sechs Flugzeuge abgeschossen, und er hat nur elf Minuten dazu gebraucht!

Auf dem Heimflug scheint die Zeit zu schleichen. Aber schließlich kommt Martuba in Sicht. Marseille wird über den Platz preschen und seine Siege durch Wackeln anzeigen. Unten sitzen die Leute vom Bodenpersonal und warten – einige von ihnen schließen regelmäßig Wetten darüber ab, wieviel Flugzeuge Marseille abgeschossen hat. Da hören sie nun aus dem Südosten das Brummen von Flugzeugen. Die Staffel kommt in Sicht. Marseille führt. Während er das Feld anfliegt, geht er mit der gelben Vierzehn herunter, hat aber immer noch ziemlich Dampf drauf. Er donnert über die Zelte und Hütten, über den braunroten Boden hinweg und wackelt – einmal, zweimal, dreimal – dann ist er drüber weg. Drei Siege, alles freut sich, Marseilles Crew natürlich besonders. Marseille ist hinter dem Platz in einen Turn gegangen und kommt nun zurück, drückt an, dann wackelt er wieder. Einmal, zweimal, dreimal ... dann ist er wieder weg und zieht in einer Kurve hoch, um zur Landung anzusetzen. Das Bodenpersonal, Flugzeugführer, alles auf dem Platz ist durch diese Ankündigung auf die Beine gekommen. Sie wissen, sechs Abschüsse bei einem Einsatz bedeuten einen neuen Rekord, selbst für Marseille.

Marseille nimmt Gas weg, öffnet die Kühlerklappen, fährt das Fahrgestell aus. Sein Propeller dreht sich langsamer, der Motor läuft nur noch mit wenig Gas, und Marseille schwebt ein. Fluggeschwindigkeit 200 km/h, 190, 180, 170. Nur noch ein paar Meter Höhe bis zum Boden. Ein Bumser. Die gelbe Vierzehn ist gelandet und rollt. Pöttgen ist etwas seitlich 50 Meter hinter ihm. Marseille dreht nach links und rollt auf seine Splitterboxe zu, wo das Bodenpersonal in heller Begeisterung wartet. Pöttgen rollt hinter ihm her. Marseille geht bis an die Boxe heran, gibt noch einmal Gas, dreht und stellt dann den Motor ab. Es gibt ein großes Hallo. Sein erster Wart lacht: »Gratuliere!«

Pöttgen ist 50 Meter weiter ebenfalls zum Stehen gekommen, steigt aus der Kanzel aus und kommt zum Abstellplatz von Marseille herüber, wo sich schnell ein großer Haufen einfindet. Marseille ist müde, aber er unterhält sich mit dem Bodenpersonal und anderen Kameraden, die ihn mit Glückwünschen eindecken. Als Pöttgen herankommt, fragt ihn Marseille noch einmal, ob er die einzelnen Luftsiege sehen konnte. Pöttgen wiederholt, daß er sie alle beobachtet hat. Als der Waffenwart die Waffen nachsieht, geht ein Erstaunen durch die Runde. Marseille hat mit der 2-cm-Kanone nur zehn Schuß abgefeuert. Dann hat der Gurt geklemmt und die Ladehemmung verursacht. Bei der Überprüfung der MGs zeigte sich, daß jedes MG nur einige hundert Schuß abgegeben hatte. Der Haufen wächst immer noch. Marseille bleibt ungefähr zehn Minuten an seinem Flugzeug, um Fragen zu beantworten und Glückwünsche entgegenzunehmen. Er hat für jeden ein freundliches Wort, der einen Blick auf den »Flieger von Afrika« werfen will. Dann muß er zum Gefechtsstand, um den erforderlichen Gefechtsbericht auszuschreiben und sich bei Neumann zu melden.

Im Zelt raucht er dann eine Zigarette. Das ist aber mehr ein Ritual (denn er ist kein starker Raucher). Er schreibt den Bericht über den Luftkampf aus. Obwohl sich gewöhnlich nur Staffelkapitäne auf dem Gefechtsstand melden, ist Marseilles ganze Staffel diesmal dabei. Noch einmal werden Glückwünsche ausgetauscht; Trinksprüche, ein Glas Rotwein. Kommodore Neumann kommt, um seine Gratulation persönlich anzubringen. Am Abend soll dann ein Fest zu Ehren von Marseille steigen. Er kann sich etwas Ruhe gönnen.

Der Kampf über Bir Hakeim ging weiter, und am 10. Juni hatte Marseille einen anderen großen Tag über dem Fort. Obwohl Rommel das Fort seit dem 3. Juni einige Male angegriffen hatte, hielt es sich immer noch. Die Stukaverluste fielen langsam ins Gewicht. Sie wären noch größer gewesen, wenn die Me 109 nicht Jagdschutz geflogen hätten. Innerhalb einer Woche hatte das Stukageschwader 3 vierzehn Ju 87 verloren. Generalfeldmarschall Albert Kesselring holte schließlich Ju 88-Bomber aus Kreta und Griechenland herbei. Am 10. Juni wurde alles, was die Luftwaffe auf die Beine bringen konnte, in einem gewaltigen Luftangriff auf Bir Hakeim geworfen. Während des ganzen Tages deckten 124 Stukas und 86 Ju 88 das Fort ein. Die Bomber wurden durch alles, was Neumann mit dem JG. 27 auftreiben konnte, gedeckt. An diesem Tag schoß Marseille vier Curtiss ab. Das war sein 78., 79., 80. und 81. Luftsieg. Am nächsten Morgen flatterte die weiße Fahne über Bir Hakeim. Der Fall der Festung hatte Rommel endlich den Rücken frei gemacht und damit seinen erfolgreichen Vormarsch auf den Nil ermöglicht. Kesselring selbst überreichte Marseille das Eichenlaub zum Ritterkreuz am Tage nach seinen sechs Siegen über dem Fort Bir Hakeim. Nach seinen vier Luftsiegen am 10. Juni flog Marseille weiterhin täglich. Am 15. Juni, in der Nähe von El Adem, schoß er drei Flugzeuge ab und brachte seine Gesamtzahl damit auf 91. Um diese Zeit herum fingen seine Kameraden bereits an, auszurechnen, bis wann er auf die magische Zahl von 100 Luftsiegen kommen werde. Niemand hatte so etwas bisher gesehen; Marseille war bereits zur Legende geworden. Am Abend des 15. Juni fragte ihn ein Kamerad, wann er sein 100. Opfer eingeplant habe. Marseille lachte und sagte, das werde übermorgen nachmittag passieren. Das waren prophetische Worte, und solche Anlässe brachten noch mehr Farbe in die Legende, die heute über ihn umgeht. Am nächsten Tag, dem 16. Juni, schoß er vier Flugzeuge ab, und am 17. Juni, als jedermann im Geschwader gespannt war auf das, was nun passieren mußte, startete Marseille mit sechs Kameraden der 3. Staffel, um sich um die andauernden RAF-Tieffliegerangriffe zu kümmern, die besonders der 21. Panzerdivision zu schaffen machten. Um 12.35 Uhr war er über dem Platz zurück – und wackelte sechsmal. Damit war seine Gesamtzahl auf 101 Luftsiege angewachsen. Alles lief auf dem Platz zusammen, um ihn bei der Landung zu begrüßen. Als Meyer die Haube öffnete, konnte jedermann sehen, daß die letzten Tage ihre Spuren hinterlassen hatten. Marseille war grau im Gesicht. Er hatte sich fast zuviel zugemutet, um seiner Prophezeiung gerecht zu werden.

Neumann befahl Startverbot für ihn, trotz der Proteste von seiten Marseilles, der gerne am Angriff auf Tobruk teilgenommen hätte. Es kam aber nicht nur zu dem Startverbot: er erhielt den Befehl, sich in der Heimat zu melden. Dort wurde er von Hitler persönlich mit dem Eichenlaub mit Schwertern zum Ritterkreuz ausgezeichnet. Während er in Deutschland war, wurde er von hohen Persönlichkeiten geehrt, für Propagandazwecke interviewt und als Nationalheld gefeiert. Aber er hat niemals mit seinen Erfolgen geprahlt. Der Bericht über ein Interview in Deutschland läßt seine unbekümmerte Haltung erkennen. Er wurde gefragt, ob es heiß sei in Afrika. »Ja.« Ob dort eine Menge Sand in der Wüste sei. »Ja.« Ob viele Engländer dort seien. »Ja.« Ob die gut seien. »Ja.« Ob er die abschießen könne. »Ja.« Bei diesem Stand des Gesprächs fing alles an zu lachen. Außer Marseille, der anscheinend gar nicht mitkriegte, weshalb hier gelacht wurde.

Nach mehr als zwei Monaten Urlaub kehrte er als jüngster Hauptmann der Luftwaffe nach Afrika zurück und übernahm wieder die dritte Staffel. Rommel hatte während seiner Abwesenheit den Vormarsch bis gegen El Alamein vorgetrieben, um dort schließlich abgefangen zu werden. Die Front hatte sich stabilisiert. Für eine Woche hat Marseille nichts Besonderes getan, aber am 1. September hat er dann seinen größten Erfolg erzielt: die höchste Zahl von Abschüssen irgendeines deutschen Jagdfliegers an einem einzigen Tag (gegen die Westalliierten) – 17 bestätigte Luftsiege bei drei Einsätzen (worüber es dann nach dem Kriege so manche Spekulationen geben sollte). Zwei Tage später wurde er in Anerkennung dieser Leistung mit den Schwertern und Diamanten zum Eichenlaub des Ritterkreuzes ausgezeichnet. Als er am 15. September seinen 150. Luftsieg errang, war er damit der erste deutsche Jagdflieger geworden, der diese Leistung an irgendeiner Front erreicht hatte. Am 26. September erzielte er seinen 158. Luftsieg: Es war sein letzter. Am 30. September war er in einer neuen Me 109 auf seinem 482. Feindflug, als ihn sein Glück verließ. Die Staffel hatte für Stukas Begleitschutz geflogen und dann den Himmel ohne Erfolg nach feindlichen Fliegern abgesucht. Auf dem Weg zurück zu den deutschen Linien (sie lagen damals auf dem Feldflugplatz Fuka) fing Marseilles Motor plötzlich an zu brennen. Man hörte ihn noch über Funk rufen: »Ich hab dicken Rauch in der Kabine. Kann nichts sehen.« Pöttgen und die anderen flogen heran und mußten hilflos zusehen. Die Staffel war immer noch über britisch besetztem Gebiet. Pöttgen rief: »Nur noch drei Minuten bis El Alamein!« Dann waren es noch zwei Minuten, dann eine. Marseille versuchte es noch bis zu den eigenen Linien zu schaffen. Vielleicht hat er zu lange gewartet, oder vielleicht hat er nur Pech gehabt. Schließlich befanden sich die acht Me 109 über deutschem Gebiet, vier Meilen nach der weißen Moschee, die die Front bezeichnete. Und eine dieser acht Me 109 rauchte ziemlich stark. Marseilles letzter Ruf war: »Jetzt muß ich raus.« Er legte die rauchende 109 auf den Rücken, die Haube ging auf, und er fiel heraus. Aber die 109 ging mit der Nase nach unten, und vermutlich flog Marseille gegen das Leitwerk, als er aus der Maschine herauskam. Alle warteten schreckerfüllt, daß sich der Fallschirm öffnete, aber vergeblich. Marseille schlug auf den Boden auf. So schnell seine Kameraden konnten, suchten sie die Stelle nach der Landung auf und bargen seine Leiche.

Er wurde unter militärischen Ehren in der Wüste begraben. Seine Staffel litt sehr unter dem Schock, und sein Tod hat die gesamte Luftwaffe in Afrika berührt – so unbesiegbar hatte er geschienen: Seine Erfolgsliste in Afrika enthält 101 Curtiss Tomahawks und Kittyhawks; 30 Hurricanes; 16 Spitfires und 4 Bomber. Mit Ausnahme von vier Flugzeugen handelte es sich also durchweg um Jagdflugzeuge. Höhere Luftsiege sollten von deutschen Jagdfliegern nur im Osten erreicht werden, aber Marseilles Gesamtzahl wurde von keinem anderen deutschen Jagdflieger erreicht, der gegen die Westmächte eingesetzt war, obwohl er mehr als zweieinhalb Jahre vor Ende des Krieges ums Leben kam. Und seine Leistung von 17 Luftsiegen an einem Tag wurde nur einmal während des Krieges von einem anderen Deutschen erreicht und übertroffen. (Hauptmann Emil Lang schoß in Rußland 18 russische Flugzeuge an einem Tag ab.)

Nach 1945 haben Deutsche und andere, die sich mit dem Luftkrieg beschäftigt haben, langsam begonnen, die Größe der Leistungen Marseilles zu erkennen. 1957 wurde sein Fliegerleben in Afrika in einem Film dargestellt, der in Deutschland gut ankam, obwohl die deutsche Öffentlichkeit lange Jahre nach dem Krieg kein besonderes Interesse mehr an Kriegsfilmen und Kriegshelden hatte. Die Schrecken der Kriegszeit und die Kriegsfolgen beherrschten die Erinnerung. In den letzten Jahren hat jedoch auch die Öffentlichkeit in den Vereinigten Staaten und in England angefangen, Interesse an Marseille zu zeigen.

Man darf heute sagen, daß es Marseille zur Meisterschaft des überraschend schnellen Angriffs und zu einer fast wissenschaftlichen Perfektion des Schießens aus der Bewegung heraus, also des Schießens mit Vorhaltemaß, gebracht hat, und zwar in einem Grade, der später nur noch selten im Luftkampf erreicht wurde. Er mag es also verdient haben, daß man ihn den »unbestrittenen und unbesiegten Virtuosen unter den Jagdfliegern des zweiten Weltkrieges« nennt.

DER SCHWARZE TEUFEL ÜBER KURSK

7. JULI 1943 –
LEUTNANT ERICH HARTMANN, LUFTWAFFE

Der erfolgreichste »Experte« im zweiten Weltkrieg und der Jagdflieger mit der höchsten Zahl von Luftsiegen in der gesamten Geschichte der Jagdfliegerei, Erich Hartmann, ging 1939 noch in die Schule und kam erst während des dritten Kriegsjahres an die Front. Er erzielte die erstaunliche Zahl von 352 Abschüssen, die alle an der Ostfront erreicht wurden. Obwohl Luftsiege im Osten nicht unbedingt mit Luftsiegen, die im Westen erkämpft wurden, vergleichbar erscheinen, so stellt ihn dieser Rekord auf jeden Fall an die Spitze aller Jagdflieger der Welt.

Hartmann war ein stetiger, methodischer Mann in der Luft und ein immer gut gelaunter, fröhlicher Pilot auf dem Boden. Er flog oft mehrere Einsätze am Tag. Woche auf Woche und Monat auf Monat gegen größere Verbände niedrig fliegender russischer Bomber und Jäger. Gelegenheiten, auf den Feind zu treffen, waren nahezu immer vorhanden. Er hatte gewöhnlich die Möglichkeit, sich sein Ziel aus einer Anzahl feindlicher Flugzeuge auszusuchen. Aber er hat nicht versucht, bei jedem Einsatz alle abzuschießen. Einmal, am 24. August 1944, schoß er sechs ab. Aber normalerweise war er mit weniger zufrieden. Er hat es auf insgesamt 1425 Feindflüge gebracht; bei mehr als 800 dieser Flüge kam es zu Luftkämpfen. Der Ruf des »schwarzen Teufels der Ukraine« war auf beiden Seiten unbestritten, und sein Wert für die Luftwaffe und demzufolge auch für das deutsche Heer war nicht abzuschätzen. Wenn man die Zahl seiner Siege betrachtet, dann ist man versucht, seine Leistung etwas abzuwerten, weil man glauben könnte, daß sie leichtfielen. Man muß jedoch verschiedene Faktoren heranziehen, wenn man zu einer genauen Wertung kommen will. Zuerst hatten natürlich die deutschen Jagdflieger an der russischen Front viel mehr Gelegenheiten, zu einem Abschuß zu kommen. Die Zahl der auftretenden russischen Flugzeuge war also schon ein Faktor. Zum zweiten kamen Stil und Bedingungen im Luftkrieg an der Ostfront den Neigungen der deutschen Jäger entgegen, die gewöhnlich in einer Rotte oder in einem Schwarm flogen. Sie hatten meistens »freie Jagd« auf die niedrig fliegenden russischen

Verbände. So haben die deutschen Jäger die Flexibilität und die Freiheit genossen, selber zu bestimmen, wie und wann sie angreifen wollten und wen sie angreifen wollten. Das ist ein größerer taktischer Vorteil im Luftkampf, besonders wenn es sich um schnelle Flugzeuge handelt. Die Jagdflieger der Luftwaffe münzten diesen taktischen Vorteil auch in zahlenmäßig beeindruckende Erfolge um: Sie haben während des Krieges etwa 45 000 russische Flugzeuge abgeschossen.

Daneben war der Jagdflieger im Osten nicht in einen strategischen Luftkrieg gegen Rußland verwickelt, der lange Flüge in großen Höhen verlangt hätte. Im Gegenteil, er fand sich meist in der Rolle des Abfangjägers gegenüber Verbänden langsamer russischer Bomber und Jagdflieger, die Ziele im deutschbesetzten Teil Rußlands angriffen. Auf diese Weise konnten die deutschen Jagdflieger also leicht drei oder vier Einsätze am Tag in niederer Höhe fliegen; sie kamen ohne langwierige Steigflüge aus und mußten nie weit von ihrem Platz weg. Daß dies ganz allgemein viele und andauernde Gelegenheiten für Abschüsse bot, kann man aus den einzelnen Berichten der deutschen Jagdflieger im Osten ablesen. Hartmanns Fall unterstreicht diesen Punkt besonders. Er erzielte im Schnitt auf vier Einsatzflüge einen Luftsieg, das heißt: bei jeder zweiten oder dritten Feindberührung schoß er seinen Gegner ab. So gesehen kann man seine große Zahl von Luftsiegen eher verstehen. In den alliierten Luftstreitkräften waren Piloten, die mehr als 500 Einsätze flogen, die Ausnahme. Einer der besten Jagdflieger der RAF, Johnny Johnson (der, wie Hartmann, erst in den späteren Kriegsjahren an die Front kam), war im steten Wechsel von Front und Etappenverwendung dann schließlich auf 515 Feindflüge gekommen.

Neben Hartmann gab es über 100 deutsche Jagdflieger, die mehr als 100 Luftsiege erzielten. Mehr als 90 Prozent von ihnen dienten an der Ostfront. Zwei Jäger der Luftwaffe kamen auf 300 Abschüsse. Die Gesamtzahlen der anderen Spitzenjäger an der russischen Front waren: Barkhorn (301), Rall (275), Kittel (267), Novotny (258), Batz (237), Rudorffer (222 – 136 im Osten und 86 im Westen); und so weiter.

Gegen die Luftstreitkräfte der Westalliierten kamen die deutschen Jagdflieger nicht zu derart hohen Zahlen. Aber acht Deutsche brachten es doch je auf mehr als 100 Luftsiege im Westen – an ihrer Spitze natürlich Marseille. Die anderen waren Bär (124 – 220 insgesamt), Bühligen (112), Galland (104), Schroer (102 – 114 insge-

Me 109 F-4 (JG 53).

Me 109 G-2.

FW 190 A-3.

samt), Mayer (102), Müncheberg (102 – 135 insgesamt) und Priller (101). Die komplette Liste deutscher Jagdflieger mit mehr als 100 Abschüssen enthält 104 Namen!

Hartmanns Siege an der Ostfront wurden nicht im ersten Jahr des Krieges erzielt, als es für deutsche Jagdflieger noch relativ leicht war, ihre Gegner abzuschießen. Er kam zu seinem ersten Abschuß im Oktober 1942 und hatte es dann bis zum Sommer 1943 noch nicht einmal auf 120 Luftsiege gebracht. Erst während dieses Sommers (die in diesem Kapitel berichteten Ereignisse fanden zu dieser Zeit statt) begann er schneller von Sieg zu Sieg zu eilen. Er wurde selbst auch einige Male abgeschossen und bei einer solchen Gelegenheit geriet er sogar kurz in russische Gefangenschaft. Während ihn seine Bewacher in einem Lastwagen zu rückwärtigen Stellen fahren wollten, schlug er plötzlich den ihm am nächsten Sitzenden nieder, »bootete aus« und entkam in einen nahe gelegenen Wald. Er hängte seine Verfolger ab und erreichte dann die eigenen Linien wieder. Deutsche Jagdflieger waren allgemein nicht daran interessiert, über russischem Gelände abgeschossen zu werden. Deshalb haben sich viele von ihnen bemüht, über den eigenen Linien zu bleiben oder hinter den eigenen Linien – mit dem Ergebnis, daß eine ganze Anzahl, die abgeschossen wurde, abspringen und innerhalb Stunden zu ihren Einheiten zurückkehren konnten, um gleich wieder zu starten und zu weiteren Luftsiegen zu kommen. Obwohl Hartmann oft abgeschossen wurde, blieb er bis zum Schluß im Einsatz und erzielte seinen 352. Luftsieg am letzten Tage des Krieges. Sein russisches Opfer war gerade dabei, mit den Flächen zu wackeln, um einen eigenen Sieg anzuzeigen. Wie man es auch ansehen mag, die Leistung Hartmanns bleibt enorm beeindruckend. Selbst wenn man die große Zahl von feindlichen Flugzeugen (also von auftretenden Zielen), die günstigeren Bedingungen des Luftkrieges im Osten, die vielen Gelegenheiten zu Feindflügen und die überlegene Leistung seiner Me 109 in Betracht zieht, bleibt das Ganze ein Ereignis ohne vergleichbaren Vorgang.

Wie hätten die Jagdflieger der Ostfront gegen die Luftstreitkräfte der westlichen Alliierten abgeschnitten? Das ist eine der häufigsten Fragen im Hinblick auf den Luftkrieg. Wenn man einzelne Unterlagen studiert, dann muß man feststellen, daß sie sich auch da behauptet hätten. Sie wären zwar weniger zum Fliegen gekommen und hätten dann auch weniger Luftsiege erzielt. Hartmann hatte diese Gelegenheit einmal für kurze Zeit, als er nach Rumänien verlegt wurde – das war im Sommer 1944. Er flog die gleiche Me 109, die er durch den ganzen Krieg hindurch bevorzugte, und während dieser kurzen Periode schoß er fünf P-51 (wahrscheinlich das beste amerikanische Jagdflugzeug des Krieges) ab.

Die Erfahrung anderer Ostfrontpiloten und ganzer Geschwader deutet darauf hin, daß es einfach nicht stimmt, wenn man in der Weise verallgemeinern will, daß Luftsiege an der Ostfront leichterfielen. Ein Beispiel dafür ist Major Joachim Müncheberg, einer der acht deutschen Jagdflieger, die im Westen zu mehr als 100 Luftsiegen gekommen waren. Müncheberg wurde für ein paar Wochen im Sommer 1942 an die Ostfront versetzt und wurde in dieser kurzen Zeit selbst dreimal abgeschossen. Ein anderes Beispiel betrifft das Jagdgeschwader 1, das so erfolgreich im Westen gewesen war und dann in den Osten verlegt wurde. Das Geschwader hatte keinen Erfolg; innerhalb von drei Wochen war es als Kampfeinheit praktisch vernichtet und wurde wieder in den Westen zurückverlegt. Die Bedingungen an den beiden Fronten unterschieden sich doch sehr. Jagdflieger von der Ostfront, die plötzlich in den Westen versetzt wurden, hatten eine ausgesprochene Abneigung gegen Luftkämpfe, die in großen Höhen stattfanden und sich gegen schwerbewaffnete und in engen Pulks fliegende amerikanische Bomber richteten, und sie haben sich demzufolge – zumindest anfänglich – nie besonders hervorgetan. Auf der anderen Seite hatten Piloten, die von der Westfront an die Ostfront versetzt wurden, sich erst an die besonderen Bedingungen der russischen Front gewöhnen müssen, wo mehr eigene Flugzeuge durch Bodenabwehr als durch feindliche Jagdflugzeuge abgeschossen wurden, und wo auch der ganze Stil eines Luftkampfes, der in niederer Höhe geführt wird, ein Umgewöhnen notwendig machte.

Hartmanns Geschwader war das erfolgreichste der ganzen Luftwaffe, es hatte 177 Luftsiege 1940 im Westen erzielt, bevor es in den Osten verlegt wurde, wo es dann auf nahezu 11 000 Luftsiege kam. Die große Zahl von Abschüssen, die allein durch dieses Geschwader erreicht wurde, ist ein anderer statistischer Hinweis auf die Möglichkeiten, die die deutschen Jagdflieger dort hatten. Es ist interessant, in diesem Zusammenhang festzustellen, daß die »Experten« für mehr als die Hälfte dieser russischen Flugzeugverluste verantwortlich waren. Hans Ring gibt an, daß von den 45 000 Abschüssen im Osten etwa 24 000 von nur 300 Jagdfliegern erzielt wurden. So war der erfahrene deutsche Flieger an der russischen Front zum ausgemachten Profi geworden, der auch deshalb zu weiteren Erfolgen kam. Für den Neuling war es nicht so einfach. Ein Geschwader im Osten verlor in einem Jahr 80 Piloten, von denen 60 noch nicht einmal einen Luftsieg aufzuweisen hatten.

Der Krieg im Osten war damals ein Krieg gegen große Zahlen russischer Flugzeuge über einer weitausgedehnten Front. Man kann zu keinem echten Vergleich des Luftkrieges im Osten mit dem Luftkrieg im Westen kommen. Man braucht diesen Vergleich auch nicht. Man kann darüber debattieren, warum die Jagdflieger im Osten höhere Zahlen erreichten. Die Umstände haben zweifellos mehr Gelegenheiten geboten. Manchmal mag es also wirklich leichter gewesen sein, einen Luftsieg zu erzielen; andererseits ergibt sich bei näherem Hinsehen doch, daß die Abschußzahlen der deutschen Jagdflieger an der Ostfront mehr Respekt verdienen, als ihnen manche Leute nach dem Krieg zuschreiben wollten.

Erich Hartmann ist, vier Jahre nach Ende des ersten Weltkrieges, im Jahre 1922 in Weissach, Württemberg, auf die Welt gekommen. Er war siebzehn und noch in der Schule, als der zweite Weltkrieg begann. Er kam während des zweiten Kriegsjahres zur Luftwaffe, und nachdem er seine fliegerische Ausbildung erfolgreich hinter sich gebracht hatte, wurde er im März 1942 an die Ostfront versetzt. Er war gerade etwas über 20 Jahre alt. Bei seinen ersten Feindflügen ließ er keineswegs erkennen, daß er einmal zum erfolgreichsten Jagdflieger überhaupt werden sollte. Bis zum Sommer 1943 waren seine Leistungen zwar respektabel, aber im Vergleich mit einigen Kameraden keineswegs ungewöhnlich. Während dieser Zeit hat er aber die Technik und die Taktik ausgearbeitet, die später so vielen Gegnern zum Verhängnis werden sollten. Dazu gehörte z. B., daß er – von hinten angegriffen – seinen Rottenflieger nach unten und etwas voraus schickte, um den Feind vor seine Waffe zu locken. Wenn sein Rottenflieger noch sehr jung war, dann ließ er ihn manchmal oben Deckung fliegen, stürzte sich selbst auf den Feind, zog von unten hoch und gab dabei einen kurzen und genauen Feuerstoß ab, während er durch die feindliche Formation nach oben durchstieß und damit außer Schußentfernung geriet (fast so wie Marseille). Hartmann ging gewöhnlich so nahe heran, »bis das feindliche Flugzeug die ganze Panzerscheibe ausfüllte«, bevor er das Feuer eröffnete. Normalerweise waren seine Feuerstöße kurz und lagen genau im Ziel, und anscheinend machte er nicht den Fehler, sich selbst zu überschätzen und zu viele Flugzeuge bei einem Einsatz abschießen zu wollen. Er gab sich gewöhnlich mit einem Abschuß zufrieden, um am nächsten Tag wieder einen abzuschießen. Das ist vielleicht auch der Grund dafür, daß er an diesem nächsten Tag noch lebte. Wie die meisten Jagdflieger war er kein großer Mann, kein Muskelprotz. Aber er besaß die Voraussetzungen des Erfolges – schnelle Reaktion und Koordination, gutes Sehvermögen, Angriffsgeist, Kaltblütigkeit im Luftkampf – in einem solch hohen Grade, daß sich dabei innerhalb zwei und einem halben Jahr 352 Luftsiege ergaben.

Ironischerweise kam sein erster großer Tag während der deutschen Sommeroffensive 1943, jener letzten und schnell erlöschenden Hoffnung der deutschen Wehrmacht im Osten. Es war das letzte Aufbäumen der Deutschen in einer Sommeroffensive gegen Rußland. Die »Operation Zitadelle«, ein massierter Angriff, hatte zwar anfänglich Erfolg, fraß sich dann aber fest und endete schließlich in einem massiven Rückzug. Zum erstenmal fanden sich Hitlers Armeen mitten im Sommer auf breiter Front im Rückzug.

Die Offensive begann am 5. Juli. Generaloberst Heinz Guderian erinnert sich in »Panzerführer« (er war damals Generalinspekteur der Panzertruppen), daß die deutsche Wehrmacht alles in diesen Angriff hineingesteckt hatte, was sie irgendwie auftreiben konnte. Für den Zangenangriff, der die russischen Streitkräfte in einem Frontvorsprung westlich Kursk einschließen sollte, waren 10 Panzerdivisionen, 1 Panzergrenadierdivision und 7 Infanteriedivisionen im Süden (im Gebiet von Bjelgorod) und 7 Panzerdivisionen, 2 Panzergrenadierdivisionen und 9 Infanteriedivisionen im Norden (im Gebiet von Orel) aufgeboten worden. Die Deutschen setzten neue Panther- und Tiger-Panzer ein und hatten allein auf diese neuen Typen große Hoffnungen gesetzt. Sie mußten jedoch schwere Verluste durch russische Il-2-Schlachtbomber[1] hinnehmen, die mit zwei Langrohrkanonen P IIi/37 mit 3,7-Kaliber ausgerüstet waren.

Die Luftwaffe sollte in den ersten Tagen der Offensive mit den Heeresverbänden zusammenarbeiten und den russischen Widerstand brechen. Dazu waren die Staffeln in einer geheimen Verlegung am Nachmittag des 4. Juli auf Feldflugplätze dicht hinter der Front verlegt worden. Transportflugzeuge (Ju 52) kamen während der Nacht mit Brennstoff und Gerät an. Die Staffeln sollten im Frühlicht des kommenden Morgens angreifen. Die 7. Staffel des JG. 52, zu der

---

[1] *William Green beschreibt die Entwicklung der Il-2 in zwei Artikeln in der Flying Review International (August–September 1965). Die neue Kanone hatte eine verheerende Wirkung. So führt Green z.B. an, daß die 90. Panzer-Division bei Kursk durch Il-2-Beschuß innerhalb von 20 Minuten 70 Panzer verlor.*

Leutnant Hartmann gehörte, verlegte nach Ugrim (14 km hinter dem Ausgangspunkt der Süd-Gruppe). Die Verlegung fand am Spätnachmittag des 4. Juli statt. In der Nacht vom 4. zum 5. Juli gingen die Panzer in Stellung, während Transportflugzeuge mit Nachschub für die Staffeln auf dem Platz landeten. Als die Morgendämmerung des 5. Juli anbrach, begann die Offensive. Die deutschen Panzer rollten durch die russischen Linien.

Aber auf die Piloten in Ugrim wartete eine böse Überraschung. Die ersten vier Jagdflugzeuge, einschließlich des stellvertretenden Staffelkapitäns, kehrten nicht vom Feindflug zurück, obwohl kein wahrnehmbarer feindlicher Widerstand festzustellen war. Ungewöhnlich starke Ablagerungen von Eisenerzen, so fand man schließlich heraus, lenkten die Kompaßnadeln ab; diese Ablenkungen betrugen oft 60 bis 70 Grad. Die Piloten verloren die Orientierung und fanden nicht mehr heim. Nach dem Verlust des ersten Schwarms und des stellvertretenden Staffelkapitäns erhielt Hartmann den Befehl über die 7. Staffel. Am nächsten Tag ging die deutsche Offensive weiter. Aber der flüssige Vormarsch der Panzer fraß sich fest. Von Kilometer zu Kilometer waren neue Verteidigungslinien zu durchbrechen. Offensichtlich hatten sich die Russen gründlich auf die deutsche Offensive vorbereitet und hatten auch richtig vermutet, aus welcher Richtung sie kommen mußte.

Die Jäger von Ugrim begannen allmählich mit den eigenartigen Kompaßablenkungen fertig zu werden und sich in dieser Gegend zurechtzufinden. Bisher waren sie kaum auf russische Jagdflugzeuge getroffen. Die Flugzeugführer der 7. Staffel konnten nicht wissen, daß die Dinge am andern Tag auch für sie anders aussehen sollten, als sie sich in der Nacht zum 6. Juli schlafen legten in ihren kleinen, hastig aufgebauten Zelten im tiefen sommerlichen Gras der nördlichen Ukraine.

400 km nördlich der Krim, in dem leicht welligen Gebiet westlich von Charkow, fielen kurz vor drei Uhr morgens die ersten Sonnenstrahlen auf das Gras des Feldflugplatzes Ugrim. Es war Mittwoch, der 7. Juli 1943. Die Me 109 G-10 der Staffel standen ohne Deckung im hohen Gras. Auf eins der Jagdflugzeuge mit den weißen Nasen war ein Herz aufgemalt, in dem der Name »Ursel« stand. Die wellige Landschaft dehnte sich nach allen Seiten, da und dort standen Birken, Eichen oder ein paar Tannenbäume. Der Himmel war klar. Zwei Tage rollte die deutsche Offensive nun schon in dem schönen Sommerwetter.

Am Rande des Grasplatzes standen sieben oder acht große getarnte Zelte und eine kleinere Anzahl von Schlafzelten. Die Schlafzelte waren zwei Meter lang und einen Meter breit, gerade groß genug, um eine Luftmatraze darin unterzubringen. An einem der kleinen Zelte rief ein Soldat: »Herr Leutnant, aufstehen!« Erich Hartmann wachte auf, sagte »Guten Morgen« und begann sich anzuziehen: blaugraue Hosen, graues Hemd, graue Sportschuhe mit Gummisohlen. Dann ging er an den kleinen Fluß in der Nähe und wusch und rasierte sich im frischen Wasser. Er schlenderte zur »Bar« – einem der größeren Zelte, in dem die Flugzeugführer gewöhnlich aßen und herumsaßen. In einer Ecke war der Staffelgefechtsstand aufgebaut. In der anderen Ecke stand ein Ofen, auf dem zwei russische Mädchen Frühstück machten. »Was gibt's« fragte er. »Nichts Neues.« Alles war ruhig. Es war kurz vor drei Uhr morgens. Drei andere Piloten saßen schon im Zelt; die vier sollten das Aufklärungsflugzeug begleiten, das gewöhnlich kurz nach drei Uhr startete. Jeden Morgen flog dieses Flugzeug schon beim ersten Büchsenlicht, um die Lage zu erkunden und Meldungen vom Vormarsch mitzubringen. Jeden Morgen flogen vier Jagdflugzeuge diesen wenig beliebten Jagdschutz. An diesem Morgen war Hartmann dran. Er frühstückte ausgiebig, zwei Spiegeleier, Brot, Butter, und zwei oder drei Tassen Kaffee. Es war beinahe Zeit für den Start der FW 189. Hartmann gab das Zeichen, und die vier machten sich auf den Weg zu ihren Flugzeugen.

Nicht weit von der Bar stand Hartmanns Me 109 und daneben sein erster Wart »Bimel« Merten.

»Ist der Bock klar?« fragt Hartmann. Merten meldet alles in Ordnung und hilft Hartmann beim Anschnallen. Er braucht nicht lange. Die Uhr im Flugzeug zeigt 3.04 Uhr. Der östliche Himmel wird heller, und es ist Zeit. Die FW 189 ist bereits gestartet. Hartmann dreht eines der beiden grauen Räder links hinter sich auf ein Drittel Klappen, das andere auf Starttrimmung. Nachdem er die Kühlerklappen geöffnet und den Kraftstoffstand überprüft hat, pumpt er den gelben Zündhebel auf der linken Seite des Cockpitbodens und schiebt den Leistungshebel etwas vor. Dann nickt er Merten zu. Merten, der auf dem rechten Flügel steht, beginnt zu drehen. Langsam wird das Heulen schriller. Jetzt ist es genug. Hartmann winkt ihn weg, und Merten ruft: »Frei!« Hartmann antwortet: »Frei« und zieht den kleinen schwarzen Handgriff dicht unter dem Magazinschalter am Gerätebrett zurück. Der 1450-PS-Daimler-Benz-Motor fängt an zu husten und stößt Qualmwölkchen aus den sechs Auspuffstutzen. Dann »kommt« er, und der Propeller beginnt sich zu drehen.

Nicht weit von Hartmann kommt Leben in die anderen Me 109. Der Schwarm ist fertig zum Rollen. Mit der rechten Hand gibt Hartmann Zeichen, dann geht er von den Bremsen und fängt an, auf Startposition zu rollen. Merten winkt Hals- und Beinbruch. Die blaugrünen Me 109 stehen schnell in Linie zu viert, der Propellerwind drückt die Grashalme auf den Boden. Am Platzrand, ein paar Meter vom Landekreuz entfernt, wirft Hartmann noch einmal einen Blick auf die Instrumente und sieht nach seinen Kameraden. Sie halten dicht bei ihm. Die Motoren durchbrechen die Stille des frühen Morgens auf Kilometerweite.

Er gibt Zeichen, daß es losgeht, löst die Bremsen und schiebt den gelben Knopf des Leistungshebels ganz vor. Die Me 109 rollt an, die anderen Piloten gehen ebenfalls von den Bremsen und beginnen mit Vollgas zu rollen – in seitlichem Abstand von etwa zehn Metern und etwas hinter Hartmann. Hartmann kommt schnell auf Geschwindigkeit, und nach 300 Metern zieht der Propeller das leichte Jagdflugzeug mit 160 km/h über die Graspiste. Hartmann zieht leicht, während die Geschwindigkeit zunimmt, und hält die Nase des Flugzeuges auf geradem Kurs, indem er mit den Pedalen korrigiert. Die Räder heben ab. Es ist 3.06 Uhr. Die anderen drei Jagdflugzeuge folgen ihm, und bald drehen die vier Messerschmitts in einer Linkskurve aus dem Platz und ziehen das Fahrgestell ein. Hartmann nimmt etwas Gas weg, schließt die Kühlerklappen und überprüft die Instrumente. Die anderen drei Jagdflugzeuge schließen auf, die FW 189 fliegt genau vor ihnen. Der Aufklärer und seine vier Beschützer steigen langsam in den nordöstlichen Himmel, der jetzt heller wird. Hartmann überprüft die Waffen und das Reflexvisier. In Ordnung. Seine Waffen sind mit »bunter« Munition gegurtet: Panzer-, Panzerspreng-, Panzerbrand- und Panzerminenmunition. Die Höhe nimmt zu. 700, 1000, 1200 Meter. Deutsche Flugzeuge müssen schon einigermaßen hoch fliegen, oder sie müssen riskieren, daß sie vom Boden aus beschossen werden – und zwar von beiden Seiten. Die Jagdflieger folgen dem einsamen Aufklärungsflugzeug auf Nordostkurs. Hartmann blickt gelegentlich nach unten und sieht viele Fahrzeuge und Panzer. Er sucht den östlichen Horizont ab, paßt aber dazwischen immer wieder auf das Aufklärungsflugzeug auf, das in der Nähe fliegt. Während der letzten zwei Tage herrschte nur geringe russische Lufttätigkeit. Das verleitet dazu, nicht mit Feindjägern zu rechnen. Hartmann meldet sich über FT. Bisher liegen keine Meldungen vor. Die fünf Flugzeuge fliegen weiter. Der Aufklärer geht in einen Turn, und die Jagdflugzeuge mit den weißen Nasen drehen auf den neuen Kurs ihres Schützlings ein. Das Morgenlicht läßt die große Zahl eins an der Rumpfseite von Hartmanns Flugzeug, direkt hinter dem Cockpit, klar erkennen. Unter dem Kabinenrand steht in weißer Farbe der Name seiner Verlobten, Ursel, mitten in einem roten Herzen, das von einem Pfeil durchbohrt wird. (Hartmann schreibt täglich an Ursel Paetsch; nach dem Krieg sollten diese Briefe die einzige Quelle zuverlässiger Information über jeden Tag werden, da sein Logbuch über das letzte Kriegsjahr verlorenging.) Der Flug geht nun einige Zeit ohne besondere Ereignisse weiter. Schließlich kehrt die FW 189 um, um nach Ugrim zurückzufliegen.

Der Gefechtsstand von Ugrim bekommt in diesem Augenblick eine Meldung von einem »Adler«-Posten! Adlerposten sind über die ganze Landschaft verteilt und bestehen aus einem Beobachter in einem Wagen, dem als Hilfsmittel ein gutes Fernglas und ein Funksprechgerät zur Verfügung stehen. Das Frontgebiet ist auf einer Karte aufgezeichnet, die ein Netz trägt, dessen Felder von unten nach oben mit Zahlen und von links nach rechts mit Buchstaben bezeichnet sind. Wenn nun ein Beobachter ein feindliches Flugzeug hört oder sieht, so meldet er seine Beobachtung und die entsprechende Position sofort. Jetzt ruft der Gefechtsstand Hartmann über Funk und übermittelt eine solche Meldung: »Feindliche Flugzeuge auf Westkurs – Position Berta neun. Zehn bis zwanzig russische Flugzeuge, niedrige Flughöhe.«

Hartmanns Herz schlägt schneller, als er auf die Karte sieht. Der Schwarm ist ziemlich nahe am Quadrat B 9. Er sieht noch nichts, kurvt aber in die Richtung ein, von der der Feind wahrscheinlich kommt. Er geht mit den vier Me 109 auf Abfangkurs und erhöht die Geschwindigkeit. Alles ist ruhig, aber die Spannung wächst. Die vier Jagdflieger suchen sorgfältig den Himmel ab, ob sich in der Ferne kleine Punkte zeigen. Aber die Minuten gehen vorbei, und kein Feind kommt in Sicht. Die vier Me 109 fliegen weiter.

In Hartmanns Kopfhörern meldet sich eine Stimme: »Achtung! Links vor uns ›dicke Möbelwagen‹!« Es ist ein Staffelkamerad. Hartmann blickt sofort in die genannte Richtung und erkennt nun im Osten eine Anzahl Punkte. »Viktor«, erwidert er. Er gibt Vollgas und nimmt den Knüppel an den Bauch, um die vier Me 109 auf Angriffshöhe zu bringen. Inzwischen verschwindet die FW 189 nach Südwesten auf ihrem Wege zurück nach Ugrim. Hartmann studiert die Silhouetten der anfliegenden Armada ... sie sind zu groß für Jagdflugzeuge ... Das sind Il-2-Schlachtflugzeuge, vermutlich auf dem Weg, um deutsche Bodenziele anzugreifen. Die Il-2 ist schwer gepanzert und demzufolge auch schwer abzuschießen, ausgenommen, wenn man sie von unten mit einem Treffer in den großen Ölkühler erledigen kann. Wenn man sie dort erwischt, fängt sie schnell an zu brennen. Jetzt kann man den roten Stern auf dem Leitwerk der Gegner erkennen und ihre Heck-MG. Die feindlichen Flugzeuge kommen direkt auf sie zu. Hartmann, der etwas höher fliegt, dreht zum Angriff ein. Die schwergepanzerten Il-2 sind dunkelgrün und fliegen in einer Höhe zwischen 1000 und 1200 Meter. Hartmann ist auf 2000 Meter genau vor dem anfliegenden Pulk. Seine Kameraden wissen, was sie tun müssen; jeder kann nach eigener Wahl angreifen. Hartmann, die Augen fest auf dem Feind, drückt den Mikrofonknopf: »Wir greifen an!« Er kippt ab und stürzt auf den russischen Verband zu.

Der Motor dröhnt, die Geschwindigkeit nimmt zu, schnell ist er auf 1600 Meter, 1400 Meter – er stürzt weiter. Dann fängt er ab und stellt sein Flugzeug auf eine Fläche, um hinter eine der Il-2 zu kommen. Die Schlachtbomberformation fliegt geradeaus weiter. Er blickt gespannt durch das Reflexvisier, sucht sich eines der großen grünen Flugzeuge als Ziel aus und manövriert sich mit Knüppel und Pedalen in einen schnellen Aufschwung von hinten unten. Die Me 109 hat jetzt etwa 600 km/h drauf, mit dem Geschwindigkeitsüberschuß aus dem Sturz, und steigt schnell hoch. Aber Hartmann wartet noch. Die Tragflächen des Feindes wachsen schnell im Visier. Der Pilot der Il-2 fliegt immer noch geradeaus. Er hat noch nichts von dem gemerkt, was sich hinter ihm tut. Sein Heckschütze kann den toten Winkel hinter seinem Flugzeug nicht einsehen. Jetzt füllt die feindliche Il-2 mit ihrer ganzen Spannweite den Platz zwischen den Balken im Visier aus. Hartmann wartet immer noch. Er ist jetzt noch 180 Meter entfernt, dann 140 Meter. Hartmann richtet seine Waffen auf den großen Ölkühler unter der Nase der »Stormowik«. Jetzt sind es noch 90 Meter. Feuer! Sein rechter Zeigefinger drückt auf den silbernen Auslöseknopf und sein Daumen auf den Kanonenknopf. Die beiden MGs und die 2-cm-Kanone spucken Hartmetall auf kurze Distanz, die Garbe fetzt in die Il-2. Hartmann kommt so schnell heran, daß er nur eine oder zwei Sekunden schießen kann; dann ist er an seinem Opfer vorbei und über die feindliche Formation hochgeschossen. In diesem Augenblick züngelt eine kleine blaue Flamme aus dem Kühler des russischen Flugzeuges. Die anderen Me 109 zischen in die feindliche Formation hinein, suchen sich ihre Ziele und eröffnen das Feuer. Die meisten Russen fliegen, wie man das immer wieder beobachten kann, stur geradeaus und halten Position. Nur ein paar versuchen, die vier angreifenden Me 109 aufs Korn zu nehmen. Hartmann blickt zurück nach unten auf den Feindverband. Die von ihm angegriffene Il-2 raucht jetzt ziemlich stark und schert aus der Formation aus. Die Entfernung zum Boden ist kurz. Während das Flugzeug fällt, lodern Flammen aus dem Motor. Es schlägt auf und explodiert. Luftsieg Nr. 1 für den 7. Juli; es ist sein 22. Während er hochzieht, denkt Hartmann schon an den nächsten Angriff.

Der russische Verband fängt nun an, sich in Paare und einzeln fliegende Flugzeuge aufzulösen. Im Abschwung stürzt Hartmann zum zweitenmal nach unten, um Geschwindigkeit aufzunehmen. Er geht unter die Flughöhe der Russen und zieht hinter ihnen erneut hoch. Er hat noch viel Munition. Ganz kurz blickt er nach hinten und bringt dann die zweite Il-2 ins Visier, mit feinfühligen Ruderkorrekturen, um seine Me 109 zu einer stabilen Waffenplattform für genaues Schießen zu machen. (Ein gierendes oder schiebendes Flugzeug verfälscht die Zielangaben.) Während er nun schnell von hinten kommt und das Wachsen der feindlichen Tragflächen im Visier beobachtet, bereitet sich Hartmann auf den Abschuß des zweiten Opfers vor. Jetzt aber hat der Pilot da vorne den Gegner hinter sich bemerkt. Er zieht plötzlich hoch und geht in einen Turn – eine beliebte Taktik (wenn auch keine gute) so vieler russischer Piloten. Hartmann hat jedoch lange geübt, um im Vorhalten schießen zu können, und ist inzwischen ein Meister in der Abschätzung des richtigen Vorhaltemaßes. Sofort kurvt er hinter die in ihrem Turn steigende Il-2 und ist hinter ihr. Ein kurzer Blick durch das Visier ... Entfernung: 250 Meter ... 200 ... 150. Er drückt auf die Knöpfe. Wieder liegen seine Schüsse genau. Sie schlagen in den dunkelgrünen Schlachtbomber. Fetzen fliegen aus dem Flugzeug nach hinten. Dann ... das verhängnisvolle blaue Flämmchen, und Rauch! Wieder der Ölkühler. Hartmann zieht über den Feindverband scharf hoch, der jetzt wild auseinanderfliegt, und sieht nach unten und hinter sich. Sein zweites Opfer schert aus der Formation aus. Andere Il-2 brennen; der Angriff der vier deutschen Flugzeuge ist ein voller Erfolg.

Die übriggebliebenen Russen fliegen, jeder für sich, nach Osten. Plötzlich merkt Hartmann, daß der Himmel fast leer ist. Er will seinen Schwarm sammeln. Er drückt den Mikrofonknopf und kündigt an, daß er Kurs auf Ugrim nimmt. Sein Rottenflieger hat ihn im Blickfeld behalten, und bald ist der Schwarm wieder beisammen und fliegt in Richtung Südwest. Hartmann meldet den Luftkampf an den Gefechtsstand. Es ist erst 3.50 Uhr. Er hat zwei Luftsiege, bevor die übrigen Kameraden überhaupt nur angefangen haben.

Ugrim liegt eine Viertelstunde entfernt, und die Messerschmitt fliegen auf 1500 Meter Höhe nach Hause. Als sie über die deutschen Truppen wegfliegen, sehen sie orangerote Leuchtkugeln, das Zeichen für die vordersten Einheiten der Deutschen. Sie fliegen weiter. Nach 15 Minuten kommt der Flugplatz in Sicht. Hartmann will mit den Flächen wackeln, um seine Siege mit dieser traditionellen Geste anzumelden. Er drückt an, wird etwas schneller, während er auf den Platz zukommt; dann fängt er ab und donnert in niedriger Höhe heran. Während er über dem Platz ist, wackelt er einmal, dann fliegt er zurück und grüßt die da unten mit einem zweiten Wackeln. Luftsiege Nr. 22 und 23. Der Schwarm dreht in die Landekurve, das Fahrgestell ist draußen. Die Tiefdecker mit den weißen Nasen senken sich auf den Platz. Sie schweben knapp über dem hohen Gras aus und setzen auf. Hartmann hält den Knüppel hinten, rollt und dreht auf den Abstellplatz zu und auf Merten, der natürlich das Wackeln gesehen hat. Hartmann führt seinen Schwarm auf den Abstellplatz, nimmt das Gas heraus und schaltet die Zündung aus.

Merten lacht, als er auf die Fläche der Me 109 springt und ihm entgegenruft: »Wir gratulieren!« Hartmann muß Fragen über diesen Einsatz am frühen Morgen beantworten. Was er alles gesehen hat, wie viele Il-2 das waren, usw. Er läßt seinen Fallschirm im Flugzeug, und nachdem er weitere Fragen und Glückwünsche über sich hatte ergehen lassen, geht er auf das große Zelt zu. Für Merten bedeuten diese zwei Abschüsse eine Malarbeit. Auf das Ruder pinselt er für jeden Sieg einen kleinen gelben Strich, der ungefähr fünf Zentimeter lang ist. Bisher sind 23 Striche auf die Ruderfläche gemalt. Hartmann hofft, daß er eines Tages die Aufschrift »Hundert« dort anbringen lassen kann – ein Wort, das dann 100 gelbe Striche ersetzt. (Am Ende des Krieges wird er dreimal das Wort Hundert und dazuhin über 50 gelbe Striche auf seinem Leitwerk haben.)

Vom großen Zelt aus meldet Hartmann den Luftkampf telefonisch an den Gruppengefechtsstand der III. Gruppe. Die Geschäftigkeit des frühen Morgens ist ein Zeichen dafür, daß dieser Tag anders verlaufen wird als der 5. und 6. Juli, anders als die beiden Tage, an denen die deutsche Offensive rollte und kaum von feindlicher Lufttätigkeit gestört wurde. Jetzt kommen andere Meldungen über auftauchende russische Flugzeuge[1] herein. Hartmann, der die exakte Position seines Luftkampfes auf der Karte eingezeichnet hat, nimmt Glückwünsche von den Kameraden entgegen, die jetzt erst aufgestanden sind. Er schreibt seinen Gefechtsbericht aus. Als er damit fertig ist, frühstückt er nochmal (zwei Eier) und geht an sein Flugzeug hinaus. Vier Flugzeugführer sind bereits in ihren Flugzeugen. Sitzbereitschaft. Sobald Hartmann um 4.05 Uhr mit seinem Verband gelandet war, haben die vier ihre Flugzeuge bestiegen. Sie sind in Alarmbereitschaft und können auf ein Zeichen sofort starten. Wenn also eine Adlermeldung einen Alarm auslöst, dann sind sie innerhalb von 40 Sekunden in der Luft. Bei einem Alarmstart zieht die ganze Staffel los, aber die vier Flugzeuge der Sitzbereitschaft sind dann als erste oben. Das Signal für Alarmstart ist eine Rakete, die über dem Feld mit lautem Knall explodiert und in 15 weiße Sterne zerfällt. Die Jäger nennen das ein »Radieschen«. Eine oder zwei rote Raketen sind das Signal für die Sitzbereitschaft, sofort zu starten.

Die Sonne ist aufgegangen – es ist 5.15 Uhr, und Hartmann ist schon wieder müde. Er unterhält sich einige Minuten mit Merten, der seine 109 aufgetankt und neu munitioniert hat. Dann legt er sich ins Gras und schläft ein. Er will ausgeruht sein für die weiteren Aufgaben des Tages. Die Monate Juli und August werden seine Fähigkeiten als einer der größten Jagdflieger erst richtig zeigen. Hartmann kann nur ein paar Minuten schlafen. Dann kommen Einsatzbefehle für freie Jagd über dem Kampfgebiet. Eine Stunde und vierzig Minuten nach seiner Landung führt er schon wieder einen anderen Verband Me 109 mit Kurs Nordost. Es sollte sein zweiter erfolgreicher Einsatz an diesem Tag werden. Nicht weit von Ugrim stoßen die 109 plötzlich auf zahlreichen Feind – ein anderer Il-2 Verband, diesmal mit Jagdschutz. Hartmann führt die Staffel zum Angriff. In diesem Luftkampf schießt er einen Schlachtflieger und einen Jäger

---

[1] *An diesem Tag flogen die Il-2 massierte Angriffe. Innerhalb von 20 Minuten verlor die 8. Panzer-Division 70 Panzer. Zwei Stunden lang in rollendem Einsatz geflogene Il-2-Angriffe kosteten die 3. Panzer-Division 270 Panzer und beinahe 2000 Gefallene; die 17. Panzer-Division verlor 240 Panzer von 300.*

ab. Das russische Flugzeug, das er erwischte, war eine Lagg-3. Die zwei zusätzlichen Siege brachten die Zahl für den Tag auf vier und seine Gesamtzahl auf 25! Der Feindflug dauerte etwa eine Stunde.

Hartmann war um 6.45 Uhr wieder auf dem Platz. Wieder meldete er den Einsatz telefonisch an den Gruppengefechtsstand und füllte den zweiten Gefechtsbericht aus – der mußte am Abend bei dem Gefechtsstand des JG. 52 vorliegen.

Mit diesen beiden Feindberührungen und vier Luftsiegen an einem Tag war Hartmann eigentlich schon recht zufrieden. Es wurde Zeit zum Mittagessen. Der Nachmittag brach an. Es kam ein weiterer Befehl für freie Jagd. Sieben Minuten nach fünf Uhr schob der neue Staffelführer den Gashebel ganz nach vorn, und die Staffel zog mit Nordostkurs aus dem Platz heraus. Und wieder traf er nach kurzer Zeit auf den Feind, dieses Mal in Gestalt eines großen Verbandes von russischen Lagg-3-Jagdflugzeugen. Eine tolle Kurbelei entstand zwischen den beiden Jägerformationen, und ein russisches Flugzeug nach dem anderen fiel vom Himmel. Als alles vorbei und der Himmel wieder leer war, hatte Hartmann drei Jagdflugzeuge abgeschossen, Luftsieg Nr. 26, 27 und 28 und sein 5., 6. und 7. Luftsieg am 7. Juli! Über der ganzen Front war es in diesen Tagen zu heftigen Luftkämpfen gekommen.

Das JG. 52 überschritt die Zahl 6000 in den Gesamtsiegen des Geschwaders; die Luftwaffe konnte den Abschuß von 193 russischen Flugzeugen an einem Tag melden.

Dieser Tag war der Beginn von Hartmanns meteorhaftem Aufstieg unter den deutschen Jagdfliegern der Ostfront. Im Verlauf der Monate Juli und August schoß er 48 feindliche Flugzeuge ab – mehr als dreimal soviel wie in den ersten neun Monaten vor dem Feind. Die Serie ging weiter. Die Jahre 1943 und 1944 hindurch steigerte er die Zahl seiner Abschüsse – obwohl die Luftwaffe das Ruder an der Ostfront nicht mehr herumwerfen konnte. Am 20. September erreichte er seinen 90. Abschuß (das war an dem Tag, als die Russen ihn gefangengenommen und dann wieder »verloren« hatten). Als die deutsche Front zurückwich, nahm die Zahl der feindlichen Flugzeuge und damit auch die Zahl von Hartmanns Abschüssen laufend zu. Er war der vierte deutsche Jagdflieger, der 250 Abschüsse erreichte, aber der erste, der dann auf 300 kam, und der einzige, der 350 erreichen sollte. So schnell, wie die Luftsiege hintereinander kamen, erhielt er seine Auszeichnungen. Schließlich wurde er zu Hitler befohlen, und dieser zeichnete ihn persönlich mit den Schwertern und Brillanten zum Eichenlaub des Ritterkreuzes aus. Von dieser höchsten Auszeichnung wurden während des Krieges nur 28 verliehen.

Es lag bestimmt nicht an Hartmann, daß Deutschland den Krieg im Osten verloren hat. Hätten die Deutschen mehr Männer wie ihn hervorgebracht, dann wäre die Aufgabe der Russen und der westlichen Alliierten noch viel schwieriger gewesen. Obwohl er seinen ersten großen Sieg in der Luft erst im Jahre 1943 erzielte und obwohl sich das Blatt dann nachher zuungunsten seines Landes wendete und die endgültige Niederlage sich abzeichnete, zeigt sein Logbuch einen wachsenden Einsatz und weiter zunehmende Erfolge bis in die letzten Tage des Krieges hinein.

Die »Operation Zitadelle« erwies sich als kurzlebiger Erfolg. Unter großen Verlusten kämpften sich die deutschen Panzer vom Südwesten und Nordwesten nach vorne, um an dem vorbestimmten Punkt hinter dem Rücken des Feindes zusammenzutreffen, bei der Stadt Tim. Die nördliche Zange kam etwa 16 km vorwärts, bevor sie sich in der vielfach hintereinander gestaffelten Verteidigungslinie fing und unter heftigen Luftangriffen zum Stehen kam. Der südliche Angriff (im Bereich von Hartmanns Operationsgebiet) kam etwa 60 km vorwärts. Aber das war noch weit vom beabsichtigten Treffpunkt entfernt, und die Angriffe erwiesen sich als so verlustreich, an Panzern wie an Soldaten, daß sich bereits nach der ersten Woche der Fehlschlag dieser letzten Sommeroffensive Hitlers erkennen ließ. Hartmann und seine Staffelkameraden sahen, wie die Dinge lagen, denn sie flogen täglich über dem Schlachtfeld. Sie waren Zeugen heftiger Panzerschlachten nordöstlich von Ugrim. Für drei oder vier Tage schlugen sich dort die Panzer auf einer großen Ebene miteinander herum. Hartmann erinnert sich an die Schlacht: »Panzer waren da aufmarschiert auf viele Kilometer. Die Schlacht ging tagelang hin und her. Schließlich brachten die Russen neue Panzerreserven in den Kampf. Wir hatten keine mehr.« (Der Militärschriftsteller G. F. C. Fuller vertritt in seinem Buch »The World War« die Meinung, daß die Niederlage beim Angriff auf Kursk sich für die Deutschen genauso verheerend ausgewirkt hat wie die Niederlage von Stalingrad.)

Am 15. Juli gingen die Russen nördlich der Schlacht von Kursk zum Generalangriff über und brachen durch die deutschen Linien, die nur verhältnismäßig schwach besetzt waren, weil man auch aus diesem Frontgebiet Truppen für den Angriff bei Kursk herausgezogen hatte. Um den 22. Juli wurden die deutschen Armeen, die in Richtung Tim angetreten waren, zurückgenommen. Aber damit ließ sich die Ausgangssituation nicht mehr herstellen. Am 4. August mußte Orel evakuiert werden, und die Deutschen wurden nun durch eine Generaloffensive an der ganzen Front zurückgedrängt. Es war das erstemal seit Beginn des Krieges, daß Hitlers Armeen nach einer sorgfältig geplanten Sommeroffensive gestoppt und zum Rückzug gezwungen wurden. Dieser merkliche Wandel im Kriegsglück jagte den im Westen eingesetzten Deutschen und ihren Verbündeten in den Balkanländern einen kalten Schauer über den Rücken, denn das war das Omen, daß man die Rote Armee nicht mehr aufhalten könne, selbst im Sommer nicht und nicht durch beste Einheiten.

Der »schwarze Teufel der Ukraine« und seine Kameraden mußten nun immer weiter nach Westen zurückverlegen. Es begann ein Treck – mit einem Halt einmal hier und einmal da, wenn die deutsche HKL für kurze Zeit hielt – ein Treck, der direkt in die Arme der vorrückenden US-Army führen sollte. Bis dahin war Hartmann selbst sechzehnmal abgeschossen worden und hatte zweimal aussteigen müssen; und auch das muß man sicherlich als eine bemerkenswerte persönliche Leistung in der Kriegsgeschichte werten.

Im Mai 1945 ergab sich Hartmann den amerikanischen Streitkräften in der Tschechoslowakei (in der Hoffnung, dadurch die russische Gefangenschaft vermeiden zu können). Aber auf Grund der politischen Naivität der Amerikaner und einer früheren Vereinbarung mit den Kommunisten hat ihn die US-Army dann an die russischen Einheiten ausgeliefert, die vom Osten her vordrangen. In den Händen der Russen wurde Hartmann als Kriegsverbrecher behandelt. Er wurde von einem sowjetischen Gericht zu einer hohen Freiheitsstrafe verurteilt und verbrachte zehn Jahre in sowjetischen Gefängnissen. Aber genau wie er schon die Prüfungen des Krieges überstanden hatte, so wurde er auch mit den Nachkriegsjahren fertig. Nach seiner Entlassung aus russischer Gefangenschaft fand er endlich mit Ursel zusammen, die er acht Monate vor Ende des Krieges geheiratet hatte. Und wieder trat er in eine deutsche Luftwaffe ein. Als die neue Bundeswehr amerikanische Düsenflugzeuge erwarb, schulte Hartmann auf diesen Flugzeugen. Später wurde er für einige Zeit in die Vereinigten Staaten versetzt und wurde dann Fluglehrer für Düsenflugzeuge. Er dient jetzt als Oberst in der Luftwaffe der Bundeswehr, während dieses Buch in Druck geht.

Im Augenblick der Niederschrift ist Hartmann 43 Jahre alt. Er bleibt eine der bemerkenswerten Persönlichkeiten unter den großen Jagdfliegern, die den Krieg überlebt haben. Immer noch ist er gut gelaunt und fröhlich auf dem Boden und kühl abwägend in der Luft. Falls er Nerven haben sollte, dann sieht man das nicht. Im zweiten Weltkrieg war er noch zu jung für höhere Kommandostellen. Aber weder letzter Einsatz als »Kanonenfutter« an der Ostfront noch zehn Jahre in russischen Gefängnissen haben sichtbare Spuren hinterlassen. Tatsächlich ist er heute viel gelassener, viel jungenhafter, als die meisten jungen Piloten der nächsten Generation. Eine solche unerschütterliche Haltung, durch die letzten 25 Jahre hindurch, ist ein beachtenswertes Zeugnis für Selbstdisziplin.

Es mag sein, daß Hartmann während des Krieges besser als die anderen auf sich aufgepaßt hat. Er trank Milch und Kakao und ging früh zu Bett. Die Tatsache, daß er jeden Tag seiner Ursel einen Brief schrieb und alle Ereignisse und Mühen der Ostfront berichtete, ist vielleicht ein Schlüssel zu seinem Charakter. Aber wenn man ihn getroffen und sich mit ihm unterhalten hat, dann ist es – wie bei so vielen großen Jagdfliegern – schwer, sich vorzustellen, daß dieser nette und jugendlich wirkende Mann jener tödliche Virtuose in der Luft war, der die meisten Flugzeuge in der Geschichte der Jagdfliegerei abgeschossen hat.

Die drei amerikanischen Jagdflugzeugtypen, die von England aus eingesetzt wurden: P-47 Thunderbolt, P-38 Lightning und P-51 Mustang (von links nach rechts).

P-51 D, die meistgebaute Mustang-Version.

DIE »EXPERTEN« DER LUFTWAFFE

Die Offensive bei Kursk, zu deren Unterstützung Hartmann am 7. Juli 1943 flog, war die letzte deutsche Offensive im Osten. An den ersten beiden Tagen des deutschen Angriffes trafen die Jagdflieger der Luftwaffe kaum auf russische Flugzeuge. Aber am 7. Juli und danach änderte sich das Bild. Bevor der Sommer vorüber war, brachten die Russen eine geschätzte Zahl von etwa 10 000 Flugzeugen an die Front. Die deutschen Jäger fanden sich stetig wachsenden Zahlen von Gegnern gegenüber. Trotz den ungleichen Stärkeverhältnissen, denen sie ausgesetzt waren, erwies sich das Jahr 1943 als Rekordjahr für viele deutsche Piloten. Die deutschen Jagdflieger schossen eine erstaunlich große Zahl von russischen Flugzeugen ab. Auf die ganze lange Front vom Norden bis zum Süden verteilt, flogen die deutschen Jagdflieger gewöhnlich nur in Schwärmen und Rotten (also mit vier oder zwei Flugzeugen).

Hartmann war nicht allein bei seiner Jagd durch den östlichen Himmel. Er war zwar der Mann, der die Liste anführte, aber, wie bereits gesagt, nicht der einzige deutsche »Experte« mit einer beachtlich hohen Zahl von Abschüssen. 14 andere Experten der Luftwaffe haben es zu mehr als 200 Luftsiegen gebracht, und alle haben im Osten gekämpft, lediglich zwei haben einen Teil ihrer Luftsiege im Westen errungen. Hartmann fing im Jahr 1943 erst an. Das traf auch auf einige andere zu, deren Leistungen beinahe genauso beeindrucken, über die aber verhältnismäßig wenig geschrieben wurde.

Da war Major Gerhard Barkhorn, ein Ostpreuße, der einzige andere Jagdflieger des Krieges, der auf mehr als 300 Luftsiege kommen sollte und der ebenfalls einmal an einem Tag sieben Abschüsse erzielt hat. Er flog etwa 300 Einsätze weniger als Hartmann – nämlich 1104 – und schoß dabei 301 Flugzeuge ab. Er flog 120mal gegen den Feind, bevor er zu seinem ersten Luftsieg kam. Obwohl er später im Krieg an die Westfront versetzt wurde (wo er nicht von seiner Me 109 auf eine FW 190 umsteigen wollte), erzielte er alle seine Abschüsse an der Ostfront. Er wurde einmal – durch eine P-39 – abgeschossen und kam in seinem letzten Monat auf 38 Luftsiege. Man muß auch ihn als einen der größten Jagdflieger des Krieges ansehen. Major Günther Rall, der dritte deutsche Jagdflieger an der Spitze der Liste, erzielte 275 Luftsiege, drei davon im Westen und 272 im Osten. Wenn schon Barkhorns Erfolgsrate im Hinblick auf geflogene Einsätze und dabei erzielte Luftsiege besser waren als die von Hartmann, so hat Rall auch Barkhorn übertroffen. Er hat seinen 200. Luftsieg auf seinem 555. Feindflug erzielt. Wie Barkhorn flog er im Jagdgeschwader 52 und überlebte wie die beiden anderen das Kriegsende. Er stammte aus Schwaben.

Nach Rall kam dann Oberleutnant Otto Kittel aus dem Sudetenland. Kittel hatte 267 bestätigte Luftsiege, alle im Osten. Er hatte als Unteroffizier angefangen und flog eine FW 190. Einmal hatte er im Winter 1943 60 Kilometer hinter der Front notlanden müssen, schlug sich dann zu den eigenen Linien durch, wo er halberfroren ankam. Er fiel im Februar 1945, als er eine Il-2 abgeschossen hatte und ihr für einen Moment folgte, um dann prompt von einer anderen Il-2 erwischt zu werden, die hinter ihm hergeflogen war. Sein Verhältnis von Feindflügen zu Luftsiegen war noch besser als das der anderen – er erzielte bei 583 Feindflügen 267 Luftsiege. Major Walter Novotny, ein Österreicher, hat ebenfalls eine große Anzahl von Luftsiegen im Osten erreicht: 258. Er begann auf Me 109, stieg dann auf FW 190 um und war der erste Jagdflieger, der auf 250 Luftsiege kam. 1943, als sein spektakulärer Aufstieg begann, schoß er in vier Monaten 167 russische Flugzeuge ab! Er wurde dann von der Front zurückgenommen und erhielt den Befehl über den ersten Me 262-Verband, der in der Nähe von Osnabrück aufgestellt wurde. Andernfalls wäre die Gesamtzahl seiner Luftsiege an der russischen Front wohl noch viel höher gestiegen. Im November 1944 fiel er im Luftkampf in einer Me 262 über dem eigenen Flugplatz, nachdem er einen amerikanischen Bomber abgeschossen hatte. Zu dieser Zeit war Group Commander Harry Broadhurst mit seinen Tempest und mit P-51 nahezu dauernd über dem Horst der Düsenjäger und versuchte, die schnellen Me 262 abzuschießen, wenn sie landen mußten.

Interessant ist auch das Gesamtergebnis von Major Wilhelm Batz, einem Franken aus Bamberg. Er war schon verhältnismäßig alt, als er nach einigen Jahren als Fluglehrer schließlich erreichte, 1943 an die Front versetzt zu werden. Es war das vierte Kriegsjahr. Die jüngeren Piloten zweifelten wegen seines Alters und seiner bedächtigen Art, ob Batz zum Jagdflieger tauge. Aber von der Zeit an, als er mit dem JG. 52 flog – also von März 1943 an –, verbesserte er das Verhältnis von Feindflügen zu Luftsiegen der besten Jagdflieger noch einmal. In 455 Feindflügen erreichte er 237 Luftsiege. Darunter befinden sich fünf Abschüsse in Rumänien gegen Anglo-Amerikaner (zwei Liberator Bomber, zwei Mustangs und eine Spitfire). An einem Tag (dem 13. Mai 1944) schoß er bei 7 Einsätzen 15 russische Flugzeuge ab. Zu seinen bestätigten Luftsiegen hatte er noch etwa 50, für die keine endgültige Bestätigung vorlag. Er flog eine Me 109.

Major Erich Rudorffer aus Leipzig brachte es auf den vielleicht bemerkenswertesten Rekord der Luftwaffe, denn seine 222 bestätigten Luftsiege teilten sich zwischen Ost und West auf. Er hatte 86 Luftsiege im Westen erzielt und 136 im Osten. Er flog Me 109, FW 190 und Me 262. Er kam auf 14 Luftsiege an einem Tag gegen russische Flieger und auf 13 Luftsiege bei einer anderen Gelegenheit innerhalb von 17 Minuten! Man behauptet von ihm, daß er einmal zu Anfang des Krieges im Tiefflug durch Londoner Straßen geflogen sei, als er noch beim JG. 2 »Richthofen« flog. Er erzielte zwölf Abschüsse im Westen mit der Me 262, ist selbst sechzehnmal abgeschossen worden (davon sechsmal über See) und mußte neunmal aus anderen Gründen »aussteigen«. Er fing als Feldwebel an, überlebte den Krieg und bebaut heute seinen Hof in Holstein.

Einen weiteren bemerkenswerten Rekord stellte Oberstleutnant Heinz Bär, ein gebürtiger Leipziger, auf. Bär kam auf 220 Luftsiege, die er praktisch an allen Fronten errang. Er war der erfolgreichste Deutsche gegen die USAAF und RAF in Europa und flog in Frankreich, in der Schlacht um England, in Rußland, Afrika, Italien und dann schließlich bei der Reichsverteidigung in Deutschland. Er begann als Feldwebel und erzielte seinen ersten Luftsieg bereits im September 1939. Von seinen 220 Luftsiegen stammen weniger als die Hälfte, nämlich 96, aus dem Osten; in Afrika kam er zu mehr als 40 Abschüssen. Er hat dann schließlich über Deutschland noch mehr als 20 viermotorige Bomber zum Absturz gebracht. Er hat die Gefahren des Krieges überlebt, ist aber ein paar Jahre nach Kriegsende mit einem Sportflugzeug abgestürzt.

Oberst Hermann Graf vom JG. 52 erhielt 211 Luftsiege zugesprochen, davon 202 im Osten. Er kam im August 1941 zu seinem ersten Luftsieg und hatte es dann bis zum 2. Oktober 1942 bereits auf 200 gebracht! Er wurde wegen dieser erstaunlichen Leistung von der Front zurückgezogen, um seinen Verlust oder Tod zu vermeiden (obwohl er später wieder in den Einsatz ging und noch zu weiteren elf Luftsiegen kam). Er ist ausschließlich in der Me 109 geflogen. Auch er hat den Krieg überlebt. Er war schon älter, als er an die

Front kam – nahezu dreißig –, und sein dreißigstes Lebensjahr, 1942, war auch sein erfolgreichstes. Er stammte aus Württemberg aus der Bodenseegegend. Major Theodor Weißenberger, der berühmteste Jagdflieger des JG. 5 (das in Norwegen eingesetzt war), kam auf 208 Luftsiege, von denen er die meisten in einer Me 109 erkämpfte. Mit der FW 190 hat er es dann noch auf mehr als 30 Luftsiege gebracht. Seine ersten 23 Luftsiege erzielte er mit einer Me 110 in Rußland. Er stammt aus Frankfurt und hatte etwas über 500 Feindflüge. Er gehörte also mit zu den besten Jagdfliegern der Luftwaffe. Mit Beginn der Invasion wurde er in den Westen versetzt. Dort schoß er 25 alliierte Flugzeuge in drei Wochen ab, ein bemerkenswerter persönlicher Erfolg in einer Zeit, in der die Luftwaffe als Ganzes gesehen ziemlich versagt hat. Er überlebte den Krieg, kam aber kurz danach bei einem Autorennen ums Leben.

Leutnant Walter Schuck aus dem Saargebiet brachte es auf 206 Luftsiege, die meisten davon an der Ostfront. Er flog aussschließlich Me 109 und hat es an einem Tag einmal auf zwölf Abschüsse gebracht. Am Ende des Krieges kam er zu einem Me 262-Verband und schoß dann mit diesem Düsenjäger noch einmal acht Flugzeuge ab. Er begann als Feldwebel, erzielte seinen ersten Abschuß 1942, stand während des ganzen Krieges an der Front und kehrte dann heim.

Oberstleutnant Hans Philipp war Sachse, flog sowohl die Me 109 wie auch die FW 190 und erhielt 206 Luftsiege zuerkannt – 25 davon im Westen. Er war Kommodore des JG. 1. Sein großes Jahr war 1943. In diesem Jahr wurde er dann von Rußland abgezogen, um in der Schlacht über Deutschland eingesetzt zu werden. Am 8. Oktober 1943 erlitt er in einer Kurbelei mit einer P-47 den Fliegertod.

Major Heinrich Ehrler aus Baden erzielte 204 Luftsiege, davon nur 4 im Westen. Er war Kommodore des Jagdgeschwaders 5. Man stellte ihn als Sündenbock für den Verlust des Schlachtschiffes Tirpitz hin. Er fiel im April 1945, als sein Flugzeug, eine Me 262, mit einem Bomber zusammenstieß. Er flog fast ausschließlich Me 109.

Oberleutnant Anton Hafner wurde Sieger in 204 Luftkämpfen, die er bei 795 Feindflügen an drei Fronten, der Westfront, der Ostfront und Afrika, errang. Er flog sowohl Me 109 wie auch FW 190 und hat neben Luftkämpfen auch viele Einsätze im Tiefflug auf Bodenziele geflogen. Er war Schwabe und wurde im Oktober 1944 abgeschossen, als sein Schwarm von Jak-9 über Ostpreußen angegriffen und von der ersten bis zur letzten Maschine erledigt wurde.

Hauptmann Helmut Lipfert, aus Thüringen, war Arbeitsdienstführer gewesen. Weil es ihm beim Arbeitsdienst nicht sonderlich gefiel, gelang es ihm schließlich, zur Luftwaffe versetzt zu werden. Er war 27 Jahre alt, als er sein erstes Feindflugzeug abschoß. In 700 Feindflügen brachte er es auf 203 Luftsiege, fünf davon an einem Tag. Dreimal wurde er durch russische Bodenabwehr abgeschossen, wurde aber nie verwundet. Über Rumänien schoß er einige amerikanische Viermot-Bomber und eine P-51 ab.

Alle diese Experten brachten es auf mehr als 200 Luftsiege – und alle dienten in der Hauptsache an der Ostfront. Hartmann eingerechnet gab es also 15 deutsche Jagdflieger mit mehr als 200 Luftsiegen, und 9 von ihnen überlebten den Krieg.

Wie schon einmal bemerkt, sind diese hohen persönlichen Leistungen im Osten nicht so überraschend, wenn man die Bedingungen an dieser Front unter die Lupe nimmt. 1943 standen den russischen Verbänden z. B. nur vier Geschwader gegenüber – auf der langen Strecke von der Ostsee bis zum Kaukasus. Jeder deutsche Jagdflieger hatte deshalb mehr als genug Gelegenheit, in Feindberührung zu kommen. Auf dieser 3200 Kilometer langen Front waren eingesetzt die Jagdgeschwader 5 (zwei Gruppen), 54, 52 und 51. Sie haben es zu erstaunlichen Erfolgen gebracht. Am erfolgreichsten war das JG. 52 mit über 11 000 Luftsiegen. Dann kam das JG. 54 mit 9 500 und das JG. 51 mit 9 000 Luftsiegen. Hans Ring schätzt, daß diese Zahlen nicht mehr als zehn Prozent Irrtum einschließen.

Ein Anzeichen dafür, wie das Oberkommando der Luftwaffe die Siege im Osten einschätzte im Vergleich mit dem Westen, kann man in dem Auszeichnungssystem, das um diese Zeit – also um 1943 – gültig war, sehen. Ein Jagdflieger erhielt im allgemeinen das Eiserne Kreuz II. Klasse für zwei oder drei Abschüsse im Osten. Nach acht Abschüssen bekam er normalerweise das Eiserne Kreuz I. Klasse. Das Deutsche Kreuz in Gold wurde für etwa 30 Luftsiege verliehen, und bei ungefähr 45 bis 50 Luftsiegen konnte der Jagdflieger im Osten das Ritterkreuz erwarten. Wer zwischen 100 und 120 Luftsiege aufweisen konnte, bekam das Eichenlaub zum Ritterkreuz; über 200 die Schwerter zum Eichenlaub und über 250 die Schwerter mit Brillanten zum Eichenlaub.

Zur gleichen Zeit konnten die Jagdflieger im Westen zwischen 40 und 50 Punkten mit dem Ritterkreuz[1] rechnen, so daß also der Abschuß von 15 Bombern im Westen ungefähr die gleiche Auszeichnung wie 75 Luftsiege im Osten einbrachte.

[1] *Siehe Seite 152–153.*

Die an der Ostfront eingesetzten deutschen Jagdflieger stimmen darin überein, daß Luftsiege im Jahre 1941 noch verhältnismäßig leicht zu erzielen waren, schon weniger leicht im Jahre 1942, und daß es dann in den Jahren 1943 und 1944 immer schwieriger wurde, weil bessere russische Flugzeuge an die Front kamen und weil die russischen Piloten an Erfahrung gewonnen hatten. Im Jahr 1941 machte die russische Luftwaffe noch ausgiebig Verwendung von der Rata und auch der I 153. Im Winter 1941 tauchte dann die Lagg-3 auf. Obwohl man diese Maschine als gutes Jagdflugzeug ansehen konnte, waren bis zu diesem Zeitpunkt viele der besten russischen Flieger ums Leben gekommen. Die J 12 wurde ebenfalls von den Russen eingesetzt, und im Jahre 1942 erschienen die MiG-1 und die MiG-3. Im selben Jahr trat die amerikanische P-39 in Erscheinung und dann auch die P-40. Einige Hurricanes tauchten 1942 im Norden Rußlands auf, wie auch Spitfires in der Gegend von Leningrad, die von den Engländern geliefert wurden. 1943 wurde die Lagg-5 an der Front eingeführt und kurz darauf auch die Jak-9. Diese beiden russischen Jagdflugzeuge waren beinahe gleich schnell wie die Me 109 und hatten eine ausgezeichnete Manövrierfähigkeit. Als die späteren Versionen der Jak-9 und die Lagg-7 erschienen, waren sie sogar schneller. Aber anscheinend waren die deutschen Jagdflieger in den Me 109 und FW 190 um soviel besser, daß es ihnen wenig ausmachte, welche Typen die Russen flogen. (Die Lagg-2 ist interessanterweise eine Ableitung aus der He 112, die vor dem Krieg an Japan und Rußland verkauft worden war.)

Die Schlachtflieger, die von den Russen in großen Zahlen eingesetzt wurden, bestanden natürlich aus den berühmt-berüchtigten Typen Il-2 und Il-2 m 3, wobei letztere einen Heckschützen aufwies. Deutsche Jagdflieger haben diesen Heckschützen ein hohes Lob gezollt, weil sie oft noch schossen bis zu dem Augenblick, wo ihre Maschine auf dem Boden aufschlug. Es wird behauptet, daß viele deutsche Jagdflieger nur deshalb fielen, weil sie zu nahe hinter einer bereits brennenden und abstürzenden Il-2 herflogen und Sekunden vor dem Aufschlagen vom Heckschützen getroffen wurden.

Natürlich wurden auch andere Bomber eingesetzt, darunter auch Martin-Bomber, Boston-Bomber und Mitchell-Bomber aus den USA.

Es gab immerhin acht deutsche Jagdflieger, die es an der Westfront auf mehr als 100 Luftsiege gebracht haben. Das ist wieder ein Zeichen dafür, auf welch bemerkenswerte Resultate es eine Anzahl Deutscher brachte – ganz gleich, nach welchem Standard man sie mißt. Es gibt Leute, darunter auch einige berühmte RAF-Jagdflieger, die diese hohen Abschußzahlen bezweifeln. In den letzten Jahren jedoch wurden sie durch Historiker und Fachschriftsteller allgemein anerkannt mit der Einschränkung, daß die genannten Zahlen geringe Ungenauigkeiten aufweisen mögen, aber nicht mehr, als in solchen Listen zwangsläufig enthalten sind.

Wir haben uns bereits mit Marseille beschäftigt. Seine Erfolge in Afrika sind vielleicht etwas leichter gefallen als eine vergleichbare Zahl an Luftsiegen in Westeuropa. Einem deutschen Jagdflieger haben seine Leistungen einen besonderen Ruf eingebracht. Das war Heinrich Bär, der in diesem Kapitel bereits als einer der Experten mit mehr als 200 Luftsiegen genannt wurde.

Von Bärs 220 Luftsiegen stammen die meisten aus dem Westen, nicht aus dem Osten! Er ist der einzige von den 15 Jagdfliegern an der Spitze der Liste der Luftwaffe, von dem man das sagen kann. Er erhielt die Bestätigung für 124 Luftsiege gegen die Westalliierten, 12 mehr als der ihm am nächsten kommende Experte im Westen (außer Afrika), Kurt Bühligen, mit 112. So werden diese 220 Luftsiege, selbst im Vergleich mit höheren Abschußzahlen, von einigen als die eindrucksvollste Leistung eines Jagdfliegers angesehen.

Bühligens Rekord ist nicht nur deshalb so eindrucksvoll, weil er die zweithöchste Anzahl alliierter Flugzeuge in Westeuropa abgeschossen hat, sondern weil es ihm gelungen ist, 24 viermotorige amerikanische Bomber abzuschießen. Gallands Gesamtzahl von 104 Luftsiegen bringt ihn auf die dritte Stelle der Jagdflieger, die in Westeuropa eingesetzt waren. Das ist bemerkenswert, weil Galland aus dem Frontdienst herausgenommen wurde, als er im Jahre 1941 zum General der Jagdflieger ernannt wurde. Wäre er beim JG. 26 geblieben und hätte er überlebt – dann gibt es wenig Zweifel, daß er der deutsche Jagdflieger mit den meisten Abschüssen in Westeuropa geworden wäre. Deshalb sind sowohl Galland als auch Bär für viele Kenner der Materie die hervorragendsten Jagdflieger im zweiten Weltkrieg. Auch die 102 Luftsiege Major Joachim Münchebergs gegen die westlichen Luftstreitkräfte in Europa und seine Gesamtzahl von 135 Luftsiegen auf sämtlichen Kriegsschauplätzen müssen beeindrucken. Major Werner Schroer, mit der Gesamtzahl von 114, von denen 102 im Westen errungen wurden, ist gleicherweise bemerkenswert. Schroer, der mit Marseille flog, soll von ihm gelernt haben.

Was Marseille anbetrifft, so neigt sein ehemaliger Kommodore Neumann nicht zu der Auffassung, daß er nur deshalb so viel Luftsiege erringen konnte, weil er nicht gegen die besten britischen oder amerikanischen Jagdflieger, sondern in Afrika kämpfte. Neumann und Galland wie auch andere, die mit Marseille flogen, sind der festen Überzeugung, daß er an jeder Front eine hohe Zahl von Luftsiegen erreicht hätte. Neumanns Urteil über die Experten der Luftwaffe hat Gewicht, weil er als einer der größten Geschwaderführer angesehen wurde, obwohl er selbst nur 13 Luftsiege errungen hat und man das bei der Luftwaffe als nichts Besonderes ansah. Seine Rolle war vielleicht vergleichbar mit der von Colonel Don Blakeslee von der 4. Fighter Group der 8. USAAF. Neumann flog bereits in Spanien in den Jahren 1937 und 1938 mit He 51 gegen die Republikaner, die in russischen Rata saßen oder in Curtiss-Jägern, die in Rußland in Lizenz gebaut wurden. Er erinnert sich noch an einen Tag zu Anfang des Jahres 1937, als Ratas sieben He 51 abschossen. Diese Niederlage setzte gleichzeitig auch den Luftkämpfen zwischen diesen beiden Flugzeugtypen ein Ende: Die Deutschen warteten auf die Ankunft der neuen Me 109, um sich dann wieder auf die Kraftprobe einzulassen und sie mit großer Überlegenheit zu gewinnen. Neumann, der damals eine Rata und eine Curtiss abschießen konnte, wurde 1936 nach Deutschland zurückberufen.

Als dann ein Kommandeur gebraucht wurde, der eine kleine Gruppe von Jagdfliegern in Afrika bei Rommel und seinem Afrikakorps führen sollte, fiel die Wahl auf Neumann. In der Wüste hatten die tieffliegenden Hurricane II D Rommels Truppen beträchtliche Schwierigkeiten bereitet und machten auch den Stukapiloten das Leben schwer. Die Me 109 wurden also nach Afrika geschickt, um die Situation zu ändern; Neumann hatte Befehl (direkt von Göring), sich nach Ankunft unmittelbar bei Rommel zu melden, was er auch an seinem ersten Tag in Afrika tat – aber erst, nachdem er einen Feindflug hinter sich gebracht hatte. Das Auftauchen der Me 109 hatte unmittelbare Auswirkungen. Neumann erinnerte sich an das System, das damals angewandt wurde, um Überraschungen durch die RAF zu begegnen. Es gab keine Tarnung, aber man stellte Beobachtungsposten in Feindrichtung aus. Zwei bis vier Piloten hatten bei Flugwetter dauernd Sitzbereitschaft. Mit fünf Minuten Vorwarnung konnten die Me 109 auf 6500 Meter über dem Platz steigen, und gewöhnlich hatten sie diese fünf Minuten, oft sogar mehr.

Neumann ist der festen Meinung, daß Marseille der talentierteste Jagdflieger der Luftwaffe war, besonders auch deshalb, weil seine Staffel, seine Gruppe und schließlich das ganze JG. 27 von seinem

Kampfgeist angesteckt wurden. Marseille ragte unter seinen Kameraden heraus, denn der Jagdflieger in Afrika, der Marseilles Leistung am nächsten kam, war Werner Schroer mit 61 Luftsiegen. Die Kontroverse darüber, ob die Marseille zuerkannten Luftsiege zu Recht bestehen oder nicht, sollte uns nach so vielen Jahren nicht mehr berühren. Es gehörte im Ausland eine Zeitlang zum guten Ton, daß man die hohe Zahl seiner Luftsiege als Propaganda oder als Übertreibung[1] abtat. Wie dem auch sei, Tatsache ist, daß die Siege offiziell anerkannt wurden und daß das deutsche Bestätigungssystem zuverlässig war. Irrtümer hielten sich da in sehr engen Grenzen.

Andere deutsche Jagdflieger erreichten Leistungen, die erwähnenswert sind. Einige waren Spezialisten gegen schwere Bomber der USAAF. Zu ihnen gehörte Oberleutnant Herbert Rollwaga, der als Feldwebel begann und für die Zerstörung von 44 viermotorigen Bombern 132 Punkte zugesprochen erhielt! Er überlebte den Krieg beim Stande von 102 Luftsiegen insgesamt und lebt heute noch. Ein anderer Bomberspezialist war Major Georg Eder, der siebzehnmal abgeschossen und zwölfmal verwundet wurde! Eder, der das Kriegsende ebenfalls überlebt hat, schoß 36 viermotorige US-Bomber ab.

In dieser kurzen Zusammenfassung der erzielten Leistungen der deutschen Jagdflieger haben wir einen besonderen Zweig noch nicht berührt, die Nachtjäger. Die Luftwaffe hat – wie die RAF – hochausgebildete Nachtjägerverbände entwickelt. Zwei dieser Piloten haben über 100 Nachtjagdsiege gegen die RAF errungen. Major Heinz Wolfgang Schnaufer erhielt 121 Abschüsse zugesprochen (9 in einer Nacht – am 21. Februar 1945), und Oberst Helmut Lent hatte 102 bestätigte Nachtsiege plus 8 am Tage errungene Luftsiege, was beide zu den Nachtjägern mit den meisten Luftsiegen machte.

Es gab andere deutsche Jagdflieger, die Dinge vollbrachten, die nahezu unglaublich erscheinen. An der Westfront kam Leutnant Willi Unger auf 22 Luftsiege, 19 davon gegen viermotorige Bomber; das Ganze geschah im Verlauf von 37 Einsätzen. Oberfeldwebel

---

[1] *Am meisten wurde von alliierter Seite die Abschußmeldung Marseilles vom 1. September 1942 angezweifelt, die kurz im Kapitel »Der Stern von Afrika« behandelt ist. An diesem Tag meldete er 17 Abschüsse bei 3 Einsätzen, für die offizielle Bestätigungen ausgestellt wurden.*

Die Verlustliste »Mittelost« der RAF verzeichnet 13 Jagdflugzeuge abgeschossen bzw. vermißt und 6 Jagdflugzeuge, die notlanden mußten. Dies läßt bestimmte Fragen offen, solange Geschichtsforscher die genauen Zeiten, die betroffenen Einheiten usw. noch nicht genau nachgeprüft haben. Der Verfasser war jedoch in der Lage, auf alliierter Seite die Bestätigung für die Abschußziffern des denkwürdigen Einsatzes Marseilles vom 6. Juni 1942 zu finden.

Walter Loos erhielt 38 Abschüsse zuerkannt, 22 davon gegen viermotorige Bomber – als Ergebnis von 66 Einsätzen. Oberleutnant Kurt Welter hat in lediglich 40 Einsätzen 33 Abschüsse erzielt, davon 21 viermotorige Bomber und 7 Mosquitos, von denen er eine gerammt hat. Bei den ersten 11 Einsätzen hat er 14 Abschüsse erzielt und war selbst neunmal abgeschossen worden.

Mit dem Anwachsen der Abschußzahlen der führenden Jagdflieger der Luftwaffe und den glückhaften »Wackeltagen« ging es zu Ende, als der bittere und massive Kampf der Schlacht über Deutschland anbrach. Hier wurde die Luftwaffe geschlagen, obwohl nun eine ausreichende Jagdfliegerproduktion zustande gekommen war (ungefähr 20 000 Jagdflugzeuge wurden allein im Jahre 1944 produziert). Der durchschnittliche deutsche Jagdflieger dieser letzten Jahre kam wohl kaum mehr an den Durchschnitt der RAF oder der USAAF heran. Die Ausbildung war in Deutschland chaotisch geworden, und außerdem litt die Ausbildung unter dauerndem Betriebsstoffmangel. Die überlebenden Veteranen mögen die besten gewesen sein, aber sie blieben zahlenmäßig in der Minderzahl.

Die modernsten britischen und amerikanischen Jagdflugzeuge, Typen, die im Krieg konstruiert und in den Dienst gestellt worden waren, erfreuten sich auch einer technischen Überlegenheit. Die unerfahrenen Piloten der Luftwaffe, die aus den Ersatzeinheiten kamen, fanden sich auf diese Weise auch technisch deklassiert. In den beiden letzten Kriegsjahren nahmen die Verluste bei den Jagdfliegern der deutschen Luftwaffe enorme Zahlen an. Das Blatt hatte sich gewendet, jetzt waren die Verhältnisse über der Westfront umgekehrt gegenüber den ersten Kriegsjahren. Diese schweren Verluste mögen tatsächlich zu einem etwas verzerrten Bild des deutschen Jagdfliegers führen, wenn man die Verhältnisse und die echten Leistungen in den Jahren 1940 bis 1943 nicht kennt.

Viele der führenden Experten wurden von anderen Fronten zurückberufen, um in der Reichsverteidigung die Korsettstange zu bilden, einige, um in den neuen Düsenjagdstaffeln zu fliegen. Viele kamen dabei ums Leben, in einem Kampf gegen Quantität und Qualität. Zum erstenmal konnten nun die Me 109 und die FW 190 im Luftkampf nicht mehr vor den gegnerischen Flugzeugen im Abschwung wegtauchen. Die P-47 und die P-51 folgten ihnen bis zum Boden und fochten es wenn nötig auf Höhe der Baumspitzen aus, wo sie die deutschen Jagdflugzeuge immer noch auskurven konnten. Und außerdem waren sie auch sonst schneller. Die Jagdverbände der Luftwaffe, die amerikanische Bomberpulks abfangen sollten, beliefen sich manchmal auf 60 und in einzelnen Fällen sogar bis zu 90 Flugzeugen. Verschiedene neue Waffen wurden eingeführt, im Bemühen, die Bombenangriffe abzuwehren, einschließlich neuer Düsenflugzeuge (Arado 234 und Me 262, und einzelne He 162, sog. »Volksjäger«), Raketenjäger Me 163, stärkere Bewaffnung, Raketenwaffen unter den Flächen konventioneller Flugzeuge, weiterreichende Waffen, über den feindlichen Bomberverbänden auszulösende Bomben und selbst eine Spezialeinheit: die Rammjäger.

Eine der faszinierendsten Fragen hinsichtlich der deutschen Luftwaffe in dieser kritischen Zeit besteht darin, was wohl passiert wäre, wenn Galland mit dem vieldiskutierten und lange geplanten »großen Schlag« Erfolg gehabt hätte. Er ging von der Vorstellung aus, 2000 deutsche Jagdflieger in einem Einsatz zusammenzufassen, um die amerikanischen Bomber so schwer anzuschlagen, daß die Verluste eine Fortsetzung der alliierten Tagesangriffe auf Deutschland nicht mehr erlaubt hätten. Die Flugzeuge standen gegen Ende 1944 dann schließlich zur Verfügung, und eine entsprechende Ausbildung und Vorbereitung war bereits im Gang. Galland war bereit, den Verlust von 400 oder 500 Jagdflugzeugen hinzunehmen, wenn er dabei eine gleiche Anzahl von Bombern abschießen konnte. (Wäre das geglückt, dann hätte das den Verlust von 5000 amerikanischen Luftwaffenangehörigen innerhalb weniger Stunden bedeutet.) Nach deutschen Unterlagen hat schlechtes Wetter den großen Schlag verhindert, bevor der deutsche Gegenangriff in den Ardennen begann, für den die Mehrzahl der zusammengefaßten Verbände abgezogen werden mußte, um die Panzeroffensive im Westen abzudecken. Eine englische Autorität wendet ein, daß die Luftkämpfe mit amerikanischen Begleitjägern im November zu so wesentlichen deutschen Einbußen führten, daß der große Schlag vermutlich einen verheerenden Ausgang genommen hätte. Wie es auch ausgegangen wäre: diese große Konfrontation, die zur gewaltigsten in der Kriegsgeschichte geworden wäre, fand niemals statt. Viele in den Westen verlegte Jagdfliegerverbände wurden dezimiert, ihre Flugzeuge wurden am Boden zerstört, gingen im Kampf oder einfach in Flugunfällen in dem schlechten Wetter verloren.

Weil der große Schlag nie geführt wurde, blieben die Luftkämpfe zwischen Begleitjägern der 8. Luftflotte und den verteidigenden Jagdfliegern der Luftwaffe die größten des Krieges.

DER LUFTKRIEG 1941–1942

Die allgemeine Auffassung von einem sehr einseitigen britischen Sieg über die deutschen Jagdflieger und die deutschen Bomber in der Schlacht um England, dazu die von der RAF angegebenen Abschußzahlen über Dünkirchen im Mai und im Juni 1940, hatten den weitverbreiteten Glauben aufgebracht, daß die Spitfire und die Hurricane der Me 109 bei weitem überlegen waren. Das führte dazu, daß manche Leute in den Jahren 1941 und 1942 dann böse überrascht wurden. Damals war noch nicht allgemein bekannt, daß britische Jagdflieger ungefähr dreimal soviel Flugzeuge über Dünkirchen als abgeschossen[1] gemeldet hatten, als tatsächlich der Fall war. Es war in England auch nicht bekannt, daß die Verluste der RAF-Jagdflieger in der Schlacht um England wesentlich höher lagen als bei nur 768 Flugzeugen, wie damals offiziell bekanntgegeben. Man war viel eher der Meinung, daß der ausgesprochenen Überlegenheit der britischen Jagdflieger bei diesen Luftkämpfen in erster Linie die Rettung der zu evakuierenden Armee und dann die Rettung Großbritanniens vor der drohenden Invasion zu verdanken ist. Anscheinend hielt die Tendenz der britischen Piloten zu sehr optimistischen Abschußmeldungen in den Jahren 1941 und 1942 weiter aus. Diese Tendenz war bei allen Nationen mehr oder weniger ausgeprägt. Sie erreichte erstaunliche Proportionen im Falle der amerikanischen Bomberbesatzungen und ihrer Bordschützen. Hans Ring hält jedoch die von den amerikanischen Jagdfliegern gemeldeten Abschußzahlen im allgemeinen für näher der Wahrheit liegend, als die 1940 bis 1942 von ihren englischen Kollegen[2] angegebenen.

DIE NON-STOP-OFFENSIVE

Nach 1940, und der Schlacht um England, waren die Rollen der RAF und der Luftwaffenjäger vertauscht. 1941 ging die RAF zum Angriff über. Die Luftwaffe – deren größter Teil für den Angriff

---

[1] *»Full Circle«, Seite 122.*
[2] *Nach persönlicher Unterredung mit dem Verfasser; Ring hält die Zuverlässigkeit der Abschußmeldungen der US-Jagdflieger für ziemlich unbestreitbar – mit Ausnahme der Zahlen, die die Me 262 betreffen, die 1944 als erster Düsenjäger der Welt zum Einsatz kam.*

auf Rußland nach Osten verlegt worden war – war plötzlich in eine defensive Rolle hineingezwungen. RAF-Jagdflieger flogen Jagdeinsätze und Begleitschutz über Frankreich, während die Jagdflieger der Luftwaffe in den Genuß der Vorteile der Verteidigung kamen. Dazuhin hatten sie ein moderneres Konzept und nunmehr auch in der Leistung überlegene Jagdflugzeuge. (In diesen Jahren war die Luftwaffe bereits mit der Me 109-F und der FW 190 ausgerüstet.)

Die RAF war zahlenmäßig überlegen, denn nach dem Juni 1941 blieben lediglich zwei deutsche Jagdgeschwader in Frankreich, das JG. 2 und das JG. 26, sowie der Rest eines Jagdgeschwaders in Holland, wodurch die Gesamtstärke der deutschen Jagdflieger im Westen ungefähr auf 275 Jagdflugzeuge[1] absank. Die Jäger der RAF flogen unter dem Handicap, Begleitschutz für Bomber fliegen zu müssen (die oft in veralteten Formationen flogen), und sie hatten dabei den weiteren Nachteil, daß sie sich dabei über feindbesetztem Land befanden.

Wenn man nun die Ergebnisse dieser beiden Jahre betrachtet, dann sind die Leistungen der Luftwaffengeschwader ziemlich beeindruckend, selbst wenn man den Vorteil, der beim Verteidiger liegt, außer acht läßt.

Den deutschen Jagdverbänden im Westen wurden im Jahre 1941 insgesamt 950 Abschußanerkennungen zuerteilt. Es sieht so aus, als ob diese Aufrechnung ziemlich genau gestimmt hat. Britischen Quel-

---

[1] *1943 wurden die Geschwader durch Zuordnung einer vierten Gruppe verstärkt. Bis 1943 bestand ein Geschwader aus drei Gruppen zu je drei Staffeln, die zwischen 9–12 Flugzeuge stark waren. Durch Hinzufügen dieser weiteren Gruppe stieg die Stärke eines Geschwaders, einschließlich Stabsschwarm von 4–5 Flugzeugen, von 120 auf 160 Flugzeuge. Die Staffeln der USAAF waren stärker als die der RAF und der Luftwaffe: Sie bestanden normalerweise aus 16 Flugzeugen gegenüber einer RAF-Staffel von 12 und einer Luftwaffenstaffel von 8–12.*

Das amerikanische Organigramm führte die Bezeichnung »Gruppe« für eine Einheit aus mehreren (meistens drei) Staffeln, während die RAF hierfür die Bezeichnung »Wing« eingeführt hatte.

RAF-»Gruppen« waren Großverbände, die oft aus vielen »Wings« bestanden. (1940 bestand die RAF-Jagdwaffe aus nur vier solcher Gruppen). Umgekehrt bezeichnete die USAAF Verbände, die aus mehreren Gruppen bestanden, als »Wing«.

Das Organigramm der deutschen Luftwaffe war anders aufgebaut: 3 Staffeln bildeten eine Gruppe, die jedoch nicht wie bei der USAAF eine selbständige Einheit war, sondern eben nur Teil des aus drei (später vier) Gruppen bestehenden Geschwaders, das stärker war als eine USAAF-Gruppe oder ein RAF-Wing. Zusätzlich zu den im Westen eingesetzten JG. 2 und 26 lagen einzelne Einheiten des JG. 52 in Holland, dazu noch einige Ausbildungsstaffeln. Am 26. Juli 1941 belief sich nach offiziellen Unterlagen die gesamte Jägerstärke auf 238 Flugzeuge.

len zufolge verlor das Fighter Command im Jahre 1941 insgesamt 849 Jagdflugzeuge. Die Verluste des Bomber Command waren sogar noch höher (1328), aber diese Verluste waren zu einem großen Teil auf Nachteinsätze zurückzuführen. Das Coastal Command verlor 339 Flugzeuge.

Die britischen Abschußzahlen erscheinen heute recht optimistisch. Die Jagdflieger der RAF erhielten Bestätigungen für 909 Luftsiege[1] während des Jahres 1941. Deutsche Verlustlisten weisen die tatsächlichen Verluste, alle Ursachen zusammengenommen, in Frankreich und in den Niederlanden während dieses Jahres mit 183 Flugzeugen[2] aus.

Wenn also die britischen Jagdflieger in diesem Jahr in dem oben ersichtlichen Verhältnis übertrieben haben, dann scheint es, daß sie im folgenden Jahr, 1942, schon etwas skeptischer waren. Die Stärke der deutschen Jagdverbände blieb unverändert. Die RAF führte ihre Offensive fort. Deutsche Jagdflieger erhielten insgesamt während dieses Jahres 972 Luftsiege anerkannt. Zuverlässige britische Quellen beziffern die Verluste des Fighter Command im Jahre 1942 auf 890 bis 915 Flugzeugen, die des Bomber Command auf 1616 und die des Coastal Command auf 352. Wieder scheinen die deutschen Zahlen durchaus zu stimmen. Aus deutschen Unterlagen geht indes hervor, daß die Verluste der eigenen Jagdflieger im Westen während des Jahres 1942 sich nur auf 262 Flugzeuge beliefen, während die britischen Jagdflieger immerhin ungefähr 500 Luftsiege zuerkannt erhielten.

Die Gefechtsberichte der Jagdgeschwader 2 und 26 über diese beiden Jahre sind interessant. Von den 950 anerkannten Luftsiegen des Jahres 1942 hatten sie allein 750 für sich buchen können, und von den insgesamt 972 Luftsiegen des folgenden Jahres gingen 930 auf ihr Konto. Die Verluste, die das Jagdgeschwader 26 an Flugzeugführern hatte, beliefen sich nach den Unterlagen des Generalquartiermeisters der Luftwaffe im Jahr 1941 auf: 50 im Luftkampf gefallen, 14 bei Flugunfällen ums Leben gekommen und 6 in Gefangenschaft geraten. Im Jahr 1942 verlor das Geschwader drei Mann weniger – die Gesamtsumme für beide Jahre betrug also 141 Jagdflieger.

Man muß natürlich in Erwägung ziehen, daß deutsche Jagdflieger,

---

[1] *Persönliche Auswertung der Staffel-Unterlagen durch den Verfasser.*
[2] *Offizielle Angaben, bestätigt durch Hans Ring.*

die getroffen wurden und deren Flugzeug nur leicht beschädigt war, oder die den Standardtrick beherrschten, etwas Rauch abzublasen und wegzutauchen, manchmal von den RAF-Piloten in ehrlicher Überzeugung als Abschüsse gemeldet wurden. Leichte Beschädigungen wurden auf deutscher Seite oft gar nicht gemeldet.

Was bei diesen Zahlen beeindruckt, ist, daß die deutschen Jagdflieger im Westen innerhalb der zwei Jahre über 1500 Flugzeuge abgeschossen haben, von denen die meisten ebenfalls Jagdflugzeuge waren, während sie selbst weniger als 500 Flugzeuge verloren.

Man muß also aus diesen Zahlen den Schluß ziehen, daß der Luftkrieg in den Jahren 1941 bis 1942 im Westen ein ziemlicher Erfolg für die deutsche Luftwaffe war. Und wenn man nun die von der RAF gemeldeten Luftsiege mit den tatsächlichen deutschen Verlusten vergleicht, dann darf man wohl sagen, daß die RAF auch in diesen beiden Jahren wie schon 1940 recht großzügige Angaben gemacht hat. Dieser Eindruck wird noch durch exakte Zahlen bestätigt, die für bestimmte Luftkämpfe dieser Zeitspanne heute zugänglich sind. Dieppe ist ein Beispiel: Bei diesem Kommandounternehmen am 19. August 1942 (eine Episode, die in diesem Buch später noch beschrieben werden soll, fand an diesem Tag statt) waren die alliierten Abschußmeldungen beträchtlich großzügiger als die deutschen. Die RAF wollte an diesem Tag 91 Luftsiege mit Sicherheit und 44 mit hoher Wahrscheinlichkeit errungen haben. Die offiziellen deutschen Unterlagen weisen aus, daß die Luftwaffe in Wirklichkeit 48 Flugzeuge verloren hat, und zwar nicht nur im Luftkampf. Lediglich 20 davon waren Jagdflugzeuge. Die Deutschen dagegen haben an diesem Tag 112 Abschüsse zur Anerkennung gemeldet. Die zugegebenen Verluste der RAF machten insgesamt 108 Flugzeuge[1] aus. So hat die Luftwaffe also offensichtlich den Luftkrieg in den genannten Jahren in einem Verhältnis für sich entscheiden können, das besser als 2:1 war. Die vergleichbaren Stärken bzw. die Verbände, die an diesem Kampf teilgenommen haben, ergeben sich aus der nachfolgenden Liste. Auf seiten der RAF waren eingesetzt: 48 Spitfire-Staffeln, 6 Hurricane-Staffeln, 4 Mustang-Aufklärungsstaffeln, 3 US-Adler-Staffeln (Spitfires) und 8 zusätzliche Staffeln einschließlich Jagdbombern. Die Luftwaffe verfügte demgegenüber über die

---

[1] *Hans Ring in einem Gespräch mit dem Verfasser. Johnson schreibt in »Wing Leader«, Kapitel 9, daß »die Luftwaffe im Luftkampf über Dieppe mehr als 2 englische Jagdflugzeuge auf einen eigenen Verlust abschießen« konnte.*

beiden Jagdgeschwader im Westen, von denen jedes nur aus 9 Staffeln bestand, und über eine begrenzte Anzahl von Bombern.

Wenn man solchen Angaben nun Wert beimißt in der Beurteilung und der Abschätzung des Jägerkrieges in diesen beiden Jahren, was ist dann zu den deutschen Zahlen für das Jahr 1940 zu sagen? In der Schlacht um England gab es einzelne Luftkämpfe, bei denen Jagdflieger der deutschen Luftwaffe behaupteten, eine bestimmte Anzahl von Flugzeugen abgeschossen zu haben, für die aber die RAF keine Verluste zugegeben hat. Ein solcher Fall, der einigen deutschen Kennern immer noch rätselhaft erscheint, ist ein Luftkampf, der am 15. August stattfand. Das war der Tag, an dem die Luftwaffe ihren stärksten Einsatz gegen England flog. An diesem Tag hat auch die Luftflotte 5 von Norwegen aus an dem Angriff teilgenommen, und RAF-Piloten fingen die von Flugplätzen auf der skandinavischen Halbinsel kommenden Bomber und Langstreckenjäger bereits vor der Küste ab. Sie schossen dabei 7 Me 110 und 16 zweimotorige Bomber ab. Deutsche Piloten haben nun umgekehrt behauptet, sie hätten 12 britische Spitfires abgeschossen. Aber die RAF gab bekannt, daß keine Spitfire abgeschossen und auch keine getroffen worden waren. Eine kürzlich durchgeführte Überprüfung der englischen Staffelberichte zeigt, daß 7 Staffeln sich zu dieser Zeit mit den deutschen Verbänden herumgeschlagen und anschließend etwas über 40 Luftsiege als beobachtet und eine weitere Zahl von wahrscheinlichen Luftsiegen angemeldet haben. Aus den einzelnen Unterlagen der Staffeln (41., 72., 73., 79., 264., 605., 607. und 616. Staffel) geht hervor, daß von der 605. Staffel z. B. ein Pilot abgestürzt ist und einer zur Notlandung gezwungen wurde. Von der 79. Staffel kehrte ein Flugzeug schwer angeschossen zurück. Das könnte also vielleicht bedeuten, daß die Angaben der RAF für diesen Tag nicht ganz korrekt waren, wenn auch im übrigen die britischen Flieger einen durchaus einseitigen RAF-Sieg errangen. Der Grund, warum deutsche Quellen die Behauptung der RAF »keine Verluste« für diese Episode in Frage stellen, liegt darin, daß für die deutschen Behauptungen jeweils zwei Augenzeugen vorhanden sind (von den 12 Spitfires, die die deutschen Jagdflieger in diesem Luftkampf abgeschossen haben wollen, hat die Abschußkommission 6 anerkannt).

Bei dieser Auseinandersetzung waren englischerseits natürlich einmot-Jäger eingesetzt, während die Luftwaffe bei ihren Verbänden in Norwegen nur über zweimot-Flugzeuge verfügte – demzufolge

P-51 B-15 und T-51 D-5 im Verbandsflug über England.

Die 5000. Lightning, genannt YIPPEE.

war der Vorteil hinsichtlich der Ausrüstung bei der RAF, und der einseitige Sieg wird durchaus verständlich. Nachdem die Deutschen in diesem Luftkampf keine einmot-Jagdflugzeuge hatten, haben die deutschen Augenzeugen, die die Abschüsse der Spitfires gemeldet haben, bestimmt keine Schwierigkeiten mit der Identifizierung gehabt, wie sie andererseits vielleicht aufgetreten wären, wenn auf beiden Seiten einmot-Jäger in den Kampf eingegriffen hätten. Wir müssen natürlich die offiziellen RAF-Verlustzahlen akzeptieren, es sei denn, sie sollten später einmal berichtigt werden.

Zu den Zahlen der zur Anerkennung angemeldeten Luftsiege muß man sagen, daß alle eine Korrektur erfahren haben. Dies trifft auch auf den 15. August 1940 zu. Ursprünglich hat die RAF die Zahl ihrer Luftsiege mit 182 angemeldet und 34 eigene Verluste zugegeben. Später wurden die 182 Luftsiege auf 75 reduziert, aber die eigenen Verluste blieben ohne Änderung. Deutsche Unterlagen weisen aus, daß die Luftwaffe 55 Flugzeuge durch Feindeinwirkung verlor, dazu 20 aus anderen Gründen. Eine Anzahl weiterer Flugzeuge kehrten mit Beschädigungen vom Feindflug zurück.

Wenn man auf die Non-Stop-Offensive der RAF in den Jahren 1941 und 1942 zurückblickt, dann scheint ziemlich sicher, daß die Verteidiger dabei das bessere Ende für sich behalten haben. Und zwar in einem sehr deutlichen Verhältnis, obwohl sie zahlenmäßig unterlegen waren. Die britischen Verluste an Jagdflugzeugen für beide Jahre waren nicht viel höher als 1940 allein, aber die britischen Bomberverluste waren etwa doppelt so groß wie 1940. Die Deutschen verloren viel weniger Jagdflugzeuge als im Jahr 1940, und das traf auch auf die deutschen Bomber zu.

SPITFIRE SCHNAPPEN DEN KOMMODORE

21. JUNI 1941 –
OBERST ADOLF GALLAND, LUFTWAFFE

Der berühmteste und in mancher Hinsicht größte deutsche Jagdflieger des zweiten Weltkrieges war Adolf Galland. Galland schoß 104 alliierte Flugzeuge ab, alle an der Westfront. Diese Zahl bekommt ihr besonderes Gewicht, wenn man weiß, daß er von Dezember 1941 an bis zum Ende 1944 Startverbot hatte!

Er war eine Führernatur. Als er zum General der Jagdflieger ernannt wurde, war er mit 30 Jahren der jüngste General der deutschen Wehrmacht. Er flog vor dem Feind in Spanien, in Polen, Frankreich, Sizilien, Italien und Deutschland und war der erste deutsche Soldat, der die höchste deutsche Kriegsauszeichnung erhielt. Er war einer der wenigen, die den Luftkrieg von der Front her und aus der Sicht einer hohen Befehlsstelle heraus kennengelernt haben.

Galland wurde im März 1912 in Westerholt, Westfalen, geboren. Seine beiden Brüder sollten später ebenfalls ungewöhnlich erfolgreiche Jagdflieger werden. Sein Vater war Rentmeister bei der reichsgräflichen Familie von Westerholt, ein Posten, der sich 200 Jahre lang in der Familie vom Vater auf den Sohn vererbt hat. (Die Gallands kamen als französische Hugenotten nach Deutschland und ließen sich 1742 in Westfalen nieder.)

Galland ging in Westerholt in die Volksschule und absolvierte das Gymnasium in Buer. Von der Segelfliegerei war er so begeistert, daß er Verkehrsflieger werden wollte. Mit Erlaubnis seines Vaters machte er im Alter von 17 Jahren seinen ersten Flug im Gleiter. Das Fliegenlernen ist ihm anfänglich nicht leichtgefallen. Er hatte die gleichen Schwierigkeiten wie mancher große Jagdflieger am Anfang seiner Laufbahn, aber er wurde mit diesen Schwierigkeiten schließlich fertig. 1931 schloß er auf der Wasserkuppe in der Rhön seine Segelfliegerausbildung ab. Er war damals 19 Jahre alt. Bei Wettkämpfen hatte er bereits einige Erfolge erzielt und wurde dann Segelfluglehrer. Bald besaß er sein eigenes Segelflugzeug und nachdem er einen Dauerrekord aufgestellt hatte, meldete er sich als Prüfling zur Aufnahme in die Flugzeugführerschule der Lufthansa. Von Tausenden von Bewerbern, die diese Tauglichkeitsprüfung machten, wurden nur 18 oder 20 angenommen. Galland gehörte dazu. Nachdem er die Flugzeugführerausbildung bei der Lufthansa 1932 erfolgreich abgeschlossen hatte, bewarb er sich bei der Reichswehr und wurde angenommen.

1934 wurde er nach Italien geschickt, zu einer damals noch geheimen Fliegerausbildung, nachdem er in Dresden eine paramilitärische Ausbildung im Kunstflug mitgemacht hatte.

Als erfahrener Pilot kam er in der von Hitler großzügig aus dem Boden gestampften Luftwaffe schnell vorwärts. Er gehörte zu der Gruppe deutscher Freiwilliger, die Hitler nach Spanien sandte, um Franco im Kampf gegen die republikanische Regierung zu helfen. In Spanien wurde Galland zwar nicht so berühmt wie ein anderer deutscher Jagdflieger, Werner Mölders, aber er flog immerhin 300 Einsätze in einer He 51 und lernte eine ganze Menge über den taktischen Einsatz von Jagdflugzeugen. Er erwarb sich das Spanienkreuz in Gold mit Brillanten. Mit dieser höchsten Auszeichnung wurden nur 14 Angehörige der »Legion Condor« ausgezeichnet.

Während des Polenfeldzuges 1939 kam Galland in 27 Tagen auf 70 Feindflüge und wurde zum Hauptmann befördert. Als am 10. Mai der Frankreichfeldzug begann, war Galland im Westen stationiert und kam am 12. Mai zu seinem ersten Luftsieg auf diesem Kriegsschauplatz; er schoß eine Hurricane der RAF ab. Damit begann eine äußerst erfolgreiche Karriere gegen die RAF und das US Army Air Corps, während der Galland einige Male selbst abgeschossen wurde und aus dem brennenden Flugzeug abspringen mußte, mehrfache Verwundungen davontrug und schließlich in Anerkennung seiner 95 Luftsiege im Dezember 1941 zum General der Jagdflieger ernannt wurde, was ihm gleichzeitig in einem persönlichen Befehl Hitlers ein Startverbot eintrug. Aus der Schlacht um England war er als der Jagdflieger mit der höchsten Zahl von Luftsiegen hervorgegangen: 57 Gegner hatte er abgeschossen.

Obwohl Galland in Hans-Joachim Marseille den größten Jagdflieger des zweiten Weltkrieges sieht, sind viele Kenner der Meinung, daß es Galland war, dem keiner gleichkam. Daß er ein außergewöhnlich guter Pilot war (was sich schon während seiner Segelfliegerzeit gezeigt hatte) und einer der besten Schützen der Luftwaffe, ist nicht zu bezweifeln. Dazuhin war wohl kaum ein anderer von solcher Kampfentschlossenheit und gleichem Angriffsgeist erfüllt. In den letzten Tagen des Krieges kehrte er an die Front zurück und führte eine Düsenjägerstaffel gegen eine überwältigende Übermacht.

1941 war Galland Kommodore eines der beiden Jagdgeschwader, die im Westen geblieben waren, um gegen die RAF zu kämpfen. Sein Geschwader war auf einige Feldflugplätze im Pas de Calais verteilt. Er kannte manche der RAF-Piloten mit Namen und lernte sogar einige persönlich kennen, nachdem sie über Frankreich abgeschossen worden waren und seine Einladung zum Essen angenommen hatten. 1941 waren die deutschen Jagdflieger noch voller Selbstvertrauen, sie leisteten Ausgezeichnetes, und ihre Flugzeuge waren vielleicht um diese Zeit die besten der Welt. Die Moral war gut. Galland flog selber, wann immer das möglich war. Dieser Zeit und einem für Galland denkwürdigen Tag wollen wir uns jetzt zuwenden.

Samstag, der 21. Juli 1941, war ein warmer Tag. Die Sonne schien über dem Kanal. In nächster Nähe der Küste von Kent, auf der französischen Seite des Kanals, zwischen Calais und Boulogne, lagen die vorgeschobenen Feldflugplätze der Luftwaffe. Die beiden Gegner starteten immer wieder von denselben Pisten und hatten sich während des entscheidenden Ereignisses des Vorjahres schon miteinander herumgeschlagen, als es der deutschen Luftwaffe nicht gelungen war, die RAF am Boden zu halten und England mit dem Bombenkrieg in die Knie zu zwingen. Die deutsche Luftwaffe hatte die massierten Tagesangriffe ihrer Bomber aufgeben müssen und führte die Bombeneinsätze auf England nun hauptsächlich bei Nacht. Im Sommer 1941 war die RAF zur Offensive übergegangen, teilweise auch, um Kräfte in Frankreich zu binden und damit die Russen im Osten zu entlasten. Englische Bomber führten unter Jagdschutz Tagesangriffe auf Ziele in Frankreich durch. Weil die Reichweiten der Begleitjäger (Spitfires und Hurricanes) begrenzt war, befanden sich die Ziele der RAF gewöhnlich in der Nähe der französischen Küste. Die deutschen Jagdflieger, die im Jahr vorher oft als Deckung und Begleitschutz nach England und nach London geflogen waren, spielten nun die Rolle, die die RAF vorher nutzen konnte.

Auf der französischen Seite des Kanals, mitten zwischen Calais und Boulogne und einige Kilometer östlich des Cap Griz Nez, lag der Feldflughafen Wissant. Er war mit Jagdfliegern belegt. An klaren Tagen konnten die deutschen Piloten die Kalkfelsen von Dover auf der anderen Seite des Kanals sehen und etwas höher die Radar- und Sendetürme, die sich über der grünen Küste der Grafschaft Kent deutlich abhoben. Die Entfernung betrug nur 35 Kilometer. Kommodore des JG. 26 mit dem Gefechtsstand in einem Bauernhaus war Oberstleutnant Adolf Galland.

Am Morgen des 21. Juli deutete noch nichts darauf hin, daß an diesem Tag etwas Besonderes passieren könnte. Es gab keine Meldungen über Einflüge. Die Brise nahm zu, als der Morgen hinging, und die Sonne drückte warm auf die welligen Hügel von Calais. Galland war nervös. Das Wetter war zu gut. Sein Geschwader bestand aus drei Gruppen; jede dieser Gruppen bestand aus drei Staffeln. Die normale Einsatzstärke einer Staffel belief sich auf acht bis zwölf Jagdflugzeuge. Alles in allem konnte Galland also mit diesen neun Staffeln mehr als 100 Jagdflugzeuge in die Luft bringen. Er selbst hatte einen Stabsschwarm von vier Flugzeugen, mit dem er normalerweise als Führer des Verbandes flog (im allgemeinen konnte man die Geschwaderstärke zu jener Zeit auf 120 Flugzeuge schätzen). Eine Staffel lag in Audembert bei Galland, die anderen acht waren auf drei in der Nähe gelegene Feldflugplätze verteilt. Galland ließ die neun Staffeln durch Audembert rotieren, wo sie jeweils zwei Wochen blieben, um ihm Gelegenheit zu geben, mit jedem Piloten persönlich bekannt zu werden.

Alle Staffeln des JG. 26 waren ursprünglich mit Me 109 ausgerüstet. Im Anfang 1941 wurde dann eine Gruppe – also drei Staffeln – auf FW 190 umgerüstet.

Die am Südrand des Feldflugplatzes Audembert unter hölzernen Tarnschuppen stehenden grauen Me 109-E waren auf der Unterseite hellblau gestrichen, so daß sie von unten gegen den Himmel gesehen nur schwer zu erkennen waren. Sie waren mit einem wassergekühlten DB-605-Motor von 1150 PS ausgerüstet, der über einen Dreiblattpropeller in 4000 m Höhe eine Geschwindigkeit von gut 560 km/h ergab. Die Jäger der Luftwaffe konnten sich darauf verlassen, daß die Me 109 – kleiner als die Spitfire oder die Hurricane – schneller war als das schnellste Flugzeug der RAF. (Die Spitfire MK. I sollte 570 km/h erreichen, aber erst in einer Höhe von über 6000 m. Etwa um diese Zeit kamen die ersten Spitfire MK. II an die Front, die es auf 590 km/h brachten. Aber die deutsche Luftwaffe zog gleich mit der Me 109-F nach, die mindestens 20 km/h schneller war als die E.)

Die doppelte Reihe von Flugzeugschuppen in Audembert war gut getarnt und fügte sich unauffällig in die Landschaft ein. Tarnnetze und Tarnbelag sorgten dafür, daß man die Anlage schon aus niedriger Flughöhe nicht mehr ausmachen konnte. Ein paar hundert Meter weiter westlich stand ein weißes Bauernhaus. Eines der fünf Schlafzimmer dort gehörte Galland. Um 7.30 Uhr wurde er geweckt. Er wusch und rasierte sich, zog seinen Fliegeranzug und die schwarzen, schaffellgefütterten Fliegerstiefel an und schlüpfte in eine braune RAF-Fliegerjacke. Als erster meldete sich der »Wetterfrosch« bei ihm, der nur bestätigte, was Galland selbst schon bemerkt hatte: es herrschte ideales Flugwetter. Dann erhielt er die letzten Feindlagemeldungen, die von der Funküberwachung und von Kriegsgefangenen stammten. (Die deutsche Nachrichtentruppe konnte mit wertvollen Informationen über die RAF dienen, bis zu solchen Details, welche Staffelkapitäne gerade Urlaub genommen hatten.) Zum Frühstück trank Galland nur ein Glas Rotwein, in das er ein Ei gerührt hatte. Er konnte morgens nie viel essen. Er machte sich an den notwendigen Papierkrieg. Der Morgen ging dahin. Es blieb anscheinend ruhig jenseits des Kanals. Es wurde 10 Uhr, 11 Uhr. Draußen wurde es langsam warm. Nur ab und zu ließ einer der Warte einen Motor laufen. Sonst herrschte eine geradezu friedliche Stille. Galland konnte seine Unruhe nicht bändigen. Es war Viertel nach elf.

Das Telefon schlug an. Es war der Funkmeßoffizier. Er sprach aus der Holzbaracke, in der die Auswertung der Freya-Geräte untergebracht war. »Viele über Kent«, sagte er. Galland antwortete: »Komme sofort!« Eine Minute später war er drüben. Die Baracke war von einem großen grünen Tarnnetz überspannt. Innen wurden in einem Raum von etwa 10 × 10 m auf einzelnen Tischen laufend die Freya-Meldungen in die Karten übertragen. Galland ging von Tisch zu Tisch und wandte sich dann der großen Lagekarte zu, auf der die Meldungen in einem Gesamtbild zusammengefaßt wurden. Das Bild war klar. Er befahl Gefechtsalarm, hinterließ Weisung, daß ihm jede Änderung sofort zu melden sei, und verließ die Baracke dann im Laufschritt.

Die Zeit war knapp, denn die gemeldeten Verbände waren ja nicht mehr allzu weit weg. Das Bodenpersonal war an den Maschinen, machte sie startklar, ließ die Motoren warmlaufen. Der Lärm war jetzt weithin zu hören. Die plötzliche Geschäftigkeit auf allen Seiten ließ hinter der Maske der bäuerlichen Landschaft den zum Schlag bereiten Frontflugplatz eines Jägerverbandes erkennen.

Galland gab den schnell zusammengerufenen Piloten im Bauernhaus einen kurzen Lagebericht: »Wir haben drei Gruppen Bomber – wahrscheinlich mit Jagdschutz – auf 3000 Metern. Sie werden die Küste einige Kilometer westlich Dünkirchen überfliegen.« Er zeigte auf die Karte und fuhr fort: »Wir werden sehen, ob wir zwischen hier und hier angreifen können. Alle Staffeln sammeln; wenn genügend Zeit ist, führe ich den gesamten Verband – wenn nicht, greifen wir in getrennten Gruppen an.«

Zu Fragen blieb keine Zeit. Galland rannte mit den 15 anderen Jägern zu den Me 109. Im Laufen band er sich einen gelben Schal um den Hals. Er wollte mit seinem Stabsschwarm vorneweg starten, dicht dahinter die Staffel, die zur Zeit auf dem Platz lag.

Seit dem Gefechtsalarm waren die Warte an den Maschinen. Galland grüßte Uffz. Meyer, seinen ersten Wart. Dann sprang er ins Cockpit der startfertigen Me 109-F 2, schnallte sich an und zog den Starterknopf. Der Motor sprang an.

Nach einem schnellen Blick über die Instrumente gab er das Zeichen »Fertig«. Neben der Maschine hob ein Wart die Leuchtpistole. Eine grüne Leuchtkugel stieg in den Himmel. Galland schloß die Haube, löste die Bremsen und schob den gelben Knopf an seiner linken Seite langsam nach vorne. Der Daimler-Benz heulte auf. Das Flugzeug rollte an. Die anderen folgten ihm.

Galland hielt auf den südlichen Platzrand zu, drehte nach links, um an die Ostecke zu kommen, und hielt an. Der Stabsschwarm hatte aufgeschlossen. Dahinter, zu zweien und vieren, kam die Staffel. Es war 12.24 Uhr. Galland gab Vollgas. Die Me 109 begann schneller zu werden. Die graugrünen schlanken Flugzeuge mit ihren spitzen Nasen, einen Meter große schwarze Balkenkreuze am Rumpf, folgten der Maschine des Kommodore in den blauen Himmel nach Westen.

Galland drückt den Fahrwerkschalter am unteren Rand des Instrumentenbretts, nimmt etwas Gas weg und legt die Maschine in eine leichte Kurve. Er fragt beim Gefechtsstand nach: »Die dicken Autos«, hört er, »folgen dem alten Kurs.« Galland schließt die Kühlerklappen, trimmt nach und geht auf Kurs 110 Grad. Seine Me 109 – mit der Micky Mouse an den Seiten – steigt anfänglich mit 1000 m/min. Galland schätzt, daß er etwas mehr als fünf Minuten braucht, um über die einfliegenden Bomber zu kommen, auf etwa 4500 m Höhe.

Der Fahrtmesser steht auf einer Steiggeschwindigkeit von fast 400 km/h (die Skala geht bis 750 km/h). Galland prüft Kühler- und Öltemperatur. Das deutsche System ist einfach: Wasserleitungen und -instrumente sind grün, Öl braun, Luft blau, Kraftstoff gelb. Der Feuerlöscher ist rot. Galland klappt die Abdeckung der Abzugsknöpfe am Knüppel auf und schaltet das Reflex-Visier ein. Direkt vor seinem Gesicht erscheint in dem 10 × 5 cm großen Glasviereck der gelbweiße eingespiegelte Visierkreis. Auf 100 m Entfernung füllt die Spannweite einer Spitfire den Kreis gerade aus. Galland kann seine beiden 2-cm-Kanonen mit dem Daumen durch Druck auf den Knopf am Knüppel oben und die zwei MGs durch Druck auf das Griffstück des Knüppels auslösen. Von ihm aus kann es losgehen. Der Stabsschwarm mit dem Kommodore ist immer noch im Steigflug.

Die englischen Bomber – zweimotorige Blenheims – wollen einen Flugplatz angreifen. Ihr Ziel ist Arques in der Nähe von St. Omer. Galland hört über FT, daß die Blenheims schon östlich vor ihm sind. Er hat also keine Zeit mehr, das ganze Geschwader zu sammeln. Die Freya-Geräte melden jetzt größere Jagdverbände über den Bombern.

Galland bestätigt und steigt weiter. Die Höhe ist 3000 Meter, 3500 Meter, 3800 Meter. Er fliegt einen Kurs, der von der Bodenleitstelle kommt, Südsüdost. Eigentlich müßte der Feind in Sicht sein. Er sucht den Himmel ab. Nichts zu sehen. Er blickt nach hinten, hält weiter Kurs. Voraus sieht man jetzt St. Omer. Dann ... hinter St. Omer an der nach Südwesten führenden Straße der Flugplatz – und dort explodierende Bomben! Der Platz wird angegriffen! Die RAF-Bomber sind auf 3800 m über Arques, hört er. Ein Haufen Hurricanes und Spitfires fliegen Begleitschutz. In Galland und seinen Jägern wächst die Spannung vor dem beginnenden Luftkampf; sie schieben den Gashebel bis zum Anschlag und steigen steiler. Galland will über die RAF-Jäger, um aus der Überhöhung angreifen zu können. Die Me 109 dröhnen höher und höher, über die Bomber, die jetzt rechtsab fliegen. Galland legt sich in einen weiten Turn nach rechts, zieht immer noch und kommt jetzt über die britischen Begleitjäger. Die Blenheims, tiefer und weiter rechts, scheinen ihre Bomben abgeladen zu haben und drehen auf Kurs Heimat. Seine Staffel ist in Angriffsposition. Aber britische Jäger sind zwischen den Me 109 und den Bombern. Kann er den Begleitschutz durchbrechen und an die Bomber herankommen?

Die anderen Staffeln des Geschwaders sind noch nicht da. Galland drückt den Sprechknopf: »Angriff!« Abschwung nach rechts. Er drückt den Knüppel nach vorn und drückt das rechte Pedal durch. Die Me 109 nimmt im Stürzen Geschwindigkeit auf. Die anderen folgen, der Verband zieht sich auseinander. Die Geschwindigkeit nimmt schnell zu. Galland blickt durch das Visier. Die Spitfires und

Hurricanes, die über den Blenheims fliegen, scheinen ihm entgegenzukommen, während sie über ihren größeren Kameraden hin und her fliegen, aber Galland kümmert sich nicht um sie. Er ist plötzlich dran, flitzt mit über 700 km/h durch den feindlichen Jägerverband. Überrascht drehen die RAF-Jäger auf die Me 109 ein. Aber die Deutschen sind so schnell im Sturz, daß sie nun schon weit unten auf die »dicken Autos« zuschießen.

Galland zieht etwas, fühlt, wie sein Kopf blutleer wird, hält die Augen aber fest auf dem Bomberverband. Eine der zweimotorigen Maschinen hängt etwas rechts und hinten nach. Galland fängt ab – er ist jetzt schon etwas tiefer als die Blenheims –, zieht und kommt nun mit dem Geschwindigkeitsüberschuß aus der Überhöhung wieder hoch und hinter den Bomber. Er korrigiert mit Knüppel und Pedalen. Der Schütze im Drehturm an der Rumpfoberseite hat ihn noch nicht bemerkt. Galland konzentriert sich auf den Kreis im Reflexvisier; seine Finger sind auf den Abzugsknöpfen. Die Spannweite des Bombers wächst im Reflexvisier, füllt den Kreis aus. Galland kommt nun direkt von hinten heran. Näher – noch näher. Jetzt! Galland drückt die Waffenknöpfe. Die Kanonen und MGs rattern los, die 109 schüttelt. Die Garbe schlägt in den Blenheimbomber. Fetzen fliegen weg – und dann gibt es eine Stichflamme: hochoktaniges Flugbenzin! Galland ist jetzt so nah, daß er abschwingen muß, um nicht selbst anzubrennen. Der Blenheimbomber kippt ab, fällt ... Schwarzer Rauch markiert den Sturz. Flammen schlagen aus dem großen Flugzeug. Ein Fallschirm geht auf. Dann noch einer. Zwei Mann sind also raus – den dritten hat es wohl erwischt. Das ist Abschußnummer 68 für Galland. Bei dem Angriff hat er seine Kameraden verloren, die sich ihre eigenen Ziele gesucht haben. Der größte Teil der Staffel scheint sich mit britischen Jägern herumzuschlagen. Galland ist allein, sucht den Himmel ab und steigt wieder mit Vollgas über die Bomber. Wenn ihm die feindlichen Jäger nicht dazwischenfunken, dann kann er noch einen Angriff auf die Blenheims fliegen. Langsam kommt er etwas abseits neben dem Bomberpulk und den kurbelnden Jägern hoch. Galland schafft es – er kann sich aus dem Gewimmel heraushalten und ist, jetzt wieder auf 4000 m Höhe, bereit für einen zweiten Angriff. Er blickt nach hinten – alles frei. Noch etwas höher geht er ... über die britischen Jäger. Dann drückt er den Knüppel nach vorn. Abschwung. Mit wachsender Geschwindigkeit stößt er durch die Spitfires. Aber diesesmal hat ihn einer der Briten gesehen, stellt seine Maschine auf die

Fläche, macht seinen Rolls-Royce Merlin »ganz auf« und setzt Galland nach, der jetzt zwar etwas schneller stürzt und auf die Bomber einkurvt. Er kommt heran, fängt ab und sucht sich die führende Blenheim als Ziel aus – so ist er dann gleich durch den Verband durch ... Er hat die richtige Geschwindigkeit, bringt sich mit Knüppel und Pedalen genau hinter den führenden Bomber. Der Heckschütze hat keine Zeit mehr, auf ihn zu schießen. Die Silhouette des Bombers füllt das Reflexvisier. Galland drückt auf die Knöpfe. Wieder schlagen die Geschosse in das feindliche Flugzeug. Galland ist so nah, daß er gar nicht danebenschießen kann. Er konzentriert sein Feuer auf die rechte Tragfläche, der rechte Motor raucht schon. Galland beobachtet noch eine Sekunde, bevor er wegkurvt. Die Blenheim giert etwas ... schert jetzt aus der Formation aus und zieht eine dunkle Rauchfahne hinter sich her. Wieder kann die Besatzung aussteigen. Galland sieht einen Fallschirm, dann einen zweiten. Luftsieg Nummer 2, insgesamt jetzt der 69. Abschuß.

Wumm, Wumm! Es scheppert in der 109. Leuchtspur zieht neben und über ihm vorbei. Es stinkt nach Verbranntem. Ein feindlicher Jäger sitzt ihm im Genick. Sofort tritt er das rechte Pedal durch, drückt, drückt, und taucht nach der Seite und unten weg. Die Benzineinspritzung des Daimler-Benz zeigt mal wieder, was sie wert ist. (Gegenüber den Spitfires und Hurricanes haben die Me 109 in einem plötzlichen Abschwung einen Vorteil: bei Vergasermotoren bleibt da aufgrund der Zentrifugalkräfte kurz der Sprit weg, während Motoren mit Benzineinspritzung auch dann noch normal funktionieren. Der kurze Moment genügt Galland hier, um außer Schußweite zu kommen. Britische Jäger haben oft versucht, diesen Vorteil der Deutschen zu kompensieren, indem sie im Ankippen zum Sturz eine halbe oder ganze Rolle flogen, um so der Schwerkraft entgegenzuwirken und die Benzinzufuhr aufrechtzuerhalten.)

Galland blickt nach hinten. Er ist die Spitfire losgeworden, hat aber viel Höhe verloren. Und er zieht eine lange weiße Wolke hinter sich her. Sein rechter Kühler ist angeschossen und verliert Kühlflüssigkeit. Sein Motor wird also heißlaufen. Er drückt an und sucht da unten in der Landschaft einen Platz, wo er die Maschine hinsetzen kann. Der Motor fängt an zu kochen. Die Betriebstemperatur steigt. Keine Kühlflüssigkeit mehr. Der Motor ist gleich hinüber. Direkt unter sich sieht Galland eine offene Fläche. Drei Kilometer östlich Calais. Er sieht näher hin ... ein Flugplatz, Calais-Marck! Er war so beschäftigt, daß er gar nicht mehr wußte, wo er war. Der Motor läuft sich fest. Galland nimmt das Gas weg. Der Propeller bleibt stehen. Glücklicherweise hat er den Flugplatz direkt unter sich. Ein kurzer Blick nach hinten zeigt ihm, daß kein feindlicher Jäger seine angeschossene Maschine verfolgt. Er kreist über dem Platz. Stille umgibt ihn. Der Tank läuft aus, eine weiße Dunstspur zeigt spiralend nach unten den Weg seiner Me 109. Galland denkt an seine Segelfliegerzeit. Er wird eine Bauchlandung machen und bereitet sich darauf vor, aus der Kanzel zu springen, sobald die Maschine zum Stehen kommt. Er kommt schnell herunter und dreht an der Platzgrenze zur Landung ein. Andrücken, ausschweben. Er setzt auf der Graspiste auf. Knüppel an den Bauch. Es bumst und knirscht. Und dann steht die Me. Im gleichen Augenblick ist Galland aus der Maschine heraus. Aus allen Richtungen kommen Männer angelaufen. Er ist sicher gelandet. Auf einem deutschen Flugplatz.

Sein erster Wunsch ist ein Funkspruch nach Audembert. Die sollen ihm ein Flugzeug schicken und ihn abholen. (Audembert liegt nur sechzehn Kilometer südwestlich Calais-Marck.) Dann geht er um die angeschossene Maschine herum. Der Propeller ist verbogen, der Bauch zerkratzt. Der rechte Kühler ist zerschossen. Die Spitfire muß ihn von hinten unten erwischt haben.

Galland beantwortet Fragen über den Luftkampf und erzählt von den zwei Abschüssen. Das Bodenpersonal geht daran, die beschädigte Me zum Abtransport vorzubereiten. Eine Me 108 kommt über dem Platz in Sicht. Sie kommt von Audembert. Nach ein paar Minuten ist Galland auf dem Weg dorthin und kommt gerade noch recht zum Mittagessen. Er erfährt, daß sein Rottenflieger Hegenauer auch abgeschossen wurde.

Bis jetzt war es ein harter Tag ... Zwei Luftsiege in wenigen Minuten, aber auch er und sein »Kaczmarek« abgeschossen. Die Flugzeugführer unterhalten sich eingehend über den Einsatz.

Nach dem Essen kehrt Galland an seinen Schreibtisch zurück. Der Papierkrieg wollte auch erledigt sein. Das Wetter war immer noch ausgezeichnet ... aber die RAF hatte wohl genug für heute. Er arbeitet also durch. Es wird 15 Uhr, 16 Uhr. Und dann ...

Das Telefon. Die Freya-Geräte melden, daß wieder größere Verbände jenseits des Kanals sammeln. Galland ist schnell in der Baracke und beobachtet das Lagebild ... feindliche Formationen, einige davon im Anflug auf Frankreich. Es sieht so aus, als ob sie 25 bis 30 Kilometer südwestlich die Küste überqueren wollten. Zum zweitenmal an diesem Tag gibt Galland Gefechtsalarm. Die Piloten eilen zu ihren Maschinen. Mit wem soll er fliegen? Sein Rottenflieger fehlt. Er hat gar keine Zeit gehabt, einen Ersatzmann einzuteilen. Er entscheidet sich, allein zu fliegen – er hat das ein paarmal im Verlauf seiner Karriere gemacht, obwohl das gegen alle Regeln des Jägerkrieges ist. Vielleicht kann er sich an eine seiner Gruppen anhängen, wenn er gestartet ist. So trabt er los, ohne lange nach einem Kaczmarek zu suchen, erreicht seine Me 109 (ein Flugzeug wird immer für ihn in Reserve gehalten) und zieht eine Staubwolke hinter sich her, während er in Startposition rollt. Die einsame Maschine steigt schnell in den immer noch blauen westlichen Himmel. Es ist ein paar Minuten nach 4 Uhr. Galland kurvt nach links in Richtung Süden ein, wo die Feindverbände in Kürze erwartet werden. Das Fahrgestell ist eingezogen. Er überprüft kurz das Instrumentenbrett, schaltet das Visier ein und entsichert die Waffen – alles ist in Ordnung –, und weiter steigt er allein auf Kampfhöhe. Schnell ist er auf 3000 m Höhe und dann auf 4000 m. Er nimmt Verbindung mit der Leitstelle auf. Der Feind soll ein paar Kilometer voraus und etwas höher sein – wahrscheinlich Jäger. Er kann noch nichts erkennen. Voraus liegt jetzt Boulogne.

Der bullige Mercedesmotor zieht ihn mit maximaler Steigleistung hoch. Boulogne liegt rechtsab. Er ist jetzt auf 5500 m, sucht den Himmel ab, möchte lieber zuerst auf Kameraden als auf den Feind treffen. Südöstlich Boulogne ... Punkte am Himmel ... Flugzeuge. Seine Augen bleiben an diesen schnell näherkommenden Silhouetten hängen. Jagdflugzeuge. Dann erkennt er den charakteristischen Umriß ... Me 109! Es ist die erste Gruppe seines Geschwaders! An die könnte er sich anhängen. Er ist jetzt auf 6500 m, geht in den Horizontalflug über, richtet die gelbe Nase seines Flugzeuges auf seine Kameraden. Und jetzt sieht er plötzlich links von diesen einen anderen Jägerverband. 6 Spitfires! Sie fliegen etwas tiefer. Er hat den Höhenvorteil, ändert deshalb seine Absicht, stellt seine 109 auf die linke Fläche, und zischt in einem schnellen Abschwung auf die britischen Jäger zu. Vielleicht kann er den Überraschungsmoment nutzen, den letzten Tommy herauspicken und schon wieder weg sein, bevor die anderen auf ihn eindrehen.

Die Spitfires sind jetzt vor ihm. Galland drückt noch mehr an, um hinter den sechsten Feindjäger in Position zu kommen. Das muß schnell gehen. Die Sturzgeschwindigkeit nimmt zu, sorgfältig beginnt er zu zielen. Die letzte Spitfire kommt ins Visier ... noch füllt sie den Kreis nicht aus. Er fängt ab, als die Geschwindigkeit auf

700 km/h zugeht, und sitzt nun direkt hinter seinem Opfer, das Blut weicht aus seinem Kopf, er wird hart in den Sitz gepreßt, als er den Knüppel noch mehr heranzieht. Die Spitfire wird im Reflexvisier immer größer. Der RAF-Jäger behält gerade lang genug die gleiche Höhe. Die Silhouette füllt den Kreis. 100 m Entfernung. Galland drückt auf beide Knöpfe. Die 2-cm-Granaten und die MG-Munition hauen in die etwas größere Spitfire. Trümmerstücke fliegen weg. Der Motor fängt zu rauchen an. Galland weiß: sein Gegner ist erledigt. Der britische Pilot hat wahrscheinlich gar nicht gemerkt, was da passiert ist. Die Spitfire kippt weg, der schwere Merlin-Motor zieht die Maschine mit Vollgas nach unten. Das ist Gallands 70. Luftsieg, sein dritter an diesem Tag. Galland kurvt seitlich weg, um aus dem Kurs der anderen fünf Spitfires herauszukommen. Er sieht sich prüfend um, sieht nichts ... sein Rücken ist frei. Dann beobachtet er den Absturz der von ihm abgeschossenen Maschine. Die Me, die er jetzt fliegt, hat keine Bordkamera wie seine reguläre Maschine am Morgen. Er will also den Aufschlag beobachten.

Aber dann zahlt er den Preis für den ungedeckten Alleinflug. Zum zweitenmal an diesem Tag »kracht es bei ihm im Karton«. Er hört und spürt, wie seine Me 109 Treffer bekommt ... eine ganze Menge. Ein plötzlicher Schmerz am Kopf, am linken Arm! Er sitzt in der Falle, verzweifelt drückt er den Knüppel vor, geht in einen steilen Sturzflug – und fängt dann ab, kurvt. Er ist raus aus der Schußrichtung, aber zu spät. Die Maschine ist zusammengeschossen, und Galland blutet »wie ein Schwein«. Das verzweifelte Ausweichmanöver hat seinen Verfolger abgeschüttelt. Aber sein Motor gibt eigenartige Geräusche von sich, geht rauh und fängt an zu schütteln. Der ist gleich hinüber. Galland schaltet die Zündung aus, um die Brandgefahr zu vermindern. Daran denkt jeder Jagdflieger nur ungern, besonders wenn er in einer 109 sitzt – direkt vor dem Kraftstofftank. Die Maschine gleitet nun lautlos tiefer, wie seine andere am Vormittag.

Die rechte Seite des Rumpfes ist von den Granaten der Spitfire aufgerissen – der Wind pfeift durch die Löcher herein. Die Tragflächen sind zerfetzt. Der andere hat ganze Arbeit geleistet. Aber noch folgt die Me 109 den Ruderausschlägen, und damit besteht die Chance einer Bauchlandung. Er ist immer noch hoch – über 5000 m –, er fliegt Richtung Nord. Tank und Kühler laufen aus. Es plätschert auf den Boden der Kabine. Galland spürt die Gefahr. Wumm! Noch ein Feindjäger? Er blickt nach hinten. Der Tank brennt. Er zieht eine Riesenflamme hinter sich her! Dann merkt er, daß ihm von hinten, unter dem Sitz hindurch, kleine Spritbächlein zwischen die Füße laufen. Jetzt muß er 'raus!

Galland reißt den Anschnallgurt auf, greift mit der linken Hand nach oben, um die Haube abzuwerfen. Aber der Kabinennotabwurf funktioniert nicht, er klemmt. Galland drückt mit beiden Händen. Ohne Erfolg. Es wird wärmer. Er muß irgendwie 'raus, sonst bratet er hier bei lebendigem Leib. Er drückt mit aller Kraft nach oben. Flammen züngeln vom Kabinenboden hoch. Er hat nur noch Sekunden. Aber das Kabinendach gibt nicht einen Millimeter nach. Mit letzter Kraft stemmt er sich nach oben. Der Vorderteil der Haube geht hoch, wird vom Wind gepackt und fliegt nach hinten weg. Jetzt zieht er die Maschine hoch, stellt sich auf den Sitz und versucht herauszuspringen, als die Maschine senkrecht in der Luft steht. Er kommt halb frei, aber sein Sitzfallschirm verfängt sich hinten an einem Stück des Kabinendachs, das nicht mit dem anderen Teil weggeflogen ist. Und so steht er nun, halb drin, halb draußen. Die Me 109 »verhungert« in dem überzogenen Zustand, geht auf den Kopf und fängt an zu trudeln. Der Wind drückt Galland gegen den Kabinenrand, von dem er freikommen will. Der Sitzfallschirm hat sich darin verhakt. Verzweifelt versucht er mit Händen und Füßen, sich loszustemmen. Das Flugzeug fällt wie ein Stein. Die Stiefel brennen schon. Sein Oberkörper wird vom Wind und den Bewegungen der Maschine hin und her gebeutelt. Es ist verrückt, aber plötzlich kommt ihm seine elektrische Eisenbahn in den Sinn – er hat sich in Audembert eine tolle Anlage aufgebaut, und erst am Morgen sind mit der Post zwei neue Loks angekommen. Jetzt kann er die Dinger wohl nicht einmal mehr ausprobieren. Eigenartig, was ein Hirn in solchen Sekunden für Gedanken eingibt!

Er bekommt den Antennenmast zu fassen und stößt mit den Füßen gegen alles, was er erwischt. Und plötzlich kommt er los und fällt. Erleichtert, aber noch in voller Aufregung greift er nach dem Fallschirmgriff und hätte beinahe das Schnelltrennschloß betätigt anstatt des Aufreißgriffs. Gerade noch rechtzeitig merkt er, was er da tut. Das Schloß war schon entsichert! Der Schreck fährt ihm ins Blut. Beinahe hätte er mitten in der Luft seinen Fallschirm ausgezogen. Etwas klapprig zieht er dann am Aufreißgriff. Für einen kurzen Augenblick packt ihn die Angst, daß sich der Schirm nicht öffnet. Dann aber gibt es einen harten Stoß, der ihn aufrichtet. Pendelnd hängt er am geöffneten Schirm und schwebt dem Boden zu.

Es ist schon ein Gegensatz zu der Verzweiflung und dem Schrekken, die ihn Sekunden vorher noch erfüllt haben. Er ist immer noch hoch. Unter ihm dehnt sich die grüne Sommerlandschaft in allen Richtungen. Er sieht, wie seine zusammengeschossene Maschine, etwa einen Kilometer entfernt, aufschlägt, und denkt darüber nach, daß er nahe daran war, in diesem brennenden Sarg hängenzubleiben. Dann kommt eine Spitfire in Sicht, die anscheinend Aufnahmen von ihm macht, wie er so nach unten schwebt.

Die anderen sind weiter weg. Er hört sie schießen. Boulogne im Westen ist nun gut zu sehen. Er kommt direkt über einem großen Wald herunter – der Wind treibt ihn auf eine Waldecke zu. Er muß also nicht in den Bäumen landen. Er treibt auf eine Heckenreihe zu. Eine große Pappel steht im Weg. Er selbst kommt daran vorbei. Aber sein Fallschirm berührt die Äste und klappt zusammen. Er sackt ab und schlägt hart auf den Boden auf. Ein scharfer Schmerz zuckt im linken Knöchel auf. Glücklicherweise ist sein Landeplatz eine sumpfige, weiche Wiese – sonst wäre er nicht so leicht davongekommen. Aber auch so ist er in keinem beneidenswerten Zustand.

Bis jetzt war er zu sehr mit seinen Gedanken beschäftigt, um zu merken, daß er Verbrennungen erlitten hat, an Kopf und Arm blutet, nun auch noch einen Knöchel verrenkt hat und daß sein Hinterteil ziemlich »angekokelt« war. Langsam kommt ihm sein Zustand zum Bewußtsein. Er versucht aufzustehen. Aber das geht nicht. Sein Knöchel schwillt schnell an. Galland klappt zusammen. Er ist kaum fähig, sich zu regen. Er spürt Metallsplitter am Kopf. So bleibt er liegen und sieht sich benommen um. Er erkennt, daß zwei französische Bauern langsam auf ihn zu kommen. Galland ist ihnen hilflos ausgeliefert. Dann kommen noch einige – aber sie sind mißtrauisch und kommen nur vorsichtig näher. Galland sagt: »Ich bin Deutscher und bin verwundet. Bitte helfen Sie mir!« Eine Frau ist auch dabei. Es sind alles ältere Leute. Einer der Männer sagt: »Der stirbt bald. Wir müssen die Deutschen holen. Wenn er stirbt, bevor die Deutschen kommen, dann sagen die, wir hätten ihn umgebracht.« Galland kann verstehen, was die Franzosen sagen, und erwidert: »Ich werde nicht sterben. Ich halte schon etwas aus.«

Die Franzosen sind überrascht. Einige fassen mit an und tragen ihn in das nahegelegene Gehöft. Als sie dort ankommen, fragt er: »Haben Sie etwas Kognak?« Sie haben zwar keinen Kognak, aber etwas Obstschnaps. Die Flasche sieht nicht gerade vertrauenerweckend aus, aber Galland nimmt einen langen Schluck. Einer der alten

Leute läuft die Straße hinunter, um ein paar Männer der Organisation Todt zu verständigen, die auf einer nahen Baustelle arbeiten. Nach ein paar Minuten kommt ein Wagen. Galland sieht, daß es Deutsche sind, und ist erleichtert. Sie fragen: »Wohin sollen wir Sie bringen?« Galland will möglichst schnell zu seinem Geschwader zurück, aber die OT-Männer sind der Ansicht, daß er in ein Krankenhaus gehört. Galland ist anderer Meinung, und so fahren sie ihn nach Audembert.

Seine Ankunft verursacht einige Aufregung. Man war in Sorge um ihn gewesen. Galland bekommt einen Kognak und eine Zigarre und fühlt sich nun schon etwas wohler. Aber dann bringt man ihn doch schnell in das nahegelegene Marinelazarett in Hardingham, wo ihm sein Freund, der Marinegeschwaderarzt Dr. Heim, einige Splitter aus dem Kopf entfernt und ihn wieder zusammenflickt. Heim wollte ihn ein paar Tage im Lazarett behalten, aber Galland ist nicht dazu zu bewegen, und bald sitzt er wieder in seinem Gefechtsstand. So kann er die Führung, vom Boden aus wenigstens, in der Hand behalten.

Das Geschwader meldete an diesem Tag den Abschuß von 14 feindlichen Flugzeugen – ein beachtliches Ergebnis. Auf Galland entfielen drei Abschüsse, seine Gesamtzahl war damit auf 70 angestiegen. Bis zum Abend war dann, zu Ehren des Siebzigsten, eine gewaltige Feier im Gange (obwohl Galland dick verbunden war). Freunde und Vorgesetzte waren aus diesem Anlaß nach Audembert geflogen, darunter auch General Osterkamp, der eine Überraschung mitgebracht hatte. Vom Führerhauptquartier kam kurz darauf die offizielle Bestätigung. Sie lautete: »... verleihe ich Ihnen als erstem Offizier der deutschen Wehrmacht das Eichenlaub mit Schwertern zum Ritterkreuz des Eisernen Kreuzes. Adolf Hitler.« Galland hatte das Eichenlaub – damals wußte man noch nicht, ob es eine noch höhere Kriegsauszeichnung geben würde. Mit der Auszeichnung kam gleichzeitig ein Befehl: Galland erhielt Startverbot. Ohne ausdrückliche Genehmigung Hitlers durfte er nicht mehr fliegen. Das war ein Wermutstropfen in die Freude über die Auszeichnung.

Zehn Tage blieb er am Boden. Das Startverbot war nicht aufgehoben worden. Und so spielte er mit dem Gedanken, eine Me 109 »einzufliegen«, wenn ein feindlicher Verband über dem Platz auftauchen sollte. Am 2. Juli, als starke Feindeinflüge gemeldet waren, startete er zu einem solchen »Überprüfungsflug«. Der Feindverband bestand wieder aus Blenheims, die von Hurricanes und Spitfires ge-

Lockheed P-38 Lightnings auf dem Flugplatz Foggia (Italien) 1944.

Hawker Tempest V.

Ein B-24 „Liberator" Bomber bricht brennend in der Luft auseinander.

deckt wurden. Wieder griff Galland allein an. Eine gefährliche Taktik – Galland hätte es wissen müssen –, aber er hatte zehn Tage lang nicht geflogen und barst vor Tatendrang. Er stürzte sich, durch die Begleitjäger hindurchstoßend, auf die Bomber, schoß einen ab und wurde dann in einen Luftkampf mit einer Spitfire verwickelt, bei der er Treffer erzielen konnte. Im gleichen Augenblick jedoch erwischte ihn eine andere Spitfire von hinten. Wieder war er in einer dicken Klemme – verwundet war er auch. Lediglich eine zusätzliche Kopfpanzerung, die ohne sein Wissen eingebaut war, rettete ihm das Leben. Es gelang ihm, die Verfolger abzuschütteln und mit dem angeschossenen Flugzeug sicher zu landen. Aber als er aus der Maschine heraus war, klappte er unter dem Schock und dem erlittenen Blutverlust zusammen.

Die Geschichte sprach sich schnell zur Luftflotte durch und erreichte von dort aus Berlin. Um diese Zeit war Galland gerade im Lazarett, wo ihn der Arzt mit den Worten begrüßte: »Jetzt werden wir Sie für eine Weile nicht fliegen lassen!« Reichsmarschall Göring erfuhr von Gallands Disziplinlosigkeit. Sie drang auch zu Hitler. Göring rief an, warum er den Führerbefehl mißachtet habe. Galland erwiderte – wenig überzeugend –, er habe ja nur eine Maschine einfliegen wollen. »Melden Sie das dem Führer selbst«, sagte Göring. Das war der erste Hinweis, daß Galland sich bei Hitler melden sollte. Es war Juli, die große deutsche Offensive rollte in Rußland. Er erhielt den Befehl, ins Führerhauptquartier nach Rastenburg (Ostpreußen) zu kommen. Galland nahm sich eine Maschine und flog hin.

Hitler begrüßte ihn lächelnd. »Bitte, wir lieben Sie, wir können Sie nicht verlieren. Ich habe versucht, Sie zu schützen. Sie haben gegen meine Befehle gehandelt, aber ich kann Sie verstehen. Wir haben nur Angst, Sie zu verlieren. Seien Sie vorsichtig!« Das war der ganze »Anpfiff«. Hitler überreichte ihm persönlich das Eichenlaub mit Schwertern. Anschließend war Galland für mehrere Tage Görings Gast, bevor er wieder an die Westfront zurückkehrte.

Vom 2. Juli bis zum Ende des Jahres 1941 stieg die Zahl seiner Abschüsse von 71 auf über 90. Um die Zeit, als er die Neunzig erreicht hatte, muß es gewesen sein, daß Wing Commander Douglas Bader in der Nähe von Gallands Gefechtsstand abgeschossen wurde. Es war im August. Galland schickte einen Wagen und empfing den abgeschossenen Gegner mit allen Ehren. Als Bader aufgefordert wurde, die Zahl seiner Luftsiege ($22^1/_2$) zu nennen, blieb er – nach

Gallands Aussage –, sehr zurückhaltend. Galland erinnert sich an die Antwort Baders: daß die Zahl seiner Luftsiege im Verhältnis zu Mölders und Galland vergleichsweise bescheiden sei. Galland führte Bader auf dem ganzen Platz herum, ließ ihn auch im Cockpit einer Me 109 Platz nehmen und erläuterte ihm die Einzelheiten. Auf Baders Wunsch »produzierte« Galland einen jungen Flugzeugführer als den »Besieger« Baders – obwohl er in diesem Punkt nicht ganz sicher war, schließlich hatte er selbst zwei Spitfires an diesem Tag abgeschossen.

Die Begegnung wiederholte sich nach dem Krieg mit Bader und Galland in vertauschten Rollen – Galland war Kriegsgefangener und Bader interviewte ihn. Bader revanchierte sich für die einst genossene Gastfreundschaft mit einer Kiste Zigarren.

Ende 1941 war die Zahl von Gallands Abschüssen auf 94 angestiegen. Der Tod des Generals der Jagdflieger, Werner Mölders, war der Anlaß, daß Galland von der Front abgerufen wurde. Göring ernannte ihn zum Nachfolger von Mölders. Er wurde also mit 30 Jahren der jüngste General der Wehrmacht und wurde erneut von Hitler ausgezeichnet, diesesmal mit den Brillanten zum Eichenlaub mit Schwertern – weniger als 30 Angehörige der Wehrmacht erhielten diese höchste Kriegsauszeichnung.

Galland wird nicht sonderlich glücklich mit seiner Schreibtischposition. So unternahm er von Zeit zu Zeit Sondereinsätze, die ihn wieder an die Front brachten. Die Jagdflieger, die 1942 den erfolgreichen Durchbruch der Schlachtschiffe durch den Kanal in der Luft abdeckten, standen unter der persönlichen Führung von Galland. 1943 führte er persönlich dann die Jägerverbände bei der Verteidigung Siziliens. Er war einer der ersten, die die neuen deutschen Düsenjäger flogen, und nahm großen Einfluß auf Jägerbewaffnung und Jägerproduktion in den Jahren 1943 und 1944. Seine ungeschminkten Vorstellungen wegen unerfreulicher Tatsachen, die sich indirekt auch auf den Reichsmarschall Hermann Göring und dessen Ansichten bezogen, brachten ihn in Konflikt mit Hitler und dem Reichsmarschall, der ihn Ende 1944 ohne Ernennung eines Nachfolgers beurlaubte. Es war dann Hitler, der ein Ende »mit diesem Unsinn« machte (wie er es nannte), daß Göring Galland zusammengestaucht und kaltgestellt hatte. Schließlich lenkte auch Göring wieder ein. Aber das war erst in den letzten Tagen vor dem Zusammenbruch Deutschlands. Galland begann sein letztes Kommando im Januar 1945. Er stellte einen Sonderverband (JV. 44) auf, ausgerüstet mit Me 262 und bestehend aus erfahrenen Jagdfliegern aller Fronten. Die Flugzeuge waren mit äußerst wirkungsvollen schweren Raketen und Kanonen ausgerüstet und erzielten beachtliche Erfolge gegen die täglich einfliegenden Feindbomber und Feindjäger. Galland kämpfte bis zum letzten – sein Buch trägt den Titel »Die Ersten und die Letzten« – und wurde in diesen Kämpfen noch einmal verwundet. Nachdem er seine Düsenjäger von München nach Salzburg geflogen hatte, um ihre Erbeutung in den letzten Tagen des Krieges zu vermeiden, setzte er sie dort in Brand, als US-Panzer vor Salzburg auftauchten. Er wurde gefangengenommen und nach zwei Jahren Kriegsgefangenschaft entlassen. Ein Jahr darauf ging er nach Argentinien, wo ihn eine Stellung in der Luftfahrt erwartete. Im Januar 1955 kehrte er in seine Heimat zurück, wo er heute als Berater und Repräsentant einiger Luft- und Raumfahrtunternehmen – dabei auch einiger amerikanischen – in Bonn tätig ist. Er ist Präsident einer Luftfahrtgesellschaft und Aufsichtsratsmitglied anderer Unternehmen, darunter einer Versicherung.

Er reist viel in seiner privaten Beechcraft, trifft sich dabei oft mit ehemaligen Freunden und führt gerne Gespräche über gemeinsame Kriegserlebnisse, wenn er Zeit dazu findet. Er und Bob Tuck z. B. haben sich seit Ende des Krieges bei vielen Gelegenheiten wieder getroffen.

Wäre Galland 1941 nicht von der Front abberufen worden, dann hätte er wahrscheinlich eine viel höhere Zahl von Abschüssen erreicht. Andererseits hat ihm seine Ernennung zum General der Jagdflieger vielleicht das Leben gerettet – im Einsatz nahm er ja keine Rücksicht auf sich selbst. (Zwei seiner Brüder folgten ihm in die Luftwaffe als Jagdflieger und fielen – der eine mit 55, der andere mit 17 Luftsiegen.)

Ohne Zweifel war Galland einer der größten Jagdflieger der deutschen Luftwaffe. Betrachtet man seine Eigenschaften als soldatischer Führer, als Organisator und als Pilot, dann muß man sagen, daß er wahrscheinlich der hervorragendste überlebende »Experte« der Luftwaffe ist.

DUELL ÜBER DIEPPE

19. AUGUST 1942 –
SQUADRON LEADER J. E. JOHNSON, RAF

Der alliierte Jagdflieger, dem offiziell die meisten Luftsiege über deutsche Gegner zuerkannt werden, ist ein Engländer aus Leicestershire, den die RAF beinahe abgelehnt hätte – James Edgar Johnson. Air Vice-Marshall Johnson wurde 1915 in Loughborough geboren. Er ging dort zur Schule und besuchte dann die Universität Nottingham. Im Alter von 22 Jahren – als er sich zum erstenmal bei der RAF bewarb – stand er am Anfang einer vielversprechenden Tätigkeit als Diplom-Ingenieur in Laughton.

Als seine Bewerbung abgelehnt wurde, trat er bei der berittenen Leicestershire Yeomanry ein, wo er bis 1939 Dienst tat. Dort erreichte ihn eine Anfrage des Luftfahrtministeriums. Falls er immer noch am Fliegen interessiert sei, so las er da, solle er sich zwei Tage später in der Store Street in London, dem Hauptquartier der Royal Air Force Volunteer Reserve, zu einer ärztlichen Untersuchung einfinden. Johnson war noch interessiert; er stand am Tor, als morgens aufgemacht wurde. Und er bestand die ärztliche Eignungsprüfung. Nach dem Mittagessen wurde er als Flight-Sergeant der RAFVR vereidigt. Bis zum Kriegsbeginn war es nur noch ein paar Monate, aber es sollte zwei Jahre dauern, bis er seinen ersten Luftsieg gegen die deutsche Luftwaffe errang. Er wurde zuerst nach Stapleford Tawney, einer Fliegerschule in Essex, geschickt, wo er am Wochenende auf Tiger Moths schulen konnte. Zweimal in der Woche besuchte er Abendkurse in London, bei denen er in die Theorie – Navigation, Waffenkunde, Nachrichtenwesen usw. – eingewiesen wurde.

Mit Ausbruch des Krieges wurde auch die Freiwillige Reserve der RAF mobilisiert. Johnson kam nach Cambridge, wo er weiter auf Tiger Moths schulte. Er blieb dort bis zum Frühjahr 1940, um dann auf die Fliegerschule Sealand in der Nähe von Chester überzuwechseln, nachdem er 84 Flugstunden nachweisen konnte. In Sealand, wo er die Miles Master flog, wurde er dann als einer der wenigen seiner Klasse zum Officer-Cadet befördert. In dieser Zeit explodierte der Krieg auf dem Festland zu seiner vollen Stärke, und Johnson – immer noch in der Ausbildung – mußte sich damit zufriedengeben, den Verlauf der Kriegshandlungen in der Zeitung nachzulesen. Während des Sommers war es dann, daß Johnson zum erstenmal gerade noch davonkam, als er bei Nacht und schlechtem Wetter auf Alleinflug war. In den dichten Wolken verlor er die Orientierung und zugleich das Gefühl für die Fluglage, aber er kam doch gut aus den Wolken heraus und fand bei einer Wolkenuntergrenze von 200 m den schwacherleuchteten Landestreifen.

Johnson wurde dann in Sealand zum Pilot Officer befördert und auf den nahegelegenen Fliegerhorst Hawarden versetzt, wo er auf Spitfire umgeschult wurde. Er machte gute Fortschritte in der Beherrschung des schnellsten und besten Jagdflugzeuges (die Schlacht um England begann gerade um diese Zeit), als er den Befehl erhielt, ein Aktenpaket in Sealand abzuliefern.

Der Platz dort war ziemlich kurz. Bei dem Versuch, die Spitfire gleich hinter dem Zaun am Anfang des Landestrips aufzusetzen, ging Johnson mit der Landegeschwindigkeit zu weit herunter, während er noch verhältnismäßig hoch war, sackte durch und machte einen Ringelpietz, wobei das Fahrgestell beschädigt wurde. Es war keine glückliche Heimkehr nach Sealand. Obwohl er keine offizielle Rüge erhielt und damit hätte ausscheiden müssen, war er auf Bewährung gesetzt und mußte nun gewaltig aufpassen. Noch so ein Schnitzer, und er wäre erledigt gewesen. Inzwischen erreichte die Schlacht um England ihren Höhepunkt, und Johnson war immer noch nicht dabei.

Schließlich wurde er Ende August in das Dienstzimmer des Adjutanten gerufen, wo er seine Versetzung zur 19. Staffel erhielt. Das war in der Nähe von Cambridge. Zu diesem Zeitpunkt hatte er 205 Flugstunden in seinem Logbuch, davon 23 in Spitfires. Er hoffte, nun gegen die Me 109 fliegen zu dürfen. Als er zusammen mit zwei anderen Flugzeugführern als Nachersatz in Duxford ankam, fand er die alten Hasen der 19. Staffel wenig geneigt, ihn (oder einen der beiden anderen Ersatzpiloten) gegen die Luftwaffe starten zu lassen. Er war ziemlich enttäuscht, aber die Entscheidung war zweifellos richtig, denn die Staffel hatte Schwierigkeiten mit den neuen 2-cm-Kanonen und mußte täglich Verluste an erfahrenen Flugzeugführern (darunter auch der Staffelkapitän) hinnehmen. Die drei Mann vom Nachersatz waren noch zu unerfahren, um ohne Einweisung innerhalb der Staffel in den Einsatz geworfen zu werden. Johnson hatte in Hawarden noch nicht einmal mit den Bordkanonen geschossen. Aber man hatte weder die Zeit noch jemanden, der sich darum kümmern konnte. Nach ein paar Tagen holte der Adjutant die drei in sein Dienstzimmer. Er erklärte, die Staffel habe unter den obwaltenden Umständen keine Möglichkeit zu der notwendigen zusätzlichen Ausbildung, sie würden deshalb mit sofortiger Wirkung zu der 616. Staffel in Coltishall versetzt, einer Auxiliary Air Force Staffel, die man zwecks Erholung und Auffüllung aus der Schlacht herausgezogen hatte – dort könnten sie also die weitere Ausbildung erfahren, die vor dem ersten Einsatz dringend notwendig war.

Und so war Johnson auf dem Weg zu einer weiteren Ausbildungseinheit und begann, mit der 616. in der Nähe von Norwich zu fliegen. Das Schicksal verweigerte ihm wiederum die Chance, an der Schlacht um England teilzunehmen: Nach einem guten Start bei der 616. fingen Schmerzen in seiner rechten Schulter an, sich unerträglich bemerkbar zu machen. Die Untersuchung ergab, daß eine alte Rugby-Verletzung nicht sauber ausgeheilt war: Nerven waren dabei eingeklemmt worden. Eine Operation wurde notwendig, und erst im Dezember, als die große Schlacht schon längst vorbei war, kehrte er wieder einsatzfähig zur 616. Staffel zurück.

Im Januar 1941 kam er endlich zum ersten Schuß auf ein Feindflugzeug. Er teilte sich mit einem anderen Piloten der Staffel in die Ehre, eine Do 17 angeschossen zu haben, die dann in eine Wolkenbank entschwand. Das Jahr wurde wichtig für ihn, denn er kam 1941 unter die wachsamen Augen von Douglas Bader und lernte die Taktik und die Tricks von einem der großen Verbandsführer der RAF. Bader kam im März als neuer Gruppenkommandeur auf den Horst der 616. Staffel und erkannte bald die vielversprechenden Eigenschaften Johnsons, die sich im späteren Verlauf des Krieges in so augenfälliger Weise herausstellen sollten. Bader wählte ihn aus, in seiner Kette mitzufliegen, und bis zum Abschuß Baders über Frankreich flog Johnson neben ihm. Im Juni kam er zu seinem ersten Luftsieg und wurde zum Flight Commander befördert. Er war nun bis in den Sommer 1942 hinein regelmäßig im Einsatz und bewährte sich als überdurchschnittlicher Jagdflieger (im Sommer 1941 hatte er bereits 6 $1/2$ Luftsiege). Er erhielt das D.F.C. und wurde im Juli 1942 zum Staffelkapitän der 610. Staffel ernannt. Während er diese Staffel führte, die aus Piloten verschiedener Nationalitäten bestand, wurde er zu einem der hellsten Sterne der RAF.

Obwohl er von 1940 bis Mai 1945 im Einsatz war, erzielte er die Mehrzahl seiner Luftsiege im Sommer 1943 (19 in sechs Monaten) und 1944, als er Begleitschutz für schwere amerikanische Bomber nach Frankreich und Holland hinein flog. In dieser Hinsicht ähnelte seine Laufbahn der von Erich Hartmann, dem erfolgreichsten deutschen Jagdflieger, dessen Abschußzahlen ebenfalls 1943, also im vierten Kriegsjahr, bemerkenswert anzusteigen begannen. Johnson erzielte seinen letzten Luftsieg in seinem letzten Luftkampf, am 27. September 1944, im Verlauf der unglücklichen Arnheim-Operation. Es war das einzige Mal in allen seinen 575 Einsätzen über feindlichem Gebiet, daß seine Maschine überhaupt getroffen wurde.

Die Jäger der RAF hatten nicht die Reichweite, um an der sich ausweitenden Tagschlacht über Deutschland teilzunehmen – wie Johnson in seinen Büchern »Wing Leader« und »Full Circle« ausführt. Aber er blieb, in Belgien, bis zum Ende des Jahres im Einsatz.

Er erzielte seine Erfolge weder in der Schlacht um England noch in der Schlacht über Deutschland, sondern hauptsächlich in der Zeit dazwischen, als manchmal nur wenig deutsche Jäger im Westen standen. Ein beachtliches Element seines Erfolges liegt darin, daß er alle seine 38 Luftsiege ausschließlich gegen Jäger errungen hat.

Worin lag nun das Geheimnis von Johnsons Erfolg?

Welche Qualitäten haben ihn vor seinen Kameraden ausgezeichnet? Da war einmal seine ungewöhnliche Treffsicherheit. Wer mit ihm flog, kann bestätigen, daß er hervorragend schießen konnte. Er war kaltblütig und überlegt im Luftkampf, hatte eine natürliche Begabung zum Fliegen und besaß sowohl Mut als auch Entschlußkraft. Diese Eigenschaften brachten ihn unversehrt durch alle seine Feindflüge zu einem Gesamterfolg an Luftsiegen, den kein anderer alliierter Jagdflieger in Europa erreichte.

Einmal hat ihn der Tod gestreift. Das war aber nicht an jenem Septembertag, als seine Maschine über Nijmwegen-Arnheim von einem Gegner getroffen wurde, sondern über Dieppe im Spätsommer 1942. Damals war er ein verhältnismäßig neuer Staffelkapitän und führte die 610. auf einer Patrouille über dem ersten alliierten Landeunternehmen gegen das besetzte Frankreich. Die 610. stand in Norfolk und hatte Befehl bekommen, mit Kurs Süd nach West Malling zu fliegen, um an der Operation »Jubilee« teilzunehmen. Am 19. August lief die Operation »Jubilee« ab. Man hat sie als gewaltsames Aufklärungsunternehmen bezeichnet, und gleichzeitig als so etwas wie eine Generalprobe der alliierten Landung in Europa. Der Vorschlag dazu und die Planung stammten vom Planungskomitee der Vereinigten Hauptquartiere, und obwohl Churchill das Ganze eine erfolgreiche Aufklärung nannte, darf man wohl sagen, daß

Dieppe vom taktischen Standpunkt aus zumindest einen ganz klaren deutschen Sieg bedeutet hat.

Unglücklicherweise war dieser Angriff schon einmal aufgeschoben worden, nachdem die Kommandotrupps im Juli bereits auf die Landefahrzeuge verschifft worden waren.

So wußten also Tausende von Soldaten von diesem Plan, und es ist wahrscheinlich, daß Gerüchte, wahrscheinlich mehr als Gerüchte, den Kontinent und damit deutsche Ohren erreichten. Es erscheint sicher, daß dieser Angriff für die deutschen Verteidiger nicht völlig überraschend kam. Die alliierten Verluste beliefen sich nach offiziellen Unterlagen auf 3829 Mann, die deutschen Verluste auf weniger als 600. Die kanadischen Verluste waren die schwersten, denn kanadische Einheiten hatten die Masse der Kommandoeinheit gestellt – 3369 (907 Gefallene). Es scheint so, daß die Deutschen auch die Schlacht in der Luft gewonnen haben. Die RAF hatte sich bereit erklärt, bis zu 60 Jagdstaffeln und eine Anzahl Bomberstaffeln bereitzustellen: insgesamt über 500 Flugzeuge. Die Stärke der deutschen Jagdverbände war auf die beiden Jagdgeschwader 2 und 26 beschränkt, was also hieß, daß die Luftwaffe zwischen 200 und 300 Jagdflugzeuge aufbieten konnte – die Hälfte dessen, was den Alliierten zur Verfügung stand. Die Deutschen hatten natürlich den Vorteil der Verteidiger und der kürzeren Entfernungen. Nach heftigen Luftkämpfen, die sich über den ganzen Tag erstreckten, hat die Luftwaffe 112 Abschüsse gemeldet. Die tatsächlichen Verluste der RAF waren 108 Flugzeuge. Die Jäger der RAF meldeten 91 Abschüsse deutscher Flugzeuge, die tatsächlichen deutschen Verluste scheinen sich jedoch nur auf 35 Flugzeuge belaufen zu haben. Man muß sich daran erinnern, daß zu dieser Zeit die FW 190 der deutschen Luftwaffe wahrscheinlich das beste Jagdflugzeug war.

Da Rußland dringend nach einer Entlastungsaktion im Westen[1] verlangt hatte und die deutschen Armeen im zweiten Sommer des Ostfeldzuges tief in russisches Territorium eindrangen, war der Angriff auf Dieppe gleichzeitig eine Prüfung der deutschen Nerven, und

---

[1] *Liddell-Hart zitiert in »The other side of the Hill« (Cassell, 1948) auf Seite 313 den ehemaligen Generalstabschef des Heeres, Franz Halder, mit der Aussage, daß Hitler durch das Landeunternehmen bei Dieppe ziemlich beunruhigt war. Im Hinblick auf die damals gerade laufende deutsche Offensive in Südrußland sagte Halder: »Der schlimmste Fehler dieser Art passierte im August 1942... Hitler verlor bei dem Kommandounternehmen auf Dieppe die Nerven und gab Befehl, daß zwei seiner besten Divisionen, die SS-Leibstandarte und ›Großdeutschland‹, aus dem Osten abgezogen und in den Westen verlegt wurden.«*

als solche blieb er nicht ohne Ergebnis. Die alliierten Verbände, die die Küste bei Dieppe stürmten oder wenigstens den Versuch unternahmen – in dem ersten Test der Verteidigungskraft des Atlantikwalls –, trafen von Anfang an auf heftiges Abwehrfeuer. Obwohl sie ihren Angriff mit außergewöhnlichem Mut vortrugen, wurden sie in einem geradezu tragischen Ausmaß niedergemäht, und die Aktion wurde schließlich abgebrochen – ohne daß alle taktischen Ziele der Operation erreicht werden konnten.

Die Erfahrung war teuer erkauft, aber einige wertvolle Ergebnisse konnten auf der Plusseite verbucht werden. Die alliierten Kommandeure haben die Schwierigkeiten eines amphibischen Angriffes nicht zum zweitenmal unterschätzt. Auf der anderen Seite hat dieser Abwehrsieg, wie aus verschiedenen deutschen Quellen hervorgeht, Hitler eine übertriebene Idee von der Stärke der Küstenverteidigung eingegeben, Vorstellungen, die dann einige unkluge Entschlüsse in dem entscheidenden Jahr 1944 herbeigeführt haben.

Als am Mittwoch, dem 19. August 1942, nach der Dämmerung ein klarer Sommermorgen anbrach, war der Flugplatz West Malling bereits von geschäftiger Unruhe erfüllt. Von diesem Platz westlich von Maidstone sollten die Staffeln den ganzen Tag hindurch in rollendem Einsatz dieses erste alliierte Landungsunternehmen im besetzten Frankreich von der Luft her unterstützen. Motorenwarte machten die Maschinen startklar, Waffenwarte überprüften und luden die Kanonen und MGs, Piloten machten sich zum Einsatz fertig oder wurden gerade eben geweckt.

Im Erdgeschoß des Offizierskasinos klopfte eine Ordonnanz respektvoll an eine Schlafzimmertür und sagte: »Fünf Uhr, Sir!« und stellte eine Tasse Tee auf das Nachttischchen von Squadron Leader J. E. Johnson. Johnson war gleich hellwach, dankte der Ordonnanz und nahm einen Schluck Tee. Er stand auf, wusch und rasierte sich und verlangte nach einer zweiten Tasse Tee. Er zog die blaue RAF-Uniform an, band sich einen grünen Seidenschal um den Hals (der mit Fuchsköpfen verziert war) und steckte die Enden in das offene Hemd. Der Schal war ein Geschenk seiner Mutter – er erinnerte an daheim, an Leicestershire, das berühmt für seine Fuchsjagden ist. Er trug schwarze Dreiviertel-Stiefel, die extra für ihn von Len Leader in Melton Mowbray angefertigt waren. Er nahm eine Krawatte mit, die zum vorschriftsmäßigen Frühstücksanzug gehörte, und ging nun in den Speiseraum, wo die einzelnen Flugzeugführer bereits über den bevorstehenden Einsatz diskutierten. Wing

Commander Captain Jameson (ein Neuseeländer) hatte die Piloten bereits am Abend vorher eingewiesen, nachdem er in Tuxbridge auf höherer Befehlsebene die Einsatzbefehle entgegengenommen hatte. Die Piloten wußten deshalb, daß sie in die Gegend von Dieppe flogen, obwohl die genaue Startzeit den Staffeln auf ihren Abstellplätzen erst telefonisch mitgeteilt werden sollte. Man sprach darüber, daß die Geheimhaltung wahrscheinlich nicht mehr hundertprozentig war, so daß nur zu hoffen blieb, daß die Deutschen noch nicht alarmiert waren. Die Piloten beneideten die 5000 Soldaten nicht, die den Auftrag hatten, Dieppe und den dazugehörigen Flugplatz in einem Überraschungsangriff zu nehmen. Nach kurzer Zeit war das Frühstück mit Schinken und Eiern, Tee und Toast vorüber, und Johnson von der 610., Bill Newton von der 411. (einer kanadischen Staffel) und Grant von der 485. (einer neuseeländischen Staffel) waren auf ihrem Weg zu den Abstellplätzen der Staffel. Es war 7 Uhr morgens.

Jamesons Befehle lauteten, daß die drei Staffeln – und wahrscheinlich auch die anderen, die mitmachten – in Flugebenen von 700 m übereinander fliegen würden. Johnsons 610. sollte auf 3500 m Höhendeckung fliegen. Die Kraftfahrzeuge stoppten an den Staffelgefechtsständen, die Piloten stiegen aus und kümmerten sich drinnen um ihre Ausrüstung oder tranken noch eine Tasse Tee. Dann hielt Johnson eine kurze, formlose Einweisung ab. Sein Hauptthema war, daß die 610. auf sein Zeichen hin in eine Vierfingerformation ausschwärmen solle. Jameson bevozugte immer noch die alte Reihe als Flugformation, und die drei Staffeln sollten als geschlossene Gruppe in dieser Formation auf Dieppe fliegen. Da Johnson die Vierfingerformation bei Bader in der 616. Staffel gelernt hatte und sie auch weiterhin vorzog, erklärte er seinen elf Zuhörern, daß die Staffel auf sein Signal wahrscheinlich über Dieppe oder kurz vor Dieppe diese Formation einnehmen werde.

Nachdem das klar war, rauchte Johnson seine übliche Players und genoß eine weitere Tasse Tee. Einige Flugzeugführer legten sich draußen ins Gras, andere saßen in leicht nervöser Spannung im Gefechtsstand herum. Das Warten ist immer das Schlimmste. Die Minuten zogen sich hin, und jedermann lauerte gespannt auf das Startsignal. In der Ecke des nur etwa 10 × 5 m großen Raumes stand ein schwarzes Telefon auf einem kleinen Tischchen. Das war die direkte Verbindung zur Leitstelle, und ein Schreiber saß an diesem Tisch, um Meldungen und Befehle entgegenzunehmen. Um 7.30 Uhr läutete das Telefon. Aller Augen wandten sich dem Schreiber zu.

Der hörte einen Augenblick hin, legte dann den Hörer auf und gab bekannt: »Start um 7.40 Uhr zu einer Patrouille über Dieppe.«

Johnson hatte nur 50 Meter zu gehen und war dann vor den anderen Piloten neben seiner graublauen Spitfire VC. Er grüßte die Warte, kletterte ins Cockpit und brachte schnell den Checkout vor dem Start hinter sich. Gleichzeitig schnallte er sich mit Hilfe seines Warts an. Trimmung und Propelleranstellwinkel auf Start. Er blickte über den Platz und erkannte Grant von der 485. Staffel. Er hatte der 485. zur Startposition zu folgen. Gleich war es 7.40 Uhr. Er sah, wie sich die Propeller der 485. anfingen zu drehen.

Der Wart, der den Start-Akku angeschlossen hatte, fragte: »Fertig zum Anlassen?« Johnson nickte, stellte die Vergasereinstellung auf fett, schob den Gashebel einen Zoll vor, schraubte die Benzinpumpe auf und pumpte einige Male, überprüfte den silbernen Betriebsstoffhahn – er war offen – und schaltete dann die beiden Zündschalter ein. »Alles klar!« rief er. Der Wart wiederholte und rief dann: »Kontakt!« Darauf drückte Johnson die beiden schwarzen Knöpfe am Gerätebrett, und der 1300-PS-Rolls-Merlin sprang an, spuckte Rauchwolken aus, der Propeller begann, sich zu drehen. Johnson drehte die Benzinhandpumpe fest, überprüfte noch einmal, ob seine Kühlerklappen offen waren, warf einen kurzen Blick auf Betriebstemperatur und Öldruckanzeige (der Öldruckanzeiger mußte vor dem Start auf 45 stehen), winkte seinen Kameraden und den Warten zu und schob dann den gelben Gashebel nach vorne und löste die Bremsen. Der Motor brüllte auf, das Windgeräusch wurde lauter, die Spitfire begann zu rollen. Die 610. folgte ihm in Reihe. Auf der anderen Seite formierten sich die anderen zwei Staffeln zum Start.

Schnell erreichte die 610. den Platzrand, wo Johnson nochmals die Formation seiner Staffel hinter sich überprüfte. In Gruppen zu vieren würden sie hintereinander starten. Grant folgte bereits hinter Jameson, und jetzt war es auch Zeit für die 610. Johnson gab mit seiner rechten Hand das Signal aus dem offenen Cockpit, schob den Gashebel bis zum Anschlag vor und hielt mit den Pedalen die Nase des Flugzeugs geradeaus. Schnell kamen die ersten vier Flugzeuge auf Geschwindigkeit und wurden leichter, als sie über das Gras fegten. Die Fahrt wuchs stetig. Bei etwa 80 oder 90 Meilen pro Stunde kam dann für einen kurzen Augenblick dieses Gefühl der Gewichtslosigkeit, und die Maschine hob ab.

Johnson nimmt den Knüppel ganz zurück und geht in eine leichte Linkskurve. Er zieht den Fahrgestellhebel nach oben und drückt ihn nach vorn, die Räder klappen ein. Er schließt die Haube und legt den kleinen Schalter an der linken Seite des Gerätebretts nach rechts, um die Klappen einzufahren. Jamies Stimme kommt über das Funkgerät: »Okay, Johnny?« »Okay, Jamie. Habe Sichtverbindung«, antwortet Johnson. Er geht mit der 610. in eine engere Kurve als die zweite Staffel vor ihm, holt dabei auf und beginnt nun, in Gruppenformation aufzuschließen. Bald fliegen die Staffeln in Reihe hintereinander auf Kurs 170 Grad. Eine vierte Staffel hat sich angeschlossen, und die 48 Jagdflugzeuge fegen in niedriger Höhe fast genau nach Süden – die aufgehende Sonne ist links von ihnen. Die Gruppe überfliegt Hastings, und die hellblauen Unterseiten, die roten, weißen und blauen Kreise unter den Flächen sind für den Beobachter am Boden klar zu erkennen. Die Fluggeschwindigkeit ist 250 Meilen in der Stunde, nicht besonders schnell, aber bei dieser niedrigen Flughöhe wischt die Landschaft rasch unter den Flugzeugen weg.

Johnson schaltet das Reflexvisier ein, und der helle Ring erscheint in der Glasscheibe. Er entsichert seine Waffen. Die Gruppe donnert über die Küste und fliegt nun immer noch niedrig über dem Wasser. Jameson hofft, daß er so die feindlichen Funkmeßgeräte unterfliegen kann. Es herrscht ziemlich viel Funksprechverkehr, Johnson kann Stimmen erkennen. Als sich die Gruppe mehr und mehr der Küste nähert, werden die Stimmen lauter. Er kann einige der Rufe ausmachen: »Da stürzt einer ab!« Er hört Zurufe über die Kopfhörer, offenbar von Piloten, die über Dieppe sind: »Hau ab, wenn du kannst!« und: »Zwei Me 109!« »Heftige Luftkämpfe über Dieppe!« Jamie bemerkt mit ruhiger Stimme zu seiner Gruppe: »Sieht aus, wie wenn die Jungs Schwierigkeiten hätten.«

Bei jedem wächst die Spannung ein wenig nach dieser Meldung verzweifelter Luftkämpfe da vorn. Die Augen suchen angestrengt den klaren Himmel im Süden ab. Johnson sieht ein Jagdflugzeug direkt auf sich zufliegen, etwas niedriger als die Gruppe, dann noch ein anderes. Freunde. Er beobachtet und sieht noch einige. Dann wieder ein paar, alle mit Kurs Heimat. Die meisten sind Hurricanes, nur einige sind Spitfires. Die Hurricanes haben vermutlich Erdziele beschossen, aber die Spitfires sind offensichtlich nach einer wilden Kurbelei nun im Parterre angelangt.

Dieppe ist jetzt nur noch zehn Meilen entfernt. Jameson nimmt die Nase seiner Spitfire hoch, die Gruppe beginnt zu steigen. Johnson legt etwas mehr Gas zu als der Führer der Jagdgruppe, denn er muß Höhendeckung fliegen. Die Spitfire steigen nach oben in die Bläue...

1700, 2000 m. Jameson ruft über FT: »Beende Steigflug und nehme Fahrt auf.« Johnson steigt weiter. Sie können nun alle Dieppe klar und kurz voraus erkennen, eine Rauchsäule erhebt sich über dem Hafen. Unter Johnson fliegt Grants Staffel und darunter Jameson und dessen Staffel. Jetzt gibt Johnson das Zeichen an die 610., indem er mit den Flächen wackelt. Sie schwärmen aus in eine Vierfingerformation – immer im Steigflug. Dieppe liegt drei Meilen voraus.

Oben glitzert etwas in der Sonne! Jagdflugzeuge! Genauer hinsehen ... weder Hurricanes noch Spitfires. Feindliche Jäger ... Sie manövrieren sich in Position, um die Spitfires mit einem Höhenvorteil anzugreifen. Johnson drückt den Mikrofonknopf, ruft Jameson: »Jamie – großer Verband Hunnen, mit Kurs auf uns, hoch!« Jamie erwidert: »Gut, Johnny, paß' auf sie auf.« Johnson gibt Vollgas und nimmt den Knüppel ganz zurück. Seine Staffel ist näher an den feindlichen Jägern als die anderen, wird also zuerst in den Kampf verwickelt werden. Die Rolls-Merlin-Motoren dröhnen und ziehen die 12 Spitfires der 610. nach oben, aber nicht schnell genug. Der Feindverband – 30 bis 40 FW 190 und Me 109 gemischt – fängt an zu stürzen, um die Spitfires anzufallen.

Johnson erreicht 3700 m, und wird durch einen Ruf aus dem Kopfhörer alarmiert: »Schnell links weg!« Es ist Crowley-Milling. Johnson drückt das linke Pedal durch und legt den Knüppel scharf nach links. Die Spitfire stellt sich auf die Fläche, während sie auf den angreifenden Feind eindreht. Einige der Feindjäger stürzten schon, bevor er es bemerkte. Die Spitfire können den meisten feindlichen Jägern ausweichen, aber die Staffel spritzt jetzt in verzweifelten Ausweichmanövern auseinander. Mehr Feindjäger scheren aus dem großen Verband da oben aus und kommen im Sturzangriff auf die Spitfires zu, die sich in Gruppen und Paare trennen. Jeder Pilot ist jetzt auf sich selbst angewiesen. Die meisten gegnerischen Flugzeuge sind FW 190. Johnson ist immer noch im Steigflug, er zieht in einer scharfen Kurve herum, um seinen Rücken frei zu halten, und plötzlich taucht eine FW 190 in seinem Visier auf! Johnson ist gespannt, reagiert schnell mit Knüppel und Pedal, um ihn richtig ins Visier zu bekommen. Die 190 hat noch nicht gemerkt, daß ihr Johnson im Genick sitzt. Die Spitfire holt leicht auf. Die FW liegt im Visierkreis ... aber auf maximale Schußentfernung, 400 m. Kann er den Gegner auf diese Entfernung abschießen, oder soll er warten und versuchen, näher heranzukommen? Er will einen Weitschuß riskieren.

Er nimmt den Knüppel eine Kleinigkeit zurück, um mit den Waffen etwas höher anhalten zu können und damit die längere Schußentfernung zu kompensieren. Sorgfältig bringt er die beiden Flächenspitzen zwischen die Balken des Reflexvisiers... er kommt langsam auf Schußentfernung heran. Er wird nur mit der 2-cm-Kanone schießen, die Entfernung ist für die kleineren Waffen zu weit. Daumen nach unten! Die Kanonen schießen, die Spitfire schüttelt sich, und Johnson hält den Daumen vier oder fünf Sekunden unten und beobachtet gespannt. Zuerst nichts. Dann sieht er, wie Treffer auf der rechten Tragfläche der Focke-Wulf einschlagen. Johnson holt langsam auf. Die 190 kurvt nach links weg, ist getroffen und zieht nun eine dünne Rauchfahne hinter sich her. Johnson bringt die Silhouette der feindlichen Maschine mit dem richtigen Vorhaltemaß nach links ins Visier. Jetzt ist er auf 200 m heran, auf 100 m. Feuer! Diesmal drückt Johnson auf die Mitte des Knopfes, und die MGs und die 2-cm-Kanone speien nun auf viel kürzere Entfernung Kugeln und Granaten. Die Garbe schlägt in die bereits angeschlagene Focke-Wulf. Das Fahrgestell klappt aus, und der Motor qualmt. Jetzt geht die Maschine auf eine Fläche! Das graugrüne feindliche Jagdflugzeug stürzt in die Tiefe und auf die See unten zu.

Johnson ist überrascht, als er die Stimme Crowley-Millings hört: »Gut geschossen, Johnny!« Crowley-Milling, Smith und sein Rottenflieger, »South« Creagh, sind noch bei ihm. Johnson wirft einen Blick auf sein fallendes Opfer, aber nur einen kurzen Blick, um ihn herum ist zuviel los. Seine Staffel tut, was sie kann, um den Feind abzuwehren. Aber das ist alles. Es geht in erster Linie darum, den dauernden Sturzangriffen von oben auszuweichen, und mehr und mehr Piloten werden vom Verband abgedrängt, während die vielfältige Kurbelei dieses Luftkampfes ihren Fortgang nimmt.

Ein deutscher Jäger kurvt hinter ihm ein, aber Johnson sieht ihn diesmal rechtzeitig und zieht seine Spitfire in ihrer engsten Steilkurve herum – dankbar dafür, daß er die FW 190 auskurven kann. Er sieht, wie weitere Feindflugzeuge von oben her stürzend in den Kampf eingreifen, und während er wegkurvt, um ihnen auszuweichen, nimmt plötzlich etwas, ein paar Meilen landeinwärts und gegen Osten, seinen Blick gefangen. Er sieht genauer hin. Viele Punkte. Ein großer Verband. Instinktiv drückt er den Mikrofonknopf: »Jamie, Verstärkung im Anflug. Ungefähr 50 +, leicht landeinwärts!« Jameson bestätigt und meldet die Beobachtung weiter an die 11. Gruppe, die die Schlacht leitet. Aber er ist wie Johnson und all die andern Piloten mit seiner eigenen Situation beschäftigt, um heil davonzukommen. Johnson hat Creagh und Smith noch bei sich und fliegt nun S-Kurven, um seinen Rücken freizuhalten. Der Rest der Staffel ist in alle Richtungen zerstreut. Jetzt ist er auf 5300 m ... Er ist im Steigen geblieben, seit er den Feind am Anfang ausgemacht hat.

Während er aus einer S-Kurve herausdreht, kommt er fast direkt hinter einen einzeln fliegenden Jäger. Kann das sein? Eine Me 109. Abgesplittert vom Rudel. Vollgas. Er holt auf und manövriert die Messerschmitt in sein Visier. Zum zweitenmal in wenigen Minuten sieht er die dunklen Umrisse eines Flugzeugs in seinem Visier wachsen. Er blickt gespannt und konzentriert auf den Gegner; er weiß, daß seine beiden Kameraden, rechts und links von ihm und etwas nach hinten abgesetzt, Deckung fliegen. Die Spitfires holen auf. Die Silhouette der 109 wächst weiter im Reflexvisier. Johnson hält seinen Daumen auf dem silbernen Knopf, wie seine beiden Kameraden neben und hinter ihm ... Der Gegner hat anscheinend die von hinten drohende Gefahr noch nicht erkannt. Die Rolls-Merlin laufen mit maximaler Umdrehungszahl, und die Sekunden dehnen sich quälend. Endlich Schußentfernung. Johnson drückt auf den Mittelknopf – Kanone und MG rattern los. Smith und Creagh schießen ebenfalls auf die Me, die schwere Treffer einstecken muß. Johnsons Garbe liegt wieder genau im Ziel. Leuchtspur läßt erkennen, wie die Schüsse liegen, Treffer fetzen Stücke aus dem kleinen gegnerischen Flugzeug. Der andere sitzt in der Falle, kann nicht mehr ausbrechen. Die Spits bleiben ihm im Nacken, schießen. Plötzlich geht eine Fläche der Me hoch, die Maschine kippt ab, zieht eine Fahne von Glykol und Rauch hinter sich her, stürzt senkrecht nach unten.

Aber jetzt sind die feindlichen Verstärkungen heran. Das große Rudel stürzt sich auf die Spitfires. Johnson kurvt weg, um ihnen auszuweichen ... der Himmel ist jetzt voll von Feinden ... Johnson schätzt ihre Zahl auf über hundert. Er kurvt jetzt dauernd, um aus der Flugbahn von angreifenden Flugzeugen oder aus ihrem Feuer herauszukommen. Er ist auf 6500 m und weiter im Steigflug. Während immer mehr Deutsche in den Kampf eingreifen, sieht Johnson einen einzeln fliegenden Jäger auf gleicher Höhe, etwas links von ihm. Er legt sich in eine Kurve und zieht etwas. Der Feind fliegt weiter seinen Kurs. Die Spitfire kommt jetzt herum, Johnson nimmt die Nase seines Flugzeugs etwas nach unten, während er hinter dem Gegner dessen Kurs kreuzt und nun von der rechten Seite auf ihn anfliegt. Die meisten anderen Jäger sind weiter weg, und er kann sich auf diesen einen konzentrieren.

Der einsame Gegner hält immer noch Kurs, während Johnson von rechts auf ihn zudonnert. Wieder bringt er die Umrisse des Gegners ins Visier, korrigiert mit Knüppel und Pedalen, um eine stabile Schußplattform zu erhalten. Er sieht die ganze rechte Seite der FW 190, hält den hellen Kreis im Visier vor der Nase der Focke-Wulf. Er kommt näher. Jetzt ist er heran. Daumen runter! Die MGs schießen, aber die Kanone schweigt. Sie ist leergeschossen. Aber die MG-Garbe liegt im Ziel. Das Vorhaltemaß hat genau gestimmt. Hinter dem Cockpit des Gegners fliegen Fetzen weg ... eine dünne weiße Fahne zieht nach hinten. Die Entfernung zwischen beiden Flugzeugen schrumpft schnell zusammen ... die 190 ist noch 50 Meter weg, etwas nach rechts. Dann ein Schatten ... Johnson dreht den Kopf ... nur ein paar Meter entfernt, links, von hinten heranpreschend, ein anderer Jäger ... er sieht das Mündungsfeuer! Smith! Er schwingt nach rechts ab. Smiths Flugzeug war beinahe an ihn heran. Smith ist der 190 im Nacken und schießt, was das Zeug hält. Das deutsche Flugzeug kippt unter dem kombinierten Beschuß weg und stürzt. Das ist das dritte Opfer, das Johnson seit seinem Eintreffen über Dieppe auf nächste Entfernung erledigt hat, es stürzt steil nach unten und zieht den tödlichen Rauchschweif hinter sich her.

Johnson kann nur für eine oder zwei Sekunden zusehen. Es sind zuviel Flugzeuge um ihn herum. Einige Feindjäger kurven hinter ihm ein, und er geht deshalb in die engste Steilkurve, die seine Spitfire zuläßt. Andere kommen heran. Die Kurbelei wird heftig. Ein Blick nach hinten ... er hat Smith, seinen Rottenflieger, verloren. Dann erkennt er ihn, wie er, seitlich abgesetzt, nach unten stürzt und eine Glykolfahne hinter sich herzieht. Wenn er ihm bloß helfen könnte! Aber ein Deutscher sitzt hinter ihm, er muß wegkurven. Er kann nichts tun. Immer noch kommen deutsche Jäger von oben, Johnson stellt seine Spitfire auf die Fläche und kurvt seine Gegner immer wieder aus, um ihrem Feuer zu entgehen. Schon wieder fliegt ihn ein Deutscher direkt von hinten an. Johnson dreht weg. Diesmal kurvt aber sein Kamerad von der 610. nach der anderen Seite!

Johnson kommt glücklich von seinem Verfolger los, aber jetzt ist er allein. Er sieht sich um. Die Staffel ist vollkommen aufgesplittert ... jeder ist jetzt auf sich selbst angewiesen. Über ihm, unter ihm, in allen Richtungen kurbeln Jagdflugzeuge. Im Augenblick wird Johnson jedoch nicht angegriffen. Sein Motor läuft sauber. Er ist in 6500 m Höhe direkt über Dieppe. Er kann einzelne Spitfire

FW 190 A-6 mit vier MG 151 und zwei MG 17.

FW 190 G-1.

Das Ende der Luftwaffe: am Boden zerstörte Flugzeuge.

erkennen, die zu zweit oder zu viert sich mit dem Gegner herumschlagen. Wer noch nicht nach unten mußte, tut sein Bestes, um die Luftwaffe von den angreifenden Kommandoeinheiten da drunten wegzuhalten. Während er kurvend seinen Rücken frei hält, sieht er voraus wieder ein einzelnes Jagdflugzeug. Spitfire oder Gegner? Er nähert sich. Wenn's eine Spitfire ist, dann kann er sich anschließen, was sicherer ist, als weiterhin allein zu fliegen. Wenn's ein Deutscher ist, dann kann er ja noch einen Versuch unternehmen.

Er blickt nach hinten, giert etwas mit seiner Maschine, um das Feuer einer unerkannten Feindmaschine auszumanövrieren, und dreht auf das andere Flugzeug ein. Seine Augen suchen nach einem Identifizierungsmerkmal ... Sternmotor ... FW 190 ... ein Feind! Da die Focke-Wulf schneller als die Spitfire V ist, auch im Sturz und im Steigflug, muß Johnson in Ermangelung eines Höhenvorteils aufpassen. Aber vielleicht kann er den feindlichen Piloten durch das Überraschungsmoment fassen. Während er noch überlegt, merkt er an einer plötzlichen Kurve des Gegners, daß ihn dieser erkannt hat: die FW 190 dreht auf ihn zu. Beide Flugzeuge nähern sich mit einer Geschwindigkeit von 800 km/h. Sie sind auf Kollisionskurs.

Auf 700 Meter sieht Johnson das Mündungsfeuer der 190. Aber er erwidert das Feuer nicht. Sein Vorteil liegt darin, daß er den anderen auskurven kann. Während die beiden Flugzeuge aufeinanderzufliegen, legt sich Johnson in eine leichte Linkskurve. Er will hinter den anderen kommen. Aber auch die FW 190 geht in eine Steilkurve nach links. Jetzt geht es darum, wer hinter den anderen kommt. Johnson nimmt den Knüppel ganz an den Bauch, stellt seine Maschine senkrecht auf die Fläche, sieht über den Kreis, den er fliegt, und ... da ist der Gegner, kurvt mit ihm. Die weißen Balkenkreuze auf dem Rumpf sind klar erkennbar. Johnson hält den Knüppel hinten, um den anderen auszukurven. Zu seiner Enttäuschung muß er feststellen, daß der gegnerische Jäger hinter ihm aufholt und ihn auskurvt. Er zieht noch stärker, bis es ihm schwummrig vor den Augen wird, sein Kopf wird blutleer. Seine Kurve ist jetzt so eng, daß die Maschine wie vor dem Überziehen schüttelt. Er verlangt seinem Flugzeug alles ab.

Ein Blick nach links, dann nach hinten. Es sieht schlecht aus. Die 190 holt weiter auf! Noch ein- oder zweimal rum, und Johnson liegt im Schußbereich des anderen. Anstatt einem weiteren Luftsieg zuzusteuern, wächst jetzt die drohende Spannung. Er sitzt beinahe in der Falle. Nach unten kann er nicht weg, die 190 ist schneller im

Sturz. Sein einziger Vorteil war der behauptete engere Kurvenradius. Jetzt hat er nur noch Sekunden, um eine Ausweichbewegung zu machen. Hinter ihm kommen die Kanonen der 190, Grad um Grad, in Schußposition. Die Spitfire schüttelt, sie ist an der Grenze des Überziehens. Johnson muß versuchen, schnell abzuschwingen, obwohl ihn die Focke-Wulf im Sturz einholen kann. Vielleicht kann er im plötzlichen Sturz eine Sekunde oder mehr gewinnen ... es ist seine einzige Chance. Verzweifelt drückt er den Knüppel nach vorn und links. Obwohl er fest angeschnallt ist, reagiert sein Magen auf den plötzlichen Sturzflug – so stark ist die Zentrifugalkraft. Die Spitfire geht mit Vollgas steil nach unten und beschleunigt im Sturz. Es ist ein gefährliches Spiel, aber Johnson ist der Gejagte und nahe dabei, das Opfer seines Verfolgers zu werden. Seine plötzliche Änderung der Taktik muß seinen Gegner überrascht haben – aber nur für einen Augenblick. Die 190 stürzt ihm nach, aber Johnson hat eine oder zwei kostbare Sekunden gewonnen – die Entfernung zwischen beiden Flugzeugen ist wieder auf ein paar hundert Meter angewachsen. Die Spitfire heult nach unten, mit allem, was drin ist, der Fahrtanzeiger geht auf 500 Meilen pro Stunde. Sturzwinkel 60° bis 70°. Das ist das Maximum, das die Zelle gerade noch aushält. Dieppe liegt noch über 1000 Meter unten, Johnson blickt – immer noch im Sturz – nach hinten. Die Focke-Wulf ist noch da! Er stürzt tiefer und tiefer.

Jetzt kommt ihm der Boden schnell entgegen. Johnson nimmt den Knüppel heran, nicht schnell (damit seine Tragflächen an der Maschine dran bleiben), und wieder senkt sich der »Vorhang« über die Augen, während er abfängt. Er tritt ins Pedal, geht in die steilste Kurve, die bei dieser Geschwindigkeit möglich ist, und sieht nach hinten. Die Focke-Wulf hängt wieder hinter ihm. Tiefer und tiefer kreisen sie. Johnson ist jetzt beinahe auf Höhe der Hausdächer, stellt seine Spitfire auf die Fläche und nimmt den Knüppel ganz heran. Aber der geggnerische Flugzeugführer – in einer meisterhaften Darbietung fliegerischen Könnens – ist nur 200 oder 300 Meter hinter ihm, er ist fast auf Schußentfernung heran. Johnson muß kurven, hin und her, um aus der Schußlinie zu bleiben. Während er über die Häuser und Bäume hinwegdonnert, tauchen Panzer, die Strandpromenade von Dieppe, ein weißes Casino, ein verlassener Strand in seinem Blickfeld auf ... aber er muß weiter Ausweichmanöver fliegen. Er sieht einen Kirchturm. Er schießt auf einer Seite, unterhalb der Turmspitze, vorbei und geht wieder in eine Steilkurve. Ein Blick nach hinten: die

FW 190 ist in Position! Er kurvt heftig nach links, versucht, seinen Verfolger abzuschütteln ... es hilft nichts. Es ist die längste Kurbelei, in die Johnson jemals verwickelt war, und er befindet sich am falschen Ende! Er versucht weiter auszuweichen – die Geschosse müssen ihn beim ersten Fehler, den er macht, treffen. Er weiß aber, daß er das nicht bis in alle Ewigkeit durchhalten kann. Er muß irgendwie loskommen.

Jetzt zieht die Focke-Wulf hundert Meter hoch, beobachtet von oben ... wartet auf die Chance, daß Johnson zu kurven aufhört. Aber Johnson kurvt einmal so und einmal anders herum, bietet kein Ziel. Er weiß aber, daß er jetzt irgendwie wegkommen muß. Es wird Zeit, auf Nordkurs – Richtung Heimat – zu gehen. Sein Kraftstoffvorrat reicht nicht endlos über Dieppe, noch kann er seinem gewitzten Gegner auf die Dauer ausweichen. Wie kann er die 190 abschütteln und nach Norden abdrehen? Da schießt ihm die Befehlsausgabe in Erinnerung ... Schiffe ... eigene Schiffe ... auf Reede ... in kurzer Entfernung liegt ein Zerstörer, umgeben von anderen Schiffen. Alle haben Anweisung, auf jedes anfliegende Flugzeug zu schießen, das unterhalb 1200 m fliegt. Johnson ist schon im »Parterre«, aber vielleicht kommt er durch das Sperrfeuer ... und sein Verfolger nicht? Es ist ein Hasardspiel, aber die beste Chance, die er noch hat. Er muß das versuchen. Mit der linken Hand rammt er den Gashebel nach vorn – um den Sicherheitsanschlag herum und durch den Kupferdraht durch auf Notleistung. Die Rolls-Merlin dreht höher, die Spitfire kurvt auf See hinaus, braust mit höchster Leistung nach vorn. Johnson mit der zusätzlichen Geschwindigkeit und mit dem Schwung aus dem Andrücken auf Deckshöhe setzt einen schnellen Kurs auf das Gewimmel der Schiffe. Er sieht auf den Ladedruckmesser – 16 psi. In Sekundenschnelle ist er heran, der Zerstörer eröffnet das Flakfeuer auf eine Entfernung von 500 Metern. Weiße »Golfbälle« strömen von den kleinkalibrigen Waffen des Schiffs auf ihn zu. Darüber folgen langsamere Leuchtspuren, ebenfalls in seiner Richtung. Die Focke-Wulf schießt jetzt von hinten! Aber die Spitfire hat jetzt ihre Spitzengeschwindigkeit, und der Zerstörer wächst unheimlich schnell vor Johnson auf. Er fliegt drei Meter über dem Wasser. Er spürt keine Treffer, sein Motor dröhnt, aber Flakwölkchen und Leuchtspur sind rings um ihn. Freund und Feind versuchen gleichzeitig, ihn abzuschießen. Er ist vor dem Zerstörer ... hat kaum mehr Zeit ... er muß hochziehen und über ihn weg – und sich dabei der Schiffsflak und der FW 190 als großes Ziel bieten, während er das Deck überfliegt. Er nimmt den Knüppel nur ein wenig nach hinten ... die Nase der Spit geht hoch, gerade so, daß es reicht. Dann drückt er gleich wieder leicht an, schießt knapp zwei Meter hoch über das Schiffsdeck und die Geschütze, taucht wieder auf die Wasserfläche zu und kurvt so steil wie möglich – er wird hart in den Sitz gedrückt. Für einen Augenblick erscheint alles ruhig ... er sieht sich um ... keine Leuchtspur mehr. Haben sie die Ringe auf seinen Tragflächen erkannt? Haben sie die Focke-Wulf abgeschossen? Er wird es nie erfahren. Aber der feindliche Pilot, der ein toller Flieger war, ist nicht mehr da.

Erleichtert, und nach 15 langen Minuten endlich den Rücken frei, geht Johnson in die Gegenkurve und nimmt Kurs 350° ... immer noch ist er dicht über den Wellen. Der Rolls-Merlin röhrt noch eine Weile unter Vollast, und Johnson dreht den Kopf, sucht den Himmel hinter sich ab ... keine feindlichen Jäger. Er nimmt das Gas zurück. Die Spannung läßt nach, es war eine Feuerprobe, die er nie vergessen wird. Er sieht auf die Uhr ... es ist bald 8.30 Uhr ... er ist beinahe eine Stunde in der Luft ... er macht sich Gedanken über seine Staffel, hat ein sonderbares Gefühl, daß er allein zurückkommt. Er muß an Creagh denken und hofft, daß er aussteigen konnte und mit dem Leben davonkam.

Die Spitfire donnert über die Wellen, nähert sich der englischen Küste. Und je näher er kommt, desto mehr ist er erleichtert. Jetzt kann er die Klippen erkennen. Ein wundervoller Anblick an diesem Augustmorgen.

Voraus türmen sich die weißen Kalkfelsen auf. Er zieht hoch in den Himmel, hofft, das eigene Flakfeuer zu vermeiden, und fliegt über die Küste. Keine Flak. West Malling ist nur noch Minuten entfernt. Er sucht die Landschaft nach dem Platz ab. Nach ein paar Minuten kommt vor ihm, westlich von Maidstone, West Malling in Sicht. Er geht mit der Geschwindigkeit herunter, um das Fahrgestell auszufahren, dann die Klappen und dreht zum Landeanflug ein. Geschwindigkeit ist auf 190 km/h herunter, auf 170, 160, 150 ... er setzt auf und rollt zum Abstellplatz.

Johnson landet als einer der letzten der Staffel. Die Warte sind froh, als sie ihn sehen. Sie haben sich schon Gedanken gemacht, nachdem die anderen Piloten zurückkamen und von den heftigen Luftkämpfen über Dieppe erzählten. Johnson sorgt sich um seine Staffel. Wie viele mögen zurückgekommen sein? Er stellt den Motor ab, spricht kurz über sein Erlebnis (das Bodenpersonal ist immer interessiert) und geht auf die kleine Staffelbaracke zu. Was hört man von Creagh? Bis jetzt nichts. Und sonst? Es sieht nicht so schlimm aus. Vier Piloten fehlen – von zwölf. Nicht so schlecht, wie er befürchtet hat. Abschußmeldungen? Die Staffel hat gleichgezogen: drei Flugzeuge abgeschossen, drei beschädigt. Johnson teilt drei seiner Abschüsse mit anderen Piloten. Und was er in diesem Augenblick noch nicht weiß: Creagh sollte später anrufen, daß ihm nichts passiert ist, er hat neun km vor Dieppe aussteigen können und wurde von der Navy aus dem Bach gefischt. Das verringerte die Verluste der Staffel auf drei Piloten. Aber dieser morgendliche Einsatz war nur der Anfang. Da die deutschen Jäger in rollendem Einsatz über Dieppe erscheinen und die Landestreitkräfte auf starke Abwehr trafen, wurde dauernd nach Jagdschutz verlangt. Noch dreimal mußte die 610. Staffel Patrouille über Dieppe fliegen, jedesmal unter Führung von Johnson. Es wurde ein langer Tag, obwohl die anderen Luftkämpfe nicht mehr so heftig waren wie der erste am Morgen.

In Anerkennung seiner Verdienste an diesem 19. August verlieh ihm das Luftfahrtministerium die Spange zum D.F.C., das er 1941 für 50 Einsätze über feindbesetztem Gebiet erhalten hatte.

Johnsons größte Erfolge begannen sechs Monate später. Im März 1943 wurde er zum Kommandeur des Kenley Wing – 127. Wing – befördert, seine Hauptaufgabe bestand darin, Begleitschutz für die amerikanischen Bomber bei Tagesangriffen auf das Festland zu fliegen. Es war eine kanadische Gruppe, und Johnson kam von Anfang an ausgezeichnet mit den Piloten aus. Von April bis September schoß er als Führer dieser Gruppe 19 feindliche Jäger ab und brachte seine Gesamtzahl damit auf 25. Das Fighter Command zog ihn dann für ein halbes Jahr aus dem Kampfeinsatz zurück. Im März 1944 erhielt er das Kommando über eine andere kanadische Gruppe: die 144. Auch mit diesen Kanadiern erzielte er hervorragende Erfolge, und in der Zeit vom März bis September 1944 schoß er 13 Gegner ab – sein letzter Luftsieg fiel in den September, und dabei erhielt sein Flugzeug zum erstenmal in seiner ganzen Laufbahn feindliche Treffer. Vor Kriegsende, im April 1945, wurde er dann noch zum Group Captain befördert.

Bei Kriegsende entschloß er sich, in der RAF zu bleiben, und war einer der englischen Jagdflieger, die der USAAF während des Koreakrieges zugeteilt wurden. Man hatte ihn nach Korea geschickt, um dort den Luftkrieg zu studieren und darüber zu berichten. In Anerkennung seiner Tätigkeit in Asien erhielt er die US Air Medal und die Legion of Merit. Diese Auszeichnungen kamen zu denen, die er schon besaß: C.B., C.B.E., D.S.O. mit zwei Spangen, D.F.C. mit Spange, D.F.C. (USA), Leopold-Orden und Croix de Guerre Belge.

Johnson ging als Air Vice-Marshal in den Ruhestand, 25 Jahre nach den Ereignissen, die in diesem Kapitel beschrieben werden. Er wird heute als eine der ersten internationalen Kapazitäten auf dem Gebiet der Lufttaktik und -strategie angesehen. Eines seiner Bücher wird allgemein als die beste historische Darstellung der Jägertaktik gewertet. Er zog sich in die heimatliche Grafschaft Leicestershire mit der Genugtuung zurück, die aus seinen Kriegserfolgen, seiner Karriere und seiner Ehe erwuchs. Er heiratete während des Krieges, im November 1942. Eine schöne Neunzehnjährige hatte ihm den Kopf verdreht. Sie bekam ihren richtigen Verlobungsring erst viele Jahre später. Der Mann, der einmal die Liste der RAF-Jagdflieger anführen sollte und damals fast Tag für Tag für sein Land flog, kämpfte und sein Leben einsetzte, verdiente nicht einmal genug, um einen anständigen Ring kaufen zu können!

Obwohl Johnson das Vorwort für die englische Ausgabe meines ersten Buches schrieb, die vor über zehn Jahren herauskam, und obwohl er für einige Zeit in den Vereinigten Staaten stationiert war, hatte ich erst bei der Vorbereitung dieses Buches Gelegenheit, mich eingehend mit ihm über seine Kriegserlebnisse und seinen denkwürdigsten Tag zu unterhalten. Diese Gelegenheit kam am 1. Mai 1966, 21 Jahre nach dem VE-Tag in Europa, nachdem ich auf der M 4 von London nach Leicestershire gefahren war. Zwei Stunden weiter nördlich, hinter Leicester und Melton Mowbray, liegt in der Nähe des kleinen Dorfes Saxby die Manor Farm, sein Wohnsitz.

Es ist schwer, dem Leser in Worten ein Bild von Johnson zu geben. Er ist ein gemütlicher Mann, völlig gelöst, zurückhaltend und bescheiden – und es ist schwierig, sich vorzustellen, daß dieser Mann mehr deutsche Jagdflugzeuge abgeschossen hat als irgendein anderer alliierter Jagdflieger. Entsprechend der guten Tradition vermeidet er zu prahlen oder bombastische Erzählungen von sich zu geben. Trotz dieser entwaffnenden Bescheidenheit sind seine Leistungen wahrhaft bemerkenswert. Von vielen wird er als der größte Jagdflieger des zweiten Weltkrieges auf seiten der Alliierten angesehen.

DIE SCHLACHT ÜBER DEUTSCHLAND

Die Schlacht über Deutschland war die größte Luftschlacht des Krieges. Es war eine Luftschlacht, an der drei Luftstreitkräfte teilnahmen – die RAF, die USAAF und die deutsche Luftwaffe. Die RAF setzte das Bomber Command sowie Tag- und Nachtjäger ein, die USAAF Tagbomber und Jäger ihrer 8. Luftflotte in England, der 9. Luftflotte in Frankreich und der 15. Luftflotte in Italien. Um die Heimat gegen diese Angriffe zu verteidigen, bot die deutsche Luftwaffe konventionelle Tagjäger, Nachtjäger, Langstreckenjäger, die ersten Raketenjäger und Düsenjäger und andere Versuchswaffen auf.

Im Hinblick auf die Flugzeugzahlen und das eingesetzte Personal übertraf die Schlacht über Deutschland alles bisher Dagewesene. Vom Jägerkampf hing die Fortführung dieser größten strategischen Bomberoffensive des Krieges ab. Die Schlacht war praktisch entschieden, als die alliierten Jagdflugzeuge über die zusätzliche Reichweite verfügten und damit die Pulks der schweren Bomber auf dem ganzen Weg bis an die deutschen Ziele begleiten konnten.

Höchste Offiziere – und Hitler selbst – wollten nicht daran glauben, daß Jäger auf solche Entfernungen[1] operieren können.

Eine der wichtigsten Lehren aus dem bisherigen Verlauf des Krieges bestand darin, daß weder Tag- noch Nachtbomberangriffe gegen die verteidigenden Jäger mit Aussicht auf Erfolg durchzuführen waren, wenn die Bomber nicht auf dem ganzen Weg über Jagdschutz verfügten. Sowohl die RAF wie auch die deutsche Luftwaffe hatten nur deshalb die Tagbomberangriffe im frühen Stadium des Krieges wegen der verheerenden Verluste aufgegeben, die die Abwehrjäger verursachten. Als die USAAF in England ankam, gab es scharfe Meinungsverschiedenheiten zwischen englischen und amerikanischen Planern über die Durchführbarkeit der vorgeschlagenen Tagesangriffe. Die Amerikaner bestanden darauf in der Meinung, daß ihre mit zehn Kanonen bewaffneten »Fliegenden Festungen«, in dichten Pulks massiert, sich durchsetzen könnten. Wie sich dann her-

---

[1] *Galland kann sich gut daran erinnern, daß Hitler im Vertrauen auf Zusicherungen Görings einfach nicht glauben wollte, daß sich die Einsatzreichweite amerikanischer Jagdflugzeuge so steigern könnte, daß diese Jäger den Begleitschutz der Bomber bis tief nach Deutschland hinein übernehmen.*

ausstellte, war weder die englische noch die amerikanische Ansicht ganz zutreffend. Die schwere Bewaffnung amerikanischer Bomber erwies sich als bedeutend wirkungsvoller als die der früher eingesetzten Bomber – aber doch nicht soweit, daß sie sich am deutschen Himmel beliebig ohne Begleitjäger tummeln konnten. Die amerikanischen Stellen haben ihre Offensive zwar niemals abgebrochen, aber 1943 wurde klar, daß die durch die deutschen Jäger verursachten Verluste ein Ausmaß erreichten, das nicht mehr zu vertreten war. Die schweren Bomber der 8. Luftflotte wurden bei einigen Einsätzen so mörderisch dezimiert[1], daß diese Lektion schließlich Wurzeln schlug. Die RAF erhielt die gleiche Lektion in ihrer Nachtbomber-Kampagne. Als das Bomber Command zu Nachtbombenangriffen überging (was auch die Deutschen taten), waren die Verluste zwar weniger empfindlich, aber langsam änderte sich auch hier das Bild. Die deutsche Luftwaffe begann sich auf Nachtjäger zu konzentrieren, forcierte deren Priorität in der Produktion und überstellte die besten Piloten zur Nachtjagd. Als Ergebnis dieser Maßnahmen, aber auch als Folge der Perfektion und des Einsatzes von Funkmeßverfahren, die mit Bodenleitstellen gekoppelt wurden, stieg die Zahl der Verluste an Nachtbombern steil an. Diese Verluste erreichten schließlich einen Punkt[2], wo sie unvertretbar wurden (bei einigen Nachteinsätzen tief nach Deutschland hinein gingen 80 bis 90 Ma-

---

[1] Siehe mein Buch »American Aces«, Seiten 202–203. Beim ersten schweren US-Bomberangriff auf Schweinfurt und Regensburg – im Sommer 1943, als es noch keine Langstreckenbegleitjäger gab – erlitten selbst die schwer bewaffneten B-17 verheerende Verluste. Von 315 Maschinen, die den Zielraum erreichten, wurden 60 abgeschossen (600 Mann Besatzung) und 138 schwer beschädigt. Die deutsche Luftwaffe verlor 25 Jagdflugzeuge.
Die 8. Luftflotte machte im Oktober einen weiteren Versuch mit noch schlechterem Ergebnis. Von 291 gestarteten Bombern erreichten 229 den Zielraum, 60 wurden abgeschossen und 140 schwer beschädigt. Dabei verloren die Deutschen 35 Jagdflugzeuge. Damit hatte die deutsche Jagdwaffe gegen die 8. Luftflotte der Amerikaner den Kampf um die Langstreckenbombereinsätze 1943 gewonnen.

[2] Johnson bescheinigt in »Full Circle«, Seiten 224–225, den deutschen Nachtjägern, daß sie diese Runde in der Schlacht um Deutschland für sich buchen konnten, denn sie zwangen das Bomber Command zur Einstellung der strategischen Nachtbombereinsätze, bis auch hier Nachtjagdbegleitschutz zur Verfügung stand. Johnson bezeichnet Heinz Schnaufer mit 121 Nachtjagd-Siegen als das Top As der deutschen Nachtjagd. Cajus Bekker sagt in »Angriffshöhe 4000« (Stalling Verlag, 1964) auf Seite 444, daß das Bomber Command in der Nacht vom 30./31. März 1944 95 schwere Bomber durch Abschuß über Feindgebiet verlor, daß außerdem 71 schwer beschädigt wurden, von denen 12 noch bei Bruchlandungen Totalschaden machten. Ein deutscher Nachtjäger (Staffelkapitän Helmut Schulte) schoß während dieses Einsatzes allein 7 Bomber ab. Galland gibt dieselben Zahlen an für die britischen Verluste.

schinen mit ihren Besatzungen verloren, viele andere Flugzeuge wurden beschädigt), und die Bomberziele wurden nun auf das näher gelegene Randgebiet Deutschlands beschränkt.

Man kann daraus erkennen, daß die deutschen Jäger sowohl bei Tag- wie auch bei Nachtbombenangriffen beinahe das Blatt gewendet hätten – erst der Einsatz von Begleitjägern rettete die Situation für die Alliierten. Man kann also sagen, daß die Theoretiker der RAF in der Beurteilung der Tagesangriffe recht behielten, daß aber auch die Nachteinsätze der Bomber bald relativ gefährlich wurden.

Die Aufstellung großer Langstreckenjäger-Verbände durch Amerika und deren Einsatz zur Sicherung des Erfolges der Tagbomberoffensive ist in erster Linie der amerikanischen Industrie und der Entschlossenheit der Führung der USAAF zuzuschreiben. Die Briten haben in beträchtlichem Ausmaß das gleiche zum Schutz ihrer Nachtbomber unternommen, wenn sie sich dabei auch in der Hauptsache auf zweimotorige Flugzeuge beschränkten.

Es wird oft übersehen, daß die deutsche Luftwaffe viel mehr erreicht hätte, wenn in der Planung keine schwerwiegenden Fehler und organisatorischen Versager aufgetreten wären. In der Produktion von Jagdflugzeugen lag eine der überraschenden Schwächen der deutschen Kriegsanstrengungen. Die Produktion erreichte erst 1944, wie schon einmal bemerkt wurde, ausreichende Zahlen[1]. Das war aber im letzten vollen Jahr des Krieges – also zu einer Zeit, als erstklassige Piloten schon lange nicht mehr in genügender Zahl zur Verfügung standen und als die alliierten Jagdflugzeugtypen schließlich technische Gleichwertigkeit, wenn nicht sogar eine leichte Überlegenheit, erzielt hatten. Hätten die Verteidiger des Reichs ein oder zwei Jahre früher die Zahl an Jägern zur Verfügung gehabt, die man hätte produzieren können – und die dann auch produziert wurden, aber zu spät –, dann hätte die Bomberoffensive verheerende Verluste gebracht, wenn sie von den Deutschen nicht überhaupt zurückgeschlagen worden wäre. Wäre die Produktion der Me 262 in den Jahren 1941 und 1942 angelaufen – eine Möglichkeit, die auch bestand –, dann wäre es ebenfalls fragwürdig geworden, ob man die

---

[1] *Tedder berichtet auf Seite 506 die Ansicht von A. C. M. Leigh-Mallory, daß englische Bomberangriffe auf die deutsche Industrie bis Anfang 1944 den Erfolg hatten, die deutsche Jägerproduktion auf 600 anstatt der geplanten 1000–1500 herabzudrücken. Trotzdem erreichte die deutsche Flugzeugproduktion 1944, dem Jahr der schwersten Bomberangriffe, den bei weitem höchsten Ausstoß während des ganzen Krieges.*

Bomberangriffe unter vertretbaren Verlusten noch hätte weiterführen können.

Die Schlacht über Deutschland brachte in ihrem Verlauf immer größere Zahlen an Flugzeugen ins Spiel. Gegen Ende war es keinesfalls mehr ungewöhnlich, daß bei Tage 1200 bis 1300 schwere Bomber nach Deutschland einflogen, die von 600 bis 700 Jägern geschützt wurden, und daß bei Nacht noch einmal eine vergleichbare RAF-Bomberwelle nachfolgte, die eine noch größere Bombenlast[1] abwarf und gleichfalls unter Jagdschutz stand. Unter einem solch massiven Angriff brach schließlich die Verteidigung zusammen – aber erst nach erbittertem Widerstand. Die Jäger der Luftwaffe, die den Bombern schwerste Verluste beigebracht hatten, wurden nun zu den Gejagten, als die alliierten Jagdverbände die Bomber auf ihrem Weg eskortierten. Sie mußten sich vorab ihrer eigenen Haut erwehren und waren damit von der Abwehr der Bomberstaffeln abgelenkt. Die Bomber, die über Deutschland und den besetzten Gebieten flogen, haben unvermeidlicherweise viele unschuldige Zivilisten getötet. Am Anfang bestanden die Bombenziele aus militärischen Einrichtungen und Ausrüstungsobjekten; später wurden ganze Städte angegriffen. Ob dieses Blutbad in der Zivilbevölkerung seine Rechtfertigung in militärischen Auswirkungen fand, ist heute noch umstritten. Alliierte Länder, wie Frankreich, wurden ebenfalls schwer bombardiert. Diese Frage hat Churchill[2] und andere Verantwortliche monatelang beschäftigt.

Begleitjäger trugen keine Bomben. Sie haben aber nach Durchführung des Begleitschutzes bis zum Rhein des öfteren auf dem Rückweg ausgesuchte Bodenziele mit Bordwaffen unter Beschuß genommen. Auch dabei sind ohne Zweifel Verluste unter der Zivilbevölkerung aufgetreten, wenn man auch sagen darf, daß sich solche Tiefangriffe in erster Linie auf militärische Ziele gerichtet haben. Man muß den deutschen Klagen über den Angriff auf Dresden mit Mitgefühl begegnen, denn er erscheint zu diesem späten Zeitpunkt von keiner militärischen Notwendigkeit diktiert. Andererseits gab es während

---

[1] *Die Gesamtbombenlast, die das britische Bomber Command auf feindliches Territorium abwarf, überstieg während des ganzen Krieges die entsprechenden Bombenlasten der 8. US-Luftflotte (History of The Second World War, The Strategic Air Offensive Against Germany, Band 4, Seite 156).*
[2] *Tedder erwähnt auf den Seiten 527–532 lange Diskussionen über die Frage französischer Verluste durch alliierte Bombenangriffe, und daß Churchill Vorbehalte angemeldet hat und wie die Angelegenheit damit erledigt wurde, daß man die Entscheidung Washington und Präsident Roosevelt zuschob.*

des ganzen Krieges Bombenangriffe, die in diesem Sinne nicht notwendig waren. Die Luftwaffe hat schon in den Anfängen des Krieges Städte in Polen, Holland und anderswo angegriffen, und damit den grimmigen Tod des Krieges aus der Luft eingeführt.

Die Verluste, die in der Schlacht über Deutschland aufgetreten sind, lassen sich nur bis zu einem bestimmten Punkt belegen, denn in diese Schlacht waren Jäger und Bomber einer ganzen Anzahl von Ländern in Tag- und Nachtkämpfen verwickelt; entsprechende Aufschlüsselungen der Verluste sind bisher nicht veröffentlicht worden. Eine amerikanische Studie, die nach dem Kriege durchgeführt wurde, beziffert die Verluste der amerikanischen Luftstreitkräfte auf 11 687 Flugzeuge in Nordeuropa und auf 6731 im Mittelmeergebiet. Das ergibt eine Gesamtsumme von 18 418 Flugzeugen und schätzungsweise 80 000 Besatzungsmitgliedern[1], wovon der Großteil auf die Schlacht über Deutschland entfällt. Das britische Bomber Command verlor 10 688 Bomber, auch hier die Mehrzahl in dieser letzten großen Schlacht. Von den Gesamtverlusten des Fighter Command, die mit 4760 angegeben werden, und der taktischen Jagdverbände, die sich auf 2822 beliefen, wird man wohl nur einen kleineren Prozentsatz auf diese letzte Phase des Luftkrieges zurückführen können.

Es ist vertretbar, wenn man die alliierten Verluste auf 10 000 bis 15 000 Flugzeuge schätzt. Nicht alle diese Verluste waren auf Luftkämpfe zurückzuführen, wie manches ehemalige »flak-happy« Besatzungsmitglied bezeugen wird. Aber die deutschen Jagdflieger sind bestimmt für einen hohen Prozentsatz verantwortlich.

Wie steht es nun um die deutschen Verluste? Hinsichtlich dieser Schlacht sind selbst die deutschen Zahlen nicht ganz eindeutig. Nach statistischen Unterlagen, die 1966 veröffentlicht wurden, schätzt man, daß die Luftwaffe etwa 20 000 Jäger und Zerstörer[2] während des ganzen Krieges – und an allen Fronten – durch Feindeinwirkung eingebüßt hat. Mehr als die Hälfte gingen in den letzten beiden Jahren verloren. Dabei waren die Verluste an der Westfront wesentlich größer als an der Ostfront. Damit kann man annehmen, daß in der

---

[1] *Amerikanische Flugzeugverluste siehe Craven und Tate, »The Army Air Force in World War II« (C.U.P., 1948–52), Band 6; Galland zitiert die US-Kommission unter General Andersen, wonach US-Bomber 2,7 Millionen Tonnen auf Deutschland abgeworfen haben, wobei 1 440 000 Bombereinsätze und 2 680 000 Jägereinsätze geflogen wurden.*
Galland schätzt die US-Verluste in der Schlacht um Deutschland auf 18 000 Flugzeuge.
[2] *Siehe Obermaier, Anhang.*

Schlacht über Deutschland 6000 oder 7000 Jagdflugzeuge abgeschossen wurden. Zusätzlich wurden in den letzten beiden Jahren weitere 4000 Jäger und Zerstörer durch Feindeinwirkung beschädigt – die meisten davon im Westen. Wir kommen damit als rohe Schätzung auf eine Zahl von 9000, vielleicht 10 000 Jagdflugzeugen, die von den alliierten Piloten heruntergeholt wurden.

Wenn diese Zahlen – soweit es sich um Verluste der deutschen Luftwaffe handelt – niedrig erscheinen, dann muß man sich daran erinnern, daß die Ausfälle, die nicht auf Feindeinwirkung zurückgingen, in Deutschland unter den in den letzten zwei Kriegsjahren herrschenden Verhältnissen anomal hoch waren. Das kann man daraus erkennen, daß schätzungsweise ebensoviel deutsche Jagdflugzeuge und Zerstörer (hauptsächlich in den beiden letzten Jahren) aus anderen Gründen als bei Luftkämpfen[1] verlorengingen.

Das Interessante an diesen allgemeinen Angaben ist, daß sie den amerikanischen Jägern einen bedeutenden Sieg zusprechen. Eine Quelle hat Verluste der 8. US-Luftflotte an Jägern auf 2206[2] beziffert. Wenn diese Zahl zutrifft, dann muß man annehmen, daß vielleicht 3000 alliierte Jäger oder etwas mehr verlorengingen. Folgt man dieser Annahme, dann sind 8000 bis 12 000 Bomber von den Deutschen abgeschossen worden. Man kann also aus den Verlustzahlen an Jägern entnehmen, warum Jagdflieger auf alliierter Seite die Schlacht als siegreich ansahen. Jagdflieger der 8. US-Luftflotte erhielten insgesamt über 5000 Luftsiege zuerkannt. Wenn diese Zahl auch hoch erscheint, so ist doch festzustellen, daß die amerikanischen Jäger – gegenüber 2206 eigenen Verlusten – dem Gegner in deutlichem Ausmaß überlegen waren. Nach einer deutschen Quelle[3] sind in den ersten vier Monaten des Jahres 1944 (an Ost- und Westfront) durchschnittlich 400 Jagdflugzeuge im Luftkampf verlorengegangen. Es mag also sein, daß die Verluste der deutschen Luftwaffe an Jägern in den letzten beiden Jahren etwas höher lagen, als wir geschätzt haben.

Im frühen Stadium der Schlacht waren die deutschen Jägerverluste gewöhnlich niedriger als die alliierten Bomberverluste. Als

---

[1] *Schätzung von Hans Ring.*
[2] *Guerney: »Five Down and Glory« (Putnam, 1959), Anhang.*
[3] *Akten des Generals der Jagdflieger.*
Bekker schreibt auf Seite 447, daß die deutsche Luftwaffe im Kriege 70 000 Mann fliegendes Personal verlor und führt auf Seite 465 die deutsche Jägerproduktion mit insgesamt 53 728 an. Rings Schätzung der Verluste im Einsatz beläuft sich auf etwa 25 000 Jagdflieger.

alliierte Begleitjäger auftauchten und mit ihrem überlegenen Flugzeugmaterial die unerfahrenen deutschen Jagdverbände manchmal beinahe aufreiben und andere am Boden zerstören konnten, wendete sich das Blatt. Die schockierende Diskrepanz der Verluste in der Schlacht betrifft die Besatzungen. Die Alliierten verloren etwa 100 000 Mann. Alliierte Bomber führten oft bis zu 10 Besatzungsmitglieder. Wenn 50 solche Flugzeuge abgeschossen wurden, dann ging damit vergleichsweise mehr als ein halbes Bataillon verloren. So hat wahrscheinlich die Luftwaffe zahlenmäßig auf 10 Mann alliiertes Personal nur einen einzigen Mann verloren, oder vielleicht noch weniger.

Das heißt nun nicht, daß die Offensive ein Fehlschlag war, weil man dabei die Wirkung der abgeworfenen Bomben außer acht läßt – aber wir wollen hier ja schließlich keine Auswertung des strategischen Bombenkrieges betreiben. Die Zahlen zeigen jedoch die hohen Kosten der Bombenangriffe, und diese hohen Kosten wurden durch die Jagdflieger der deutschen Luftwaffe verursacht, die selbst bis 1944 verhältnismäßig gut davonkamen. Sie beweisen aber auch, daß erst die alliierten Langstreckenjäger diese Schlacht entschieden haben. Die RAF setzte zwar einige P-51[1] ein, aber es war in der Hauptsache die 8. US-Luftflotte, die den Langstreckenbegleitschutz für die Tagbomberangriffe stellte.

Alles in allem sehen wir, daß die deutsche Luftwaffe im Hinblick auf Verluste an Flugzeugen bis in das letzte Jahr hinein in der Schlacht über Deutschland nicht schlecht abgeschnitten hat. Erst dann konnten die Alliierten deutsche Flugzeuge und selbst Flugplätze fast nach Belieben zusammenschießen. Der einzige Weg, die Abwehrschlacht zu gewinnen, lag darin, so viele Flugzeuge abzuschießen, daß der Gegner allein wegen dieser Verluste gezwungen gewesen wäre, die Offensive abzubrechen. Das konnten die deutschen Jagdflieger aber nicht – und so verloren sie schließlich die Schlacht.

---

[1] *Die P-51 wurde Standardjäger in folgenden RAF-Staffeln: 19, 64, 65, 112, 118, 122, 154, 213, 249, 250, 303, 306, 442 und 611.*
Andere Staffeln, in denen die P-51 geflogen wurde: 26, 237 und 442.
Einige Staffeln erhielten verbesserte Versionen der Mustang.

DIE USAAF

Die dritte Jagdwaffe, mit der wir uns beschäftigen wollen und die eine größere Rolle auf dem europäischen Kriegsschauplatz gespielt hat, war aus einigen US-Army-Luftflotten zusammengewürfelt. Die amerikanische Luftmacht erhielt ihre Feuertaufe 1918 in Europa. Die amerikanische Industrie war damals noch nicht in der Lage, den technologischen Forderungen des Tages vor dem Waffenstillstand gerecht zu werden.

Deshalb mußten Flugzeuge und Ausrüstung von den Alliierten übernommen werden.

Nichtsdestotrotz entwickelte das US Army Air Corps seine organisatorische Struktur und gewann wertvolle Erfahrungen. Anders als England sollte Amerika eine lange Zeit benötigen, um die Luftstreitkräfte von Heer und Flotte abzutrennen. Noch im zweiten Weltkrieg kämpften die Vereinigten Staaten ohne selbständige Luftstreitkräfte. Zwischen den beiden großen Kriegen hat Billy Mitchell versucht, die Nation davon zu überzeugen, was eine Luftwaffe erreichen kann. Aber er hatte nur teilweise Erfolg.

Als der Krieg 1939 begann, waren die Jagdflieger der US-Army technisch den besten deutschen und englischen unterlegen, wie schon 1914–1918. Aber sie lagen nicht allzu weit zurück. Die Army Air Force hatte besondere Betonung auf den schweren Langstreckenbomber gelegt. In dieser Hinsicht stand sie keiner Luftwaffe der Welt nach. Die Pläne, kleine Ziele – wie z. B. Schiffe – mit Bomben anzugreifen, und zwar aus hochfliegenden B-17, waren zwar etwas optimistisch, wie der Krieg mit Japan bewies (trotz den Behauptungen einzelner Bomberbesatzungen).

Aber die schwere Bomberflotte der US-Army war damals sowohl modern wie auch wirksam – vermutlich war sie die beste der Welt.

Die US-Navy hatte den Sturzbomber eingeführt, eine Entwicklung, die Deutschland aus der Entfernung mit Interesse beobachtete. Der Sturzbomber bewies seinen Wert anfangs des Krieges durch äußerst erfolgreiche Einsätze im Pazifik – wie auch der deutsche Stuka, der auf das amerikanische Vorbild zurückging. (Der Sturzbomber entschied die Seeschlacht bei den Midway-Inseln. Das war die Wende im Seekrieg im Pazifik.)

Jagdflieger der 8. (von England aus), 9. (von Frankreich aus) und 15. US-Luftflotte (von Italien aus) kämpften in Europa gegen die Luftwaffe. Es waren in der Hauptsache die Jäger der 8., die sich im Herzen Deutschlands 1944/45 mit der Luftwaffe herumschlugen.

Eine finanzielle Spritze durch britische Bestellungen hat der amerikanischen Industrie den technischen Fortschritt und die Produktionseinrichtungen ermöglicht, die sie dann später befähigt hat, überlegene Jagdflugzeuge in den Jahren 1943 und 1944 hervorzubringen. Die Engländer haben z. B. die ersten P-51 bestellt.

Amerika begann den Krieg mit der Curtiss P-40 und der Bell P-39. Beide waren zu ihrer Zeit recht gute Jagdflugzeuge. Aber diese Zeit war nun vorbei. Die Russen haben dann noch eine ganze Anzahl dieser Typen geflogen, während amerikanische Piloten die P-40 in China und beide Typen in den frühen Stadien des Krieges im Pazifik und schließlich auch noch in Afrika flogen. Die P-40 erfreuten sich einiger Erfolge, aber sie konnten sich weder mit der Me 109 messen, auf die sie in Afrika trafen, noch mit der japanischen Zero.

Die nächste Entwicklung war ein zweimot-Experiment, die Lockheed P-38 (»Lightning«), die in gewissem Maß dann das Schicksal der deutschen Me 110 teilte. Wenn auch manche Piloten, die sich an die Lightning gewöhnt hatten, auf dieses Flugzeug schworen, fanden die deutschen Jagdflieger doch bald heraus, wie sie der Lightning beikommen konnten. Auf jeden Fall genügte ihre Reichweite für die Aufgaben der Jahre 1944/45 nicht mehr.

Nach der P-38 kam die Republic P-47 (»Thunderbolt«), das größte einmotorige Jagdflugzeug des Krieges. Wenn man im Cockpit einer P-47 saß, dann hatte man das Gefühl, auf einer Lokomotive zu sitzen – der große Sternmotor mußte immerhin ein Gewicht von sieben Tonnen in die Luft bringen. Aber das war nun das amerikanische Jagdflugzeug, das auch den besten gegnerischen Typen überlegen war. Es war schnell, hatte eine genügende Reichweite und konnte auch einmal durch die Wipfel größerer Bäume fliegen und unbeschädigt wieder nach Hause kommen. Wenn der Motor einige MG- oder Kanonentreffer bekam, dann lief er trotzdem weiter.

Das beste konventionelle Jagdflugzeug, zumindest soweit es die Army betraf, war die North American P-51 (»Mustang«). Sie hatte die größte Reichweite, die höchste Geschwindigkeit (die P-51 erreichte 700 km/h in 8300 m Höhe, spätere Versionen waren dann noch schneller) und war im Luftkampf gut zu fliegen. Sie war der Me 109 und der FW 190 mehr als ebenbürtig, denn sie war schneller, robuster gebaut und konnte weiter fliegen. Die P-47 und P-51 waren dann die Langstreckenbegleitjäger, die in der Hauptsache die deutschen Jagdflugzeuge in den Jahren 1944/45 niederkämpften. In diesen Jahren haben es die amerikanischen Jagdstaffeln – tief in Deutschland – zu ziemlich einseitigen Luftsiegen gegen junge und unerfahrene Verbände der Luftwaffe mit ihren Me 109 oder FW 190 gebracht.

Die Gefechtsformationen der USAAF unterschieden sich von denen der RAF und der Luftwaffe. Ein »Element« bestand aus zwei Jagdflugzeugen. Zwei Elements bildeten einen »Flight«, vier Flights eine Staffel, drei Staffeln eine Gruppe. So belief sich eine Jagdgruppe der US-Army auf 48 Flugzeuge oder auf 50 (zwei Ersatzmaschinen). Ein Flugplatz wurde gewöhnlich mit einer solchen Gruppe belegt. Eine Gruppe entsprach somit auch etwa einem RAF-Wing, war jedoch nicht ganz identisch, denn ein RAF Wing aus drei Staffeln verfügte nur über 36 Flugzeuge. Ein RAF Wing konnte aber auch mehr als drei Staffeln haben.

Auf amerikanischer Seite bildeten dann einige Gruppen einen »Wing«. Zum Beispiel bestand das Fighter Command der 8. US-Luftflotte aus drei Wings, dem 65., 66. und 67. Wing, von denen jeder wiederum aus fünf Gruppen bestand.

Das Ausbildungssystem erlaubte den Kadetten von West Point, in die fliegenden Verbände einzutreten und nach Abschluß der Prüfung die Flugausbildung aufzunehmen. Während des Krieges wurde dieses Kadettenprogramm erheblich ausgebaut. Ähnlich wie in England wurden auch College-Ausbildungsabteilungen eingerichtet. Tatsächlich kamen die Zugänge dann mehr von den Colleges und Universitäten der Vereinigten Staaten als von sonstwo; ein oder zwei Jahre College oder Universität waren Grundbedingung für den Eintritt als Kadett. Der Kadett im Army Air Corps erhielt seine Schwingen mit der Beförderung zum Offizier – denn die Piloten des Army Air Corps waren durchweg Offiziere. (Gegen Ende des Krieges wurde das System etwas geändert, so daß auch Fähnriche als Absolventen aufgenommen wurden.)

Der Wert, der auf College- oder Universitätsbildung gelegt wurde, war mit ein Grund dafür, daß die amerikanischen Jagdflieger in Deutschland dann auch höhere Fähigkeiten aufwiesen. In der Kombination von ausgezeichneter Ausbildung und hervorragender Ausrüstung lag die Voraussetzung für die entscheidenden Erfolge der amerikanischen Jagdwaffe in Europa ab Mitte 1944. Auf frem-

Me 262 A-1a bei der Erprobung in Rechlin.

Major Richard „Dick" Bong und seine P-38 J Lightning.

Me 262 A-1a mit 30 mm MK. 108.

dem Boden, über unbekanntem Territorium und in einem anderen Klima haben sich die Piloten überraschend schnell eingewöhnt. Das amerikanische Ausbildungsprogramm hat natürlich auch von den Besuchen erfolgreicher RAF-Piloten, wie Stanford Tuck, »Sailor« Malan und anderen profitiert. Sie flogen mit den Ausbildungsstaffeln und konnten auf Schwächen im Ausbildungsablauf hinweisen, mit dem Gesichtspunkt, was in Europa bevorstand.

Die Kampfmoral war sowohl in den Heeres- wie auch in den Marine-Luftstreitkräften ausgezeichnet. Der Angriffsgeist, der unter den Staffelkapitänen und Gruppenkommandeuren herrschte, war vorbildlich. Die obere Befehlsebene, bestehend aus General Carl Spaatz, Befehlshaber der USAAF, General James Doolittle (berühmt durch seinen »Tokio Raid«) als Kommandeur der 8. US-Luftflotte, und General William Kepner, Kommandeur der Jagdflieger in der 8. US-Luftflotte, war das beste Team amerikanischer Führer im Luftkrieg des zweiten Weltkriegs. Die »Achte«, um diese Zeit die stärkste Luftflotte, brachte mehr erfolgreiche Jagdflieger hervor als die anderen – sie stieß auf die stärkste Jagdabwehr. (Die wohl genaueste Darstellung des Lebens einer amerikanischen Jagdgruppe in Europa findet man in Grover C. Hall's Buch »1000 vernichtet«, der Geschichte der 4. Jägergruppe.)

Als die USAAF auftauchte, hinterließ sie auf dem europäischen Schauplatz sofort einen starken Eindruck. Sie flog zuerst von englischen, dann von afrikanischen, sizilianischen, italienischen, französischen und anderen Plätzen auf dem Festland ihre Einsätze. Die Situation von 1918 hatte sich geändert: die amerikanischen Flugzeuge gehörten zu den besten, die Piloten waren hervorragend ausgebildet, bevor sie an die Front kamen, die Organisation funktionierte mit hohem Wirkungsgrad. Die Moral innerhalb der Jagdfliegerverbände der USAAF blieb den ganzen Krieg hindurch auf allen Schauplätzen und besonders in Europa ausgezeichnet. Die Offiziersdienstgrade in der USAAF entsprachen denen der Army (von unten beginnend):

        2nd Lieutenant
        1st Lieutenant
        Captain
        Major
        Lieutenant-Colonel
        Colonel
        Brigadier-General

Major-General
Lieutenant-General
General

Die 8. Luftflotte, deren Jägern man den Löwenanteil des Sieges in der Schlacht über Deutschland zuschreiben muß, war aus den folgenden Gruppen zusammengesetzt (die Zahl[1] der bestätigten Luftsiege ist in Klammern aufgeführt):
4. Gruppe (550), 20. Gruppe (205), 55. Gruppe (305 1/2), 56. Gruppe (679 1/2), 78. Gruppe (330), 339. Gruppe (234), 352. Gruppe (493 1/2), 353. Gruppe (340), 355. Gruppe (356), 356. Gruppe (193), 357. Gruppe (586 1/2), 359. Gruppe (247 1/2), 361. Gruppe (219 1/2), 364. Gruppe (261), 479. Gruppe (155).

---

[1] *Hall, Anhang. Einige Zahlen können noch Berichtigungen erfahren.*

BEGLEITJÄGER NACH BERLIN

6. MÄRZ 1944 –
LIEUTENANT R. S. JOHNSON, USAAF

Die schweren amerikanischen Bomber flogen ihren ersten Tagesangriff auf Deutschland am 27. Januar 1943. Obwohl dieser Angriff auf Wilhelmshaven nicht zu den großen Luftangriffen des Krieges zu zählen ist, liegt seine Bedeutung darin, daß mit ihm die Tagbomberoffensive auf Deutschland eröffnet wurde.

Seit 1942 hatte die 8. US-Luftflotte eine Theorie bestritten – die sowohl von der RAF wie auch von der Luftwaffe vertreten wurde –, nämlich daß Bomber bei Tage nichts gegen die zur Abwehr eingesetzten Jäger ausrichten könnten. Die Deutschen hatten ihre Lektion bereits 1940 bekommen, als sie den Versuch unternommen hatten, England mit Bombenangriffen bei Tage niederzuhalten.

Die RAF war dann ihrerseits zu demselben Schluß gekommen, bombardierte Deutschland nur noch bei Nacht und wirkte auf die Amerikaner ein, dasselbe zu tun.

In Erwartung der amerikanischen Angriffe hat Reichsmarschall Göring zwei neu aufgestelle Jagdgruppen auf den Hauptanflugwegen nach Deutschland stationiert: in Holland und in der Deutschen Bucht. Er war der festen Überzeugung, daß den amerikanischen Tagesangriffen der Erfolg versagt bleiben werde.

Adolf Galland, als General der Jagdflieger, stimmte nicht mit der Ansicht Görings überein, daß die deutschen Jäger ohne weiteres mit den amerikanischen Bombern bei Tage fertig werden könnten. Aber mit ausreichend starken Verbänden glaubte auch er der Lage Herr werden zu können.

Wenn auch die Engländer seit 1939 Bomben auf Deutschland warfen, so betrachteten die Deutschen erst den englischen Nachtangriff auf die Renault-Werke in Paris am 3. August 1942 als schwer genug, um von strategischem Bombereinsatz sprechen zu können.

In der ersten Phase der amerikanischen Tagesangriffe wurden die amerikanischen Bomber meist bis zur deutschen Grenze von Spitfires und Thunderbolts (P-47) begleitet, teilweise flogen P-38 Lightnings bis über Deutschland mit. Bei den längeren Einsatzstrecken fehlte jedoch der Jagdschutz am tiefsten Eindringpunkt, über dem Zielgebiet selbst. Wenn die Jäger der Luftwaffe die Bomber dann ohne Jagdschutz erwischten, erzielten die Me 109, FW 190 und die Zerstörer (mit Raketen ausgerüstet) maximale Abwehrerfolge.

Bei solchen Anlässen schien sich also Görings Ansicht zu bestätigen. Und nachdem die Deutschen einmal – wie General Omar Bradley in seinem Buch »A Soldiers Story« bemerkt – erkannt hatten, daß die entscheidende Aufgabe von 1943 darin lag, die Jagdwaffe zu verstärken, stand die Ansicht auf Verminderung der Bomberverluste in direktem Verhältnis zur Stärke und Wirkung der amerikanischen Langstrecken-Begleitjäger.

Nach dem Angriff auf Wilhelmshaven nahmen die amerikanischen Bombereinsätze an Stärke und Reichweite stetig zu. In der zweiten Hälfte des Jahres 1943 lag Deutschland unter massierten alliierten Angriffen. Die Jäger der Luftwaffe strebten einen Sieg an, ähnlich dem der RAF in der Schlacht um England; im Sommer 1943 griffen mehr und mehr Jagdflugzeuge in den Kampf ein. Als starke Verbände amerikanischer viermot-Bomber Regensburg und Schweinfurt angriffen, warf die Luftwaffe etwa 300 Abfangjäger in den Kampf, schoß bei nur 25 eigenen Verlusten 60 Bomber ab und beschädigte 138. Über 600 amerikanische Besatzungsmitglieder fielen oder gerieten in Gefangenschaft.

Die 8. US-Luftflotte griff Schweinfurt am 14. Oktober erneut an. Obwohl weniger Bomber dabei eingesetzt waren, die in engeren Formationen flogen und damit eine konzentrierte Feuerkraft erreichten, konnten die deutschen Jäger – inzwischen weiter verstärkt – aus einem Verband von 229 Bombern 60 Flugzeuge abschießen und 140 schwer beschädigen! (291 Bomber waren gestartet, aber nur 229 haben den Raum Schweinfurt erreicht.) Dabei gingen nur 35 deutsche Jagdflugzeuge verloren. Es war eine vernichtende Niederlage der Angreifer.

Die Luftwaffe hat dann ihre Tag-Jagdverbände beschleunigt ausgebaut, um der amerikanischen Bedrohung entgegenzuwirken. Das führte zu weiter zunehmenden amerikanischen Verlusten. In dem halben Jahr von April bis Oktober 1943 stieg die Zahl der einsatzfähigen Jagdflugzeuge in Deutschland von 152 auf 765 und in Frankreich von 307 auf 505.

Auf amerikanischer Seite begegnete man dieser Situation auf verschiedene Weise. Die 8. Luftflotte hatte bereits Langstreckenjäger angefordert, um die Bomber auf dem ganzen Weg bis zum Zielgebiet unter Jagdschutz fliegen lassen zu können. Man sah ein, daß das nun dringend notwendig war.

Als unmittelbare Erleichterung für die Bomberbesatzungen wurden Ferneinsätze zugunsten kürzerer Einsatzstrecken gestoppt, außerdem ging man vom gezielten Bombenabwurf auf Flächenbombardierung über, wie sie von den Briten praktiziert wurde. Auch das Wetter zwang nun zum Flächenwurf – es war im Herbst zunehmend schlechter geworden. Im November 1943 waren die Flugbedingungen dann so schlecht wie seit Jahren nicht.

Ende 1943 trafen die ersten amerikanischen Langstreckenjäger in England ein, und damit verfügten die schweren Bomber der USAAF ab Anfang 1944 endlich über den notwendigen Begleitschutz auf der gesamten Strecke bis zum Zielgebiet und zurück.

Das war die Entscheidung in der Schlacht über Deutschland. Jetzt trafen die Jäger der Reichsverteidigung auf ernste Gegner. Aber der Sieg stellte sich nicht gleich in diesen ersten Monaten ein. Bei den ersten Angriffen auf Berlin mußten die amerikanischen und britischen Verbände weitere schwere Verluste hinnehmen.

15 Monate nach dem ersten Bombenangriff der USAAF auf Deutschland und vier Monate nach dem ersten Großangriff der RAF auf Berlin (im November 1943) griff ein kleiner Verband von 30 B-17 Berlin an. Zwei Tage später, am 6. März 1944, folgte der erste massive amerikanische Luftangriff auf die Reichshauptstadt. An diesem Tag haben 660 Bomber 1600 Tonnen an Bomben am hellen Tag auf Berlin abwerfen können. Sie hatten ihre Begleitjagd mitgebracht.

Die Drohung der Vernichtung war für die Deutschen nun grimmige Wirklichkeit geworden. Die RAF kam mit Nachtangriffen, die am nächsten Tag ihre Fortsetzung durch die USAAF fanden, bevor die Berliner Zeit gefunden hatten, sich auszubuddeln und die Brände zu löschen, die von dem Nachtangriff herrührten. Im März 1945, ein Jahr nach dem ersten Angriff auf Berlin, stand die »24-Stunden-Offensive« – Tag und Nacht ohne Unterbrechung – trotz der deutschen Rekordproduktion von Jagdflugzeugen auf ihrem Höhepunkt. Die 8. US-Luftflotte hat bei diesen Angriffen auf Berlin mehr als 1200 Bomber eingesetzt – und, was für die Deutschen noch schlimmer war: diese riesige Bomber-Armada stand hin und zurück unter dem Schutz von mehr als 800 Jägern.

Von der Nacht zum 19. November 1944 bis zum 10. April 1945 – als der letzte Tagesangriff auf Berlin geflogen wurde – hielt die

»Schlacht um Berlin« mit wütender Ausdauer an. Bei manchen Einflügen verloren die Amerikaner innerhalb weniger Stunden Hunderte von Leuten durch die zum Letzten entschlossenen deutschen Jäger.

Besonders hoch waren die Verluste beim ersten Großangriff auf Berlin. Aber die USAAF stand ja noch am Beginn. In der Woche, in der die amerikanische Offensive auf die Reichshauptstadt eröffnet wurde, fanden fünf Angriffe statt. Zwei Tage nach dem ersten Großangriff kam es am 8. März 1944 zu einem weiteren Großeinsatz durch die 8. Luftflotte. Dabei gingen 54 Flugzeuge und 396 Besatzungsmitglieder verloren – ein Zeichen für die Bitterkeit, mit der die Schlacht um Berlin schon in den Anfangstagen ausgefochten wurde. Aber diese Verluste wären ohne das Eingreifen der Langstrecken-Begleitjäger noch höher gewesen.

Als die Offensive dann weiterging, nahm auch die 15. US-Luftflotte von Italien aus an der Bombardierung Berlins teil. Und schließlich gingen die Verluste zurück, weil die amerikanischen Jagdverbände Verstärkungen erhielten und weil Jagdflugzeuge größerer Reichweite in wachsenden Zahlen zur Verfügung standen. Auch die RAF beschleunigte das Tempo ihrer Angriffe. Die Verluste, die sie dabei zuerst hinnehmen mußten, sind ein Zeichen für die erbitterten Kämpfe, die am nächtlichen Himmel auf dem Weg nach Berlin tobten.

So hat die RAF z. B. für die Nacht zum 24. März 1944 den Verlust von 73 Flugzeugen bei einem Einsatz auf Berlin bekanntgegeben – das kann verglichen werden mit dem Verlust eines Bataillons. (In einer anderen Nacht verlor die RAF über 90 Bomber.) Die Schlacht um Berlin war eine der größten Luftschlachten des Krieges – sie hat 18 Monate gedauert und hat Tausenden von amerikanischen, deutschen und englischen Fliegern sowie vielen Tausenden von deutschen Zivilisten in dieser Stadt das Leben gekostet. Die Besatzungen flogen auf diesen Einsätzen gegen Berlin unter einem tödlich drohenden Himmel, flogen gegen schwere Flak, Kanonen, Maschinengewehre und Raketen der deutschen Jäger, die von allen Seiten kamen; und sie schleppten sich manchmal, schwer angeschossen, auf dem Heimweg über lange Strecken feindlichen Gebiets und die dunkle Weite der Nordsee.

Es war im Jahre 1928, bei einem der ersten Flugtage auf dem Post Field in Oklahoma, als der achtjährige Robert S. Johnson mit angehaltenem Atem den Vorführungen dreier Army-Piloten – der

»drei Musketiere« aus dem ersten Weltkrieg – zusah. Damit stand der Entschluß für ihn fest, auch einmal Jagdflieger zu werden. Sechzehn Jahre später, am 6. März 1944, führte Bob Johnson eine Gruppe USAAF-Jäger beim ersten schweren Bombenangriff auf Berlin. In der Zwischenzeit war er herangewachsen, war als Kadett in die Army eingetreten, hatte das Flugzeugführerabzeichen erhalten, hatte sich an die Front gemeldet und war zu einem der führenden »Asse« geworden. Die drei Musketiere hatten da wirklich etwas fertiggebracht!

Bob Johnson war der erste amerikanische Jagdflieger in Europa, der mit Captain Eddie Rickenbacker aus dem ersten Weltkrieg gleichziehen konnte. Im Pazifik schlug Major Richard L. Bong dann Johnson um eine Nasenlänge in der Ehre, als erster Amerikaner den Rekord Rickenbackers aus dem ersten Weltkrieg zu übertreffen. Als »As der Asse« seines Landes erhielt Bong bei Kriegsende insgesamt 40 Luftsiege zuerkannt.

Aber er sollte das Ende des Krieges nicht lange überleben. Ein Jahr nach der Kapitulation der Japaner kam er in einem Düsenjäger ums Leben. Johnson jedoch beendete seinen Einsatz an der Front noch vor der alliierten Invasion, kehrte in die Staaten zurück, und fliegt heute noch – bei Republic in Farmingdale, New York.

In weniger als einem Jahr, vom 13. Juni 1943 bis 8. Mai 1944, erzielte Johnson 28 Luftsiege. Er nahm damit unter den amerikanischen Jagdfliegern den vierten Platz ein, auf dem europäischen Kriegsschauplatz war er die Nummer 2. Seine Leistung, in weniger als elf Monaten 28 deutsche Jäger abgeschossen zu haben, wurde in der Geschichte der amerikanischen Beteiligung am Luftkrieg nicht mehr überboten.

Sein Draufgängertum hat ihn am Tage seines ersten Luftsieges in gewaltige Schwierigkeiten gebracht. Vermutlich war dieser Vorfall dann auch schuld daran, daß es Johnson nicht auf eine noch höhere Zahl von Abschüssen gebracht hat. Die Geschichte passierte am 13. Juni 1943. Johnson flog mit der 61. Staffel der berühmten 56. Jagdgruppe, als er zwölf FW 190 unterhalb seiner Staffel erkannte. Als die Staffel die deutschen Jäger nicht angriff, machte sich Johnson selbständig, stürzte auf die »Banditen«, die nicht auf diesen kühnen Überraschungsangriff gefaßt waren, und schoß eine Maschine ab. Der legendäre Führer des Wolfsrudels (56. Gruppe) Colonel Hubert Zemke, tat das gleiche und schoß zwei der deutschen Jäger ab.

Nach Rückkehr von diesem Einsatz erhielt Johnson eine Rüge, weil er seine Staffel unerlaubt verlassen hatte. Er wurde dabei so zusammengestaucht, daß er es eine lange Zeit danach noch nicht wagte, unerlaubt aus der Formation auszuscheren, obwohl er die Taktik, die die meisten Staffeln zu jener Zeit verfolgten, nicht anerkennen wollte – sie bestand im allgemeinen darin, daß man einfach darauf wartete, selbst angegriffen zu werden. Einige Zeit nach seinem ersten Luftsieg und nachdem er einige goldene Gelegenheiten ausgelassen hatte, wurde Johnson von hinten erwischt, während er brav Formation hielt, und wäre beinahe abgeschossen worden.

Schließlich wurde die Taktik dann geändert, wenn auch gegen die Einwendungen höherer Stellen. Major-General O. A. Anderson erhielt das »grüne Licht« für seinen Vorschlag einer aggressiveren Begleitjagdtaktik für die 8. Luftflotte. Danach hat Johnson dann nie mehr gewartet, bis er angegriffen wurde. Seine Kameraden merkten, daß Johnsons Ansichten über die Führung des Luftkampfes gar nicht so verkehrt waren, und legten damit auch ihre Zurückhaltung ihm gegenüber ab, denn sie hatten ihn bisher immer für einen zu Spontanreaktionen neigenden Hurrapiloten gehalten.

Eine gewisse Ironie liegt darin, daß Johnson wegen ungenügender Schießleistungen sich gar nicht für die Jagdfliegerlaufbahn qualifizieren konnte – obwohl er später im Luftkampf als hervorragender Schütze galt.

Nach einem anfänglichen Besuch der Texas A. & M. hat er sich die Geschichte im Herbst 1941 überlegt und trat als Fliegerkadett am 11. November in die Army ein – dreiundzwanzig Jahre nach dem Tag, an dem Rickenbacker und andere amerikanische Flieger in Frankreich das Ende des ersten Weltkrieges mit einem gewaltigen Feuerwerk dicht hinter der Front gefeiert hatten, zu dessen Unterstützung sie dann auch noch die Benzinvorräte auf dem Flugplatz angezündet hatten.

Johnson schloß seine Flugausbildung erfolgreich ab, mit Ausnahme des Schießens, weshalb seine weitere Ausbildung zum Bomberpiloten auf zweimotorigen Flugzeugen erfolgte.

Sechs Monate nach Pearl Harbour brachte er es jedoch irgendwie fertig, zur 56. Jagdgruppe versetzt zu werden – niemand machte sich dabei Gedanken wegen des Schießens –, und in weniger als einem Jahr fand er sich in England und bereitete sich auf die Auseinandersetzung mit der gefürchteten deutschen Luftwaffe vor.

Am 13. Januar 1943 kam er mit der 56. Gruppe in England an.

Technisch gesprochen begann der Einsatz der Gruppe noch im Winter. Weil aber die 56. warten mußte, bis die ganze Ausstattung an Flugzeugen ebenfalls in England eintraf, kamen die meisten Piloten der Gruppe nicht vor dem Frühling zum ersten Einsatz.

Nachdem er sich um die 48. Position in der Gruppe (»Tail-end Charlie« der letzten drei Staffeln) beworben hatte, flog Johnson im April seine erste Combat Mission. Sechs Monate später gehörte er – inoffiziell – bereits zu den Assen. Am 6. März 1944, als der erste schwere amerikanische Tagesangriff auf Berlin stattfand, war Johnson bereits einer der bekanntesten Jagdflieger und führte die 61. Staffel des berühmten Wolfrudels von Colonel Zemke, die für die ersten drei Pulks schwerer Bomber bei diesem historischen Angriff Begleitschutz flog.

Jeder amerikanische Pilot der 8. Luftflotte wußte, daß er früher oder später an den Angriffen auf die Reichshauptstadt teilnehmen würde. Als deshalb am 3. März 1944, nach 14 Monaten Einsatz auf andere Ziele in Deutschland, amerikanische Bomber und Jäger den Befehl für den Angriff auf Berlin erhielten, hatten die Piloten bereits darauf gewartet. An diesem Tag jedoch mußten die Bomber wegen des schlechten Wetters unterwegs wieder umkehren.

Am nächsten Tag, dem 4. März, hat ein kleiner Bomberverband vorgefühlt, ohne großen Schwierigkeiten zu begegnen. Am Spätnachmittag des 5. März wurden dann die Einsatzbefehle vorbereitet, die am nächsten Tag 800 schwere Bomber über Berlin bringen sollten. Der Eingang dieser Befehle hat auf den Jäger- und Bomberbasen in ganz England gespannte Erwartung ausgelöst. Die Vereinigten Staaten standen seit zwei Jahren und drei Monaten mit Hitlerdeutschland im Krieg. Die 8. Luftflotte hatte über eineinhalb Jahre von England aus operiert. Es war an der Zeit, daß Hitlers Hauptstadt die Bomben der Achten zu spüren bekam und den schreckerregenden Anblick amerikanischer viermotoriger Bomber kennenlernte, wie sie ihre tödliche Last über Deutschlands größter Stadt im hellen Licht des Tages abluden – über der Stadt, der Hermann Göring versprochen hatte, daß so etwas nie passieren werde.

Die Aufgabe, Jagdschutz für die schweren Bomber auf diesen Strecken zu organisieren, war im März 1944 noch ziemlich schwierig. Es gab nur ein paar Langstreckenjäger. Die P-38 und P-47, die zur Verfügung standen, konnten nicht die ganze Strecke hin und zurück fliegen und sich dann auch noch über dem Zielgebiet mit den deutschen Jägern herumschlagen. So mußte also ein genauer Zeitplan aufgestellt werden, nach dem ein Teil der Jäger die Bomber auf eine bestimmte Entfernung begleitete, um dann durch andere Jagdverbände abgelöst zu werden. Es handelte sich also um eine Art Stafettensystem.

Die 56. Gruppe, die innerhalb der 8. Luftflotte die zweithöchste Zahl von Luftsiegen errang, flog während des ganzen Krieges die P-47 und wurde im März 1944 mit Thunderbolts ausgerüstet. Die 4. Gruppe – Rivale der 56. und am Schluß um Haaresbreite an der Spitze liegend – war gerade mit P-51 ausgestattet worden. Beide Gruppen gehörten zu den vielen Jagdverbänden, die Begleitschutzaufgaben bei den Bombenangriffen auf Berlin übernehmen mußten. Die Thunderbolts der 56. wurden dabei auf zwei Verbände aufgeteilt, die aus je 35 Jagdflugzeugen bestanden. Diese schlossen sich jeweils den Bomberverbänden an, wenn sie sich der deutschen Grenze näherten, und übernahmen dann von dort aus den weiteren Jagdschutz.

Zu dieser Zeit hielten die Deutschen die Niederlande und Frankreich noch besetzt. Jeder Pilot wußte, wenn er Begleitschutz übernahm und in feindlich besetztes Gebiet eindrang, daß er eine oder zwei Stunden später wieder über die Nordsee nach England zurückfliegen mußte. Wenn er wegen Betriebsstoffmangels in Frankreich, Holland oder Belgien notlanden mußte, dann hieß das, daß er in deutsche Gefangenschaft geriet. Die amerikanischen Jagdflieger machten sich aber nicht nur Gedanken wegen des Feindes. Jeder hatte seine Sorgen, ob der Treibstoff auch wirklich für die langen Strecken ausreichte. Das galt besonders für die Piloten der P-38 und P-47.

In der Nacht zum 5. März wurden die Piloten der 56. Gruppe alarmiert und erfuhren, daß am nächsten Morgen eine größere Operation bevorstand. Nachdem die Gruppe noch nicht über so viel Flugzeugführer verfügte, wie das später der Fall war, wußten die Jagdflieger der 56., daß die meisten von ihnen dabei sein würden. Mit dieser Kenntnis und einer guten Wettervorhersage gingen die Jagdflieger der Gruppe in Halesworth früh zu Bett. Anders als die Bomberbesatzungen erfuhren die meisten nicht vor dem kommenden Morgen, daß es nach Berlin ging.

Um 4.30 Uhr wurde Lieutenant Bob Johnson vom Dröhnen der schweren Bomber aus dem Schlaf geweckt. Er zog Uniformhemd und Uniformhose an, band sich einen Seidenschal um den Hals und schlüpfte in eine Lederjacke. Sorgfältig prüfte er das Messer, das er in seinem rechten Stiefel trug. Dann machte er sich in der Dunkelheit auf den Weg zum Speiseraum, der in einer Nissenhütte untergebracht war. Dort schnappte er sich ein paar Schnitten Brot, röstete sie an der Seite des eisernen Ofens im Mittelpunkt der Hütte und trank seinen Kaffee. Nach ein paar Minuten ging er zum Einsatzraum der 61. Staffel, wo die Piloten ihren vorgesehenen Platz innerhalb der Flugformation erfuhren und ihre Flugausrüstung überprüften. Sie wußten immer noch nicht, wohin es ging.

Ein Jeep brachte die Piloten der Staffel dann zur Gruppeneinsatzbesprechung, wo Antwort auf die offenen Fragen zu erwarten war. Die große Wandkarte war mit einem Vorhang abgedeckt. Die Flugzeugführer der drei Staffeln nahmen Platz, und der Ic-Offizier der Gruppe betrat das Podium und zog den Vorhang auf.

Das Band, das den Flugweg darstellte, erstreckte sich von England bis ... Berlin! Unter dem aufkommenden Geflüster machte der Ic Angaben über Flakabwehr und vermutlichen Feindwiderstand auf der Einsatzstrecke sowie über mögliche Fluchtwege und -verfahren. Dann folgte der Wetteroffizier. Er erklärte die Wetterbedingungen, die die Piloten in den verschiedenen Höhen nach Deutschland und zurück vorfinden würden.

Von der 56. Gruppe sollten die 61., 62. und 63. Staffel an diesem Einsatz teilnehmen. Der Staffelkapitän der 61. (Johnsons Staffel) war Francis S. Gabreski. Johnson war einer der Flight Leader der 61., er sollte aus dem Krieg in Europa hinter Gabreski als Jagdflieger mit der zweithöchsten Zahl von Abschüssen hervorgehen. Die 61. war damals eine der besten Staffeln.

Der Gruppenkommandeur Zemke beendete die Einsatzbesprechung. Er gab bekannt, daß sich die 56. in zwei Verbände teilen werde. Er selbst werde die Gruppe A führen, Johnson die Gruppe B. Der Ia der Jagdgruppe, Lieutenant Colonel Dave Schilling – später der viertbeste amerikanische Jagdflieger in Europa –, war wie Gabreski nicht zu diesem Einsatz eingeteilt.

Johnson hatte also die Führung von 35 P-47. Der Start wurde für 10.32 Uhr festgesetzt. Falls die Gruppe während der Begleitjagd auf keinen Widerstand der Luftwaffe stoßen sollte, so lag ihre Aufgabe auf dem Heimweg darin, geeignete Bodenziele aus niedriger Höhe im Tiefangriff zu bekämpfen. Nach den abschließenden Worten von Zemke ergab sich dann ein Hin und Her darüber, ob der Trip zu kurz oder zu lang sei, und nach einem letzten Blick auf die Karte endete die Einsatzbesprechung. Die Piloten und Offiziere der 61. kletterten in ihre Jeeps und fuhren zurück zum Staffelgebäude.

Johnson faßte sich kurz bei der Einweisung der Staffel. Er bestätigte lediglich den Einsatzbefehl, gab ein paar allgemeine Anordnungen über Gefechtsformationen und kündigte Startbereitschaft an.

Die Piloten gingen zu ihren Spinden und holten Fallschirm, Schwimmweste und Helm. Johnson nahm einen Handschuh mit – für seine linke Hand, die die meiste Zeit während des Fluges auf dem metallenen Gashebel liegen würde. Im März herrschten über England und Deutschland in Höhen über 6000 m meistens Temperaturen unter Null, und wenn auch das Cockpit teilweise geheizt war, so wurde es doch in größeren Flughöhen recht kühl.

Die Piloten saßen herum, während der Morgen langsam dahinging. Ein paar Minuten nach 10 Uhr wünschte Johnson seinen Leuten Glück. Dann gingen sie zu ihren Maschinen. Kurz darauf kletterte er auf die Tragfläche einer bulligen Thunderbolt mit roter Nase, die die Worte »All Hell« auf ihrer Seite trug. Bevor der Tag zu Ende ging, sollten Keyworth Red Leader – das war Johnsons Codename – und »All Hell« eine Erfahrung hinter sich gebracht haben, die dem Namen des Flugzeugs gerecht wurde.

Kurz vor 10.32 Uhr sprang der Motor an, und die bullige Thunderbolt rollte – einen 350-Liter-Zusatztank unter dem Bauch – auf das Ende des schwarzen Runway zu, von dem die 61. Gruppe starten sollte. Die anderen Flugzeuge der Gruppe B ordneten sich hinter Keyworth Red Leader ein und folgten ihm. Jeweils die Hälfte der Jäger war nun an den Enden der beiden Runways von Halesworth in Startposition aufgestellt. Um 10.32 Uhr donnerten Keyworth Red Leader und sein Rottenflieger den Runway hinunter. Sobald sie den Punkt passiert hatten, wo sich die beiden Runways kreuzten, begannen zwei Jagdflugzeuge auf dem anderen Runway zu starten. Nach ein paar Minuten waren alle 35 P-47 gut abgekommen, legten sich in eine weite Linkskurve und gingen nun auf Kurs, fast genau nach Osten. Colonel Zemkes 35 Jäger – der Rest der 56. Gruppe – waren nur eine kurze Entfernung voraus.

Die wenigen Wolken, die über England lagen, waren bald im flachen Steigflug überflogen. Um Treibstoff zu sparen, liefen die Motoren nur mit 1800 U/min. Johnson sah sich um. Seine P-47 flogen in sauberer Formation, eng hinter ihm aufgeschlossen. Er führte drei Jagdstaffeln, die mit je 12 Flugzeugen nicht die volle Kampfstärke hatten. Normalerweise flog eine Staffel mit 16 Flugzeugen.

Mit etwas mehr als 240 km/h ließ die Gruppe die englische Landschaft im flachen Steigflug rasch hinter sich. Die Thunderbolts dröhnten nach oben ... hinaus über die Nordsee, der holländischen Küste entgegen. Die Höhenmesser zeigten einen stetigen Höhengewinn an ... 6000, 7000, 8000 Fuß. Die Ladepumpen wurden eingeschaltet. Der Sprit kam aus dem Zusatztank, um diesen Treibstoff zuerst aufzubrauchen, denn die Zusatztanks mußten im Falle eines Luftkampfes schnell abgeworfen werden.

Der Höhenmesser zeigt 10 000, 11 000, 12 000 Fuß. Unten ist nur die weite Wasserfläche zu sehen. Die Nordsee erstreckt sich in diesen Breiten auf fast 200 km. Sie ist ein kaltes Bad für den Piloten, der hier auf dem Hinweg oder auf dem Rückweg runter muß. Die Jagdflugzeuge mit den dicken Nasen ihrer Sternmotore ziehen weiter aufwärts in den Himmel ... Die Piloten überprüfen ihre Waffenschalter ... Sie beginnen nach den Umrissen der holländischen Küste zu suchen. Die Nadel des Höhenmessers wandert auf 15 000, 16 000, 17 000 Fuß. Die Küste kann nicht mehr weit entfernt sein. Johnson befiehlt seinen drei Staffeln, auf Kampfformation auszuschwärmen.

Die Tunderbolts formieren sich fast zur Linie und steigen weiter. Die Höhe erreicht 23 000, 24 000, 25 000 Fuß. Jetzt kommt die holländische Küste in Sicht. Jeder Pilot schaltet das Reflexvisier ein. Der gelbleuchtende Kreis erscheint im Visier. Höhe ist 27 000 Fuß.

Die Gruppe überfliegt die Küste. Die Landschaft unten kann man wegen leichten Nebels nur verschwommen erkennen, aber der Himmel ist wolkenlos. Die Gruppe überfliegt die Insel Walcheren und ist dann über der Zuidersee. Voraus kommen jetzt die führenden Bomberpulks in Sicht, Gruppen von kleinen Pünktchen, mehr als 30 Bomber pro Pulk, B-17 »Fliegende Festungen«. Johnson fliegt mit der Gruppe auf die »dicken Freunde« zu. Von den drei Jagdstaffeln fliegt nun die 63. vorne, Johnsons 61. liegt etwas zurück, und die 62. unter Lieutenant Mike Quirk bildet den Abschluß.

Die Punkte vorne werden größer. Während die Jäger zu den Bomberpulks aufschließen, teilen sich die Staffeln und kurven um die schweren Bomber in Position. Ein Staffelführer hält seine P-47 direkt über den Bombern. Johnson kurvt nach links und setzt sich seitlich, Quirk übernimmt den Schutz der rechten Flanke. Sie bleiben mehr als tausend Meter von ihren dicken Freunden weg und beginnen große S-Kurven zu fliegen, um die langsameren Bomber nicht zu verlieren.

Die Spitze der fliegenden Armada zieht in 25 000 Fuß Höhe über den holländischen Himmel – eine Jagdstaffel fliegt darüber. Für kurze Zeit dröhnt die Prozession landeinwärts. Dann erreicht sie die Gegend von Zwolle. Schwere Flakwolken erscheinen am Himmel. Die Jäger manövrieren sich in Sicherheit – aber die Kanonen unten zielen auf die Bomber, die die gefährliche Ladung nach Berlin tragen.

Eine Gruppe unidentifizierter Pünktchen voraus ... die Piloten sind gespannt. Die Silhouetten bleiben klein – Jagdflugzeuge. Die 56. bereitet sich auf den Kampf vor. Die Pünktchen kommen weiter entgegen ... auf Höhe der 56. Während sie anfliegen, geht Johnson in eine leichte Linkskurve, um sie von vorne anzugreifen. Sie kommen näher und näher ... jetzt kann man die plumpen Nasen erkennen ... sie fliegen direkt in die Formation der 56. hinein! Im letzten Augenblick, als es den Piloten schon in den Abzugsfingern juckt, ruft jemand die Identifizierung durch. Es sind P-47. Sie fliegen direkt durch die 56. hindurch. Es ist eine neue Gruppe. Eine gefährliche Situation ... aber die unerfahrenen Piloten schaffen es ... sie zischen vorbei und nach hinten weg ... niemand slipt und feuert auf die eigenen Kameraden. Für ein paar Minuten geht der Flug nun ereignislos weiter. Dann kann man Jagdflugzeuge in einiger Entfernung seitwärts erkennen. Wieder wächst die Spannung bei den Begleitjägern. Die anderen kommen näher, noch näher ...

Dicke Nasen! FW 190 oder P-47? Sie kommen heran ... jetzt sind sie beinahe auf der 56. drauf. »Die gleichen Dussel«, ruft jemand über Funk ... und wieder hält das Wolfsrudel die Waffen stumm und flucht. Der Flug geht ordnungsmäßig weiter. Der Himmel ist klar. Die Bomber ziehen keine Kondensstreifen hinter sich her.

Dann liegt die deutsche Grenze vor ihnen. In diesem Augenblick scheren die P-47 des Lieutenant Quirk scharf aus. Sie schwingen ab ... Johnson blickt genau hin, kann aber nichts erkennen. Er hält Position. Quirks Jäger verschwinden schnell nach unten. Dann hört Johnson über Funk die Stimmen von Quirks Leuten ... sie sind in eine Kurbelei verwickelt! Ein Me-109-Verband wollte von unten angreifen. Sie haben den Feind von oben angesprungen und befinden sich in einer wüsten Schießerei. Quirk schätzt die Stärke der feindlichen Jäger auf 30 Flugzeuge.

Johnson fragt nach dem genauen Ort des Luftkampfes. Keine Antwort. Er ruft erneut und hofft, auch in den Kampf eingreifen zu können. Quirk ist zu sehr mit sich selbst beschäftigt ... und vielleicht will die 62. die »Banditen« für sich alleine haben. Johnson zieht nach links, um weitersuchen zu können. Die andere Staffel kurvt nach rechts, in südliche Richtung – aus demselben Grund. Aber keiner von beiden kann die feindlichen Jäger finden. Johnson kurvt nun wieder auf die Bomber zurück, während sie sich dem Dümmersee nähern – einer unverfehlbaren Landmarke auf dem Weg nach Berlin. Die andere Staffel ist immer noch im Süden, deshalb fliegt Johnson dicht an die Bomber heran und übernimmt die Höhendeckung. Als er die Spitze erreicht hat, geht er in eine Linkskurve. Die drei Bomberpulks fliegen majestätisch weiter – Dutzende von fliegenden Festungen fliegen jeweils in engem Verband.

Die dicke Nase der »All Hell« dreht auf Nordrichtung ein ... voraus macht Johnson verdächtige Pünktchen aus. Es ist 11.40 Uhr. Die anderen nähern sich auf südlichem Kurs. Johnson beobachtet, wie sie herankommen. Das müssen die gleichen P-47 sein, die schon zweimal durch die 56. Gruppe hindurchgeflogen sind. Über FT wendet er sich an die sieben Flugzeuge hinter ihm: »Paßt auf die Affen da vorne auf!« Zur selben Zeit merkt er jedoch, daß die anfliegenden Jäger keine P-47 sind. Banditen! Er schreit ins Mikrofon: »Zum Teufel, das sind Focke-Wulf!« Die Thunderbolts werfen die Zusatztanks ab, fächern weiter auseinander und drehen in Position, um die deutschen Jäger anzufallen. Die Deutschen zielen auf den führenden Bomberpulk. Johnson ist so nahe bei den Bombern, daß er keine Chance hat, die Jäger zu stoppen, vor sie an ihr Ziel herankommen.

Der Haufen kommt schnell – FW 190 und Me 109, klar erkennbar. Johnson stimmt sein Manöver sekundengenau ab. Sobald die Deutschen in seine Nähe kommen, geht er in eine scharfe Rechtskurve, um sich dicht hinter sie zu setzen. Die Maschinen fliegen mit Vollgas. Die Jäger nähern sich einander mit etwa 1000 km/h. In Sekundenschnelle sind die deutschen Jäger an den Thunderbolts vorbei und bohren sich in den führenden Bomberpulk. Johnson geht in eine steile Rechtskurve und sitzt den »Banditen« unmittelbar im Genick, die aber die amerikanischen Jäger ignorieren und die Bomber angreifen. Jetzt machen sich die dicken Freunde auf den Schock des Angriffs gefaßt. Die Waffen jeder einzelnen fliegenden Festung sind auf die deutschen Jäger gerichtet, während in den Kopfhörern ein wildes Durcheinander von Warnrufen anhebt.

Zwischen den deutschen und den amerikanischen Jägern ist so wenig Abstand, daß die Bordschützen in den Bombern unmöglich zwischen Freund und Feind unterscheiden können. Johnson beobachtet, wie der Gegner vor ihm in Schußentfernung kommt ... er holt schnell auf. Zu seiner Linken erkennt er jetzt einen anderen Jagdverband. Im Bruchteil einer Sekunde erfassen seine Augen einen dritten Verband hoch über ihm. Jede dieser feindlichen Formationen besteht aus 30 bis 40 Jägern!

Johnsons Thunderbolts stellen alles dar, was im Augenblick zum Schutz der Bomber zur Verfügung steht. Sie verfolgen den vor ihnen liegenden feindlichen Verband. Aber die Deutschen sind schon an den Bombern dran. Am Himmel blitzt es auf. Feindliche 2-cm-Kanonen jagen weiße Leuchtspurgarben in die Bomberformation. Raketen ziehen eine Zickzack-Rauchfahne hinter sich her, während sie auf die schweren Bomber zuzischen. Die B-17, zehn 2-cm-Kanonen pro Bomber, eröffnen das Feuer aus allen Rohren. Die Deutschen fliegen genau hinein. Die Thunderbolts folgen ... es ist jetzt sowieso zu spät zum Abdrehen. Die Bomber schießen auf Freund und Feind. Jetzt eröffnen die P-47 das Feuer auf die Deutschen vor ihnen. 2-cm-Kanonen, Maschinengewehre und Raketen verpesten die Luft. Die Jäger schießen durch den Bomberverband, über die Flugzeuge, darunter durch oder daneben vorbei, wie es gerade kommt.

Fallschirme beginnen sich an vielen Stellen des Himmels zu öffnen. Es geht alles so schnell, ist so tödlich, daß man es kaum begreifen kann. Die anderen beiden deutschen Jagdverbände haben den zweiten und dritten Bomberpulk aufs Korn genommen ... und schießen nun aus allen Rohren ohne Behinderung durch Abwehrjäger. Die 61. Staffel rauscht dicht hinter den feindlichen Jägern durch die eigenen Bomber hindurch nach unten, bleibt dran und schießt, was das Zeug hält. Johnson sieht eine Menge Fallschirme. Eine B-17 ist in der Mitte auseinandergebrochen ... das Heck fällt in eine Richtung, der Rest des Rumpfes und die Tragflächen in die andere. Vor Sekunden waren die zehn Männer in der fliegenden Festung noch heil und gesund. Andere B-17 scheren aus dem führenden Pulk aus und ziehen, angeschossen, eine Rauchfahne hinter sich her. Einige stürzen in schwarzen Rauch eingehüllt nach unten. Fast hundert Fallschirme füllen den Himmel!

Ein paar deutsche Jäger rammen die großen Bomber. In einem großen Feuerball stürzen die Flugzeuge ab. Es ist eine wilde Begegnung. Johnson kommt 600 Meter an vier FW 190 heran.

Er haut den Gashebel vollends nach vorne und kommt aus Richtung 5 Uhr. Bis jetzt hat er noch keinen Abschuß erzielt. Aber Flugzeuge fallen rings um ihn herum vom Himmel.

Republic P-47 N Thunderbolt. Langstrecken-Version für den Einsatz gegen Japan.

Eine Me 109 vor einer viermotorigen FW 220 „Condor", bei Salzburg von Amerikanern erbeutet.

Anläßlich des Erscheinens von „Jagdflieger – Die großen Gegner von einst" trafen in Bad Godesberg zusammen (von links nach rechts): Der Autor, Edward H. Sims (USA), General Steinhoff (Deutschland), Oberstleutnant Robert R. Stanford-Tuck (England), General Adolf Galland (Deutschland) und Oberst Erich Hartmann (Deutschland).

Die FW 190 kommen in Schußentfernung, Johnson fliegt mit höchster Leistung. Er beobachtet die vier 190 genau – sie sind sehr schnell, fliegen in zwei Rotten – sind etwas links voraus. Er blickt durch das Visier – eine der Maschinen füllt den Kreis beinahe aus.

Gerade als »All Hell« heran ist, bemerken die Deutschen die Gefahr in ihrem Rücken. Die vier FW 190 ziehen in Paaren scharf hoch. Aber Johnson eröffnet das Feuer. Die Thunderbolt rattert und schüttelt ... und die 190 vor ihm steckt Treffer ein.

Johnson nimmt den Knüppel zurück und hängt sich hinter den steigenden Feind. »All Hell« spuckt Leuchtspur und Granaten aus, die in den grauschwarzen feindlichen Jägern fetzen. Johnsons Feuer liegt genau und richtet tödlichen Schaden an.

Der Motor der Feindmaschine ist getroffen ... der Propeller scheint sich langsamer zu drehen. Einzelne Trümmerstücke fliegen nach hinten weg. Dann bewegt sich etwas an der Maschine ... der gegnerische Pilot springt aus dem Cockpit. Er fällt schnell. Ein Fallschirm öffnet sich unten. Die FW 190 stürzt der Erde zu.

Feindliche Jäger sind jetzt über die ganze Gegend verstreut, sie fliegen einzeln, in Paaren und in größeren Gruppen. Johnson, von Siegesgefühl erfüllt, erkennt einen alleinfliegenden »Banditen« und kurvt scharf, um sich hinter ihn zu setzen. Er blickt zurück, um nach seinem Rottenflieger – einem neuen Piloten – zu sehen und erschrickt, als er einen Deutschen direkt hinter dessen Leitwerk sieht. Er bricht seinen eigenen Angriff ab und dreht. Jetzt füllen etwa 30 abstürzende Flugzeuge den Himmel.

Und wieder sieht er ein Ziel vor sich. Er manövriert sich in Schußposition, aber er erinnert sich noch rechtzeitig, nach seinem Rottenflieger zu schauen. Hinter diesem hängt ein anderer deutscher Jäger. Zum zweitenmal bricht Johnson seinen Angriff ab und kurvt scharf, um hinter den neuen Feind zu kommen.

In all seinen bisherigen Kämpfen hat er noch nie seinen Rottenflieger verloren. Der »Bandit« dreht ab, als ihm Johnson von hinten zu nahe kommt.

Die Szene über ihm ist ein Tollhaus. Brennende Flugzeuge und Hunderte von Fallschirmen decken jede Ecke des Himmels. Johnson bemerkt, wie ein anderer Jäger hinter seinem Rottenflieger einkurvt, und – das ist nun schon fast Gewohnheit geworden – stellt seinen Thunderbolt auf die Fläche und dreht auf diesen Gegner ein. Es gelingt ihm zum drittenmal, ihn abzuschütteln. Es ist ein eigenartiger Kampf. Bis jetzt hätte er schon einige Luftsiege erringen

können, wenn er sich nicht um seinen Rottenflieger gekümmert hätte.
Über sich sieht Johnson zwei FW 190, die auf irgend ein Ziel schießen. Er nimmt den Knüppel zurück, und »All Hell« steigt in steilem Winkel auf die beiden feindlichen Jäger zu. Auf äußerste Entfernung eröffnet Johnson das Feuer. Die Leuchtspur macht die beiden auf ihn aufmerksam. Sie drücken auf die steigende P-47 an. Nur Johnson und sein Rottenflieger sind noch beisammen. Die anderen P-47 der 61. Staffel sind über den ganzen Himmel verstreut.

Die beiden deutschen Jäger werden größer und größer und nähern sich mit unheimlicher Geschwindigkeit. Johnson sieht das Mündungsfeuer ihrer Kanonen aufblitzen. Er schießt auch, kann aber keine Treffer erkennen. Im Herankommen drehen die Deutschen nach rechts ab und stürzen weiter. Johnson drückt den Knüppel nach vorn, stellt sich auf das rechte Pedal und jagt ihnen nach. Für einen Augenblick ziehen die FW 190 mit ihrer größeren Sturzgeschwindigkeit davon, aber dann holen die zwei schwereren P-47 auf.

Jetzt sind die vier Jagdflugzeuge nur noch 1000 Meter über dem Boden. Sie setzen den Sturzflug fort ... in Richtung auf Hannover, das ganz in der Nähe liegt. Die Entfernung wird kürzer. Die Geschwindigkeit wächst rasch ... 520, 560, 600, 650, 720 km/h. Die beiden Thunderbolts holen auf. Die deutschen Piloten merken, daß Gefahr von hinten droht. Ohne Warnung drehen sie plötzlich in entgegengesetzten Richtungen auseinander ... der deutsche Rottenflieger kurvt scharf nach rechts. Johnson muß zwischen zwei verschiedenen Zielen die Wahl treffen. Er und sein Rottenflieger bleiben hinter dem feindlichen Führer, der andere deutsche Jäger entkommt.

Jetzt ist Johnson beinahe auf Schußentfernung heran. Die FW 190 fängt ab und versucht einen alten Trick. Plötzlich verschwindet die dunkle Auspuffwolke, die er bisher hinter sich hergezogen hat. Johnsons linke Hand schnappt nach dem Gashebel, zieht ihn zurück. Sein Gegner hat das Gas weggenommen, um die Thunderbolt über sich wegschießen zu lassen und damit vor seine Kanonen zu bekommen. »All Hell« wird langsamer ... schiebt sich aber immer noch auf das feindliche Flugzeug zu ... gerade richtig. Nun stellt der Pilot der FW 190 seine Maschine auf die Fläche und geht in eine Steilkurve. Johnson kurvt dicht hinter ihm, schneidet ihm den Weg ab, paßt auf, daß er nicht zu schnell wird, um noch hinter dem Feind zu bleiben, was der Deutsche nicht voraussehen kann. Damit kommt Johnson auf Schußentfernung. Er drückt den Abzugsknopf. Seine

8 Waffen rattern los und schütteln »All Hell«. Leuchtspur zeichnet einen Weg auf den deutschen Jäger. Johnson nimmt den Knüppel an den Bauch und sieht, wie die Silhouette des feindlichen Tiefdeckers vom Leitwerk bis zum Motor durch den Kreis seines Reflexvisiers hindurchwandert ... ein Beweis, daß er jetzt seinen Feind auskurvt. Seine Garbe wandert genauso vom Leitwerk der FW 190 bis zum Motor. Für eine Sekunde oder zwei hauen die Treffer auf kurze Entfernung in das deutsche Flugzeug. Johnson rammt sein Opfer beinahe, kurvt nach rechts und zieht nach oben, um seinen zweiten Anflug zu machen. Beim erstenmal war er schon in Bodennähe, aber jetzt drückt Johnson noch einmal an und »All Hell« jagt hinter dem fliehenden Deutschen her. Diesesmal ist es eine kurze Jagd. Der angeschossene deutsche Jäger kommt nicht mehr auf Höchstgeschwindigkeit. Die Thunderbolt holt ihn im Sturzflug ein, kommt durch die Rauchfahne hindurch und kann jetzt überhaupt nicht mehr vorbeischießen. Die Tragflächen des deutschen Jagdflugzeugs füllen den orangegelben Ring im Visier genau aus. Johnson schießt. Die Garbe liegt im Ziel. Die 190 geht getroffen nach unten.

Dann sieht Johnson eine andere FW 190 hinter seinem Rottenflieger. Er nimmt den Knüppel heran, dreht auf diesen neuen Feind ein und jagt ihn davon.

Er ist jetzt zu tief, als daß es ihm dabei wohl sein könnte, und er beginnt nun den langen Steigflug, um wieder auf Höhe zu kommen. Sein Rottenflieger hält Position. Johnson fragt sich, ob die 190 auf dem Boden aufgeschlagen ist. Wieder hat er im kritischen Moment bei der Entlastung seines Kameraden seinen Feind aus der Sicht verloren. Er kann nur einen wahrscheinlichen Abschuß beanspruchen!

Die beiden Thunderbolts steigen durch den klaren Himmel stetig nach oben. Johnson sucht nach den Bombern und versucht sich ein Bild zu machen, was inzwischen vorgefallen sein mag. Er sieht nichts. Der Höhenmesser zeigt einen gleichmäßigen Höhengewinn und bald sind die beiden Jäger wieder auf 15 000, 16 000, 17 000 Fuß. Immer noch im Steigflug macht Johnson »Banditen« aus, hoch oben in Richtung 2 Uhr. Ungefähr sechs Jagdflugzeuge. FW 190 und Me 109 schießen auf eine einsame B-17. Johnson dreht die Nase der »All Hell« auf die deutschen Jäger und steigt weiter. Sein Rottenflieger folgt ihm dicht aufgeschlossen. Vollgas.

Die Entfernung verringert sich schnell. Johnson wartet darauf, daß er schießen kann, er kommt von hinten heran. Jetzt ist er beinahe auf gleicher Höhe und legt den Finger auf den Auslöseknopf. Er bringt einen der Gegner in sein Visier. Feuer! Wieder schütteln die Waffen sein Flugzeug. Die Deutschen schwingen scharf nach links ab. Johnson rollt nach rechts und startet hinterher in einem weiteren Sturzflug. Er folgt zwei Me 109.

Die 109 sind im Anfang des Sturzes schneller als die beiden P-47 und ziehen davon. Johnson behält sie in Sicht und holt nun mit Vollgas Geschwindigkeit auf. Aber er weiß, daß er nicht mehr lange bei diesem Spritverbrauch über Deutschland bleiben kann, der Motor säuft das Zeug unheimlich schnell weg. Er hat sich jetzt ziemlich lang mit deutschen Jägern herumgeschlagen und hat nicht mehr allzu viel im Tank.

Aber langsam kommt er heran und entschließt sich, noch eine Weile hinter der einen Me 109 zu bleiben. Die Silhouette des gegnerischen Flugzeugs wächst in seinem Visier. Sein Vogel beschleunigt unheimlich in diesem Sturzflug. Tiefer und tiefer geht es, jetzt sind sie beinahe schon wieder im Parterre angelangt. Johnson ist fast auf Schußentfernung heran. Aber da erkennt er zwei andere »Banditen« im Anflug, gerade als er abfangen will, um hinter seinem Ziel zu bleiben.

Noch ist die Entfernung groß, aber Johnson hat es jetzt eilig. Er eröffnet das Feuer mit seinen 8-Flächen-MGs. Leuchtspur zeigt die Lage der Garbe. Aber er muß die Begegnung abbrechen. Die deutschen Jäger, die zur Rettung ihres Kameraden eingreifen, sitzen ihm fast schon im Nacken. Johnson dreht ab in ihre Richtung. Sie fliegen aneinander vorbei – alles geht sehr schnell bei dieser hohen Geschwindigkeit. Aber Johnson setzt ihnen nicht nach. Er kann sich nicht erinnern, jemals so viele Angriffe eingeleitet zu haben, nur um sie dann kurz vor dem entscheidenden Sieg wieder abbrechen zu müssen. Heute ist der Himmel voll von Deutschen. Er muß aber ohne Verzug nach Hause.

Ein Blick auf die feindlichen Jäger zeigt ihm, daß sie nach Osten abdrehen ... Sie haben sich entschieden, daß sie an einem anderen Tag auch noch kämpfen können. Johnson ist erleichtert. Er hat kaum mehr Munition, aber sein Hauptproblem liegt darin, wieviel Sprit er noch hat. Die Nordsee liegt vor ihm, und die sieht sehr groß aus, wenn man sie mit fast leerem Tank überfliegen soll. Im Steigen sieht er wieder vier P-47, nicht weit weg, mit Westkurs. Er nimmt Funksprechverbindung auf und erfährt: sie sind Keyworth Red Leaders 2. Schwarm. Auch sie haben einiges mitgemacht. Die sechs P-47 fliegen nun zusammen in Richtung England. Johnson befiehlt jedem Piloten, das Gas zurück zu nehmen und mit sparsamstem Spritverbrauch weiter zu fliegen. Eine der P-47 ist schwer angeschossen. Während sie mit Westkurs weiterfliegen, meldet der Pilot, daß er es nicht schafft. Sein Motor hat Treffer bekommen und frißt sich fest. Johnson befiehlt ihm, auf 18 000 Fuß auszusteigen. Aber der Pilot, Lieutenant Andrew B. Strauss, erwidert, daß es in dieser Höhe zu kalt ist. Er will runter auf 5000 Fuß. Die anderen Piloten beobachten in kameradschaftlichem Mitgefühl und begleiten ihn nach unten. Strauss nimmt die Nase seiner P-47 zum letztenmal in Richtung Erdgeschoß und verliert schnell an Höhe. Dann hören sie ihn – auf 6000 Fuß Höhe: »Tschüß, meine Herrschaften. Ich schalte ab, rolle auf den Rücken und lasse mich halt rausfallen.« Und das tut er.

Sein Fallschirm öffnet sich, die P-47 trudelt nach unten. Sein Körper schwingt wie ein Pendel hin und her. Strauss kann die Bewegung nicht unter Kontrolle bringen. Er nähert sich dem Erdboden, immer noch hin- und herpendelnd, schlägt mit dem Nacken und dem Kopf hart auf. Seine Kameraden kreisen über ihm und beobachten in der Hoffnung, daß er aufstehen kann. Er steht auf, reibt sich den Kopf und sieht nach oben. Er sieht seine Freunde, dort wo er vor Minuten noch war, und weiß, daß sie bald zu Hause in Halesworth sein werden. Dann steckt er die Hände in die Hosentaschen und marschiert langsam weg von dem Punkt, wo er gelandet ist.

Der Rest der 61. Staffel setzt den Flug nach Hause fort. Johnson nimmt Richtung auf England. Die anderen folgen. Der Himmel ist frei von deutschen Jägern. Johnsons Thunderbolts klettern wieder auf sichere Flughöhe und überqueren die Grenze nach Holland. Voraus sehen sie eine angeschossene B-17 und sorgen für willkommenen Begleitschutz. Johnson macht sich Gedanken darüber, wieviele andere es soweit schaffen. Bald sind sie an der Nordsee.

Während dieses letzten Teils ihres Fluges beobachten die Piloten der 61. Staffel sorgsam die Betriebsstoffanzeige, sie schaffen die Nordsee und fliegen über die Küste nach England ein. 15 Minuten später landen die dicken P-47 in Halesworth. Während sie Höhe verlieren und zur Landung hereinkommen, wirft Johnson einen Blick auf die Borduhr. Es ist 13.51 Uhr, immer noch früh am Tag – das Wolfsrudel war tief über Deutschland, geriet zwischen vier große feindliche Jagdverbände und ist wieder zurück.

Kurz nachdem sie gelandet und auf die Abstellplätze gerollt sind, haben Johnson und seine Piloten die Fragen des Ic zu beantworten.

Sie stimmen darin überein, daß die Luftwaffe auf die drei ersten Bomberpulks alle verfügbaren Kräfte geworfen hat – das sind mehr deutsche Jagdflugzeuge gewesen, als die meisten von ihnen bisher zu Gesicht bekamen, mehr als mancher von ihnen jemals wieder sehen sollte! Dementsprechend waren die amerikanischen Verluste auch schwer genug.

Obwohl Berlin mit Erfolg bombardiert wurde, verlor die 8. Luftflotte an diesem Tag 69 Bomber (690 Mann), und 11 Jagdflugzeuge – das war verhältnismäßig wenig – bei ihrem ersten Tagesangriff auf Berlin. Die 56. Staffel hatte ausgerechnet den Begleitschutz für die Bomber, die sich die Deutschen für ihren Angriff ausgewählt hatten. Einige der anderen Bomberpulks kamen nahezu ungerupft davon, und einige Jagdgruppen haben überhaupt nichts von den Luftkämpfen mitbekommen. Johnson hatte wenig Grund gehabt, sich Gedanken zu machen oder auf Quirk neidisch zu sein, als dieser einen Me-109-Verband erkannte und auf ihn zustürzte, obwohl er in diesem Augenblick gefürchtet hatte, Quirk könne der einzige sein, der an diesem Tag etwas zu tun bekommt. Was er jetzt hinter sich hatte, war weit über die Kurbelei hinausgegangen, in die Quirk verwickelt war.

Johnson und die 8. Luftflotte haben aus der Erfahrung dieses Kampfes gelernt, in dem so viele Amerikaner innerhalb von Minuten in den führenden Bomberpulks ihr Leben verloren. Diese Erfahrung führte zu dem Schluß, daß amerikanische Jagdflieger sich weiter von den Bombern absetzen mußten, wenn sie rechtzeitig feindliche Bomber abwehren wollten. Johnson machte den Vorschlag, mit den Jägern der 56. Staffel in Zukunft diese Abwehrtaktik anzuwenden. (Schließlich hat das Fighter Command dann diese Taktik für alle Jagdgruppen angeordnet.)

Am 15. März, bei einem anderen massierten Bombenangriff, wurde die neue Taktik erprobt. Die Begleitjäger flogen weit voraus bzw. in einiger Entfernung seitlich von den Bombern. Dieser Versuch war von Erfolg gekrönt. Obwohl nicht jeder Angriff auf diese Weise abgewehrt werden konnte, blieben die Verluste verhältnismäßig gering, und die Piloten stimmten darin überein, daß sich das System auszahlte. Die deutschen Jäger wurden bei mehreren Gelegenheiten von den amerikanischen Jägern abgefangen, bevor sie ihre massierten Angriffe organisieren konnten, und die meisten von ihnen wurden abgedrängt, bevor sie noch zum ersten Anflug auf einen Bomber kamen.

So erwies sich der erste große Tagesangriff auf die Reichshauptstadt, der in einen der bittersten Luftkämpfe ausartete, die jemals am Himmel über Deutschland ausgekämpft wurden, in mehrfacher Hinsicht als bedeutsam. Für Johnson war er einer der letzten Einsätze. Am 8. Mai beendete er die 2. Verlängerung seiner Einsatztour und wurde kurz darauf nach Hause geschickt.

Genau am Tage der alliierten Invasion in der Normandie kehrte er in die Vereinigten Staaten zurück. Dort ging er auf Tournee und half Regierungsanleihen verkaufen – er flog dabei in einer P-47 durch das ganze Land. Er wurde von einem anderen großen Jagdflieger, einem P-38-Piloten aus dem Pazifik, begleitet: Richard I. Bong, der zu dieser Zeit 27 bestätigte Luftsiege errungen hatte.

Nach dieser Tour mit Johnson gelang es Bong, wieder an die Front zu kommen, wo er 13 weitere Feindflugzeuge bis zum Ende des Krieges abgeschossen hat. Das ergab eine Gesamtsumme von 40 Luftsiegen, die höchste Zahl, die ein amerikanischer Jagdflieger überhaupt erreicht hat. Um die Zeit seiner Tour mit Bong war Johnson mit seinen 28 bestätigten Abschüssen der beste amerikanische Jagdflieger auf dem europäischen Kriegsschauplatz.

Für seinen tapferen Versuch, trotz feindlicher Übermacht den feindlichen Jägerangriff auf die Bomber am 6. März 1944 abzuwehren, und für den Abschuß eines feindlichen Jagdflugzeugs (und wahrscheinlich eines zweiten), für Angriffsgeist, vorbildliche Führerschaft und Mut im Kampf erhielt Johnson das Distinguished Service Cross. Seine Gruppe hatte bei diesem Angriff sieben deutsche Jäger bei nur einem eigenen Verlust abgeschossen. Als er aus der Front abgezogen wurde, trug er zusätzlich zu den britischen und französischen Auszeichnungen, das D.S.C., das Distinguished Flying Cross mit 8 Pfeilbündeln, den Silver Star, das Purple Heart, die Air Medal mit 4 Pfeilbündeln und andere Medaillen. Seine Einheit war mit der Nennung durch den Präsidenten ausgezeichnet worden.

Alle diese Ehren für einen jungen Mann, dem man mangelnde Schießleistungen vorgeworfen und den man auf die Schule für zweimotorige Flugzeuge geschickt hatte, weil er in der Schießausbildung durchgefallen war! All das für den Jungen, der im Alter von acht Jahren aus Begeisterung für die tollkühnen Vorführungen der »Drei Musketiere« sich entschlossen hatte, Jagdflieger zu werden – und der dann einer wurde.

ANHANG I

Luftsiege der Royal Air Force-Jagdflieger im zweiten Weltkrieg
(20 oder mehr Siege)[1]

Name	Nationalität	Siege	Kriegsschauplatz
Sqn. Ldr. M. T. St. J. Pattle[2]	Südafrikaner	41	Griechenland-Afrika
Gp.-C. J. E. Johnson	Engländer	38	Europa
Gp.—C. A. G. Malan	Südafrikaner	35	Europa
Sqn. Ldr. P. H. Clostermann	Franzose	33	Europa
Wg. Comdr. B. Finucane[2]	Ire	32	Europa
F.-L. G. F. Beurling[2]	Kanadier	31^1/$_2$	Malta - Europa
Wg. Comdr. J. R. D. Braham	Engländer	29	Europa (Nachtjäger)
Wg. Comdr. R. R. S. Tuck	Engländer	28.83	Mittelmeer - Europa
Gp.-P. C. C. R. Caldwell	Australier	28^1/$_2$	Mittelmeer - Australien
Wg. Comdr. C. R. Carey	Engländer	28	Europa - Burma
Sqn. Ldr. J. H. Lacey	Engländer	28	Europa - Burma
Wg. Comdr. C. F. Cray	Neuseeländer	27^1/$_2$	Europa - Mittelmeer
F.-L. E. S. Lock[2]	Engländer	26	Europa
Wg. Comdr. L. C. Wade[2]	Amerikaner	25	Mittelmeer
Wg. Comdr. B. Drake	Engländer	24^1/$_2$	Mittelmeer - Europa
Sqn. Ldr. W. Vale	Engländer	24	Griechenland
F.-L. G. Allard[2]	Engländer	23.83	Europa
Sqn. Ldr. J. J. Le Roux[2]	Südafrikaner	23^1/$_2$	Europa - Mittelmeer
Wg. Comdr. D. R. S. Bader	Engländer	23	Europa
Wg. Comdr. R. F. Boyd	Engländer	22^1/$_2$	Europa
Wg. Comdr. D. E. Kingaby	Engländer	22^1/$_2$	Europa
Wg. Comdr. H. M. Stephen	Engländer	22^1/$_2$	Europa
Wg. Comdr. M. N. Crossley	Engländer	22	Europa
Wg. Comdr. T. F. Dalton-Morgan	Engländer	22	Europa
Wg. Comdr. A. C. Deere	Neuseeländer	22	Europa
Wg. Comdr. P. H. Hugo	Südafrikaner	22	Europa - Mittelmeer
Wg. Comdr. E. D. Mackie	Neuseeländer	22	Europa - Mittelmeer
Wg. Comdr. M. M. Stephens	Engländer	22	Europa - Mittelmeer
Sqn. Ldr. V. C. Woodward	Kanadier	21.83	Griechenland-Afrika
Wg. Comdr. W. V. Crawford-Compton	Neuseeländer	21^1/$_2$	Europa
F.-L. R. B. Hesselyn	Neuseeländer	21^1/$_2$	Malta - Europa
Wg. Comdr. H. J. L. Hallowes	Engländer	21^1/$_3$	Europa
Wg. Comdr. B. A. Burbridge	Engländer	21	Europa (Nachtjäger)
Wg. Comdr. J. E. F. Demozay[2]	Franzose	21	Europa

[1] *Nach Bekanntgaben der RAF und halboffiziellen Zusammenstellungen.*
[2] *Gefallen.*

Name	Nationalität	Siege	Kriegsschauplatz
Gp.-C. G. K. Gilroy	Engländer	21	Europa - Mittelmeer
Sqn. Ldr. E. W. F. Hewett	Engländer	21	Mittelmeer
Sqn. Ldr. A. A. McKellar [2]	Engländer	21	Europa
Sqn. Ldr. H. W. McLeod [2]	Kanadier	21	Malta - Europa
Gp.-C. J. E. Rankin	Engländer	21	Europa
Wg. Comdr. R. H. Harries [2]	Engländer	$20^{1}/_{4}$	Europa
Gp.-Comdr. J. Cunningham	Engländer	20	Europa (Nachtjäger)
Gp.-Comdr. W. D. David	Engländer	20	Europa

Ebenso Wg. Comdr. W. Urbanowicz, Pole: 20 (17 mit RAF Europa, 3 mit USAAF) und Sgt. J. Frantisek [2], Tscheche: 28 (11 in Polen und Frankreich, 17 in Europa mit der RAF).

[2] *Gefallen.*

ANHANG II

Luftsiege[1] der USAAF-Jagdflieger[2] im zweiten Weltkrieg
(20 oder mehr Siege)[3]

Name	Siege	Kriegsschauplatz
Major Richard I. Bong[4]	40	Ferner Osten
Major Thomas B. McGuire[4]	38	Ferner Osten
Col. Francis S. Gabreski	31	Europa
Lt. Col. Robert S. Johnson	28	Europa
Col. Charles H. McDonald	27	Ferner Osten
Major George E. Preddy[4]	26	Europa
Col. John C. Meyer	24	Europa
Capt. Ray S. Whetmore	22¹/₂	Europa
Col. David C. Schilling[4]	22¹/₂	Europa
Lt. Col. Gerald R. Johnson[4]	22	Ferner Osten
Major Neel E. Kearby[4]	22	Ferner Osten
Lt. Col. Jay T. Robbins	22	Ferner Osten
Capt. Fred. J. Christensen	21¹/₂	Europa
Col. John C. Herbst [4/5]	21	China - Burma - Indien
Major John J. Voll	21	Mittelmeer
Lt. Col. Walker M. Mahurin	21	Europa
Lt. Col. Thomas J. Lynch	20	Ferner Osten
Lt. Col. Robert B. Westbrook	20	Ferner Osten
Capt. Donald D. Gentile[4]	20	Europa

Luftsiege der USMC-Jagdflieger im zweiten Weltkrieg
(20 oder mehr Siege)

Name	Siege	Kriegsschauplatz
Capt. David McCampbell	34	Ferner Osten
Lt. Cecil E. Harris	24	Ferner Osten
Cdr. Eugeane A. Valencia	23	Ferner Osten
Major Joseph J. Foss	26	Ferner Osten

[1] *Die Liste ist nicht historisch komplett, denn die 8. Army Air Force in England zeichnete im zweiten Weltkrieg Piloten für Abschüsse in der Luft und am Boden aus. Nachkriegstheorien können die historischen Fakten nicht ändern; weil jedoch die RAF- und Luftwaffenpiloten am Boden zerstörte Flugzeuge nicht zählten, wurden in dieses Buch nur Luftsiege aufgenommen.*
[2] *Ein amerikanischer Pilot diente bei der RAF und schoß mehr als 20 Flugzeuge ab. Er ist aufgeführt in der Einheit, in der er diente.*
[3] *Auf »halbe« Flugzeuge aufgerundet.*
[4] *Gefallen.*
[5] *Air Force-Spezialisten sprachen Herbst 21 bestätigte Abschüsse zu; in späteren Listen wurden nicht alle 21 bestätigt.*

Name	Siege	Kriegsschauplatz
1st Lt. Robert M. Hanson [4]	25	Ferner Osten
Lt. Col. Gregory Boyington [6]	22	Ferner Osten
Major Kenneth A. Walsh	21	Ferner Osten
Capt. Donald M. Aldrich [4]	20	Ferner Osten

[4] *Gefallen.*
[6] *Weitere 6 Luftsiege, während er für Tschiang Kai-scheks »Flying Tigers« flog.*

ANHANG III

Luftsiege der Jagdflieger der deutschen Luftwaffe im zweiten Weltkrieg
(100 oder mehr Siege)

Name	Siege	Kriegsschauplatz [1]
Major Erich Hartmann	352	Osten
Major Gerhard Barkhorn	301	Osten
Major Günther Rall	275	Osten
Oblt. Otto Kittel [2]	267	Osten
Major Walter Novotny [2]	258	Osten
Major Wilhelm Batz	237	Osten
Major Erich Rudorffer	222	Osten (Westfront 86)
Oberstlt. Heinrich Bär	220	Westen (Ostfront 96)
Oberst Hermann Graf	212	Osten (Westfront 10)
Major Theodor Weissenberger	208	Osten (Westfront 33)
Oberstlt. Hans Philipp [2]	206	Osten (Westfront 29)
Oblt. Walther Schuck	206	Osten
Major Heinrich Ehrler [2]	205	Osten
Oblt. Anton Hafner [2]	204	Osten (Westfront 20)
Hauptm. Helmut Lipfert	203	Osten
Major Walther Krupinski	197	Osten (Westfront 20)
Major Anton Hackl	192	Ost-West (Westfront 87)
Hauptm. Joachim Brendel	189	Osten
Hauptm. Max Stotz [2]	189	Osten (Westfront 16)
Hauptm. Joachim Kirschner [2]	188	Osten (Westfront 21)
Major Kurt Brändle [2]	180	Osten (Westfront 20)
Oblt. Günther Josten	178	Osten
Oberst Johannes Steinhoff	176	Ost-West (Westfront 28)
Oblt. Ernst-Wilhelm Reinert	174	Ost-West (Westfront 71)
Hauptm. Günther Schack	174	Osten
Hauptm. Emil Lang [2]	173	Osten (Westfront 25)
Hauptm. Heinz Schmidt [2]	173	Osten
Major Horst Adameit [2]	166	Osten
Oberst Wolf-Dietrich Wilcke [2]	162	Osten (Westfront 25)
Hauptm. Hans-Joachim Marseille [2]	158	Afrika
Hptm. Heinrich Sturm [2]	158	Osten
Oblt. Gerhard Thyben	157	Osten
Oblt. Hans Beisswenger [2]	152	Osten
Ltn. Peter Düttmann	152	Osten
Oberst Gordon Gollob	150	Osten
Ltn. Fritz Tegtmeier	146	Osten

[1] *Der angegebene Kriegsschauplatz ist der, in welchem die Mehrheit der Luftsiege dieser Piloten erzielt wurde.*
[2] *Gefallen.*

Name	Siege	Kriegsschauplatz[1]
Oblt. Albin Wolf[2]	144	Osten
Ltn. Kurt Tanzer	143	Osten (Westfront 17)
Oberstlt. Friedrich-Karl Müller[2]	140	Osten (Westfront etwa 40)
Ltn. Karl Gratz	138	Osten (Westfront 17)
Major Heinrich Setz[2]	138	Osten
Hauptm. Rudolf Trenkel	138	Osten
Hauptm. Franz Schall[2]	137	Osten (Westfront 14)
Oblt. Walter Wolfrum	137	Osten
Oberst Adolf Dickfeld	136	Osten (Westfront 21)
Hauptm. Horst-Günther v. Fassong[2]	136	Osten (Westfront über 30)
Oblt. Otto Fönnekold[2]	136	Osten
Hauptm. Karl-Heinz Weber[2]	136	Osten
Major Joachim Müncheberg[2]	135	Ost-West (Westfront 102)
Oblt. Hans Waldmann[2]	134	Osten (Westfront 13)
Hauptm. Alfred Grislawski	133	Osten (Westfront 24)
Major Johannes Wiese	133	Osten
Major Adolf Borchers	132	Osten
Major Erwin Clausen[2]	132	Osten (Westfront 18)
Hauptm. Wilhelm Lemke[2]	131	Osten
Ltn. Gerhard Hoffmann[2]	130	Osten
Oberst Herbert Ihlefeld	130	Ost-West (Westfront 56)
Oblt. Heinrich Sterr[2]	130	Osten
Major Franz Eisenach	129	Osten
Oberst Walther Dahl	128	Ost-West (Westfront 51)
Hauptm. Franz Dörr	128	Osten
Ltn. Rudi Rademacher	126	Osten (Westfront 36)
Oblt. Josef Zwernemann[2]	126	Osten (Westfront etwa 20)
Oberst Dietrich Hrabak	125	Osten (Westfront 16)
Oberst Walter Oesau[2]	125	Ost-West (Westfront 73)
Oblt. Wolf Ettel[2]	124	Osten
Hauptm. Wolfgang Tonne[2]	122	Osten (Westfront 26)
Fj.-Ob.feldweb. Heinz Marquardt	121	Osten
Major Heinz-Wolfgang Schnaufer	121	Nachtjagd
Hauptm. Robert Weiß[2]	121	Osten (Westfront etwa 20)
Oblt. Friedrich Obleser	120	Osten
Oblt. Erich Leie[2]	118	Ost-West (Westfront 43)
Ltn. Franz-Josef Beerenbrock	117	Osten
Ltn. Hans-Joachim Birkner[2]	117	Osten
Ltn. Jakob Norz[2]	117	Osten
Ltn. Heinz Wernicke[2]	117	Osten
Oblt. August Lambert[2]	116	Osten
Oberst Werner Mölders[2]	115	Ost-West (Westfront 68)
Ltn. Wilhelm Crinius	114	Osten (Westfront 14)
Major Werner Schroer	114	Westen
Ltn. Hans Dammers[2]	113	Osten

[1] *Der angegebene Kriegsschauplatz ist der, in welchem die Mehrheit der Luftsiege dieser Piloten erzielt wurde.*
[2] *Gefallen.*

Name	Siege	Kriegsschauplatz[1]
Ltn. Berthold Korts[2]	113	Osten
Oberstlt. Kurt Bühligen	112	Westen
Oberst Helmut Lent[2]	110	Nachtjagd
Major Kurt Ubben[2]	110	Osten (Westfront 20)
Oblt. Franz Woidich	110	Osten
Major Reinhard Seiler	109	Osten
Hauptm. Emil Bitsch[2]	108	Osten
Major Hans Hahn	108	Osten
Oberst Günther Lützow[2]	108	Osten (Westfront 18)
Oblt. Bernhard Vechtel	108	Osten
Oberst Viktor Bauer	106	Osten
Hauptm. Werner Lucas[2]	106	Osten
Generallt. Adolf Galland	104	Westen
Ltn. Heinz Sachsenberg	104	Osten
Major Hartmann Grasser	103	Osten (Westfront 17)
Major Siegfried Freytag	102	Osten (Westfront über 30)
Hauptm. Friedrich Geißhardt[2]	102	Osten (Westfront 35)
Oberstlt. Egon Mayer[2]	102	Westen
Oblt. Max-Hellmuth Ostermann[2]	102	Osten
Oblt. Herbert Rollwage	102	Ost-West (Westfront 91)
Major Josef Wurmheller[2]	102	Westen
Hauptm. Rudolf Miethig[2]	101	Osten
Oberst Josef Priller	101	Westen
Ltn. Ulrich Wernitz	101	Osten

[1] Der angegebene Kriegsschauplatz ist der, in welchem die Mehrheit der Luftsiege dieser Piloten erzielt wurde.
[2] Gefallen.

ANHANG IV

Luftsiege der Jagdflieger der deutschen Luftwaffe, die gegen den Westen mehr als 100 Luftsiege errangen[1]

Name	Siege	Geschwader
Hauptm. Hans-Joachim Marseille [5]	158	J.G. 27
Oberstlt. Heinrich Bär	124 [2]	J.G. 51, 77, 1, 3
Oberstlt. Kurt Bühligen	112	J.G. 2
Generallt. Adolf Galland	103	J.G. 26
Major Joachim Müncheberg [5]	102 [3]	J.G. 26, 51, 77
Major Werner Schroer	102 [4]	J.G. 27, 54, 3
Oberstlt. Egon Mayer [5]	102	J.G. 2
Oberst Josef Priller	101	J.G. 51, 26

[1] *Einschließlich Afrika; Marseille und Schroer errangen die meisten ihrer Luftsiege in Afrika (J.G. 27). Sechs Piloten der Luftwaffe erreichten mehr als 100 Luftsiege ausschließlich an der Westfront, zwei weitere als Nachtjäger (Schnaufer und Lent).*
[2] *Insgesamt 220 Luftsiege, alle Fronten gerechnet.*
[3] *Insgesamt 135 Luftsiege, alle Fronten gerechnet.*
[4] *Insgesamt 114 Luftsiege, alle Fronten gerechnet.*
[5] *Gefallen.*

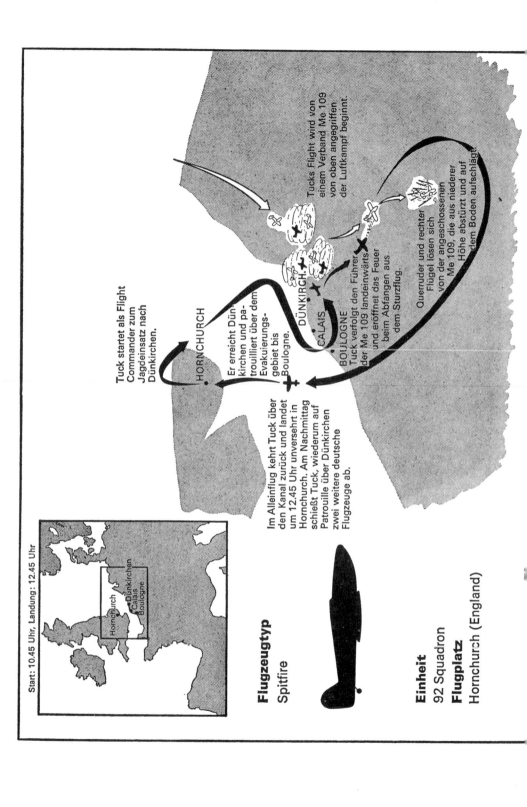

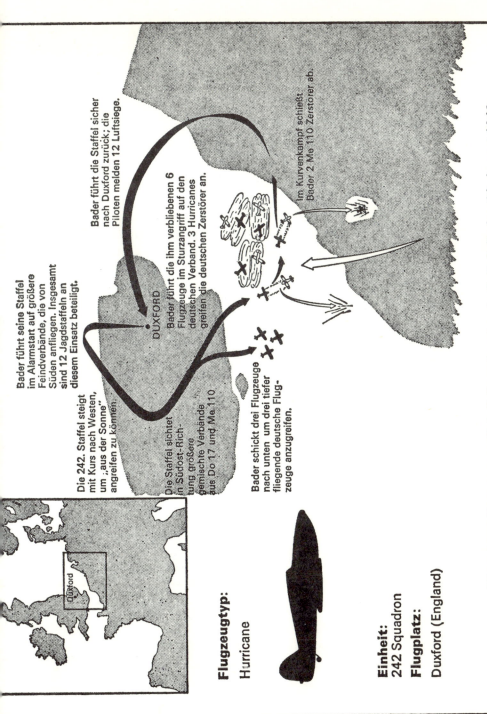

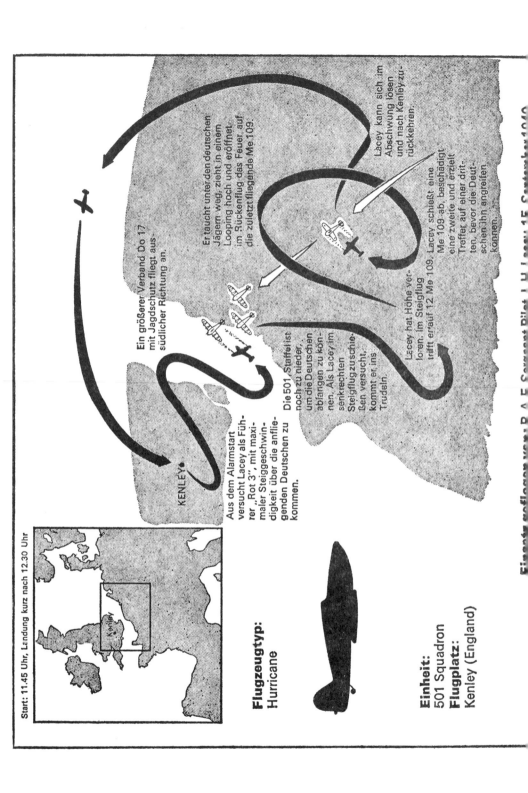

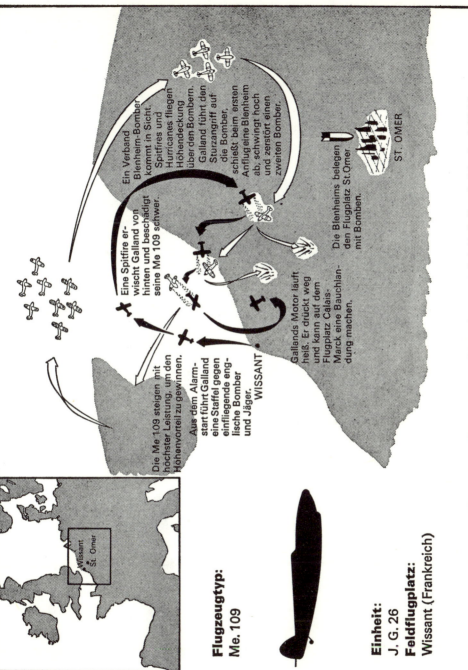

Einsatz geflogen von: Oberstleutnant Adolf Galland, 21. Juni 1941

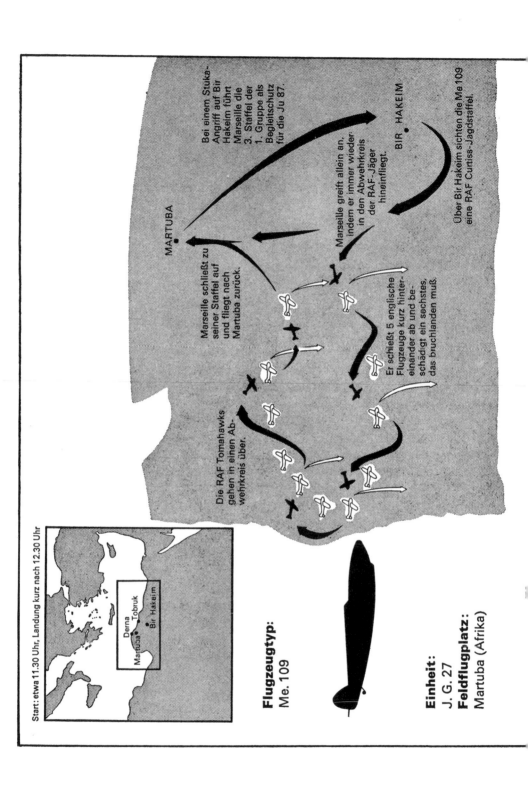

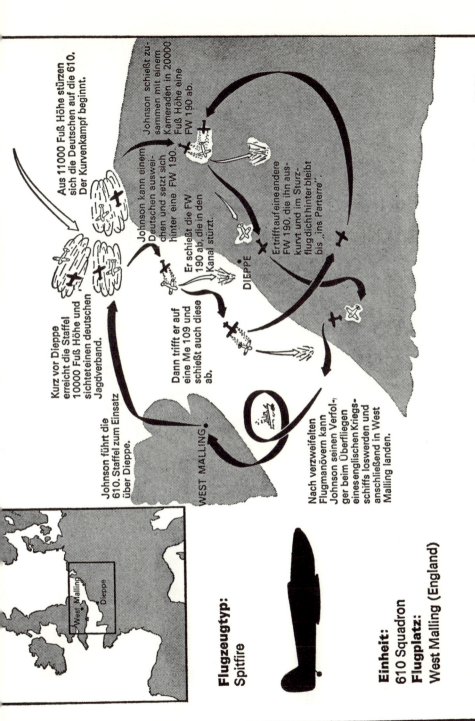

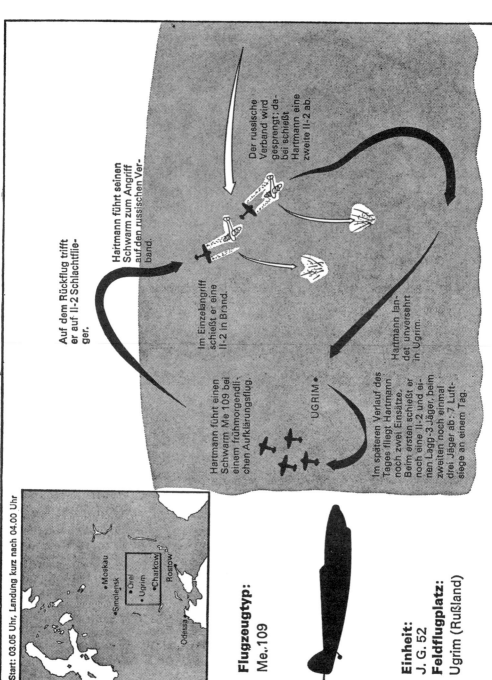

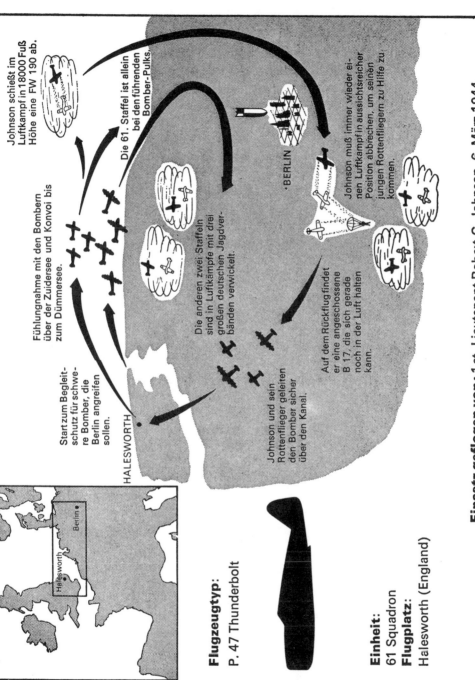

Einsatz geflogen von : 1 st. Lieutenant Robert C. Johnson, 6. März 1944

BIBLIOGRAPHIE

Aces High, Christopher Shores (Spearman, 1966)
Air Power: Key to Survival, A. P. De Seversky (Jenkins, 1952)
Angriffshöhe 4000, Cajus Bekker (Gerhard Stalling Verlag, München 1964)
The Battle of Britain, E. Bishop (Allen & Unwin, 1960)
The Battle of Britain, B. Collier (Batsford, 1962)
Barbarossa, Allan Clark (Hutchinson 1963)
Battles Lost and Won, Hanson Baldwin (Harper Bros., New York, 1966)
Bomber Offensive, Sir Arthur Harris (Macmillan, 1947)
Britsh War Production (H.M.S.O., 1952)
The Central Blue, Sir John Slessor (Cassell, 1956)
Chief of Intelligence, I. Colvin (Gollancz, 1951)
Commando Extraordinary, Charles Foley (Pan Books, 1956)
Defeat in the West, Milton Schulman (Secker & Warburg, 1947)
The Desert Air Force, Roderic Owen (Hutchinson, 1948)
The Desert Generals, C. Barnett (Kimber, 1962)
Diary, Count Ciano, ed. Muggeridge (Heinemann, 1947)
Evidence in Camera, Constance Babington Smith (Chatto & Windus, 1958)
The Fatal Decisions, K. von Zeitler and others (Michael Joseph, 1956)
Fighter Aces, R. Toliver and T. Constable (Macmillan, New York, 1962)
The Fighter Aces of the R.A.F., 1939–45, E. C. R. Baker (Kimber, 1962)
Fighter Command, P. Wykeham (Putnam, 1960)
Fighters Up, E. Friedhelm (Nicholson & Watson, 1944)
The First and the Last, Adolf Galland (Methuen, 1955)
Flames in the Sky, Pierre Clostermann (Chatto & Windus, 1952)
Fly for your Life, L. Forrester (Muller, 1956)
Full Circle, J. E. Johnson (Chatto & Windus, 1964)
Great Air Battles, Gene Gurney (Sloan Assoc., New York, 1956)
Ginger Lacey–Fighter Pilot, R. T. Bickers (Hale, 1962)
History of the Second World War, The Strategic Air Offensive against Germany, 1939–45 (H.M.S.O., 1961)
Hitler–A Study in Tyranny, Allan Bullock (Odhams, 1952)
Hitler's Table Talk, ed. Trevor Roper (Weidenfeld & Nicolson, 1953)
I Flew for the Führer, H. Knoke (Evans, 1953)
Invasion 1940, P. Fleming (Hart-Davis, 1957)
The Last Days of Hitler, Prof. H. Trevor-Roper (Macmillan, 1947)
Lost Victories, E. von Manstein (Methuen, 1958)
Mein Freund Marseille, Fritz Dettmann (Verlag Die Heimbücherei John Jahr, Berlin, 1944)
Memoirs, A. Kesselring (Kimber, 1953)
Memoirs, Lord Montgomery (Collins, 1958)
Memoirs, W. Schellenberg (Deutsch, 1956)
The Messerschmitt 109: A Famous German Fighter, H. J. Nowarra (Harleyford, 1963)
Mölders und seine Männer, Fritz von Forell (Steyrische Verlagsanstalt, Graz, 1951)
The Narrow Margin, D. Wood and D. Dempster (Hutchinson, 1961)
Nine Lives, A. C. Deere (Hodder & Stoughton, 1959)
One Story of Radar, A. P. Rowe (C.U.P., 1948)
One Thousand Destroyed, Grover C. Hall, Jnr. (Brown, New York, 1946)

Operation Sea Lion, R. Wheatley (O.U.P., 1958)
The Other Side of the Hill, B. H. Liddell Hart (Cassell, 1948)
Panzer Leader, Heinz Guderian (Michael Joseph, 1952)
R.A.F. Biggin Hill, Graham Wallace (Putnam, 1955)
The R.A.F. in the World War (4 vols), N. Macmillan (Harrap, 1942–50)
Reach for the Sky, Paul Brickhill (Collins, 1954)
The Rise and Fall of the Third Reich, W. Shirer (Secker & Warburg, 1963)
Rommel, Desmond Young (Collins, 1950)
The Rommel Papers, ed. Liddell Hart (Collins, 1953)
The Royal Air Force, 1939–45, 3 vols, D. Richards and H. St. G. Saunders (H.M.S.O., 1953)
Sailor Malan, Oliver Walker (Cassell, 1953)
The Second World War, (6 vols), Sir Winston Churchill (Cassell, 1948–54)
The Second World War, J. F. C. Fuller (Eyre & Spottiswoode, 1948)
The Sky Suspended: The Battle of Britain. D. Middleton (Secker & Warburg, 1960)
A Soldier's Story of the Allied Campaigns from Tunis oft the Elbe, General Omar Bradley (Eyre & Spottiswoode, 1952)
Spitfire — the Story of a Famous Fighter, B. Robertson (Harleyford, 1960)
Strike from the Sky, A. McKee (Souvenir Press, 1960)
The Struggle for Europe, C. Wilmot (Collins, 1965)
Thunderbolt, Robert Johnson (Ballantine Books, 1960)
War Planes of the Second World War: Fighters, Vols 1–4, W. Green (Macdonald, 1960–1)
Wing Leader, J. E. Johnson (Chatto & Windus, 1956)
With Prejudice, Lord Tedder (Cassell, 1966)

REGISTER

A. A. E. F. 45
Achsenmächte 139, 141, 142
Ackermann, Joyce 87
»Adler«-Posten 188
Afrikakorps 163
Aggressive Begleitjagdtaktik 278
Aitken, Sir Max 10
Alam el Halfa 157
Alexandria 164
Algerien 142
Alliierte Abschußmeldungen 213
Alliierte Invasion 277, 295
Alliierte Verluste 39
Anderson, O. A. 278
Angriff auf Berlin 279
Angriff auf Dresden 262
Angriff auf England 45
Arado 209
Ardennen 209
Arnheim-Operation 241
Arnhold, H. H. 87
Arques 224
Ashford 129, 136
Ashmore, A. B. 59
Asiatic Petroleum Company 95
»Asse« 277, 279
Audembert 221, 227, 230, 232
Ausbildung zum Jagdflieger 27
Auxiliary Air Force 56
Auxiliary Air Force Staffel 240
Avro Tutor 65

B-17 148, 266, 275, 283, 286, 291, 293
Bader, Douglas Robert Stuart 16, 19, 26, 88, 92–96, 98–106, 109–115, 156, 235, 236, 240, 244
Bader, Frederick 92
Bader, Jessie 92
Bär, Heinrich 28, 34, 178, 201, 205
Baker, E. C. R. 29, 97
Ball, Eric 102
Barkhorn, Gerhard 34, 151, 178, 199, 200
Bartley, Tony 85
Bateman 9
Batz, Wilhelm 178, 200
Bayerlein, Fritz 24
Beaumont, Jack 10
Beaverbrook, Lord 49
Bell P-39 267
Berlin 275, 280, 281, 294
Berufsluftwaffe 56
Betheniville 120
Beurling, George F. 34
Biggin Hill 51, 87, 101, 102
Bir Hakeim 156, 165–168, 173
Bjelgorod 184
Blackburn B II S 118
Blackett, P. M. S. 58
Blakeslee, Don 206
Blenheim 48, 140, 224–226, 232
Blitzsiege 24
Bombenangriff auf Berlin 277, 279
Bomber Command 45, 49, 51, 212, 259, 260
Bong, Richard I. 20, 21, 29, 37, 277, 295
Boston-Bomber 204

Bouchier, Cecil 73, 86
Boulogne 88, 220, 228, 231
Boyington, Gregory 37
Bradley, Omar 274
Braham, John R. 37
Brickhills, Paul 92
Bristol-Kanal 119
Broadhurst, Harry 200
Brough 118
Browning 59, 76, 77, 105, 106, 128, 130, 148
Buckingham-Palast 122
Bühligen, Kurt 34, 178, 205
Buer 218
Bulldog-Jagdflugzeug 93
Bundeswehr 195
»Bunte« Munition 187
Burma-Staffel 87
Bushell, Robert 68, 73–76, 78 bis 80, 86, 88

Calais 220, 221, 226
Calais-Marck 226, 227
Caldwell, Clive R. 34, 37
Cambridge 238, 239
Canfield, Cass 10
Canfield, Michael 10
Cantacuzino, Constantino 29
Cap Griz Nez 220
Carey, Frank R. 37
Cassell & Co. 10
Catford 64
Charkow 185
Chester 238
Christie, George 102, 104
Churchill, Sir Winston 8, 43, 50, 55, 241, 262
Clostermann, Pierre II. 29, 34
Coastal Command 45, 51, 57, 212

Coltishall 9, 98, 99, 101, 102, 110, 111, 240
Combined Services XV 93
Cranwell 56, 92, 96–98
Creagh 248, 249, 256, 257
Crowley-Milling 105, 247, 248
Croydon 68, 120
Curtiss 140, 148, 157–159, 166, 168, 173, 206
Curtiss P-40 267
Curtiss-Tomahawk 138
Cyrenaika 165

Daimler-Benz-Motor 133, 166, 167, 186, 223, 226
Day, Harry 93
Defiant 48
Derna 165
Desert Air Force 140, 142
Deutsch-italienische Armeen 164
Deutsche Kapitulation 38
Deutsches Kreuz in Gold 203
Deutscher Luftsportverband 146
Deutsche Nachrichtentruppe 222
Deutsche U-Boot-Schlacht 58
Deutsche Verlustlisten 212
De Wilde 129
Dieppe 213, 238, 241, 242, 244, 246, 247, 250, 254, 255, 256, 257
DLV 146
Do 17 51, 52, 86, 104, 105, 130, 148, 240
Dominions 57
Douglas, W. Sholto 112
Douhet, Giulio 56
Dornier 147
Dover 102, 220
Dowding, Sir Hugh 57, 58, 112, 113

Drake, Billy 37
Dresden 219
Dünkirchen 28, 64, 68–70, 73 bis 75, 78–80, 85, 86, 97, 120, 210, 222
Düsenjäger 150, 219, 236, 237, 259, 277
Duke, Neville F. 34, 37
Duxford 68, 87, 94, 101, 102, 109, 110, 113, 239
Dyson, C. H. 158, 159

Earp, Wyatt 32
Eder, Georg 207
Edwards, Thelma 95
Ehrenkodex 26
Ehrler, Heinrich 202
Eisernes Kreuz I. Klasse 203
Eisernes Kreuz II. Klasse 203
El Adam 173
El Alamein 25, 140, 141, 174, 175
El Gazala 164
Enfield 104
Eroberung Norwegens 23
Essex 238
»Experten« 33, 141, 156, 177, 182, 199, 203, 205, 206, 208, 237

F-80 20
Farmingdale 277
Fiat C R 42 159
Fighter Command 44–47, 51, 56–59, 61, 62, 68, 69, 121, 153, 212, 257, 294
Filton 119
Finucane, Brendan E. 34, 37
Fleet Air Arm 44, 45, 51
»Fliegende Festungen« 30, 41, 148, 259, 283, 285

Forester, Larry 65
Fortress 147
Franco-Bahamonde, Francisco 219
Frankland, Noble 45
Frantisek, J. 31
»Freiwillige Reserve« 56, 117, 118
Freya-Gerät 222, 224, 227
Führerhauptquartier 232, 235
Fuka 175
Fuller, F. C. 44, 194
FW 189 186–188
FW 190 12, 28, 60, 136, 145, 151, 152, 199–202, 204, 208, 211, 221, 242, 247–256, 267, 274, 277, 285–292

Gabreski, Francis S. 20, 29, 37, 281
Galland, Adolf 8, 9, 12, 15, 16, 26, 30, 31, 34, 43, 44, 46, 48, 88, 91, 114, 154, 156, 178, 205, 206, 209, 218, 219, 220, 205, 206, 209, 218, 219, 220 bis 237, 273
Gambut 166, 167
»Gelbe Vierzehn« 164, 168, 172
Gemeinsch. der Jagdflieger e. V. 9
Gestapo 88
Gibbs, C. M. 9
Gladiatorstaffel 140
Gleave 44, 45
Gloster »Gamecock« 93
Graf, Hermann 201
Grant 244, 245, 247
Grantham 65
Gravesend 120
Grimsby 118
Goebbels 40

Göring, Hermann 8, 12, 15, 146 bis 149, 206, 235, 236, 273, 274, 279
Größte Luftschlacht des Krieges 259
Guderian, Heinz 184
Gunnel, Stuart 9

Hafner, Anton 202
Halahan 96
Halesworth 280, 282, 293
Halifax 61
Hannover 290
Hardingham 232
Harper & Row 10
Harris, Sir Arthur 45, 47
Hart, B. H. Liddell 44
Hartmann, Erich 15, 19, 29, 34, 151, 177–199, 203, 241
Hastings 246
Hawarden 239
Hawker 60
Hawker Fury 119
Hawker, Hart 118
Hawker Hurricane 119
Hayworth, Rita 87
He 51 206, 219
He 111 51, 52, 97, 122, 135, 148
He 112 204
He 118 148
He 162 209
He 178 149
Heim, Dr. 232
Hendon 93
Henley 93
Hertford 103
Hess, Bill 10
Hill, Dr. A. V. 58
Hitler, Adolf 8, 11, 12, 15, 23, 24, 57, 96, 121, 138, 139, 147 bis 151, 174, 184, 193–195, 219, 232, 235, 236, 243, 259, 279
Hogan, H. 123, 124, 128–130
Holden-Rushworth, P. 10
Home Guard 122
Homuth 141, 165
Hood, Robin 32
Hornchurch 67, 68, 70, 78, 79, 85
Hughes Melvin 10
Hull 116, 119
Hurricane 27, 28, 48, 59, 60, 68, 69, 74, 87, 98–110, 124 bis 140, 142, 158, 163, 164, 168, 175, 204, 210, 213, 219, 220, 221, 224, 226, 232, 246, 247

Il-2 190–192, 200, 204
Il-2 m 3 204
Il-2-Schlachtbomber 184
Il-2-Schlachtflugzeuge 189
Imayid 157
Italienische Jagdflieger 140

Jackets, L. A. 9
Jägerleitorganisation 47
Jagdgeschwader 1 182, 202
Jagdgeschwader 2 211, 212, 242
Jagdgeschwader 5 202, 203
Jagdgeschwader 26 26, 114, 205, 211, 212, 220, 221, 242
Jagdgeschwader 27 139, 140, 142, 145, 157, 159, 165, 166, 167, 173, 206
Jagdgeschwader 51 203
Jagdgeschwader 52 157, 159, 184, 193, 200, 201, 203
Jagdgeschwader 53 139, 165
Jagdgeschwader 54 203

Jagdflieger der UdSSR 8
Jagdverband 44 236
Jak-9 202, 204
Jameson 244–248
Johnson, James Edgar 19, 20, 28, 34, 37, 41, 48, 178, 238–258
Johnson, Robert S. 29, 37, 273, 276–295
Ju 52 184
Ju 87 25, 45, 47, 148, 163, 167, 168, 173
Ju 88 51, 52, 87, 148, 173
Junkers 147

Kenley 102, 121, 134, 135
Kent 46, 116, 130, 220, 222
Kesselring, Albert 147, 173
Kirton-in-Lindsay 97
Kittel, Otto 34, 178, 200
Kittyhawk 138, 142, 157, 168, 175
Koenig, Joseph 165
Kollwitz 114
Koschedub, Iwan N. 29
Kreta 173
Kühner, Dr. Khrista 9
Kursk 177, 184, 194, 199

Lacey, James Harry 19, 20, 37, 59, 116–124, 127–137
Lagg-2 204
Lagg-3 192, 193, 204
Lagg-5 204
Lagg-7 204
Lancaster 61, 147
Lang, Emil 176
Laughton 238
Lawson, Nick 118
Learmond, Pat 79, 80
Leeds 116
»Legion Condor« 219

Leicester 258
Leicestershire 243, 258
Leicestershire Yeamanry 238
Leigh, Rupert 97, 99
Leigh-Mallory 111, 112
Le Mans 120
Leningrad 204
Len Leader 243
Le Touquet 114
Liberator 201
»Lightning« 267, 273
Lipezk 146
Lipfert, Helmut 202
Lock, Eric S. 31, 37
Loos, Walter 208
Lorenzverfahren 146
Loughborough 238
Luckner, Graf 19
Luftfahrttechnische Abteilung 146
Luftflotte, 5. 213
Luftflotte, 8. 209, 260, 273, 276, 278–280, 294
Lufthansa 146, 218, 219
Luftwaffe der Bundeswehr 195
Luftwaffe in Frankreich 45

Macdonald & C. 10
MacDonald, Charles H. 37
Maidstone 131, 243, 256
Malan, Adolph G. 34, 57
Manor Farm 258
Marine Corps 37
Marineflieger 23, 57
Marsa El Brega 164
Marseille, Hans-Joachim 9, 21, 34, 139, 141, 156–162, 166 bis 176, 178, 183, 205–207, 219
Martin, I. R. 9
Martin-Bomber 204

Martin-Maryland-Bomber 60
Martlesham 97
Martuba 164, 165, 166, 171
Mayer 181
McCampbell, David 37, 158
McGuire, Thomas B. 37
McKee, A. 52
McKellar, A. A. 31
McKnight, Willie 104, 105
Me 109 12, 27–30, 46–48, 51, 59, 76–78, 82, 87, 88, 97, 103, 109, 111, 114, 120, 129–136, 141, 142, 152, 158, 159, 163, 168, 170–175, 181, 186 bis 192, 199–210, 221, 223–232, 239, 246, 247, 248, 267, 274, 284, 285, 291, 292, 294
Me 109-E 47, 60, 138, 163, 221
Me 109-G 10 185
Me 109-F 28, 138, 139, 165, 211, 221
Me 109-F 2 223
Me 110 45, 47, 49, 80–84, 97, 104–106, 109, 140, 148, 202, 214, 267
Me 163 209
Me 262 9, 150, 151, 200, 201, 202, 237, 261
Melton Mowbray 243, 258
Merlin 85, 103, 123
Merlin-Motor 229
Merten 186, 187, 191, 192
Messerschmitt, Prof. Dr. Willy 9, 150
Meyer, John C. 37
Michaelis, Ralph L. 10
Middle Wallop 120
Midway-Inseln 266
MiG-1 204
MiG-3 204

Milch, Erhard 146, 147, 149
Miles Master 238
Mitchell, Billy 266
Mitchell-Bomber 204
Mölders, Werner 31, 219, 236
Moskau 91
Mosquito 60, 208
Müncheberg, Joachim 181, 182, 205
Mussolini 12, 138, 163
»Mustang« 28, 201, 213, 267
Nachtjäger 31, 57, 153, 207, 259, 260
Neumann, Eduard 9, 139, 156, 159–161, 165, 171, 173, 174, 205, 206
Newton, Bill 244
Nijmwegen-Arnheim 241
Nil 173
Nishisawa, C. W. O. Hiroyashi 29
Norfolk 70, 99, 241
Normandie 295
North Weald 102–104, 109
Norwich 87, 98, 99, 240
Nottingham 238
Novotny, Walter 178, 200
NSDAP 11

Odessa 91
OKL 42, 52
Oklahoma 276
Operation »Seelöwe« 121
Operation »Zitadelle« 184, 194
Orel 184, 195
Organisation »Todt« 232
Oscar 2 136
Osterkamp 232
OT-Männer 232
Oxford 92

319

P-38 142, 267, 279, 280
P-39 142, 199, 204
P-40 169, 170, 171, 204, 267
P-47 28, 152, 202, 208, 267, 279 bis 286, 290, 292, 293, 295
P-51 28, 60, 182, 200, 203, 208, 265, 267, 280
Paetsch, Ursel 188
Panther-Panzer 184
Panzerdivision, 21. 174
Park, K. R. 111, 113
Pas de Calais 220
Pattle, M. T. St. John 29, 34, 57
Pazifik 21, 23
Pearl Harbour 278
Philipp 202
Pöttgen, Reiner 9, 156, 163, 166, 168–172, 175
Portal, Sir Charles 95
Post Field 276
Powell-Shedden George 102, 103
Preddy, George E. 20, 37
Priller 181
Puczynski 10

Quill, Jeffrey 68
Quirk, Mike 283, 284, 294

Radar 47, 57, 58, 60, 62, 99, 102, 111, 220
»Radieschen« 192
RAF = Royal Air Force
RAF-College 92
RAF-Fighter Command 23
RAF-Verlustzahlen 217
Rall, Günter 34, 178, 199, 200
Raketenjäger 209, 259
Rata 204, 206
Rechlin 151

Regensburg 274
Rekonstruktion 14
Renault-Werke 273
Reichskommissar für die Luftfahrt 146
Reichswehr 146, 219
Reims 120
»Richthofen«, JG. 2 201
Rickenbacker, Eddie 277, 278
Ring, Hans 9, 10, 12, 26, 37, 41, 156, 182, 203, 210
Ritterkreuz 203
Roedel 141
Rolls-Merlin-Motor 73, 76, 110, 127, 129, 135, 245, 247, 249, 255, 256
Rolls-Royce-Merlin-Motor 28, 226
Rollwaga, Herbert 207
Rommel, Erwin 163, 164, 165, 173, 174, 206
Rote Armee 27, 195
Rowe, A. P. 58
Royal Air Force Volunteer Reserve 238
Royal Observer Corps 58
Rudorffer, Erich 178, 201
Russische Luftwaffe 204

Sandhurst 16
Savile, W. A. B. 66
Saxby 258
Schilling, Dave 281
Schlacht in Afrika 138
Schlacht um Berlin 276
Schlacht über Deutschland 30, 39, 152, 202, 208, 241, 259, 261, 262, 264, 272, 275
Schlacht um England 13, 23, 28, 30, 31, 38, 39, 43, 46, 48, 50

bis 52, 58–61, 68, 87, 98, 99, 106, 110–113, 116, 117, 120, 136, 137, 148, 151, 201, 210, 219, 239–241, 274
Schlachtschiff Tirpitz 202
Schnaufer, Heinz Wolfgang 207
Schneider-Trophäe 117
»Schwarzer Teufel« 177, 195
Schweinfurt 274
Schwerter zum Eichenlaub 203
Schwerter mit Brillanten zum Eichenlaub 203
Schroer, Werner 141, 178, 206, 207
Schuck, Walter 202
Sealand 239
Sedan 117
Seeckt, Hans von 146
Seekrieg im Pazifik 266
Sidi Barani 163, 164
Sims, Edward H. 7
Shoreham 102
Shores, Christopher 10, 29
Sizilien 142, 145, 165, 236
SM-79 159
Smith 248–250
Smuts, Jan Christian 56
Spanischer Bürgerkrieg 27, 48, 152
Speer, Albert 43, 149
Spitfire 28, 30, 59, 60, 68, 69, 73–88, 97, 103, 109, 113, 129, 134, 138, 139, 142, 152, 157, 175, 201, 204, 210, 212–218, 220, 221, 224–235, 239, 246 bis 255, 256, 273
Spitfire I 47, 48, 59, 70
Spitfire II 47, 48, 59
Spitfire V 253
Spitfire VC 245

Spitfire Mk. I 221
Spitfire Mk. II 221
Stahlschmidt, Hans Arnold 141, 164
Stalag Luft III 88
Stalingrad 194
Stapleford 238
St. Edward's 92
»Stern von Afrika« 156, 164
St. Lo 24, 25
St. Omer 224
»Stormowik« 189
Strauss, Andrew P. 293
Student, Kurt 146
Stuka 44, 45, 50, 138, 141, 148, 163, 165–168, 173, 175, 206, 266
Suffolkküste 97
Sunderland 140
Surrey 123
Sussex 46, 116, 130

Tag der Schlacht um England 121
Taktische Bomber 25
Tangmere 102, 119
Tatnall 66
Tawney 238
Taylor, Allan 9
Taylor-Whitehead, J. 10
Tedder, Lord 43
Tempest 60, 200
Thunderbolt 267, 273, 280–291, 293
Tiger Moth 118, 238
Tiger-Panzer 184
Tim 194
Tizard, H. L. 58
Tobruk 163, 164, 165, 174
Tomahawk 140, 142, 157, 166 bis 171, 175

Topp, R. L. 10
Trenchard, Sir Hugh 55, 56
Tripolis 138
Trojanowski, Eva 9
Tschiang Kai-schek 37
Tuck, Robert Stanford 16, 19, 26, 37, 64, 69, 70, 73–88, 160, 237
Tuck, Stanley Lewis 64
Tudor 97
Tunesien 142
Tunis 139, 142
Typhoon 60

Udet, Ernst 148, 149
Ugrim 184, 185, 188, 191, 192, 194
Unger, Willy 207
Upavon 97
USAAF = United States Army Air Force
USAF = United States Air Force
US-Army Air Force, 8. 8
US-Army Air Force, 9. 8
US Air Corps 87, 219, 266
US-Luftflotten 29
US-Luftflotte, 8. 29, 30, 264, 265, 266, 273, 274, 275
US-Luftflotte, 9. 267
US-Luftflotte, 15. 267, 276
US-Navy 37, 158, 266
US-Panzer 237
Uxbridge 65

Vereinigte Hauptquartiere 241
Verluste in Afrika 138
Versailles 12

»Vierundzwanzig-Stunden-Offensive« 275
Visconti, Adriano 29

Wade, Lance C. 37
Wallace, James 9
Watson-Watt, Robert 58
Wattisham 9, 13
Webster, Sir Charles 45
Weißenberger, Theodor 202
Wellington 61
Welter, Kurt 208
Westerholt 218
West Kensington 95
West Malling 241, 243, 256
Wever, Walter 147
Wick, Helmut 31
Wilhelmshaven 273, 274
Wilkins, A. F. 58
Wilkinson, M. M. 10
Wills, A. P. S. 65
Wilmot, C 24
Wimperis, H. E. 58
Wind, Hans H. 29
Wissant 220
Wood 44, 48, 49
Woodall 101, 103
Word 44
Wyeth, M. S. 10

Yorkshire 116, 119
Yorkshire Aeroplane Club 118

Zeke 158
Zemke, Hubert 277, 279, 281, 282
Zero 266
Zwolle 284

UNSERE BESTSELLER-LISTE

Toliver/Constable
Holt Hartmann vom Himmel
Die Geschichte des erfolgreichsten Jagdfliegers der Welt. Kaleidoskop eines ungewöhnlichen Lebens: Mit 352 Luftsiegen erfolgreichster Jagdflieger aller Zeiten. Dies ist der Bericht über ein Phänomen, das Erich Hartmann heißt.
344 Seiten, 52 Abb.
Sonderausgabe.
Geb. nur DM 18,—

Kenneth Munson
Die Weltkrieg-II-Flugzeuge
Alle Flugzeuge der kriegführenden Mächte. Bekannte und unbekannte Flugzeuge der kriegführenden Nationen aus dem Zweiten Weltkrieg werden hier vorgestellt. Die Beschreibungen sind chronologisch aufgebaut und ein ausgesuchtes Bildmaterial zeigt alle Flugzeuge.
462 Seiten, 350 Abb.
Sonderausgabe.
Geb. nur DM 19,80

Helmut Euler
Als Deutschlands Dämme brachen
Die Wahrheit über die Bombardierung der Möhne-, Eder-, Sorpe-Staudämme
Dieses Buch liefert das Geheimnis um die legendären springenden Rollbomben und der damit ausgelösten Katastrophen an der Möhne- und Edertalsperre.
226 Seiten, 130 Abb.
Sonderausgabe.
Geb. nur DM 18,—

P. W. Stahl
Geheimgeschwader KG 200
Die Wahrheit nach über 30 Jahren
Es erschien schon immer geheimnisvoll und vage: das Gesicht des Spionage-Geschwaders KG 200. Hier findet der interessierte Leser ein Kaleidoskop von Fallschirmagenten, Mistel-Angriffen, Beutebombern, Selbstaufopferern und braven Fliegern.
304 Seiten, 53 Abb.
Geb. DM 29,80

MOTORBUCH-VERLAG · POSTF. 1370 · 7 STUTTGART 1

Über den Wolken...

Fliegen ist die Faszination der Freiheit.
Ein Stück dieser Faszination vermittelt Ihnen FLUG-REVUE-flugwelt.
Die Redaktions-Crew informiert über Technik und Typologie,
historische Entwicklung, analysiert Tests,
signalisiert Prognosen und bringt packende Reportagen
aus allen Bereichen der Luft- und Raumfahrt.
Unterhaltend und informativ.
Steigen Sie ein ins Cockpit.
Erleben Sie ein Stück dieser Faszination. Monat für Monat.

Europas größte Zeitschrift für Luft- und Raumfahrt.
erscheint monatlich, DM 4,–
Vereinigte Motor-Verlage GmbH & Co KG
Postfach 1042 · 7000 Stuttgart 1

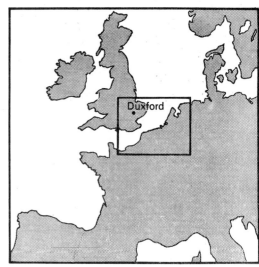

DEN VERLAUF DRAMATISCHER LUFTKÄMPFE ÜBER DIES

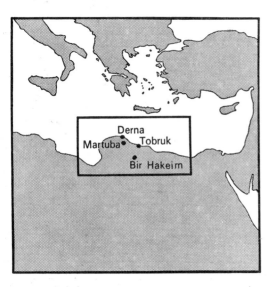